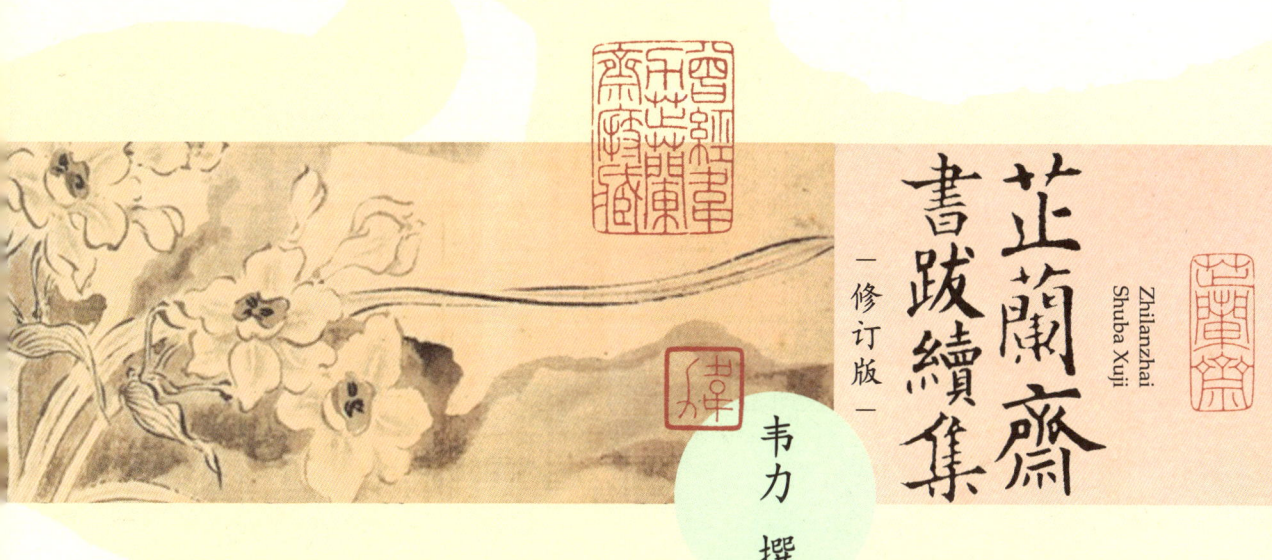

芷蘭齋書跋續集

一修订版一

Zhilanzhai
Shuba Xuji

韋力 撰

国家图书馆出版社

图书在版编目（CIP）数据

芷兰斋书跋续集 / 韦力撰. -- 北京：国家图书馆出版社, 2013.8（2018.9重印）
ISBN 978-7-5013-5140-4

Ⅰ.①芷…　Ⅱ.①韦…　Ⅲ.①题跋—作品集—中国—当代　Ⅳ.①I267

中国版本图书馆CIP数据核字（2013）第155658号

书　　名　**芷兰斋书跋续集**

编　　者　韦力　撰
责任编辑　王燕来　南江涛
装帧设计　奇文云海
装帧设计　九雅工作室

出　　版　国家图书馆出版社（100034 北京市西城区文津街7号）
　　　　　　（原北京图书馆出版社）
发　　行　（010）66114536　66126153　66151313　66175620
　　　　　　66121706（传真），66126156（门市部）
E—mail　　cbs@nlc.gov.cn（邮购）
Website　　www.nlcpress.com→投稿中心
经　　销　新华书店
印　　刷　北京联兴盛业印刷股份有限公司
开　　本　880×1230毫米　1/16
印　　张　17.5
印　　数　1-1000册
版　　次　2013年8月第1版　2018年9月第2次印刷

书　　号　ISBN 978-7-5013-5140-4
定　　价　168.00元（精装）

目　录

惠栋批校《国语》二十一卷存卷一至卷三·················· 1

徐维则铸学斋钞本《越缦笔记》一卷·················· 10

曹元忠批校郁洪谟钞本《反游仙诗》一卷·················· 17

刘公鲁跋并题记《云间韩氏藏书目》一卷·················· 23

赵元方题识《宋艳》十二卷·················· 30

杨昭儁批校并题记《礼记集说》十卷·················· 38

叶德辉批校并题记《墨子全书》六卷·················· 44

刘履芬批校并题记《三国志》六十五卷·················· 56

夏孙桐抄并题记《未庵初集》四卷《未庵初集诗稿》四卷·················· 64

章士钊、蒋书因跋汲古阁刻本《东观余论》二卷·················· 70

田撰异抄、张士垳题记《四经读本》一卷·················· 77

吴玉搢跋清钞本《石墨镌华》八卷·················· 84

朱睦㮮未刊写本《史汉古字》六卷·················· 91

顾则扬批、瞿凤起跋硃印本《须静斋云烟过眼录》一卷·················· 97

何振岱批旧钞本《樵隐笔记》六卷·················· 105

何煌校跋、方若蘅及张蓉镜跋《云烟过眼录》四卷·················· 110

许宝蘅题签、王筠稿本《说文韵谱校》五卷·················· 124

葛昌楣题签、邓之诚题记兼批校稿本《蘽村笔谈》四卷·················· 132

顾随批、学陶居士题记《西堂乐府》六种存五种·················· 139

樊增祥、程淯题跋易顺鼎稿本《琴志楼编年诗录》不分卷及于莲客跋刻本
　　《琴志楼编年诗录》十九卷、《琴志楼游山诗集》八卷·················· 147

翁同龢跋、王友光通批《遗山诗集》二十卷·················· 164

廖廷相题记、佚名批校《东塾读书记》二十一卷·················· 172

"管礼耕"批校《六艺纲目》二卷《附录》二卷·················· 178

倪东铭精抄、题跋《诗法》一卷、《诗谱》一卷·················· 185

梁鸿志、何振岱跋《惜抱先生尺牍》八卷·············· 190

孔继涵、王寿彭、汪奠基跋微波榭钞本《文选颜鲍谢诗评》四卷······· 198

王荫嘉批校《适园藏书志》十六卷··············· 206

沈兆奎稿本《无梦盦买书记》一卷··············· 218

严雁峰稿本《严氏家藏书目草簿》一卷·············· 225

星溪玉舟钞本《也是园藏书目》十卷·············· 230

顾葆龢稿本《小石山房书目稿》一卷·············· 239

杨康年批校《邵亭知见传本书目》十六卷、邵章题记并过录王懿荣批校
《四库简明目录标注》二十卷、王同愈钞本《朱修伯批本简明目录》
二十卷·························· 247

惠栋批校《国语》
二十一卷存卷一至卷三

《国语》二十一卷存卷一至卷三 　（吴）韦昭注
（宋）宋庠补音
明李克家刻本　惠栋批校　竹纸　一函一册
钤印：陆僎字树兰（朱方）、陆沇字冰篁（白方）

　　《国语》又称《春秋外传》，与有《春秋内传》之称的《左传》并列，两书互为表里，互相参证，内容记载春秋时期周、鲁、齐、晋、郑、楚、吴、越八国之历史，相传作者为左丘明，然因八国史事记载详略不同，文风迥异，故亦有为各国史官所记，而经后人整理汇编润色而成之说。此书首创以国别史之体例，分国记事，将各国史料按时间先后排列成书，后出之《战国策》《三国志》《华阳国志》及《十六国春秋》等史书，编纂方式皆受该书体例影响，故唐代史学家刘知幾将史书归为"六家二体"时，《国语》自成一家，谓之"国语家"。

惠栋

一：黄刻《国语》

　　《国语》最早版本为北宋天圣明道本，前有韦昭序，末有"天圣七年七月二十日

1

开印，江阴军乡贡进士葛惟肖再刊正、镇东军权节度掌书记魏庭坚再详、明道二年四月初五日得真本，凡刊正增减"。钱曾于《读书敏求记》中云："吾家所藏《国语》有二：一从明道二年刻本影抄；一是宋公序补音，南宋椠本。……今世所行《国语》，皆从公序本翻雕。"钱曾此语之前，《国语》明刻之本有吴勉学刻本、明德堂刻本、许宗鲁静宜书堂刻本、金李泽远堂刻本、叶邦荣刻本、童氏刻本、张一鲲刻本、杨际熙云南刻本、李克家刻本、吴汝纪刻本、刘怀恕刻本、钟人杰刻本、葛氏永怀堂刻本等等，按钱曾所说，以上诸本之底本皆为公序本，并无以明道本为底本而翻雕者。

最早以明道本为底本翻雕者，为黄荛圃嘉庆五年（1800）读未见书斋刻本，内有《校刊明道本韦氏解国语札记》，其序署

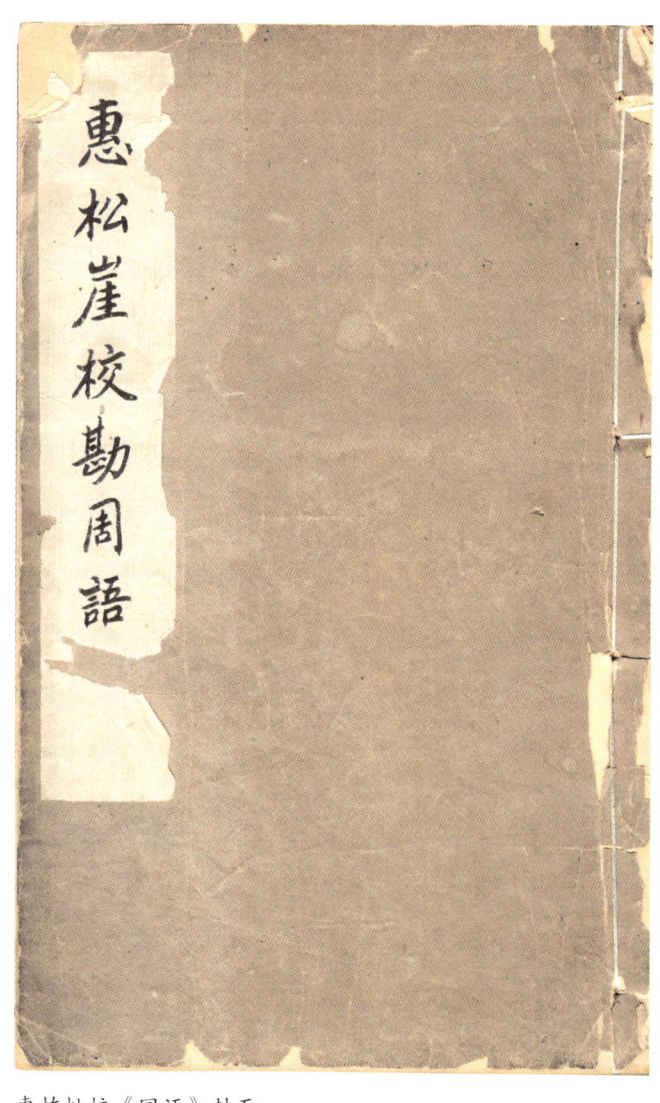

惠栋批校《国语》封面

名黄丕烈，实为顾千里代撰，因所述内容信息颇多，故将全文通录于下：

"《国语》自宋公序取官私十五六本校定为《补音》，世盛行之。后来重刻，无不用以为祖。有未经其手如此明道二年本者，乃不绝如线而已。前辈取勘公序本，皆谓为胜。然省览每病不尽，传临又屡失真，终未有得其要领者。丕烈深惧此本之遂亡，用所收影钞者开雕以饷世。其中字体前后有歧，不改画一，阙文坏字，亦均仍旧，无所添足，以惩妄也。雠字之余，颇涉《补音》及重刻公序本，综其得失之凡而札记之。金坛段先生玉裁尝谓《国语》善本无逾此，其知此为最深，今载其校语。惠氏栋阅本，借之同郡周明经锡瓒家，亦载之以表微。参管窥者，以'某案'别之，旁述见闻，则标姓名，诸注疏及类书援引，殊未可全据，故多从略，总如干条为一卷。至于胜公序本者，文句烦简，偏旁增省，随在皆是，既有此本，自当寻按而得，苟非难憭，不复悉数矣。嘉庆四年十月二十七日。"

由顾千里序言可知复翁翻雕明道本《国语》可谓用心良苦，不仅参以段玉裁、惠栋之校语，更为悉存原貌，字画行款悉如其旧，遇有鱼鲁豕亥，则另为札记而正之，以示明道本之真面目。清末杨守敬刻《古逸丛书》即循此道，该丛书计二十六种两百卷之多，皆出其一手审定，明知其误亦不改，以存旧本之本来面目，然而在刻《广韵》《老子》二书时，公使黎庶昌与杨守敬意见相左，坚持据后人校本改之，惺吾惟有从其愿，而于事后另作文章特意说明。

复翁还曾详记校宋本《国语》之众家题跋，皆收于《荛圃藏书题识》中，列于卷首者即钱曾识语，其后题跋者则有钱士兴、陆贻典、叶石君、惠栋、朱邦衡、黄丕烈、顾广圻等，从中可知复翁如何寻得陆贻典、惠栋之校，并延顾千里正之。辛苦为役，自然希望后来者珍之宝之，其中复翁识语为："此书首借朱秋崖临惠松崖校阅本对勘，而参以传录陆敕先校本，亦可自信为善本矣。继得影写明道本，属余友顾涧蘋正之。宋本之妙，前贤所校实多阙遗，遂一一考订如左。书中称影宋本者，皆尽美尽善处也。而今而后《国语》本，当以此为最，勿以寻常校本视之。"参与此事之顾千里亦自信满满，谓："自今而后，宋公序以下本皆可覆瓿矣。"至一百年后，梁启超总结清代三百年学术，提及《国语》时，亦推此本为最善。

二：惠栋校书

今吾架上《国语》约有十部，其中版式较为特别者有明万历四十七年（1619）

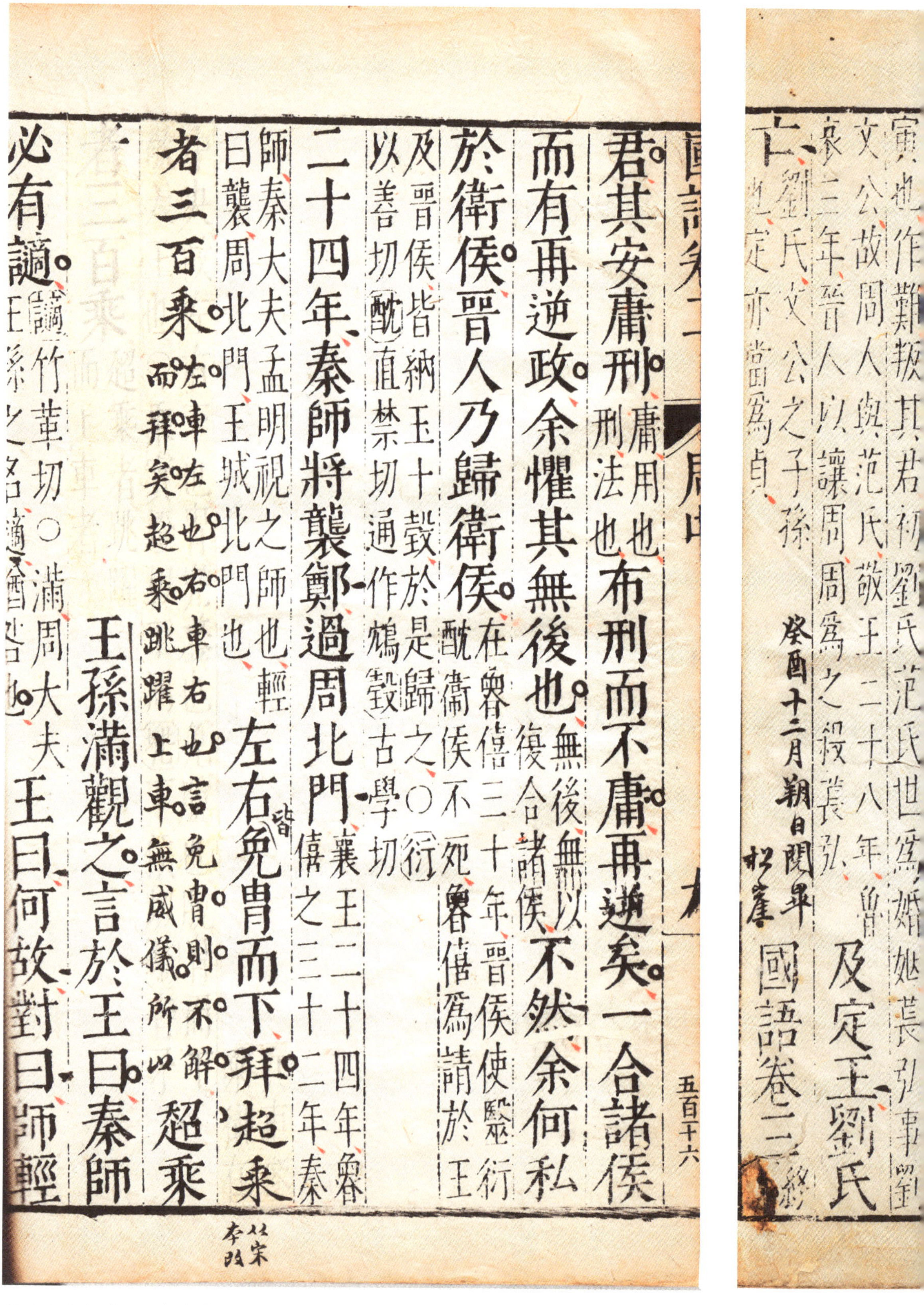

國語卷二 周中 五百十六

君。其安庸刑。庸用也刑法也布刑而不庸再逆矣。一合諸侯而有再逆政。余懼其無後也。無後無以復合諸侯不然余何私於衛侯。晉人乃歸衛侯。在魯僖三十年晉侯使醫衍酖衛侯不死魯僖為請於王及晉侯皆納玉十瑴於是歸之○衍以善切酖直禁切通作鴆瑴古學切

二十四年、秦師將襲鄭、過周北門、襄王二十四年魯僖之三十二年秦師秦大夫孟明視之師也輕曰襲周北門王城北門也左右免胄而下拜。超乘者三百乘。左車左也右車右也言免胄則不解而拜矣超乘跳躍上車無威儀所以超乘王孫滿觀之。言於王曰秦師必有讁。讁竹革切○滿周大夫王孫之名讁責也王曰何故對曰師輕

以宋本改

實也作難叛其君而劉氏范氏世為婚姻萇弘事劉文公故周人與范氏敬王二十八年魯哀三年晉人以讓周周為之殺萇弘及定王劉氏亡、劉氏文公之子孫也定亦當為貞

癸酉十二月朔日閱畢 松崖

國語卷二終

明李克家本《国语》惠栋批校

闵齐伋刻三色套印本及另一部三鱼尾之明刻本，现陈于案者为明新建李克家刻本，虽仅存一册为残帙，却有惠栋乾隆十八年（1753）亲笔批校，足以宝贵焉。然惠栋当年校《国语》非止一次，所校之本亦非一种，检《中国古籍善本总目》，可知其曾跋于嘉靖七年（1528）金李泽远堂刻本，此本现藏南京图书馆，以及另一九行二十字之明刻本，现藏国家图书馆，加上寒斋所藏之李克家刻本，则已知惠栋最少校过《国语》三次，惟未知黄荛圃翻雕《国语》时用于参校者为何本，若是此李克家本，则吾幸甚矣！

惠栋为清代汉学吴派之代表人物，自幼笃志向学，日夜诵读，经、史、子、集及释道二藏等，无不涉猎。其家学自高祖惠万方始渐为人知，继而曾祖惠有声、祖父惠周惕、父亲惠士奇至惠栋，四世传经。雍正九年（1731），惠士奇因得罪朝廷被罚以家产修镇江城，以致耗尽家资而罢官，乾隆九年（1744），惠栋乡试因引用《汉书》而见黜，此后即绝意科场，在乡以课徒谋生。《汉学师承记》云："及学士毁家修城，先生往来京口，饥寒困顿，甚于寒素。遭两丧，不以贫废礼。终年课徒自给，甑尘常满，处之坦如。雅爱典籍，得一善本，倾囊弗惜，或借读手抄，校勘精审，于古书之真伪，瞭然若辨黑白。"

惠松崖校正《国语》之前，陆贻典亦曾校过该书，陆贻典校本后为沈宝砚所得，松崖尝向沈宝砚商借而未果。陆贻典校本后为黄荛圃所得，荛圃复出示予顾千里，令顾惊喜而叹：

"所获抑何奢欤！"如今此本藏身国家图书馆，则顾千里之叹已成绝响矣。然而惠松崖借陆贻典之校虽未果，却不意另得宋本为之校，岂不为柳暗花明耶。此李克家刻本《国语》卷末有松崖先生题识云："癸酉十二月朔日阅毕，松崖。"卷中则手泽处处，其中一页更贴有浮签，依原本之九行二十字行格，另抄文字覆住原文，下则注云"从宋本改"。此处虽仅四字，却道尽是书极宝贵之处，既为松崖先生手泽，又为依宋本而校者，无论是从收藏抑或从学术上来说，皆为难得之本，是故此册虽为残帙，吾亦喜而收之。

三：章钰考证

而今众所周知者，茗圃所刊《国语》之精妙处，一则为以明道本为底本，二则为参以陆贻典、惠栋之批校，三则为顾千里是正。然而对于茗圃所用之明道底本，后世亦有疑问。因有钱遵王《读书敏求记》言"吾家所藏《国语》有二：一从明道二年刻本影抄"之语在先，又有顾千里于刊本序言中云"丕烈深惧此本之遂亡，用所收影钞者开雕以饷世"在后，故后世多以为复翁影刻之底本即钱遵王抄自绛云楼之本。黄茗圃虚晃一枪，顾千里含糊其辞，钱遵王影抄之本又未知下落，固然无法取以比勘，然世事最怕深究，此又一例也。民国三年（1914），章钰得睹陆贻典所校之本，取与黄氏刊本相比勘后，根据其中异同得出结论，认为黄氏所称影写明道本系传录之本，金坛段玉裁于序言中称用钱氏原钞本付梓之说，亦不过是同好间假借之词。如是段玉裁善意美言在先，黄茗圃虚晃一枪于中，顾千里避重就轻在后，后世遂信以为真矣。章钰得窥其中奥妙，断言茗圃所称影写明道本之底本并非钱遵王之本，而为转录之本，并于陆贻典校本之后书一长跋，开篇即云："吾吴士礼居黄氏刊天圣明道本《国语》为覆宋佳刻，称重艺林。其札记序语谓：'用所收影钞者开雕饷世。'盖即指校宋本《国语》跋所谓'继得影写明道本也。'惟是本果否即为钱遵王影写绛云楼宋刻本，抑系传录之本？茗翁并未揭明……"

章钰作此语其时间为民国三年，跋后注明："后敇先校毕之二百五十七年，岁在阏逢摄提格孟冬大雪节，长洲章钰谨记。"章钰书此长跋同时，另有校记一篇，详记陆贻典所校明本与黄氏刊本相比勘之异同，可见其读书之细，推敲之严，足令后人景仰。然而吾读此文，却于景仰之外另有一番感慨，在四当斋主读此书、跋此文之前，另一藏书家陆心源早已考证出茗圃所据明道二年之影钞本为毛晋所抄，而非钱遵王本。《仪顾堂书目题跋汇编》有《毛抄天圣明道本国语跋》一文，中云："嘉庆中

惠栋藏书印"定宇氏"及"惠栋印信"

黄荛圃影摹版行，丝毫不爽，此则其祖本也。卷首有'毛晋'二字朱文连珠印、'宋本'二字朱文椭圆印、'甲'字朱文方印……'汲古主人'朱文方印。此书从绛云楼北宋本影写，原装五本，见《汲古阁秘本书目》。后归潘稼堂太史，乾、嘉间为黄荛圃所得。黄不能守，归于汪士钟，乱后归金匮蔡廷相，余以番佛百枚得之。毛氏影宋本尚有精于此者。此则以宋本久亡，世无二本，故尤为钱竹汀、段懋堂诸公所重耳。"

黄荛圃影雕宋本《国语》之底本至此已昭然可见矣，惟章钰藏书既广，读书亦博，却未曾得睹此文，不知自己苦心考证出来的结果，在数十年前就已经有人得出较他更为准确之结论，尚以为自己乃发前人之所未发。此亦吾之惶恐处，读书如四当斋主，下笔尚有疏漏处，更何况我辈乎！当年赵元任先生在语言学家王力一篇论文上批"说有易，说无难"，实在是令人警醒，在学术界，尤其在文史界，任何人都无法阅尽所有相关文献，亦无法得知自己正在从事的研究是否已有人完成，或是正在进行中。吾读之书与前辈所读殊如霄壤，笔下疏漏处更是不可知数，亦自知如此一篇篇写来，如同为自己设立一座座箭靶，日后定有悔其少作之时。然若怯于此而始终不动笔，亦无锤炼之机缘，是故吾虽自知不敏，亦勉力为之，以期后有所得。

四：邹姓刻工

是书归来之初，吾一度误以为此乃明万历十三年（1585）吴汝纪刊本，后查对《中国古籍善本总目》，知吴汝纪本为每半叶九行二十字白口四周双边，而此惠栋批校本为四周单边，显然吾误矣。继续查以，该书九行二十字之单边者，有如下三个版本：万历十年（1582）杨际熙云南刻本、明新建李克家刻本及天启六年（1626）钟人杰刻本，而吾之本非为全帙，既无牌记亦无序言，则究竟为其中哪个版本，令吾好奇。

此本特别之处，在于每一页版心下均有刻工及字数，全书仅八十页，参与刻书者竟多达三十余人，令人意外，尤其每卷之首页，更有"某人写某人刻"字样，如第一卷首页为"喻铠写姜良刻"，第二卷为"穆相写邹天文刻"，第三卷为"汤诰写邹启泰刻"。 如此劳师动众，牵首者应当不会单为一部书而为之，则吾推测牵首开雕此书者定然还刊刻有其他多部书籍。而杨际熙、李克家与钟人杰三人中，钟人杰与李克家均刻印过多部书籍。其中李克家为万历间江西新建人，字嗣宗，所刻有杨慎《哲匠金桴》《战国策校注》《李长卿集》等；钟人杰为浙江钱塘人，字瑞

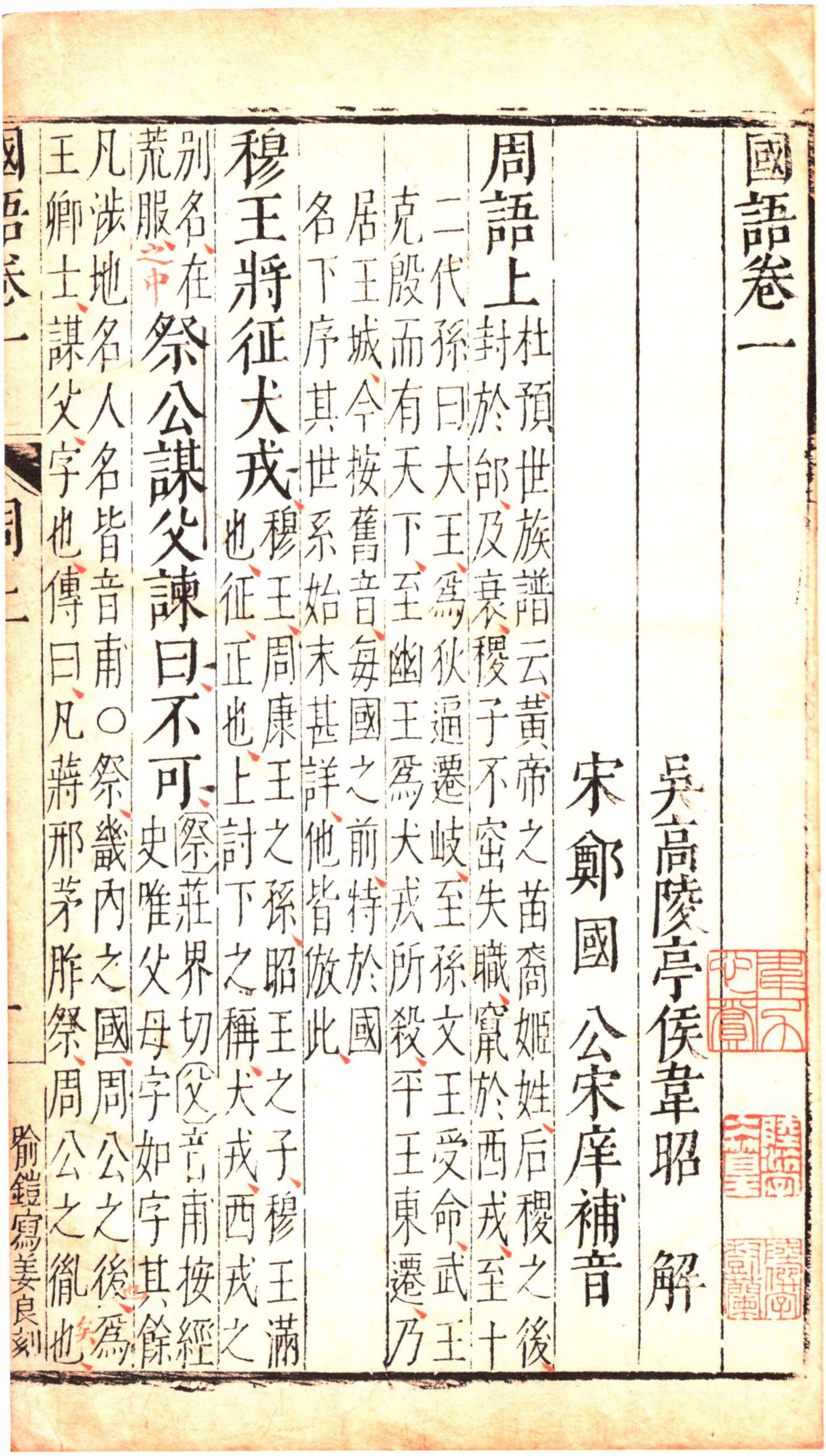

國語卷一

吳高陵亭侯韋昭　解

宋鄭國　公宋庠補音

周語上杜預世族譜云黃帝之苗裔姬姓后稷之後封於邰及衰稷子不窋失職竄於西戎至十二代孫曰大王爲狄逼遷岐至孫文王受命武王克殷而有天下至幽王爲犬戎所殺平王東遷乃居王城今按舊音每國之前特於國名下序其世系始末甚詳他皆倣此

穆王將征犬戎穆王周康王之孫昭王之子穆王滿也征正也上討下之稱犬戎西戎之別名在荒服

祭公謀父諫曰不可祭莊界切父音甫按經史惟父母字如字其餘凡涉地名人名皆音甫○祭畿內之國周公之後爲王卿士謀父字也傳曰凡蔣邢茅胙祭周公之胤也

國語卷一　周一　一　喻鎧寫姜良刻

《国语》卷首版心刻有“喻铠写姜良刻”

陆儁藏书印"陆儁字树兰"

先，所刻有《性理大全会通》《李卓吾合选陶王集》《唐宋丛书》《晋书》及《四声猿》等，内容兼涉四部。钟人杰所刻之书，不仅远较李克家为多，且兼涉四部，甚至包括杂剧，令吾颇疑其为类似陈起般开设经籍铺者。

此书刻工多达三十余位，其中邹姓者有十二人，他姓多则三人，少则一人，然检《明代刊工姓名索引》，所收《国语》仅两个版本，分别为金李泽远堂本及嘉靖间刻本，所列刻工姓名亦无同此书者，故特录此书中刊工姓名如右，或有益书友曰后以作参考：邹邦瑚、邹邦化、邹邦治、邹邦畿、邹邦珍、邹元弼、邹希美、邹启泰、邹天文、邹天朝、邹光耀、邹仁、姜良、姜全、姜焕、万国臣、万国相、万奇、郭一德、郭榜、陈文演、熊落、黄希贤、杨文华、张维孝、李梦龙、王荣、鲁位、曾位、胡太、岳刊、龙、珍等。其中有资料可查者，邹姓、万姓为明万历间江西南昌人氏，则杨际熙云南刊本基本可排除在列。新建县地处江西中部偏北，始置于北宋太平兴国六年（981），因由南昌旧地划出新建之故而得名，今复并入南昌，成为南昌市之新城区。以地域论，诸位手民为南昌李克家刻书，可能性似乎多过为钱塘钟人杰刻书。

《明代刊工姓名索引》中虽未著录吾藏之《国语》，却著录有万历四十三年（1615）刻本《水经注笺》，未言刊刻者谁，仅注为"朱谋㙬笺　李长庚等校订"，所涉书工、刻工有五十余人之多，其中多有与寒斋所藏《国语》相同者，如姜焕、姜全、姜良、万国相、万国臣、万奇以及邹姓诸刊工，书工则有李森、穆文、汤浩、熊文、徐魁及喻铠，而寒斋所藏之《国语》仅存一册，未知其余卷帙中书工、刊工姓名是否亦有与之相同者。以此书工、刊工如此统一故，二书之刊刻者极有可能为同一人。惟《水经注笺》一书实则为朱谋㙬笺，李长庚订，孙汝镫、李克家同校，是故刊刻此书者，李克家或亦有份也，则吾认为惠栋批校之《国语》为李克家所刊，又添一份论据矣。

寒斋蓄书虽多，却亦非众本皆备，若有该书李克家本之牌记或是全帙，取出略作比勘，则立时判然。然吾虽基本断定此书为李克家刻本，却仍然惶恐，今日吾之寻索，自是学有不逮之故，若换前辈藏书家，早已一眼看出是何版本，何需如此周折。何况章钰疏漏在前，令人警醒，自以为是往往成为后世之话题，极无奈也难避免。四当斋主辛辛苦苦考证一番，始得出底本非钱遵王故物，而陆心源早已考证出此物不仅不是钱遵王故物，甚至考证出为毛晋故物，若章钰得知，不知为做何想。然而其中幽光之明灭，探索之过程，在吾已是享受，夫复何求。

徐维则铸学斋钞本
《越缦笔记》一卷

《越缦笔记》一卷　（清）李慈铭撰

清会稽徐氏铸学斋钞本　铸学斋专用黑格纸　一函一册

钤印：述史楼（朱方）、徐维则读书记（朱方）、越
国男子罗振玉乐寿昌（白方）

　　2007年春，上海嘉泰古籍专场中，上拍
一批罗继祖旧藏之本。鲠翁旧藏大多得自贞
松老人，1999年嘉德亦上拍一批，当时是古
籍市场一小低潮期，所拍之书大多以底价成
交，可能是因为市场不佳之故，之后数年未
见鲠翁之书再现拍场。直至2007年，鲠翁旧
藏始于上海嘉泰拍场再度出现，总计近二十
个标的，其中最佳者有王国维所抄《湘真阁
词》，后以高值归吾寒斋。余外佳本尚有宋
刻元明递修之眉山七史本《梁书》，后有鲠
翁长跋两篇，以四十七万元落槌，余外还有
碑帖整裱本数张，亦属罕觏物，被京城两位
书友瓜分。

　　此批拍品落吾囊中者，尚有桐华馆本
《史纠》十五卷、钤山堂木活字本《南宫奏
议》三十卷以及唐风楼钞本《金石文》七
卷，其中史料价值最重者为《辽史拾遗续

李慈铭

补》十六卷，此为甘孺老人稿本，小字精绝，绝非草草者可比，而且前有其祖父罗振玉手书序言。《越缦笔记》亦为此次所得之一，吾必欲得此书，一则因该书为徐氏述史楼钞本，徐为绍兴知名藏书家，而述史楼钞本为寒架未备之品；二则因其所抄内容，与越缦老人日记大有关系焉。

李慈铭（1830—1894），原名模，字式侯，后更名慈铭，字爱伯，号莼客，晚署越缦老人，浙江绍兴人。今人关于李慈铭，所知最多者为《越缦堂日记》，此日记积李慈铭近四十年心力而成，洋洋数百万言，详记朝廷政事、民间见闻、书画鉴赏、读书心得以及人物月旦等，与叶昌炽《缘督庐日记》、王闿运《湘绮楼日记》和翁松禅《翁同龢日记》被誉为"晚清四大日记"。《清史稿》载其人曰："慈铭为文沉博绝丽，诗尤工，自成一家。性狷介，又口多雌黄。服其学者好之，憎其口者恶之。日有课记，每读一书，必求其所蓄之深浅，致力之先后，而评骘之，务得其当，后进翕然大服。"

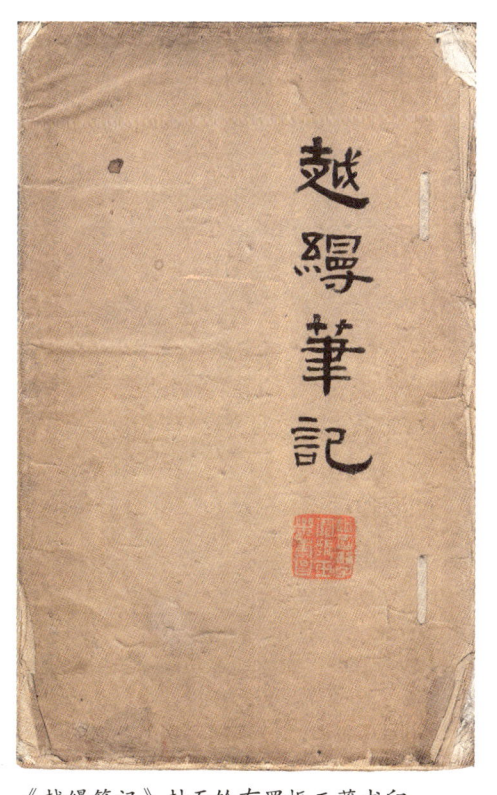

《越缦笔记》封面钤有罗振玉藏书印

《清史稿》称其"性狷介，又口多雌黄"，多由《越缦堂日记》中月旦人物而起。李慈铭于日记中时常对人肆意评点，其中不乏诋毁之语，王闿运总结其日记云："李日记存四十本，其中雌黄万端。于同人并有词例，上等称字，次等名，下者某，所不喜者加以绰号。"文廷式于《闻尘偶记》中则同时评论二人："李莼客以就天津书院故，官御史时，于合肥不敢置一词。观其日记，是非亦多颠倒。甚矣，文人托身不可不慎也。然莼客秉性狷狭，故终身要无大失，视舞文无行之王闿运，要远过之。"刘体仁《异辞录》中更是总结李慈铭于时人谩骂之辞："谓左湘阴为'髦昏'，李高阳为'要结取名'，阎朝邑为'兽心狗冠之徒'，张南皮为'金壬祸首'，张丰润为'妄人'、为'宵人'，陈闽县为'轻险之士'。

又谓南皮、丰润为'鼠辈'，闽县之劾张靖达为'狐埋狐搰'，王湘绮为'江湖俗客'，吴窸斋为'吴下书画清客'，赵㧑叔为'妄子'，于晦若为'风狂'，周星诒兄弟称为'周蜮'，犹以为有怨也。他如戴子高、杨海琴、鲍子年、何子贞、李山农、陈寿卿、吴平斋，皆致不满，或加丑诋，适成其为无忌惮之小人而已。"清末民初之时，各种笔记多不胜数，其中论《越缦堂日记》者亦比比皆是，除《闻尘偶记》《异辞录》外，尚有《一士类稿》《蕉廊脞录》《石屋续沈》等，皆指其偏颇，黄浚《花随人圣庵摭忆》中录其偏颇之辞后，恍然大悟谓："读《越缦堂日记》等，见其骂人处，多如牛毛，若以其申申之词，谓为必有深仇固恨者，是不知其癖好如是也。"

倘若李慈铭日记中仅有骂人处见精彩，自然难入"晚清四大日记"之列，令其名耀文林者，乃其日记中录有大量读书札记，皆其亲阅后有感而发，颇多创建。该书可谓李慈铭一生读书治学之大成，学术价值极高，故《越缦堂日记》于民国九年（1920）经蔡元培影印出版后，立即风行海内，士林争睹。至建国初期，云南由云龙先生从日记中辑出近千篇读书札记，编成《越缦堂读书记》，更是佳惠士林，而越缦老人之名，于读书人心目中更见昭然。

其日记之出版过程可谓费尽周折，其中蔡元培、徐维则等人功不可没。光绪二十年（1894）冬，越缦老人弃世未久，其嗣子李承侯受沈曾植敦促，欲将《日记》付梓，并请蔡元培代为整理。数年后，樊增祥自请任剞劂，至李家索最后一函日记而去，不料书未刻而樊先卒，经樊增祥索去的那一函日记，日后竟然惹出一段莫须有之公案。民国七年（1918），李承侯亦下世，沈曾植恐李慈铭《日记》散佚，又与刘承幹商议刻书事宜，然与李氏后人谐价未果，此事半途而终。民国八年（1919），徐维则得知李慈铭后人有意售书，当即邀请李慈铭族人李钟骏，与其一起将越缦老人全部藏书清点整理一过，并手录《越缦堂书目》，携至北京告知蔡元培，于是《日记》付梓一事又被提起。此次经蔡元培、张岱杉、傅增湘等人与李家函商，并征集印资，嘱商务印书馆估出印价，并由张岱杉垫付三千元予李家作版权费，兹事终于启动。当年六月，李氏后人出家藏《日记》六十四册而至，独缺樊增祥所取之八册，后经商议，此次先印行咸丰癸亥至光绪戊子之五十一册，以《越缦堂日记》名之。事后蔡元培详述印行缘起，仍念念不忘被樊增祥取走之八册："然而行百里者半九十，孟学斋以前尚待编录之十三册，荀学斋以后扃诸樊山书箧之八册，犹不可不致意也。盟诸息壤以待来年。"而越缦老人之旧藏，亦经蔡元培多方

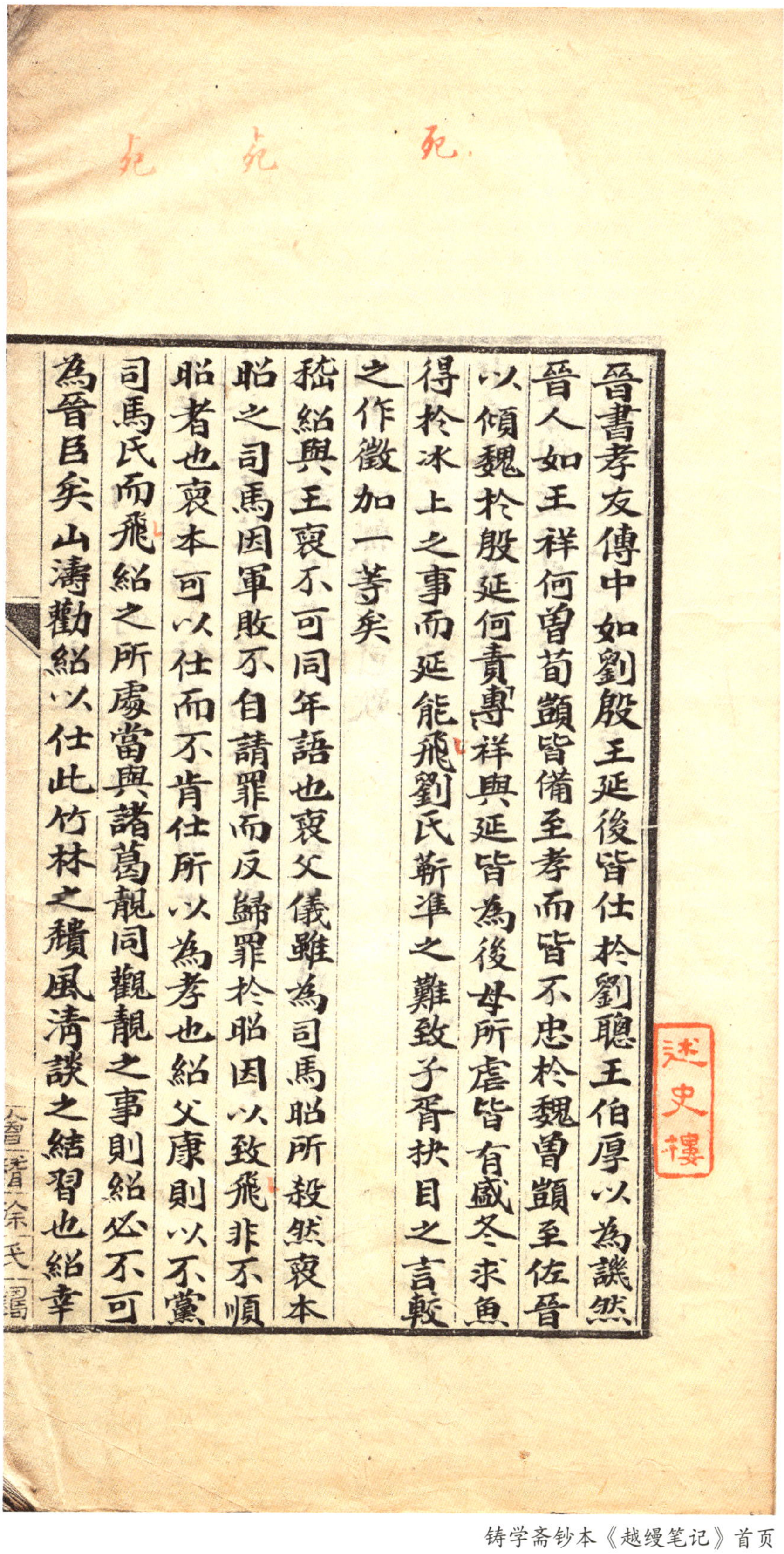

晉書孝友傳中如劉殷王延後皆仕於劉聰王伯厚以為譏然
晉人如王祥何曾荀顗皆備至孝而皆不忠於魏曾顗至佐晉
以傾魏於殷延何責專祥與延皆為後母所虐皆有盛冬求魚
得於冰上之事而延能飛劉氏靳準之難致子胥抉目之言敫
之作徵加一等矣
嵇紹與王裒不可同年語也裒父儀雖為司馬昭所殺然裒本
昭之司馬因軍敗不自請罪而反歸罪於昭因以致飛非不順
昭者也裒本可以仕而不肯仕所以為孝也紹父康則以不黨
司馬氏而飛紹之所虜當與諸葛靚同觀靚之事則紹必不可
為晉臣矣山濤勸紹以仕此竹林之續風清談之結習也紹卒

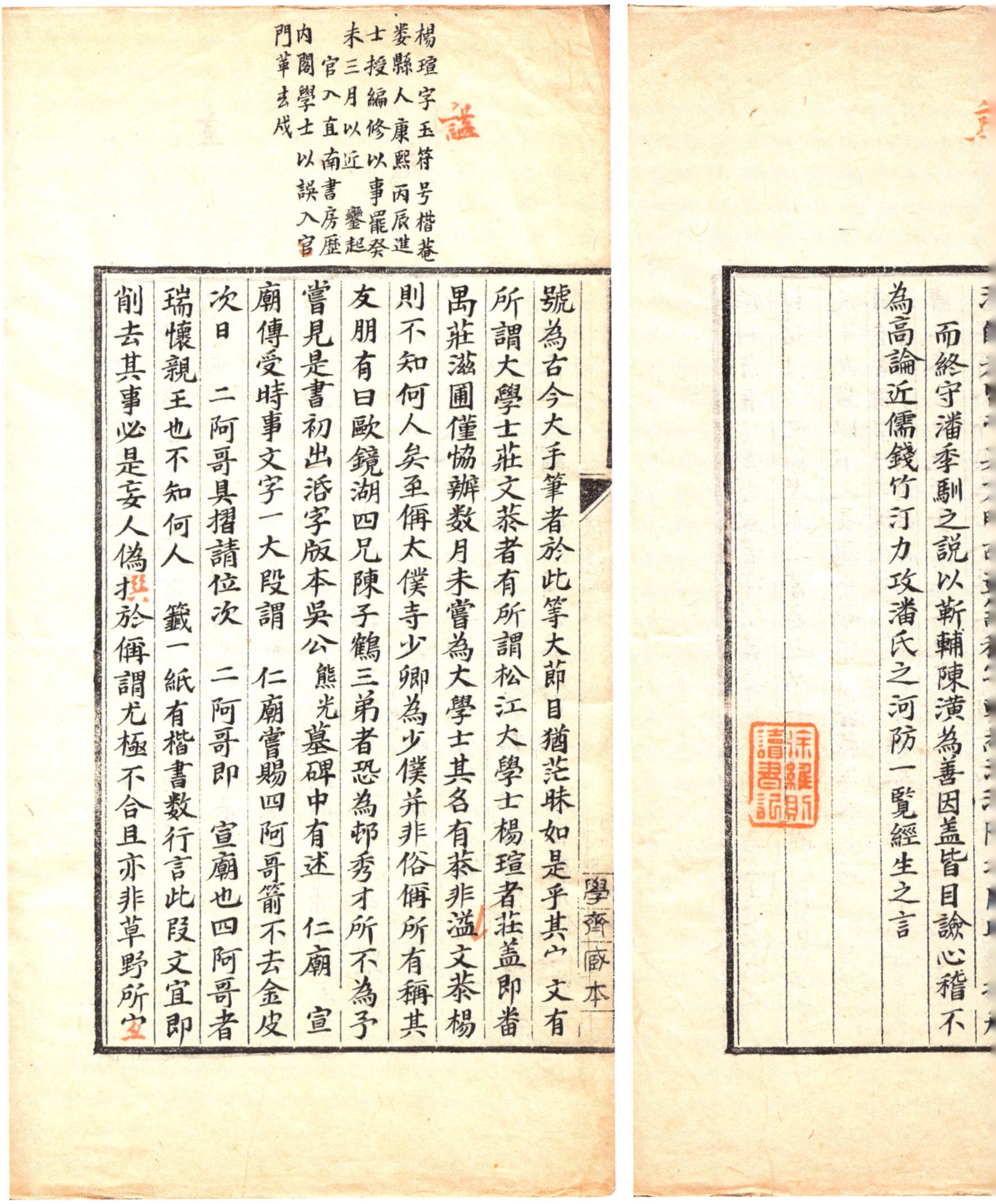

楊瑄字玉符号楷巷
婁縣人康熙丙辰進
士授編修以事罷起
未三月以近南書房
內閣學士以誤入官
門革去成

號為古今大手筆者於此等大節目猶茫昧如是乎其山文有
所謂大學士莊文恭者有所謂松江大學士楊瑄者莊即曹
愚莊滋圃僅協辦數月未嘗為大學士其名有恭非溢文楊
則不知何人矣至偏太僕寺少卿為少僕并非俗偏所有稱其
友朋有曰歐鏡湖四兄陳子鶴三弟者恐為邨秀才所不為子
嘗見是書初出活字版本吳公熊光墓碑中有述　仁廟宣
廟傳受時事文字一大段謂　仁廟嘗賜四阿哥箭不去金皮
次日　二阿哥具摺請位次　二阿哥即　宣廟也四阿哥者
瑞懷親王也不知何人　籤一紙有楷書數行言此段文宣即
削去其事必是妄人偽撰於偏謂尤極不合且亦非草野所空

而終守潘季馴之說以靳輔陳潢為善因蓋皆目論心稽不
為高論近儒錢竹汀力攻潘氏之河防一覽經生之言

铸学斋钞本《越缦笔记》批校

14

徐维则铸学斋钞本《越缦笔记》一卷

罗振玉藏书印"越国男子罗振玉乐寿昌"

联系之后，几经周折，终于民国十七年（1928）全部入藏当时的北平图书馆，亦即今日之国家图书馆。

关于被樊增祥取走之八册日记，后来有数种说法。有说李氏后人及生前故旧多次前往索取而未得者；有说樊山殁后族人争产，陕西故宅及宅中所有均判归其嗣孙宝莲，而宝莲云不在其中者；亦有云日记中有菲薄樊山语，樊山恨之而付诸丙丁者。传言日久而信者愈多，尤其李慈铭刻薄之语众人皆知，故菲薄樊山而遭樊山恨付丙丁之说，大有人信。

时至1988年，《人民日报》海外版有人发表文章，云经樊樊山取去之李慈铭日记已再现人间，该部分日记始自光绪十五年（1889），迄于光绪二十年（1894），恰是越缦老人弃世那年，每页书口上端印有"郇学斋日记"，下端印有"越缦堂杂著"，其内容则包括越缦老人晚年至陶然亭登高、东直门验放甲米、光绪十五年（1889）天坛祈年殿大火以及光绪十六年（1890）城郊水患等，又有与鲁迅祖父周福清、蔡元培等人交往情形。光绪十四年（1888）周福清行贿一事为当年公案，越缦老人不可能不详记之，鲁迅何以特别关注《越缦堂日记》之谜，如今亦迎刃而解。

若李慈铭最后一函日记不再现人间，恐樊山焚稿之冤永无澄清之日。清末笔记异彩纷呈，写者多，被写者亦多，读者盛，转载者亦夥，人人行文笔记同时，亦被他人写入笔记，八卦与窥私几乎是人之天性。樊山焚稿之猜测，亦自同时代笔记中而起，一如人云李慈铭骂人乃癖好，人谓樊增祥借稿不还亦属常态，非止于《越缦堂日记》。笔记与笔记之间转来载去，再加上种种演绎及揣度，以至初时猜测之语最后竟然几成定论，而世间又何来许多潜心钩沉者，后世读者只好各自摸索，以期尽量接近真相。

越缦老人于此日记极负期许，生前既已认定必为传世之作，故读书论世、下笔行文极用心力。该日记亦果然不负其望，在其生前即获士林广为传抄，寒斋所藏之《越缦笔记》亦时人所抄，抄者即协助蔡元培将越缦堂藏书入藏公馆之徐维则。徐维则（1866—1922）字仲咫，号以愻，以号行，与李慈铭同为绍兴人，其父徐友兰、伯父徐树兰皆为绍兴藏书家。徐树兰独自捐书捐资创办之古越藏书楼为中国最早私人创办公共图书馆之一，开馆之日，藏书总数多达七万多卷，堪称浙江藏书史上之壮举。徐友兰（1842—1905）字佩之，号叔蓓，别署八杉斋主人，身兼学商两界，除从事工商矿业外，尚醉心于藏书、刻书，其藏书不下十万

15

徐维则藏书印"述史楼"及"徐维则读书记"

卷，藏书处初名八杉斋，后有铸学斋、述史楼、熔经馆等，刻书处则为墨润堂，徐维则亦沿用其书斋名。徐友兰所辑、校、刻之书甚多，计有《会稽徐氏述史楼丛书》《铸学斋丛书》《融经馆丛书》《绍兴先正遗书》等，皆校雠严谨，刻印俱佳。自光绪十六年（1890）徐友兰外出经商之后，刻书之事皆由其子徐维则负责。

徐维则藏书注重版本，尤喜旧钞本及稿本，亦喜抄书，《述史楼书目》中著录铸学斋、述史楼钞本近二十种，其抄书之举直至民国四年（1915）仍有文献可考。此《越缦笔记》即徐维则所抄，封面有墨笔"越缦笔记"四字，下钤"越国男子罗振玉乐寿昌"白方，可知曾归罗振玉架上，内页则为黑格纸，版心下刻有"会稽徐氏铸学斋藏本"字样，卷首钤有"述史楼"，卷末钤"徐维则读书记"，内容皆与读书有关，当为《越缦堂日记》正式影印之前所摘抄。

一如大多数藏书家，徐维则亦注重收集整理乡贤文献，所刻之《绍兴先正遗书》即专门收集绍兴先哲之遗著。宣统年间，其参与编纂《越中文献辑存书》，当时刊行之铅印本上，题签者即徐维则，其中的《越缦堂日记钞》则为最早出版之李慈铭日记。而由绍兴文献研究人员分析，当年编纂《辑存书》时，能够提供《越缦堂日记钞》之底本者，只有徐维则最具可能性。李慈铭晚年曾延蔡元培为其课子，而蔡元培又曾为徐维则少年时期之伴读，五年时间朝夕相处，蔡、徐两人又于光绪十五年（1889）同榜中举，至赴光绪十八年（1892）殿试，蔡元培才离开铸学斋，二人情谊之厚，可想而知。

今检《蔡元培日记》，可知蔡元培在李家期间，时常阅读越缦老人日记，越缦老人殁后，日记尚于蔡元培手中存放两年之久。而蔡元培与徐维则亦多有互通藏书之好，如此徐维则自蔡元培处传抄《日记》乃极有可能之事。而由徐维则辑录于光绪二十年（1894）之《会稽徐氏初学堂群书辑录》中，正好著录有《越缦笔记》（不分卷）一部，此正好证明徐维则有底本之可能性。

寒斋所藏之《越缦笔记》当为《会稽徐氏初学堂群书辑录》中所著录者，以其抄书纸版心所刻之"会稽徐氏铸学斋藏本"字样及前后钤章而知。铸学斋藏书自1905年徐友兰去世前后开始散出，多数由蔡元培介绍而进入商务印书馆之涵芬楼，与徐树兰之古越藏书楼异途同归，本以为从此归入公馆成为公器，却未料还是毁于日本人之战火。另一部分徐氏旧藏则流入沈知方粹芳阁。此《越缦笔记》为何年流出铸学斋，又于何年归之罗振玉，其中脉络，则有待时日，再细细寻之。

曹元忠批校郁洪谟钞本
《反游仙诗》一卷

《反游仙诗》一卷　（清）郁鼎钟著　郁洪谟辑录

清郁洪谟钞本　曹元忠批校　一函一册

钤印：君直（朱方）、元忠之印（白方）

　　是书作者郁鼎钟字声金，号彝斋，浙江嘉善县人，道光五年（1825）中举，次年得进士，曾任江西泰和知县，听讼以诚，文望翕然，去官后主讲赣州阳明书院五年，门下士尝汇其言论录为《课士随笔》，为士子读书入门之钥。暮年旋里后，足不入城，键户著书，有《平川旧闻》《心香阁诗钞》《彝斋文集》等，今皆不传，《清人别集总目》亦未见记载。然郁鼎钟曾于道光十年（1830）精选历科墨卷，编为《心香阁墨商》初编、续编，皆以清真雅正为宗，风行远近，为诸子课业必读之书，至今仍偶能寓目。

　　此《反游仙诗》为郁鼎钟中进士之后，历游四方随时感意之作，每一诗后附一注文，内容多为揭示神仙由何处附会而出，以及神仙生涯之无稽。游仙诗本为汉魏六朝

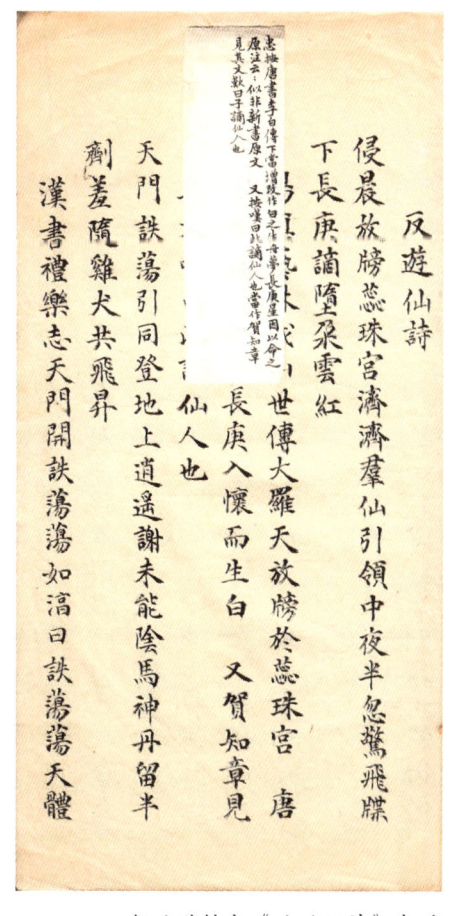

郁洪谟钞本《反游仙诗》卷首

華亭董含蓴鄉贅筆下卷昔彭祖七百七十九
歲猶懼不壽日講秘方晚娶妻鄭氏以妖淫敗
道而殂彭尚橫死何況餘乎
重上天台覓舊遊赤城霞隱洞雲幽桃花最是無情
物不遣紅顏伴白頭

節錄許郡尊瑤光　新脩嘉興府志列傳
郁鼎鐘字聲金號爇齋世居嘉善縣屬之平川鎮道
光乙酉科舉人丙戌科進士歸部銓選歸而友教四
方應遊蛟門柳浦暨富湖之乍川等處所至爭以文
就正執贄門下者甚眾因選應科墨卷為心香閣墨
商初編續編規矩準繩一以清真雅正為宗而批卻
導竅能使作者之全神潭現揣摩風行
遠近辛丑謁選得湖南寧遠縣知縣調授江西泰和
縣知縣下車即以懲盜安良為務聽訟以誠兩造各

郁洪谟钞本《反游仙诗》内页

时期之重要诗歌体裁，曾风靡一时，广为流布，内容多以游仙、咏仙、慕仙为主，表达对神仙生涯之向望。反游仙诗在态度上与之绝然相对，然而在形式上却与之统一，故亦有学者将反游仙诗归为游仙诗之一种。

　　郁鼎钟《反游仙诗》令慕仙者读来甚为扫兴，于好奇者读来却颇觉有趣，如写道教仙人丁令威及张果老，虽做得神仙，却无法术令自己再返童颜，其诗曰："令威化鹤眉如雪，果老骑驴发似银。漫说大还丹药好，仙容难作少年人。"后注曰："《搜神记》：丁令威，辽东人，学道于灵虚山，后化鹤归辽，集城门华表柱。时有少年举弓欲射之，鹤乃飞，徘徊空中而言曰：'有鸟有鸟丁令威，去家千岁今始归。城郭如故人民非，何不学仙冢累累。'遂高上冲天。"论及张果老时，则曰："先生得道者，何齿发之衰耶？"又有咏上古神仙女几与彭祖之诗，二者皆修成神仙而容颜不老，诗曰："盗道无师翅不飞，谁同女几蹑仙梯。如何误学容成术，八百年来败小妻。"此诗前两句咏女几，后两句咏彭祖，注云女几本为当炉市酒妇人，偷偷抄录仙家养性长生诀而密修之，故得容颜不老；彭祖善补导之术，常服水精云母，故常有少容。后加案语曰："彭祖以小妻妖艳败道而狙，俟查所出。又案：容成，黄帝臣，言採纳者托始焉。"

此本为郁鼎钟之子郁洪谟手录，卷前有郁鼎钟小传，录自《新修嘉兴府志·列传》，卷后有郁洪谟跋语一则，以郁氏父子存世资料甚稀，兼述及此书囚缘甚详，故录跋语全文如下：

"右《反游仙诗》全帙，先君子捷南宫后，游踪所历，随时感意之作也。后乃手自编次，详加注释，存四十首，余悉从删。溯自癸丑春间，祖居后圃之陶后庐小梦伽罗室，不戒于火，先君子生平之著作毁焉。所可惜者，裒辑《平川诗征》已数十卷，未及

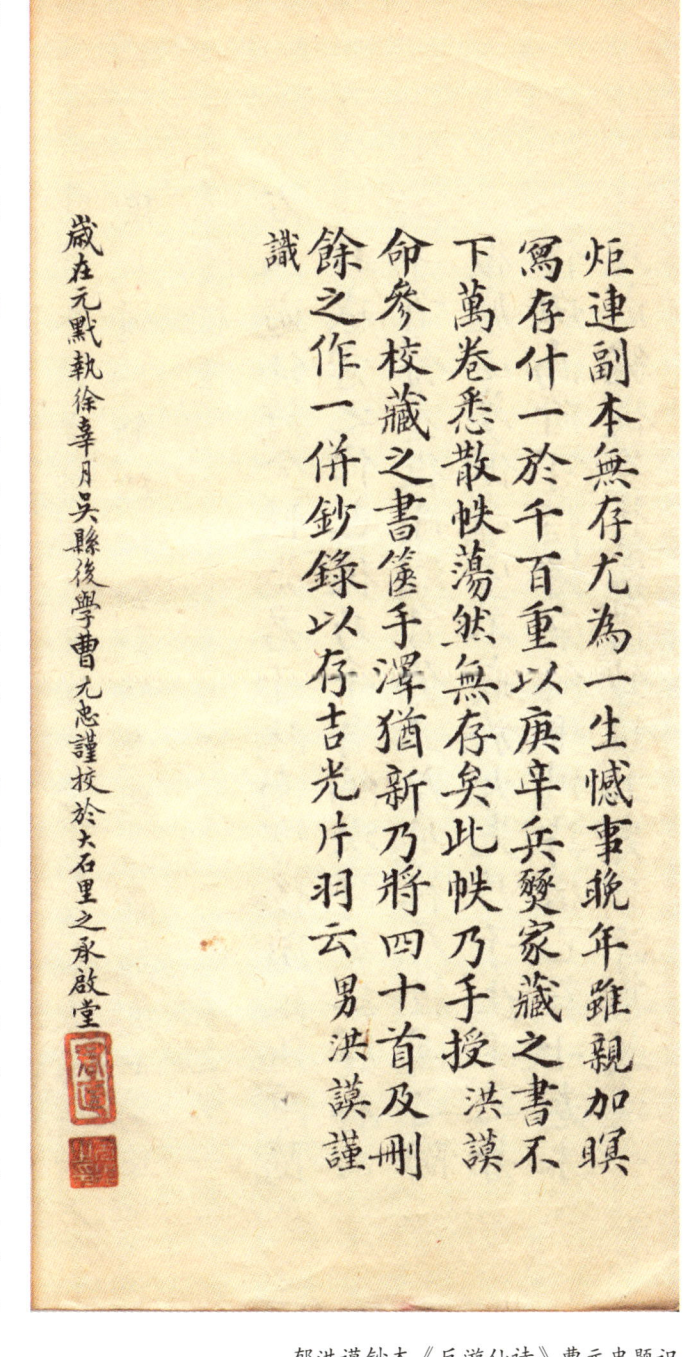

郁洪谟钞本《反游仙诗》曹元忠题识

成编，从各旧家借钞镇上先哲诗集，咸遭一炬，连副本无存，尤为一生憾事。晚年虽亲加暝写，存什一于千百，重以庚、辛兵燹，家藏之书不下万卷，悉散帙荡然无存矣。此帙乃手授洪谟，命参校藏之书箧，手泽犹新，乃将四十首及删余之作，一并钞录，以存吉光片羽云。男洪谟谨识。"

以此跋语可知，郁氏父子当年曾藏书不下万卷，却一毁于丙丁，再毁于兵燹，藏书之事，焉能不如履薄冰哉！然即便是如履薄冰，亦难保其完卵，读此令人戚戚焉。此《反游仙诗》于各家书目皆未见著录，由郁洪谟跋语可知亦未曾付梓，则此钞本当为孤本矣。更可宝者，此本为曹元忠精心批校之本，郁洪谟跋语之后有曹元忠题记一行："岁在元默执徐辜月，吴县后学曹元忠谨校于大石里之承启堂。"下钤"君直""元忠之印"两枚印鉴。"元默执徐"为壬辰年，因避康熙讳，故将"玄默"写为"元默"，该年为光绪十八年（1892），曹元忠二十七岁。

此书之君直批校均以"忠按"起始，字迹细若蚊足，并未直接书于钞本之上，而是写于白色浮签，再浮贴于天头处，以恐污书计。如此浮签共计二十九张，校语或长或短，短者两行十余字，长者两百余字。前文所述女几、彭祖一章，君直校曰："忠按：原注'几开示之'当作'几开视之'。'三十年'十一字似乎可删。又按：原注彭祖以小妻云云，当改作又殷王传彭祖之术，得寿三百岁，气力丁壮如五十时，得郑女妖淫，王失道而殂。据是，则得郑女败道者乃殷王而非彭祖，然华亭董含《莼乡赘笔》：'昔彭祖七百七十九岁犹惧不寿，日讲秘方，晚娶妻郑氏，以妖淫败道而殂。'董说当有所据。又案，原注按容成云云，当改作《汉书·艺文志》房中家有《容成阴道》二十六卷。"仅此一条，即可见君直读书之博，考证之详。

此处除有君直校语之外，尚有另一纸色较旧之浮签，上书："华亭董含《莼乡赘笔》下卷，昔彭祖七百七十九岁犹惧不寿，日讲秘方，晚娶妻郑氏，以妖淫败道而殂。彭尚横死，何况余乎？"审其字迹，与该书卷前、卷后之序跋为同一人所书，当为郁洪谟手迹也。郁洪谟字少彝，号文水逸人，咸丰五年（1855）举人，官仙居训导，拣选知县，光绪十二年（1886）与邑绅于西塘镇创办平川书院。所撰有《乙元新咏》，今嘉兴图书馆藏有钞本；又有《琵琶冷艳》一卷，有光绪十三年（1887）木活字印本传世。

郁洪谟跋语中所称"庚、辛兵燹"，当指咸丰十年（1860）太平天国攻克苏州一事。今时之史书有载太平天国事，措词曰："一八六零年四月十六日克常州。

曹元忠藏书印"元忠之印"

二十三日克苏州。五月初六克浙江嘉兴。于是以苏州为省会建立起苏福省，建设成天京的东南屏障和物资供应基地。这是太平天国后期取得辉煌胜利的一年。"读此语令人颇感不适，彼时太平天国之辉煌胜利，于江南藏书业而言却是一场浩劫。吾不知是否有人统计过有多少图籍毁于太平天国，若有统计，其数目必定骇人听闻，令人痛心疾首。

曹元忠邃于经史，尤精校雠，旁通医理，兼及词章等。十三岁即从名师管礼耕学习训诂，兼及典章制度等，光绪十年（1884）以第一人补博士弟子，复从定海黄以周学习《诗》《礼》诸经，日后又从缪荃孙受版本目录之学。光绪二十年（1894），君直得中举人，光绪三十一年（1905）入京供职，充玉牒馆汉校对官，派检大库藏书，考订宋元旧椠。后又聘为学部图书馆纂修。辛亥以后，其与叶昌炽、邹福保、朱祖谋等人往来甚厚，先为云间韩氏读有用书斋、常熟瞿氏铁琴铜剑楼、元和顾氏过云楼等校订宋元精椠，审定旧刻名钞。职业生涯若此，着实叫人羡慕，令吾颇有"不羡神仙羡君直"之感。

君直一生所辑、所著颇多，有《笺经室遗集》《丹邱先生集》《桂花珠丛》《司马法古注》《赐福堂诗词稿》《顾璜三儒丛祀录》等，与藏书相关者则有《笺经室所见宋元本书题跋》及《笺经室书目》，其中《笺经室书目》一依四库旧例，多有乡邦文献。其稿本四册一度归于潘景郑先生架上，潘先生记曰："全书眉上附注藏箧号数，以千文部居至'腾'字为止，都三十四大橱，橱各四箧，得百三十六箧，想见先生当日检点缥缃，秩然不棼也。全书抄写，虽出胥手，而先生补注之语，眉端行间，犹可辨识也。闻先生身后遗书，散佚太半，而此目经乱后，其后人悬诸市肆，求为嚆引。予因目以求，十不得一二，所谓乡邦掌故文献之书，则阙如焉。"

君直殁后十余年，其旧藏陆续散出，其中有四部医书于庚辰仲冬为卷盦所得，深叹其校读之精密。彼时正值日寇肆虐华夏，苏州失陷，倾巢之下无有完卵，君直未刊手稿亦四下散佚，后得王大隆先生收集编定为《笺经室遗集》，托高欣木于中华书局印行，却因乱未果。大隆先生复又鸠集同人，拟出资刊刻，然物价飞涨，纸墨之资亦随行就市，一时竟未能成事，直至民国三十年（1941），始集资以排印本刊行。卷前有君直先生小像，牌记为篆书"岁在辛巳孟秋吴县王氏学礼斋集资印"，卷末附集资题名录，注明某人捐资若干，其中有叶景葵、刘承幹、傅增湘、昌广生及王大隆等二十一位故旧。

　　大隆先生《蛾术轩箧存善本书录》中录有君直批、校、撰等近二十部，其收集乡邦前贤著作之苦心亦可见一斑，君直不仅为大隆先生之乡邦前贤，亦为其师曹元弼之族兄，大隆先生随侍曹元弼三十五年，于曹氏一门情深，绝非仅"乡贤"二字可论。今读《蛾术轩》中有关君直之文字，不仅可复见彼时书界往来之情状，亦可感彼时书人之襟怀。其中《笺经室余稿》跋语中录有君直札记数则，其中一则读来甚感苍茫："《翰墨大全》时令门载周公谨《春夜感怀三首》，云：'……（前二首略）不知天地几万劫，我生聊寓百年间。百年未尽且一笑，日饮白酒看青山。'极超旷，亦极沈郁，《蜡屐集》中佳制也。长吟凄讽，乃觉偷生后死之感先生与我闻之。"

　　该段札记作于何时，已无迹可寻，然以君直生平所历，所指大概为辛亥一事，鼎革后其无所生计，唯请缪荃孙于海上代为谋职，长吟凄讽，偷生后死，此时君直先生大约想不起二十年前曾睹郁洪谟书于《反游仙诗》上之批语："彭尚横死，何况余乎"。

曹元忠藏书印"君直"

刘公鲁跋并题记
《云间韩氏藏书目》一卷

《云间韩氏藏书目》一卷　（清）曹元忠撰
民国石印本　民国刘公鲁题记、跋语　一函一册

　　《云间韩氏藏书目》一卷，民国年间据原稿影印本，内附书影三十一帧，封面有刘公鲁手书题记一篇，卷中有批语数则，卷末附跋语半页。封面题记为："松江韩氏藏书多荛翁故物，曹君直年丈元忠尝尽读之。卷中有"曹"字元押者是也，（押为锡质，刻极深，几半寸许，元押中之至精品，褚松窗丈所赠也。时曹馆余家，故得摩娑而知其原委耳。）余久耳其名，惜未之见，仅闻陈乃乾云其书影存读有益书斋耳，但询之坊间，未之获也。顷读画评碑陈渭泉斋中，始得此册，信前缘也。此书影仅十之二三耳，以此册各纸观之，当以宋椠《三国志》为第一，惜书多残帙耳。"侧题年款："口酉二月廿五午刻记于上海逆旅之一品香，公鲁。"卷末跋语为："乙亥正月廿六夜，陈渭翁自海上来访，因出书画金石墨本共观，罄谈至

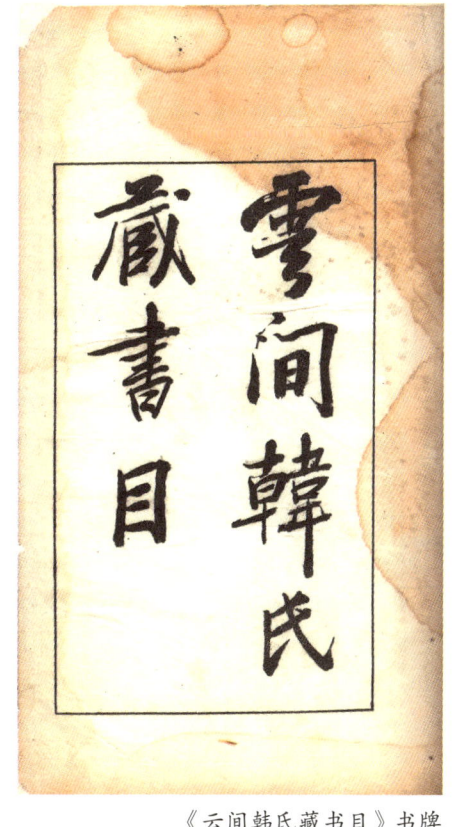

《云间韩氏藏书目》书牌

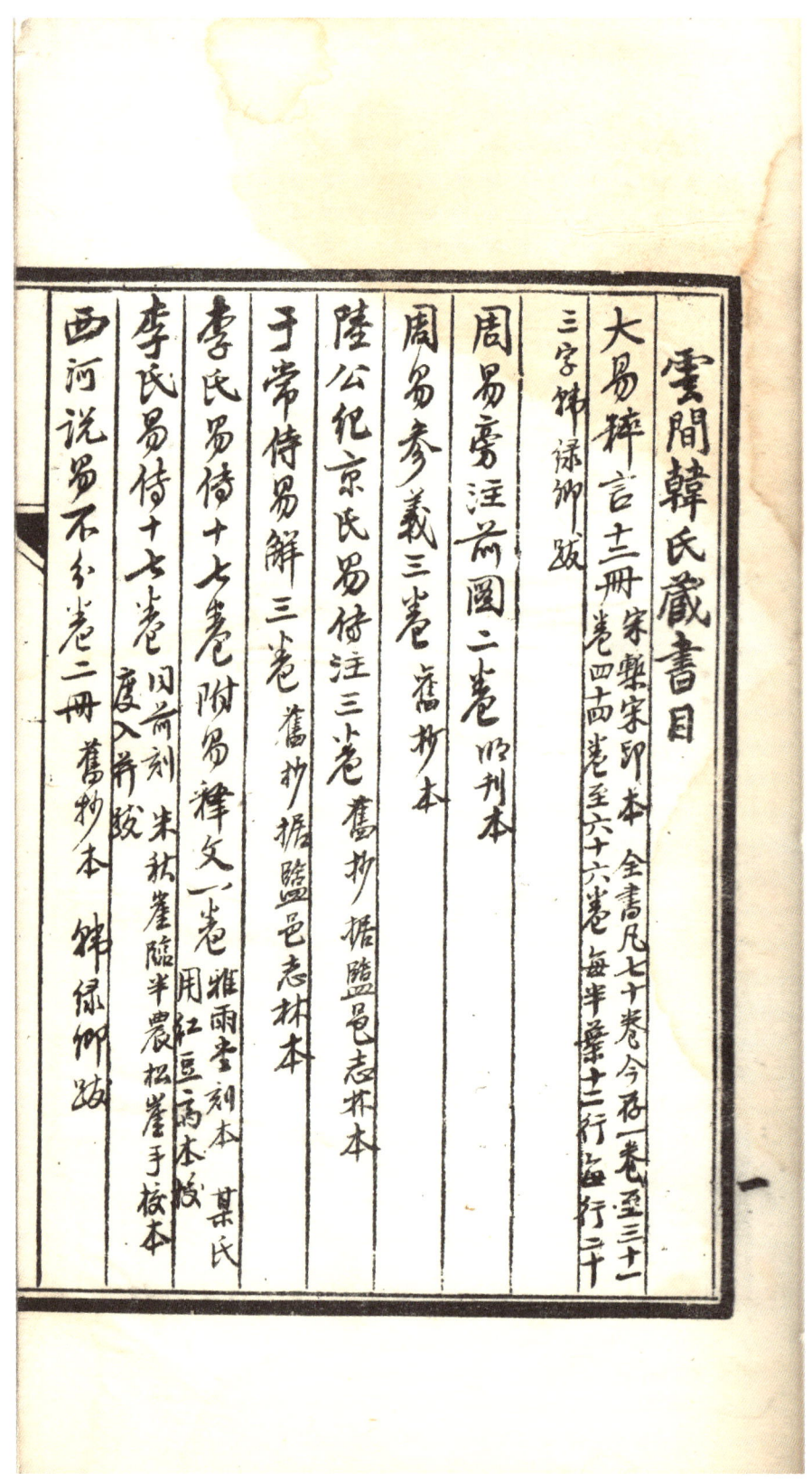

云间韩氏藏书目

大易辨言十二册 宋樂宋卿本 全書凡七十卷今存一卷至三十一
卷四十四卷至六十六卷 每半叶十二行每行二十
三字铸禄卿版

周易旁注前圖二卷 明刊本

周易参義三卷 舊抄本

陸公纪京氏易傳注三卜卷 舊抄據臨邑志林本

于常侍易解三卷 舊抄據臨邑志林本

李氏易傳十七卷附易释文一卷 雍雨堂刻本 某氏
用紅豆齋本校

李氏易傳十七卷 同前刻 朱秋崖臨半農松崖手校本
度入莳版

西河说易不分卷二册 舊抄本 铸禄卿版

《云间韩氏藏书目》卷首

午夜始去。适手边有此目，略一翻捡，并识所见于眉。陈云渠近得莫郘亭先生手抄《复古编》，批校满纸，题识至多，附记于此。公鲁坐弟三子重熙床沿书。时苑伊夫人相伴，钟鸣三下矣。"

云间韩氏盖指松江韩应陛，字鸣塘、对虞，号菉卿，生年不详，道光二十四年（1844）中举，官内阁中书，卒于咸丰十年（1860）太平天国之乱。《清史列传》载其好读周秦诸子，师从姚椿，得桐城派古文义法，为文古质简奥，尤喜译算及重学、气学、光电、声学等近代科技。清末算学家李善兰与英国人伟烈亚力续译之《几何原本》后九卷，出资刊刻者即韩应陛。王韬日记咸丰八年（1858）记此事曰："云间韩菉卿应陛来访，以所刊《几何原本》相赠，得之如获拱璧。……系伟烈君与壬叔所译，而菉卿以其特探秘钥，西法大明，特出资授梓，今已藏事，因携一册来饷予，殊可感也。"该书版刻后未久，刷印无多，书版即毁于兵火，故存世者极少。韩应陛亦于此劫中，因所藏图籍、板片、古器、书画大半被毁，房屋俱塌，仓皇走避，于途中中暑郁郁发病而卒。

韩应陛藏书处曰读有用书斋，内多宋元旧椠，计四百余种，缪荃孙记韩氏藏书曰："黄荛圃士礼居藏书尽出，先生与常熟之瞿，金山之钱，上海之徐、郁，同时收书，玉轴牙签，名钞旧刻，所积约十余万卷，校雠考订，手不停披。"因韩氏与黄荛圃有姻亲之故，得其题跋之书甚夥，多达六十余部，然韩氏一直秘而不宣，外界知之甚少，故叶昌炽《藏书纪事诗》中未有收录，直至民国初年韩家聘曹元忠坐馆，教其孙韩子谷，子谷复请曹元忠编目，始渐闻于世。

其时曹元忠致信好友冒广生，云："受业卧病一载，贫困无聊，经张门生锡恭介绍，就松江秀野桥韩氏馆。韩生为菉卿前辈应陛之孙，绿翁与张绣山、顾尚之及受业外王父马燕郊先生，均以收藏校勘为事，复得士礼居、艺芸书舍所散善本……现在课暇，即为《韩氏读有用书斋书目》，体例拟略仿瞿氏《铁琴铜剑楼书目》。"彼时曹元忠与朱祖谋亦书札频传，多论及书事、词事，《彊村丛书》跋语有"彊村每言《淮海词》无善本，因录此云间韩绿卿前辈旧藏士礼居本寄之。癸丑六月庚子望，曹元忠客读有用书斋写记"之句。此语一可证君直于松江韩氏课馆校书之事，二可证读有用书斋多藏惊人秘籍也。

民国十八年（1929）冬，韩应陛后人将读有用书斋之目送至集宝斋孙伯渊处，拟出让所藏，消息逐渐散开。至民国十二年（1933）十二月一日，由邹百耐任经纪人，于海上赁屋散书，一时间好书者齐聚海上。陈澄中首以万金得宋熙宁本《荀子》，傅增湘笑称："君非以万金得《荀子》者乎？是可以'荀'名其斋矣。"陈澄中笑纳此言，"荀斋"之堂号亦因此而来。此《云间韩氏藏书目》后所附书影中，第十五帧即熙宁本《荀子》，虽为石印，然勾画明朗，可想见实物之灿然。该书目卷首所记第一部书乃宋椠《大易粹言》，注云有韩绿卿跋语，所附书影首帧亦此书之卷首。该书一度归于文禄堂，王晋卿记此书钤有"甲子丙寅韩德均钱润文夫妇两度携书避难记"及"应陛"印，可想见是书存于战火劫余，殊可幸哉！

此书之封面、卷末题跋者刘之泗，字公鲁，其父乃清末大收藏家刘世珩（1875－1926），字聚卿，又字葱石，号楹盦，别署灵田耕者，十三岁即补县诸生。曾任天津、湖北造币厂监督、直隶财政正监理官，鼎革后避居沪上，自认清朝遗民，盘发于顶作道士状，号"枕雷道士"。刘世珩虽出身官宦世家，却无纨绔子弟气，一心讲求经世实学，嗜书成性，其藏书处为聚学轩，取"学以聚之"之意。又有玉海堂、宜春堂，藏戏曲剧本处为梦凤楼、暖红室，以其两位夫人名字中有"凤""红"二字也。藏金石处为四镫精舍、后铁如意室、双忽雷阁，刻书处为唐石簃。所刻书有《聚学轩丛书》十函百册，《贵池先哲遗书》十函百册，又有《玉海堂影宋丛书》《宜春堂影宋巾箱本丛书》及《暖红室汇刻传奇》等，所刻之书尤重选择、校雠及刻印之工，其中影写之本尤精，一字之疑必究群书以证，断不肯轻改原书，少则载入跋语，多则另编札记，以至于坊间传有"李鸿章拼命做官，俞曲园拼命著书，刘世珩拼命存古"之语。伦明《辛亥以来藏书纪事诗》中亦咏其刻书事："贵池刻书爱仿宋，成就武昌陶子麟。本来未见中郎貌，究是中郎是虎贲。"可知聚学轩所刻几乎可以乱宋。

刘世珩五十二岁捐馆，所藏尽归其子刘之泗。之泗别号畏斋，为人豪荡，守父训以"遗民"自居，入民国后仍然垂辫于脑后，人称"刘大辫子"，偶作小文刊于报端。郑振铎《西谛书话》尝详记其过世之事，1937年"八一三"后，日军进苏州，公鲁并未出城避难，留于书房中持卷吟哦，有日军持刺刀闯宅，以利刀直刺其面部，公鲁连忙侧头转身以避，幸无大碍，然而毕竟受惊一场，不久即弃世，年仅三十余岁。公鲁过世后，其家境日窘，家属不得不出其所藏，尽归孙伯渊。

由公鲁题于该书之封面题记可知，馆于韩氏之后，曹元忠曾迁馆于刘氏，为刘世珩校书。然不知何故，以君直之学，当日为韩应陛编写书目时，竟然时见错讹，兼抄手甚劣，以至讹夺凌杂，至民国廿三年（1934）封文权重加编订，始有《读有用书斋书目》，由瑞安陈准襄殷堂梓行。公鲁所跋之《云间韩氏藏书目》以手写本

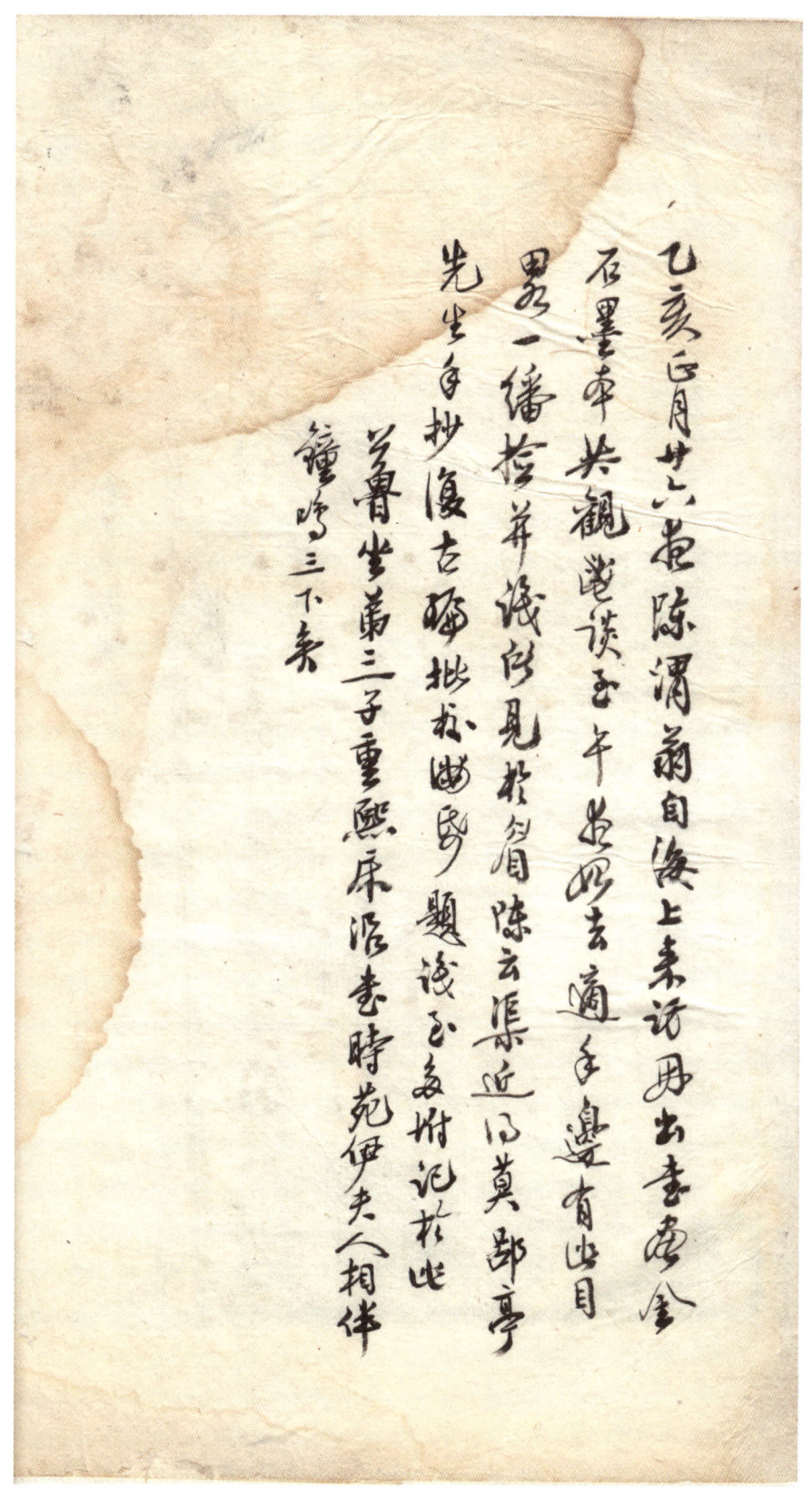

乙亥正月廿六日陈渭翁自海上来访丑出李墨庄金
石墨本共观坐谈至午共观此书适玉邊有此目
因一番捡并识彷見於眉陈云渠近同莫郢亭
先坐手抄復古碑批松幽堂题诗玉余附记於此
兰鲁坐第三子重熙床涩卷時莸伊夫人相伴
鍾唛三下柔

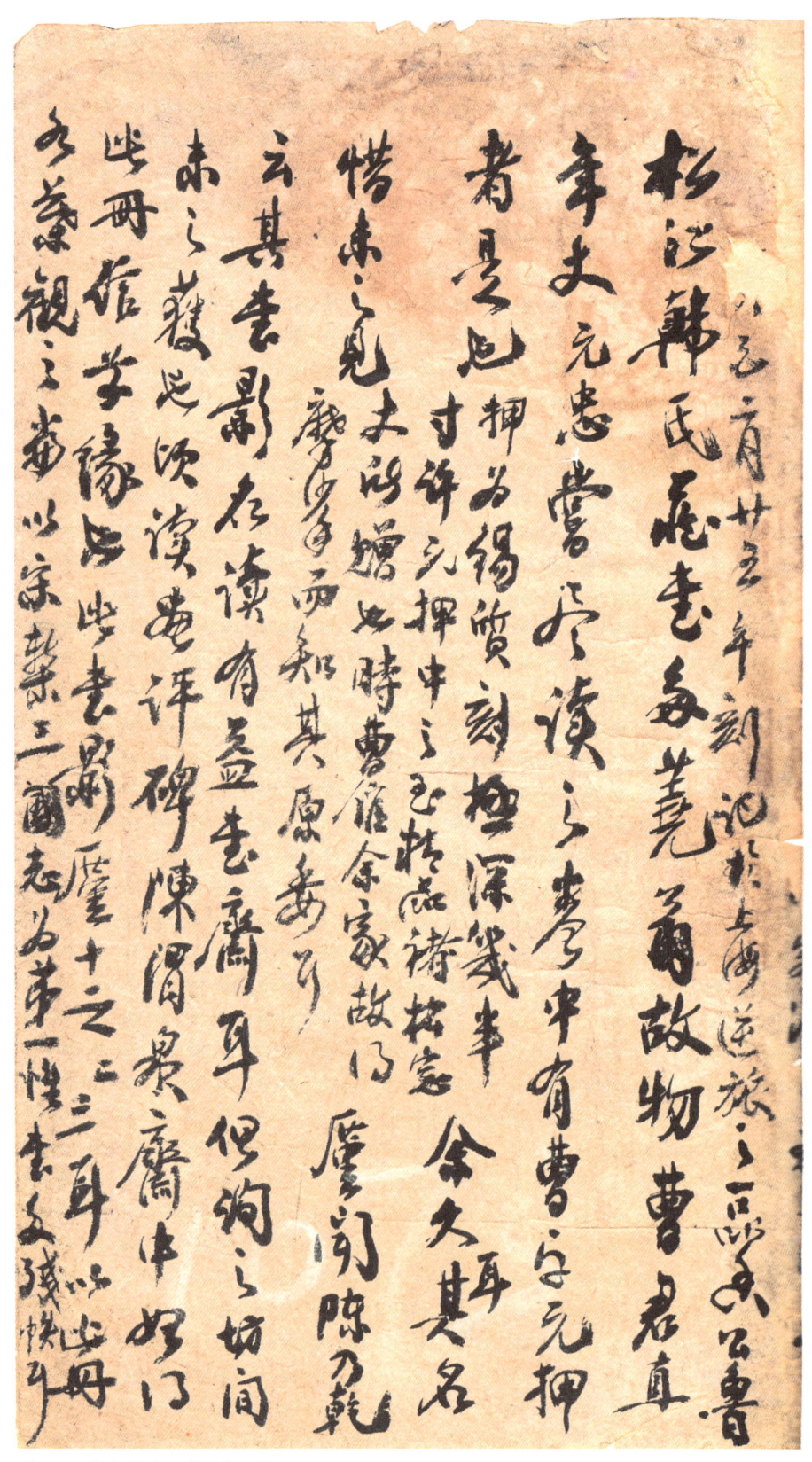

《云间韩氏藏书目》刘公鲁题记

为底本影印，然字迹显非君直所书，未知是否抄胥所为，窃臆度此或为君直所编之誊清本也。是书所附书影中，第十帧为《国语》，右侧影印注云："宋元间刻国语"，公鲁于此页眉批曰："泗案此是明刻本，非宋元也。"以吾观之，此分明为明嘉靖间许宗鲁所刻之本，是书字体特殊，于非宋非隶之间，极易辨识，不明著录者何以有此失误。

公鲁批语于是书中多处可见，既有谈版本者，亦有说递藏者，兼有述掌故者，以存史料故，暂录于此：书目之后、书影之前墨笔识曰："圈出者皆王荫嘉兄所得也。乙亥正月廿六夜五鼓，公鲁识。"检所圈出者有三：一为旧钞本《易传》三卷，有韩应陛跋、朱秋崖抄、惠定宇校；二为士礼居藏旧钞本《龙筋凤髓判》二卷；三为丛书堂钞本《陆士龙文集》十卷，为吴宽旧藏。王荫嘉（1892—1949）即王大森，王大隆之兄，以藏泉数万枚闻名，亦通金石考古、版本目录之学。卷中则有："以上各集口即从徐健庵所藏本影抄者。《周贺》《朱庆余》二集宋本今藏瞿氏，已影印行世。又李贺《歌诗编》亦印出，皆曾赠余。乙酉四月六日黎明不寐，坐卧云阁南窗下识。公鲁。"

封面题识中所推许之宋椠《三国志》书影为第五帧，公鲁眉批曰："泗闻此书已残，惜哉。"第六帧为未椠《晋书》，公鲁眉批曰："泗家亦有一残卷，较此清晰，盖最初印本也。"言语间略见得意。第十八帧为宋椠《伤寒要旨药方》，公鲁眉批曰："泗案此与瞿氏所藏《洪氏集验方》相同，口一时所印，皆宋椠之佳者。"次为元椠《考古图》，公鲁眉批曰："泗案余家藏者与此同，亦少模糊矣，明朱之赤旧物也。"第二十三帧为宋椠《乐全先生文集》残本，识曰："泗尝见宋巾箱小字本《东坡待诏集》口端刻七集本，每（多）字其形式与此极似，口较小耳。邵大业藏书。"第三十帧为宋椠《玉台新咏》，识曰："泗口此即明定山赵氏刊本，非宋椠也。盖估人多抽去赵序以作伪，并染纸色以充宋。昔见成亲王藏本，王亦以为宋椠，实明本耳。今藏锡山秦氏，悉以为宋本也。"

赵元方题识《宋艳》十二卷

《宋艳》十二卷　（清）徐士銮撰

清光绪十七年（1891）蝶园刻民国十九年（1930）印本

赵元方题识　一函六册

钤印：钫（朱方）、家在黄山白岳间（朱方）、萋
萋芳草忆王孙，柳外楼高空断魂。杜宇声声不忍闻，欲黄
昏，雨打梨花深闭门。（朱方）

深院静，小庭空，断续寒砧断续风。无奈夜长人不
寐，数声和月到帘栊。（白方）

辛卯年秋拍期间，有三家拍卖公司同时
出现赵元方旧藏之本，看来是同出一源者。赵
元方旧藏吾本已备，然预展时前往翰海翻看原
物时，见有光绪十七年（1891）蝶园刻本《宋
艳》十二卷，一函六册，其中四册封面有朱笔
题识，鲜艳可喜，遂与众藏家逐鹿。是书以
一万二起拍，最后以四万元落槌归吾囊中。

是书清隽可爱，每册均以硃砂题写书名、
册数于磁青封面，旧日闲情扑面而来。除书
名、册数之外，是书第一、三、五、六册封面
均有题识，虽寥寥数语，然赵元方检书之意
态、纸墨之情趣以及旧物之递传尽在其中。
首册题识曰："乙巳中秋前一日，微雨卧病
捡书题。无悔。"第三册曰："以朱书于磁青
纸上，不惟采色相宜，而亦适笔，未审好写朱
书衣者得此趣否。试乾隆丁巳朱锭。"第五册
曰："凡上好朱锭，初用时不觉其红，经久则

《宋艳》作者徐士銮像

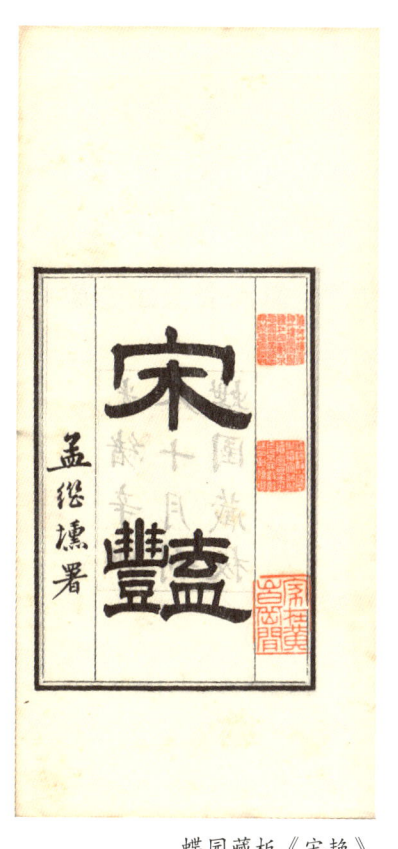

蝶园藏板《宋艳》

愈艳，若遇微雨气润则尤鲜好。吾藏吴尺凫校笔，时见此色，可能用明时制者也。渌饮所校即不及，老莪则更差矣。真义门亦好，临者虽蒋篁亭亦不红，劳氏兄弟则是曹素功制，更淡矣。"第六册曰："此亦昔年徐濠叟所惠。徐藏砚至精而多，殁后其嗣献之，美事也。又曾藏《永乐大典》十册，予为作缘，归北京图书馆。"读此题识，可想见赵元方于微雨仲秋时节，试乾隆旧墨于新纸，以此遣散轻恙，与明万历年间徐火勃偶染寒疾时得元刻《丁鹤年诗》，捐药债以购，据床吟诵一过之后倏然病愈，有异曲同工之妙，而朱墨之趣，实文玩中之上趣也。

朱锭者，硃砂也，可抒毫，亦可印书，所印之书俗称为"朱印本"。"朱"或又作"硃"，通常为书版雕好之后先用朱色印刷五至十余部，用以校对字句，之后再以蓝色刷印十至二十部，再细校一过，故红、蓝印本以今日出版术语称之，当同于初校、二校。红、蓝印本系每一版之初刻初印，不单颜色亮丽，从版刻角度来讲，亦是明晰可爱，故广受爱书者青睐。民国年间，多有刻书家将木刻之本仅以红、蓝二色刷印，以满足好事者之需。例如王大隆所刻之《思适斋集补遗》，二十余年来，吾所见均为该书之红、蓝印本，反而最终定稿之墨印本一部也未曾寓目。

正因红、蓝印本通常为首次刷印者，书版无任何磨损，故字迹亦最为清亮，相当于今时所称之"初版初印"。近二十年来之拍场，红、蓝印本极受藏家所喜，其中红色印本书界通称为"朱印本"，然此"朱印本"实则古今有所不同。古人所印之朱印本，传闻均用矿物质硃砂所

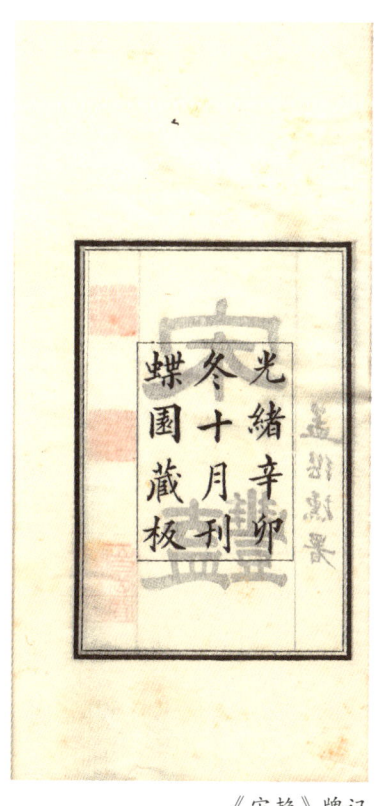

《宋艳》牌记

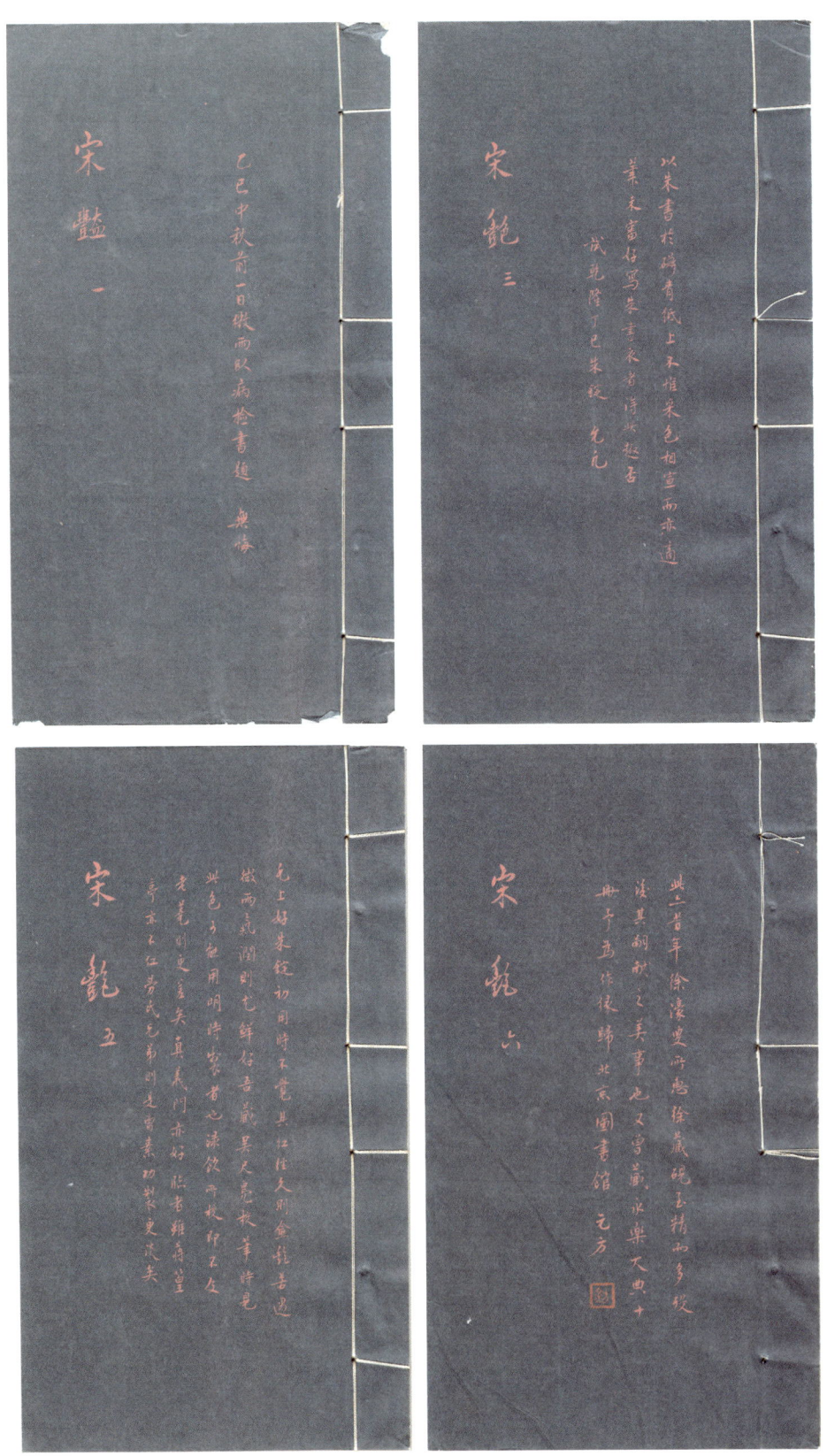

《宋艳》封面赵元方题识

印，而民国年间出现之朱印本多以化学染料红色而印，虽则同为朱印本，其中差别却有如天壤。单以颜色而论，硃砂所印之本日久而色鲜，遇潮则愈艳，其色之正，不偏不倚。化学染料所印之本虽红，却带玫瑰之色，业界俗称"洋红"，素不为藏家所喜，因其见水即洇，即便未曾见水仅是受潮，亦会走色，书界称此种情状为"烘"，如行家常言"红印本不错，可惜烘了"，惟"烘"为其音也，未知本字为何字。

吾乃俗人，难逃硃砂印本之好，故每有此本出现，均另眼相看，以其难得也。近年来因仿古人刷书之故，尝购硃砂原料两公斤，几经试验，方知书界惯常所称之硃砂印本，并非吾此前以为，乃用纯硃砂印就，而是掺入硃砂若干之后，余外以红色染料相配者。究其原因，一则纯以硃砂做墨，刷印时容易糊版，于技术要求极高；二则纯硃砂价值极贵，十余年前价格已在每市斤一千二百元左右，今则已涨至六千元，若整部书皆以硃砂刷印而成，其造价则不知几何矣。

吾虽不类元方先生风雅之人，然去岁春夏亦为硃砂好一场纠结。二月间往琉璃厂办事，于荣宝斋见硃砂墨锭添有新款，价格较前又有上涨，整套硃砂则仍标为一万六千八百元，此价年余未动。数日后再至荣宝斋，单锭硃砂又换新品，店中央所陈列之整套硃砂却不见踪影，换成另外四款单笏，顿感沮丧，默念此价待售年余，吾始终嫌贵而未买，今时被他人买去，却又怅然若失。此前一年曾遇冯良才，告知荣宝斋所售硃砂均为其所生产提供，售价远较荣宝斋为廉，然无漆盒以配，但若有所需，亦可慢慢寻访可提供漆盒之厂家。吾贪此小利待其配到漆盒，嗣后却再无音信。今见此况，立刻致电冯良才，问其荣宝斋所售硃砂还有否？冯称有。吾告其荣宝斋之售价，冯称荣宝斋所售者皆为其若干年前所提供，售价亦是两年前之市价，如今其出厂价早已高过荣宝斋当下售价："原料涨得太快，硃砂涨到了六块钱一克，比一年前贵了三倍。"吾闻此语更觉沮丧，甚悔自己贪小利而失佳物，并暗下决心此后需尽力买下喜爱之物，人生匆匆，能换得当下之开心足矣。

至三月中旬，为支票事与银行闹气一场，事件解决后又颇开心，默念可执此票去换硃砂。来到荣宝斋，此前所睹又不复见，改陈另一套硃砂，问店员此物还有否？店员找主管，主管复找库管，库管称配有木匣者仅此两盒，余外虽有样品，但包装已损。心痒之下致电友人，请其改天带吾找经理还价，然而事与愿违，约定之日吾却俗务缠身未能践约。四月初再往琉璃厂裱画时，见荣宝斋所售硃砂又有调整，早前所看中之物尚未沽出，心下略安，却又煎熬，分明是喜爱之物，却始终无

芷兰斋书跋续集

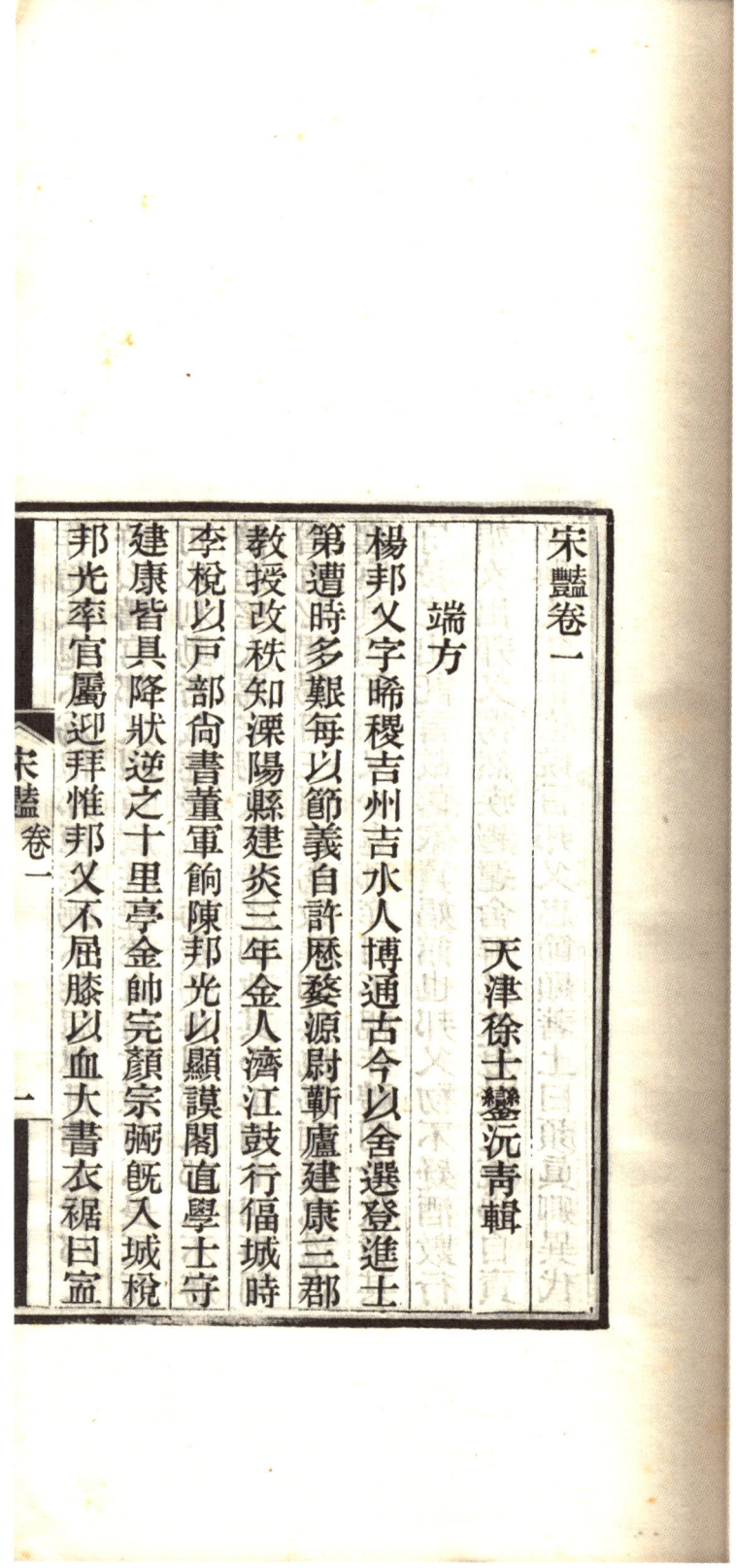

宋艳卷一

天津徐士鸾沇青辑

端方

楊邦乂字晞稷吉州吉水人博通古今以舍選登進士第遭時多艱每以節義自許歷婺源尉靳盧建康三郡教授改秩知溧陽縣建炎三年金人濟江鼓行偪城時李梲以戶部尙書董軍餉陳邦光以顯謨閣直學士守建康皆具降狀逆之十里亭金帥完顏宗弼旣入城梲邦光率官屬迎拜惟邦乂不屈膝以血大書衣裾曰寧

蝶园藏板《宋艳》卷首

34

萋萋芳草忆王孙,
柳外楼高空断魂。杜宇
声声不忍闻,欲黄昏,
雨打梨花深闭门。

深院静,小庭空,
断续寒砧断续风。无奈
夜长人不寐,数声和月
到帘栊。

法下定决心,自己亦明白即便买下也不算太过破费,若是买书,所费又岂止十倍于此。

彼时京城停车费正式宣布全面普涨。往日至琉璃厂,头痛之事莫过于停车,那日却见街道两旁空空如也,几疑走错,停车场收费人员称,此皆为涨价所致。停车费大涨,令吾办事速度加快许多,唯恐超时又多掏停车费。返程途中反思自己心态,拍场遇好书,即便千万亦觉物有所值,停车费涨至十元,立觉奇贵,实乃怪哉。时至六月,再往荣宝斋,整盒硃砂仍待字"柜"中,然价签已改为两万八千元,吾此念顿息。

赵元方题识所用朱锭为乾隆丁巳(1737)之物,乙巳中秋为1965年,两百余年之旧墨取以试帖,换作吾等定然难以下手。然世间之物原该尽为人用,吾等好物若此,实则反被物所用,一如古人云:"聚书好货,均为一贪。"吾为物欲贪念所控,此生恐难翻身,文人雅玩之物,今日反来玩我,皆报应也。先生之疏襟雅兴于是书所现,非仅题识,内中尚有藏书印三方,其一为朱方"家在黄山白云间",另两枚方章一朱一白,长宽不足两厘米,印文却是两阕小词,朱方为李重元《忆王孙》:"萋萋芳草忆王孙,柳外楼高空断魂。杜宇声声不忍闻,欲黄昏,雨打梨花深闭门。"白方为李煜《捣练子》:"深院静,小庭空,断续寒砧断续风。无奈夜长人不寐,数声和月到帘栊。"睹此极尽精巧之物,不禁又想起自己好物之心,深知自己若有此二章,定然是连印蜕都舍不得打,唯恐损之纤毫。《文献家通考》载有赵元方先生简介,其本名钫,字元方,以字行,祖父为光绪间军机大臣、协办大学士荣庆,本姓鄂卓尔氏,蒙古正黄旗人。其藏书处为无悔斋,所收多明铜活字本及名人钞校本,由《宋艳》题识即可知其曾藏吴尺凫批校之本,他如鲍渌饮、黄荛圃、何义门、劳氏兄弟等手泽,皆曾寓目。赵氏所藏除捐北京图书馆之外,还被康生抄家掠去不少,并钤以"康生""归公""大公无私"三印。

购此《宋艳》未久,陆昕兄送吾新作《祖父陆宗达及其师友》,内中刚好有谈赵元方文章一篇,读后始知其曾任天津中南银行襄理,生于1905年,殁于80年代初期。陆昕文中记赵先生于厕所中翻捡旧籍，边翻边对陆昕说："想看书就不能怕臭。"书痴之状立时浮于纸面。又记赵先生与陆宗达晚年相对抽烟时，两人将烟夹好叼上，点火时颤颤危危谁都点不准，如此七八次之后，赵先生说："咱们这样，你给我点，我给你点，或许就能点准了。"读此令吾顿生羡慕，倘若暮年有友如斯，则为后福。除古籍之外，赵先生亦藏墨、砚及印章等文人雅玩，皆为罕见之品，其中包括毛子晋、卢葵生旧砚，令启功、王世襄等艳羡不已。陆兄回忆文章之后，尚附有"文革"后赵先生凭回忆所录书单，以供清退索书之用，计约四百部左右，其中并无《宋艳》，未知此书以何故逃过抄家、捐赠之命运。是书作者徐士銮（1833—1915）字苑卿，又字沅青，咸丰八年（1858）举人，同治十一年（1872）出守浙江台州知府，光绪七年（1881）引疾归里。所著有《古泉丛考》《医方丛话》《敬乡笔述》《蝶访居诗文钞》及《宋艳》等，均以蝶访居名行梓。是书卷前有牌记云"光绪辛卯冬十月刊蝶园藏版"，次接"徐沅青先生遗像"，像中人手持书卷，目光和蔼，因该书为极初刻故，此像极为清晰明爽，虽像中人乃平常人物，行梓者亦平常人，然版画之美亦可见一斑。其后有赞曰："其容蔼蔼，其性肫肫，文章道德，坊表后人。"此赞一语道破是书之旨：文章道德，坊表后人。该书内容乃摘北宋时期有关婢妾倡伎之旧事，沿《世说新语》之体例而作，区以三十六门，分类编次，其意则劝慰后之学者，勿以情欲之私而害礼义之正。因人物多涉胭脂，兼为宋朝之事，故名曰《宋艳》。

《宋艳》成书于光绪十七年（1891）六月，行梓于是年十月，刷印俱精，然印本极少。因该书情节有趣，颇得读者欢迎，故于民国年间即由海上书贾影印入《笔记小说大观》，大行其市。吾藏之本虽有光绪十七年（1891）之牌记，实则为徐世章刷印于民国十九年（1930）。民国十八年（1929）徐士銮后人鬻此书版，为徐世昌幕宾贾君玉所得，惜版已不全，幸得不久后又搜集若干，补为全帙。贾君玉喜而赠书版于徐世章，曰："此君家物也，宜复归君家。"原来徐士銮为徐世章之族曾叔祖。徐世章复寻得徐士銮之遗像及小传，附刊于卷首，即此本也。徐世章（1886—1954）字端甫，号濠园，为民国总统徐世昌堂弟，长期担任交通部门之要职，好收藏古玉、古砚、旧墨、印章、拓片、金石、书帖等物，去职后居天津，过世后其夫人遵嘱将所藏尽数捐献于国家，计两千七百余件，今藏天津市艺术博物馆。

是书之第六册封面题识有云："此亦昔年徐濠叟所惠。徐藏砚至精而多，殁后其嗣献之，美事也。"此处赵元方先生所指当为硃砂旧墨，此《宋艳》十二卷则当为徐世章所赠。濠叟过世于1954年，元方题识于1965年，匆匆十载又过也，取故人所赠之墨，题于故人所赠、所印之书，微雨轻恙之花甲翁，能不忆故人耶。

"家在黄山白岳间"

杨昭儁批校并题记
《礼记集说》十卷

《礼记集说》十卷　（元）陈澔著

清光绪十六年（1890）湖南务本书局刻本　杨昭儁批校并题识　竹纸　一函十册

钤印：杨杧子（朱方）、杨昭儁（白方）、潜庵印记（朱方）、昭儁（白方）、净乐宦（朱方）、杨昭儁印（白方）

　　是书原名《云庄礼记集说》十六卷，于流传过程中逐渐变成《礼记集说》十卷，作者陈澔（1261—1341）字可大，号云庄，一号北山，江西都昌人氏，宋末元初理学家。入元后隐居不仕，郡守延为白鹿洞山长，学者称其为经师先生。

　　陈澔之前，有宋代卫湜作《礼记集说》一百六十卷。卫湜字正叔，生卒年不详，精于礼学，学者称为栎斋先生。卫湜《礼记集说》始作于南宋开禧、嘉定年间，历时二十余年，广采自郑注以下凡说解《礼记》者共一百四十四家，兼以他著中涉及《礼记》者，去取精审，至宝庆二年（1226）成书并上表朝廷，嘉熙末年复加修订始为定本。陈澔之《云庄礼记集说》成书于元至治二年（1322），集有元以前名家《礼记》之说，较卫湜之书简约明了，适合初学者习之，

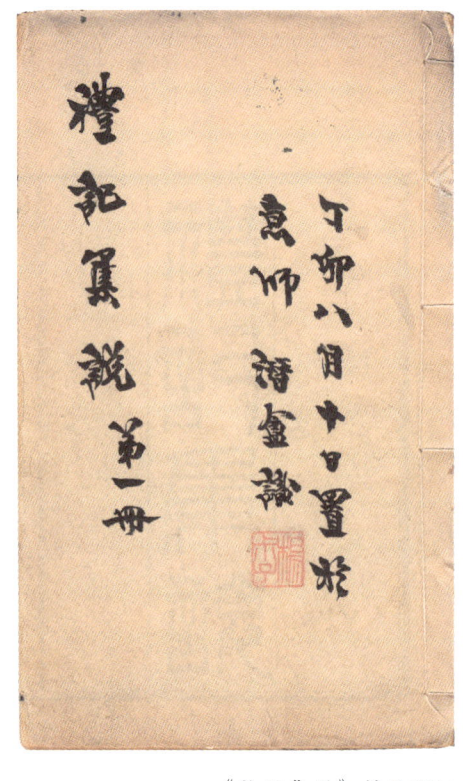

《礼记集说》封面题识

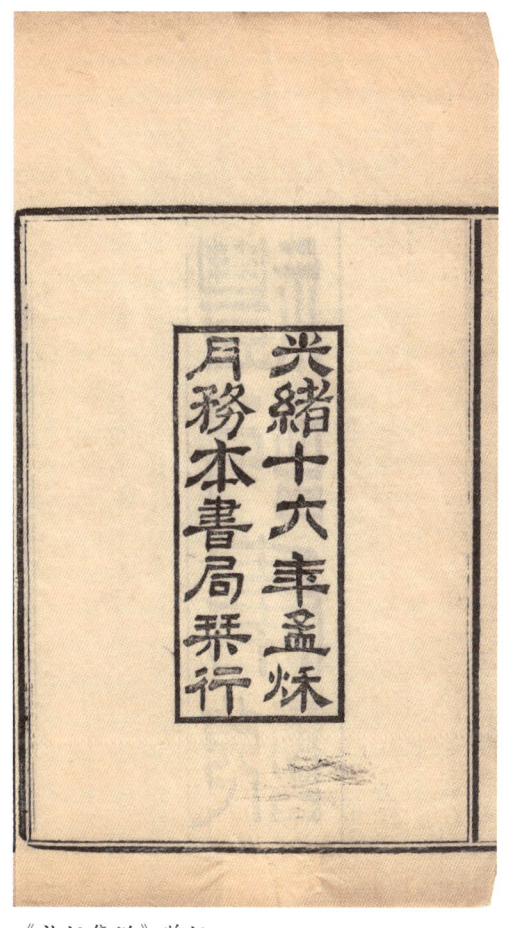

《礼记集说》牌记

其于自序中云："先君子师事双峰先生十有四年，以是经三领乡书，为开庆名进士，所得于师门讲论甚多，中罹煨烬，只字不遗。不肖孤，僣不自量，会萃衍绎而附以臆见之言，名曰《礼记集说》。盖欲以坦明之说，使初学读之即了其义，庶几章句通则缊奥自见，正不必高为议论而卑视训诂之辞也。"

《云庄礼记集说》虽成书于元至治二年（1322），却未为当世儒者所用，直至明初胡广等修定《五经大全》时，其中《礼记》以陈澔所注立于学官，用以取士，始得广为人知，并成为明、清两代书院、私塾之通行本，习举子业者必加以诵读。卫湜之著嗣后则处于若隐若垅之间。陈著于明初成为科举必读之"教科书"，其原因除却适于初学之外，尚多得益于祖上余荫。南宋宝庆以后，朱子之学大行其道，陈澔之父陈大猷师从饶鲁，饶鲁师从黄榦，黄榦又为朱熹之婿。《四库全书总目提要》云："宋代莫善于卫湜，而卷帙繁富，亦不似澔注之简便。……遂藉考亭之余荫，得独列学官。……于初学之士，固亦不为无益。是以国家定制，亦姑仍旧贯，以便童蒙。" 陈澔所著《礼记集说》版本极多，仅明代所刻即有二十余种，寒斋所藏有明嘉靖建宁府刻本、司礼监本、内府刊本、克复书堂本、兴正堂本、吉澄刻本，又有清代聚锦堂本、善成堂本等将近十余种。此本为清光绪十六年（1890）湖南务本书局所刻，牌记云："光绪十六年孟秋月务本书局刊行"，版心下刻有"务本堂"三字，卷中有杨昭儁朱墨二色批校及题识、跋语数则。杨昭儁字潜庵，湖南湘潭人，精篆刻，富收藏，尝师事王闿运，生卒不详，其斋名净乐宦。宦者东北隅也，东北者阳气始起，养育万物。王謇《续补藏书纪事诗》咏杨昭儁曰："不重珍本重善

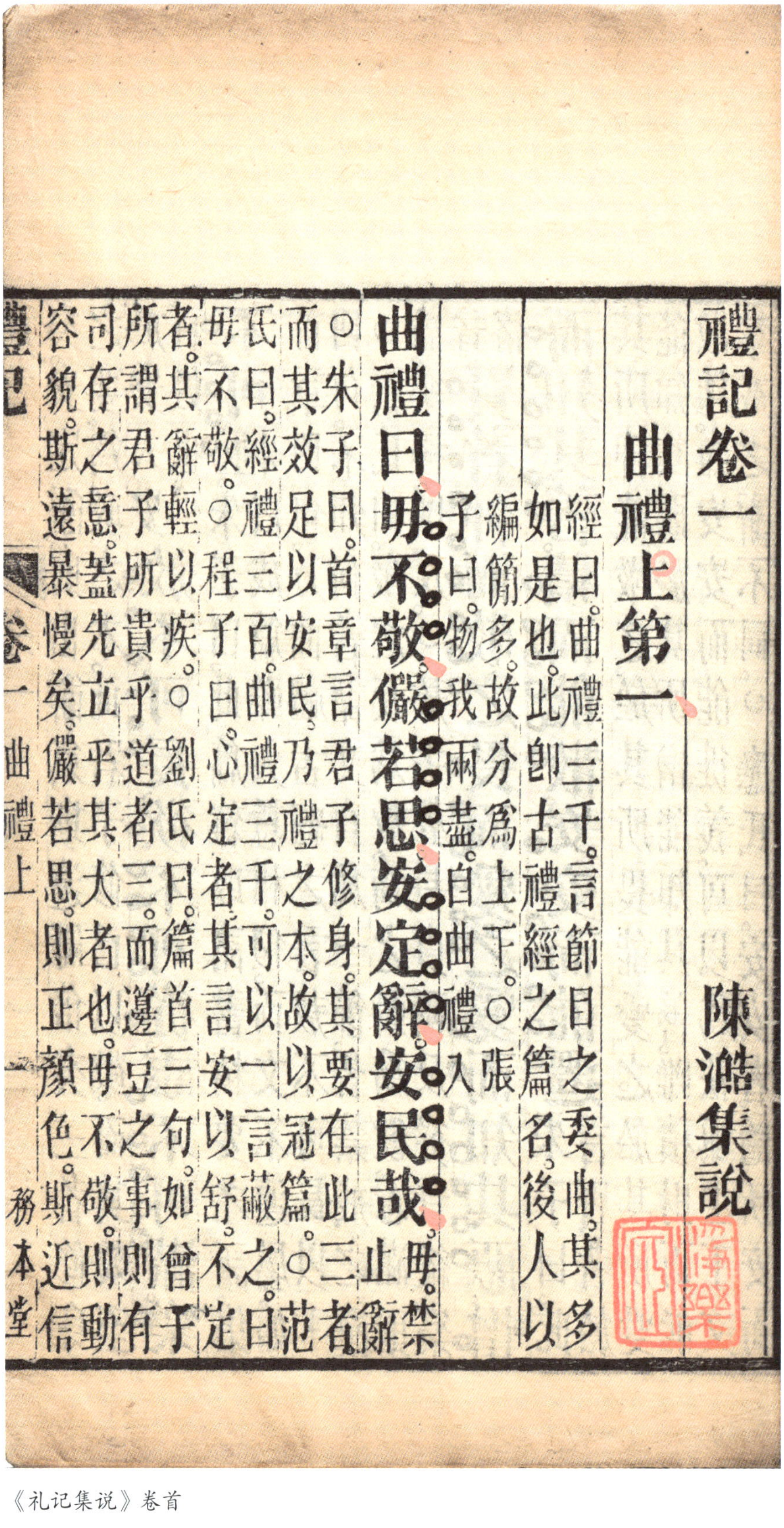

禮記卷一
曲禮上第一　陳澔集說
經曰曲禮三千言節目之委曲其多
如是也此卽古禮經之篇名後人以
編簡多故分爲上下○張
子曰物我兩盡自曲禮入
曲禮曰毋不敬儼若思安定辭安民哉毋禁止辭
○朱子曰首章言君子修身其要在此三者
而其效足以安民乃禮之本故以冠篇○范
氏曰經禮三百曲禮三千可以一言蔽之曰
毋不敬○程子曰心定者其言安以舒不定
者其辭輕以疾○劉氏曰篇首三句如曾子
所謂君子所貴乎道者三而籩豆之事則有
司存之意蓋先立乎其大者也毋不敬則動
容貌斯遠暴慢矣儼若思則正顏色斯近信
禮記　卷一　曲禮上　一　務本堂

《礼记集说》卷首

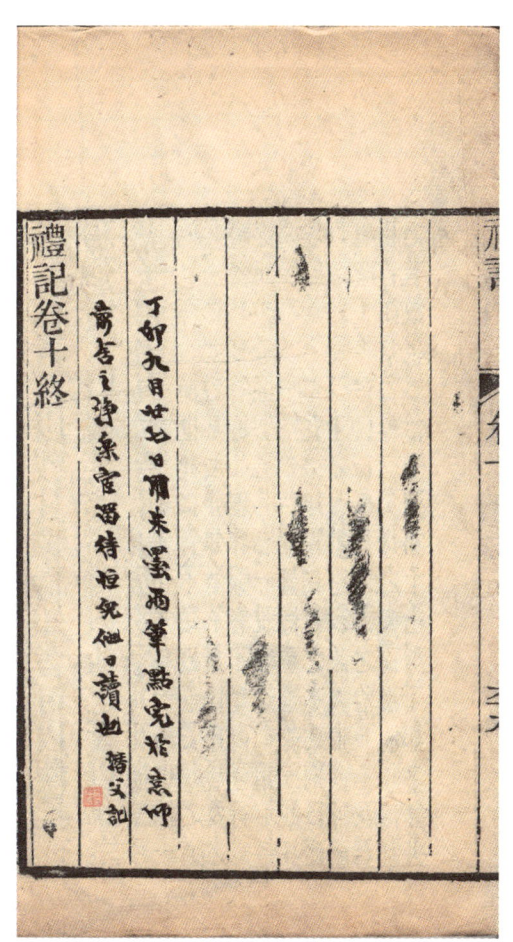

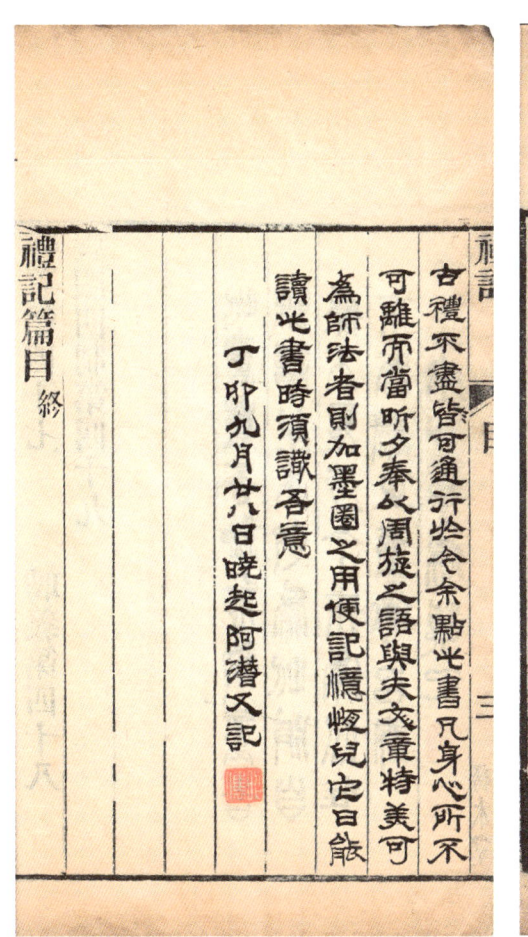

《礼记集说》杨昭儁题记

本，湘潭杨氏号潜庵。书如其手多批校，阅肆翻检恣讨探。"小注则云其逛厂肆时辄逐页翻检而论价，故书贾厌之。购书而论价，在吾看来极正常，赚钱乃极辛苦之事，岂能不节而度之。然吾似乎从未想过会遭书贾之厌，读王謇之语始反思，幸而今时购书多由拍场而来，与书贾论价之事已逐渐减少。

此本一如王謇所云："书入其手，辄多批校。"是书一函十册，每册封面皆有杨昭儁手题书名及册数，首册封面尚有"丁卯八月十日置于京师。潜盦识。"目录后有两段不同字体之题记，篆书题记为："此书盖吾湘所印，童时课读之本即为此版。自我不见于今卅年。比在京师遇上，亟市以归。丁卯中秋题记。"隶书题记为："古礼不尽可通行于今。余点此书，凡身心所不可离，而当昕夕奉以周旋之语，与夫文章特美可为师法者，则加墨圈之，用便记忆，恒儿它日能读此书时，须识吾意。丁卯九月廿八日晓起阿潜又记。"第十册卷末则有"丁卯九月廿七日用朱墨两笔点完于京师寓舍之净乐宧，留待恒儿他日读也。　潜父记。"读此三则题记，则知其批校是书之用意，乃为恒儿预备者，然未知恒儿他日有否读到此书。丁

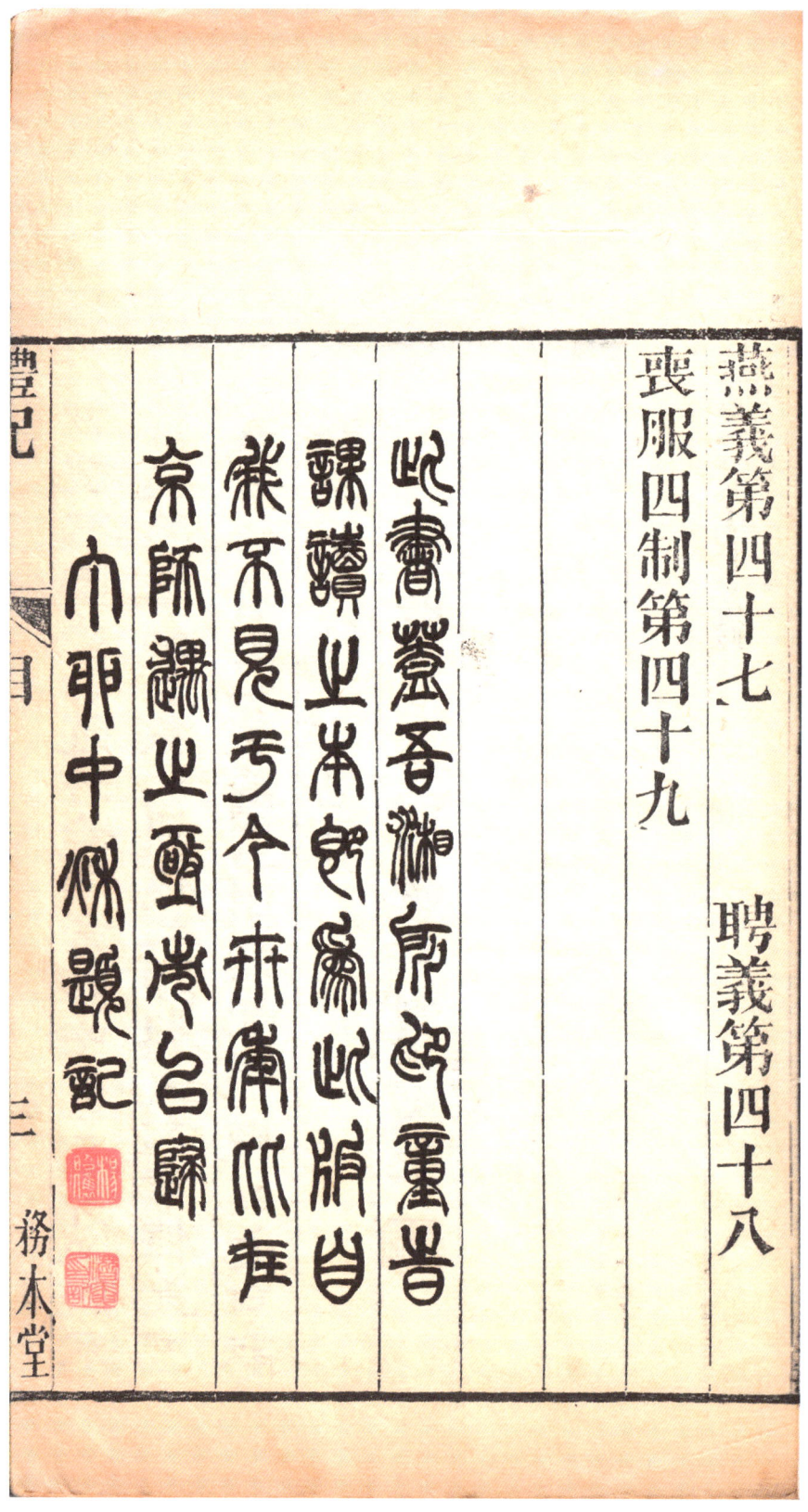

《礼记集说》杨昭俣题记

卯年为民国十六年（1927），科举已废多年，是书"教科书"之地位亦早已失去。

检有关杨昭儁之资料，所得者多与其篆刻有关，知其尝与吴昌硕、齐白石、陈师曾、姚华等相友善，入民国后久居北京，民国廿一年（1932）曾辑陈师曾、姚华所刻印为《陈姚印存》一册，民国二十三年（1934）辑成《净乐宧印存》四册。是书前后钤有其印鉴六枚，第十册卷末之"杨昭儁印"白方尤其精巧，长宽仅五毫米。数日前刚刚感慨赵元方题识之《宋艳》上两方藏章，不足两厘米内刻有三十字之小词一阕，已叹其极尽天工，今睹此章，再叹天外有天。

检索资料过程中，无意间于某艺术网站上看到有藏家贴出带杨昭儁长跋之《心经》拓片，图像极清晰，字迹与吾藏之本尽同，拓片上有两行边款，一篇长跋，其边款内容为："辛巳孟夏北京寓舍，湘潭六一翁杨昭儁题"，长跋末尾为："中华共和纪元之三十年，岁次辛巳四月十六日，休沐会客北窗下。湘潭杨昭儁潜盦题识，时年六十有一，旅居北京二十八载矣。"辛巳年为1941年，时年杨氏六十一岁，则知其大约生于1880年，民国二年（1913）开始寓居北京，购务本堂《礼记集说》时，已寓居京师十四年，则购书之所或为琉璃厂乎？

杨昭儁藏书印"净乐宧"

叶德辉批校并题记
《墨子全书》六卷

《墨子全书》六卷　（战国）墨翟撰　（明）茅坤校阅
日本城东书坊翻刻宝历七年（1757）江都书林本　叶
德辉批校并题记　日本皮纸　一函六册

钤印：于省吾印（朱方）、双剑誃（白方）、省吾私
印（白方）、未兆庐藏书（朱方）、叶德辉焕彬甫藏阅书
（白方）、坂东文库（朱方）、修竹吾庐（朱方）

叶德辉题记

　　是书一函六册，以木夹板为函，内有
叶德辉墨笔通批，牌记后有其题记两叶，述
及《墨子全书》之版本、递传。《郋园读书
记》录有该题记，然细对之下，叶德辉之手
书题记与《郋园读书志》所载略有出入，初
疑为笔误，再三读之却又不似，兹录叶德辉
手书题记如下：

　　　　《墨子》无宋、元旧刻，藏书家
　　所推重者有明刻嘉靖本。一嘉靖壬子芝
　　城馆铜板活字蓝印本，一嘉靖癸丑吴兴
　　陆稳本，一嘉靖甲寅唐尧臣本。然三本
　　实止两本而分二刻。唐尧臣本即陆稳
　　本，因前一唐尧臣序、一陆稳序，又先
　　后校改，字有异同，故世以为二本，其
　　实陆序明明称唐所刻也。芝城馆本虽题
　　"壬子"，实"癸丑"以后，殆唐刻初

叶德辉

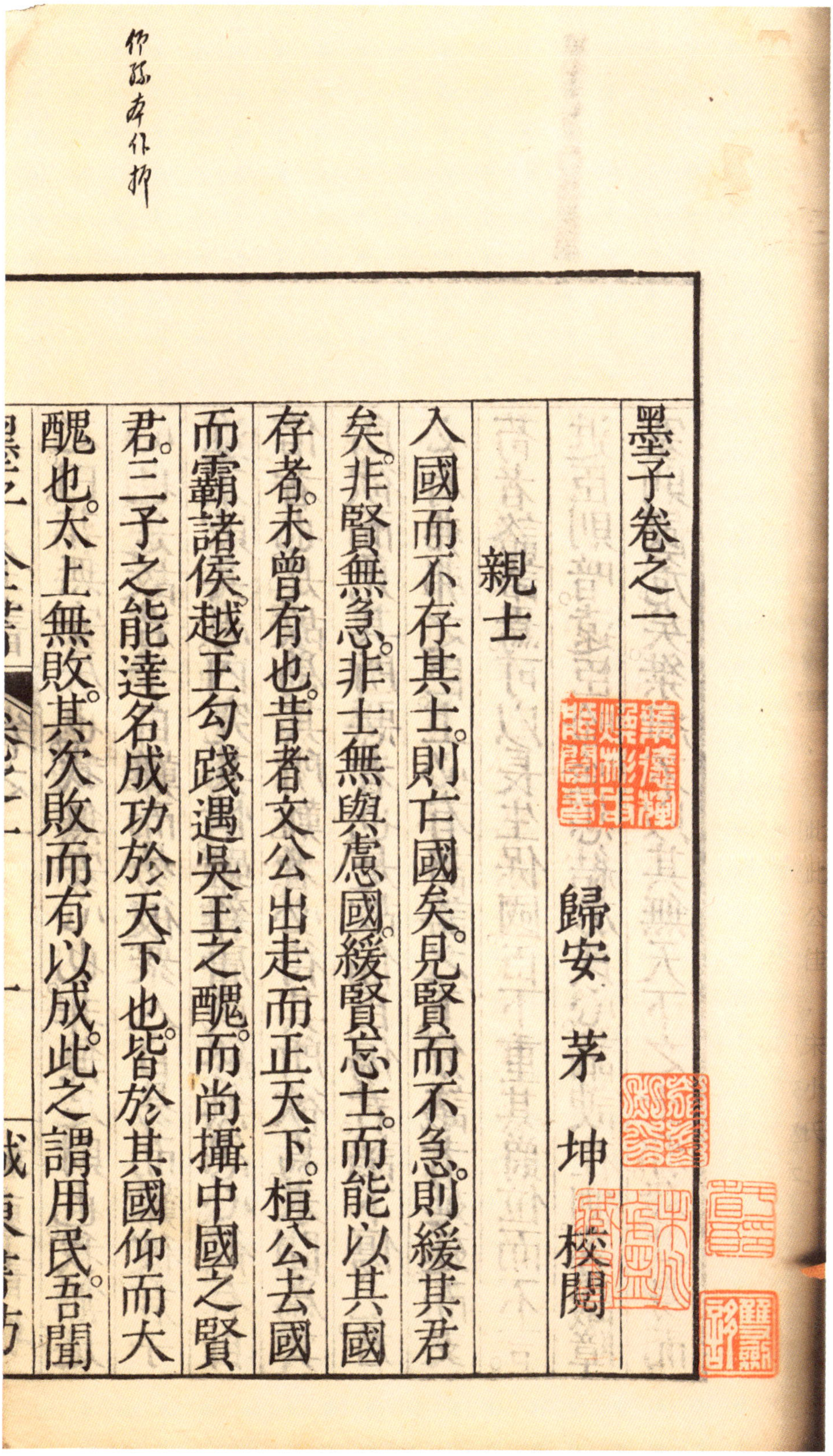

作孫本作折

墨子卷之一

親士

歸安 茅坤 校閱

入國而不存其士則亡國矣。見賢而不急則緩其君矣。非賢無急非士無與慮國緩賢忘士而能以其國存者未曾有也。昔者文公出走而正天下。桓公去國而霸諸侯。越王勾踐遇吳王之醜而尚攝中國之賢君。三子之能達名成功於天下也皆於其國仰而大醜也。太上無敗其次敗而有以成此之謂用民吾聞出，尚未作序，其书为芝城据以排印，故余断其为两本而分二刻。是二刻者，嘉庆时均在黄荛圃主事丕烈家中，而所撰《题跋记》竟误以为三本，则亦未加细考耳。活字蓝印本咸、同间归聊城杨致堂河帅以增海源阁，公子绍和假之吴县潘文勤祖荫，文勤没，其书散出，遂不可踪迹。据黄题跋，三本皆源出内府，与毕刻据《道藏》本者皆出于宋刻，未易优劣。余向止有毕刻，后得此六卷本，乃日本宝历七年原仪重刻明茅鹿门序唐别驾刻本。书之上栏引"一本作某"，多与《太平御览》及毕刻所校相合。考日本宝历七年当中国乾隆二十二年，毕刻在乾隆四十九年，是原仪与毕合者，断非毕本可知。但其为何时何人刻本，彼未注明，则亦无可考信。然有此一本，可见毕刻之暗与古合，亦足贵也。茅序题万历辛巳，首页题面上栏一层有识语云："本坊近得宋本，恳鹿门茅先生斤正雠加校刻，并无讹赝。书林童思泉识。"而茅序则云别驾唐公所刻。今考唐本前陆稳序文全与茅序同，乃知坊估以茅名重，据唐本重刻，并十五卷为六卷，改陆序题茅名，疑误后人，实乃大谬。近宜都杨惺吾守敬《日本访书志》、孙仲

唐公此刻，今考唐本前陆稳序文全与茅序同，乃知坊估以茅名重，据唐本重刻，并十五卷为六卷，致陆序题茅名，疑为误后人，实为大谬。近宜都杨惺吾守敬《日本访书志》、孙仲容诒让《墨子间诂》自序构称为茅本，以为陆本外别有此本，可见陆序唐本世亦不多见，而此本遂独树一帜矣。余尝言墨子一书，此可校石可注以其神诂，异于儒书，文辞古奥而不繁，据周秦诸子书彼此勘正，世行张皋文惠言《经说注》、孙氏间诂诸书，多从故刑古字展转推求，陈气非不甚高，恐于墨氏之旨去之千里。后有读者当味余言。先绪戊申三月小尽叶德辉记

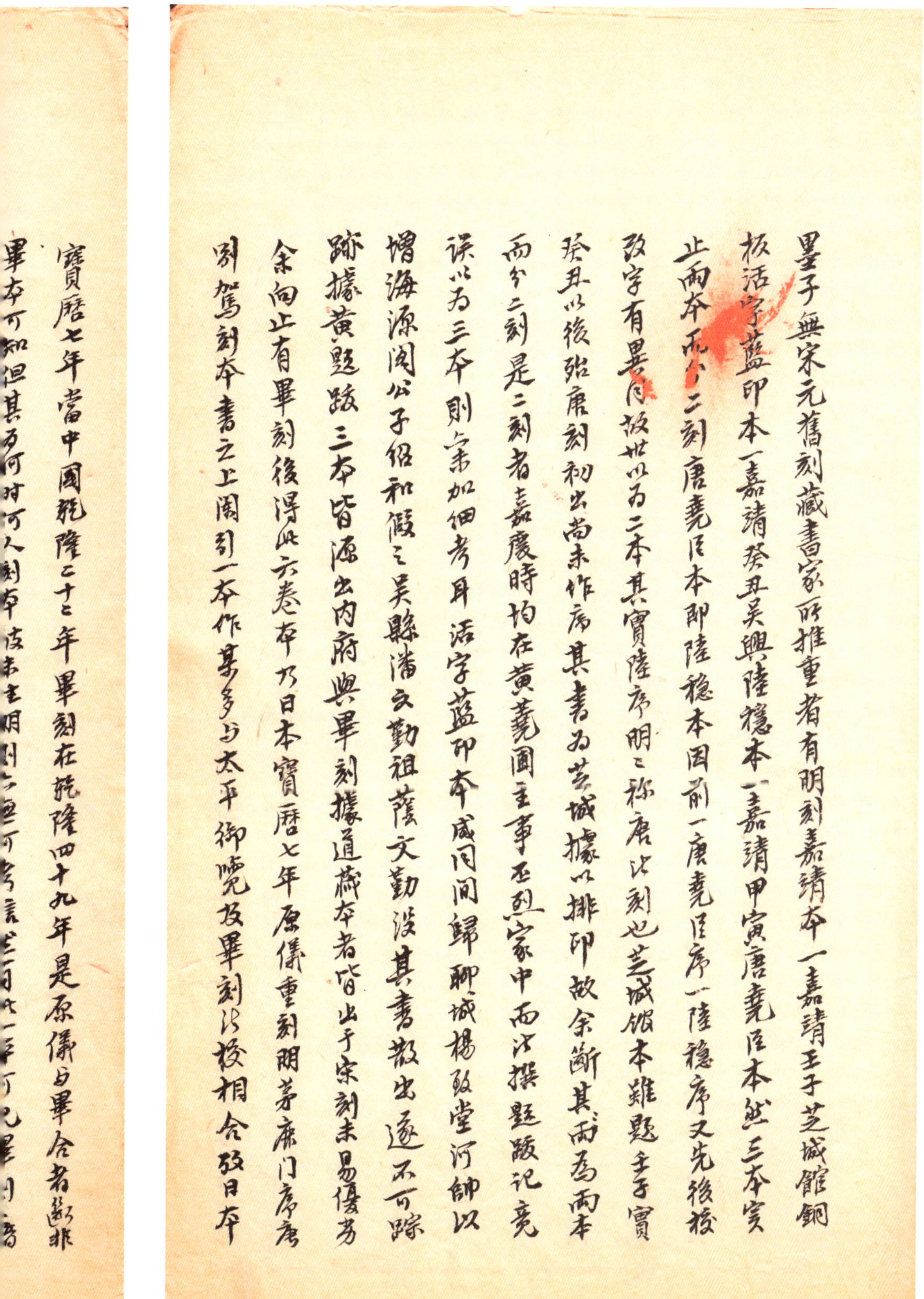

墨子無宋元舊刻藏書家所推重者有明刻嘉靖本一嘉靖壬子芝城館銅
板活字藍印本一嘉靖癸丑吳興陸穩本一嘉靖甲寅唐堯臣本然三本實
此兩本而已二刻唐堯臣本即陸穩本因前一唐堯臣陸穩序又先後
致字有異同故世以為二本其實陸序明之孫唐此刻也芝城館本難題壬子實
癸丑以後始唐刻初出尚未作序其書為芝城據以排印故余斷其兩為兩本
而分二刻是二刻者即嘉慶時拍在黃堯圃主事不刻家中西江撰題跋記竟
誤以為三本則六朱加佃考耳活字藍印本咸同間歸聊城楊敨堂河帥以
增海源閣公子紹和假之吳縣潘文勤祖蔭文勤沒其書散出逐不可踪
跡據黃題跋三本皆源出內府與畢刻據道藏本者皆出于宋刻未易優劣
余向止有畢刻後得此六卷本乃日本寶歷七年原儀重刻明茅麻門序唐
別駕刻本書之上閣引一本作事多与太平御覽故畢刻此授相舍故日本

寶歷七年當中國乾隆二十二年畢刻在乾隆四十九年是原儀与畢舍者斷非
畢本可知但其为何对何人刻本读書未主明則此可考言此可不考則知畢刻非

容诒让《墨子间诂》自序均称为茅本，以为陆本外别有此本，可见陆序唐本世不多见，而此本遂独树一帜矣。余尝言《墨子》一书止可校不可注，以其训诂异于儒书，文辞古奥，亦不能据周秦诸子书彼此勘正。世行张皋文惠言《经说注》、孙氏《间诂》诸书，多从故训古字展转推求，陈义非不甚高，恐于墨氏之旨去之千里。后有读者当味余言。光绪戊申三月小尽叶德辉记。

上海古籍出版社2010年出版之《郋园读书志》第224页录有此题记，其中最大区别在于"而茅序则云"之后，手书题记为"而茅序则云别驾唐公所刻。今考唐本前陆稳序文全与茅序同，乃知坊估以茅名重，据唐本重刻，并十五卷为六卷，改陆序题茅名，疑误后人，实乃大谬。"上海古籍出版社之《郋园读书记》此处为："而茅序则云：'别驾唐公所刻，并十五卷为六卷。'改陆序题茅名，疑误后人，实为大谬。"

检明嘉靖三十二年（1553）南昌唐氏刊本，陆稳所序之全文果与吾藏本之茅坤序同，惟不同者，唐本落款为"嘉靖癸丑春二月，吴兴陆稳叙"，此本做"万历辛巳岁孟夏归安鹿门茅坤书。"两篇序言中皆无合卷之说，更未指"并十五卷为六卷"乃唐尧世所为。上海古籍出版社点校本点校说明中最后一段提及所据底本，其原文为："《郋园读书志》在叶氏生前已编定成帙，但直至其卒后方由其子侄辈于1928年以活字排印于上海澹园。《书林清话》自问世后屡经翻印，而此书已久乏传本。今整理该书即以此排印本为底本。叶德辉在《志》中说，活字印书易致误，以此书证之，甚确。书中误字，凡校出者皆附校勘记于每条之后。古人引文为简省往往删节原文，为文气通畅而时有改字，故其与原书文字每略有出入，叶氏亦不免此习。"

1928年澹园排印本惜吾手头未备，未能知其是否曾交待所据底本系叶德辉原稿，若确如此，亦或叶氏对该书有新的见解，而自行修正者。亦有可能如上海古籍社点校说明所言，是由叶氏子侄辈改正而未做校记说明。此事虽非关墨子思想之宏旨，然与版本而言确为可商榷之处，由是言之，则不可不辨。此两段歧文一为作者手迹，一为现代出版物，从作者手迹付梓、再版、又再版，鲁鱼亥豕在所难免，此亦古代藏书家们热衷于校书之因由。

涵春楼与城东书坊

是书之活字蓝印本经海源阁至潘祖荫后，几经辗转，今已归于国图大库，上有黄丕烈所书跋语，收录于《荛圃藏书题识》卷五，云："顷香严周丈有伊亲托售之书，内有蓝印《墨子》，遂乞归余，其来札云，此刻与毕刻稍异，彼据《道藏》本，此出自内府，皆本于宋刻，未易优劣也。"此跋作于嘉庆元年（1796），又有作于嘉庆十二年（1807）跋语，云："丁卯秋，续得嘉靖癸丑岁春二月吴兴陆稳叙刻本，与此差后一年，而陆叙中有'前年居京师，幸于友人家觅内府本读之'之语，知香严以为此从内府本者，非无据也。陆叙又云'别驾唐公，以博学闻于世，视郡暇，访余于山堂，得《墨子》原本，将归而梓之'，是又一本矣。今取唐本以勘陆本，殊有不合，知陆所云唐得《墨子》原本者，非即陆本也。陆本出内府，唐本出《道藏》，殆不谬矣。惟陆本无叙，唐本有陆之叙，后人遂疑唐本出自陆本，其实陆刻先一年，唐刻后一年，实不侔尔。"

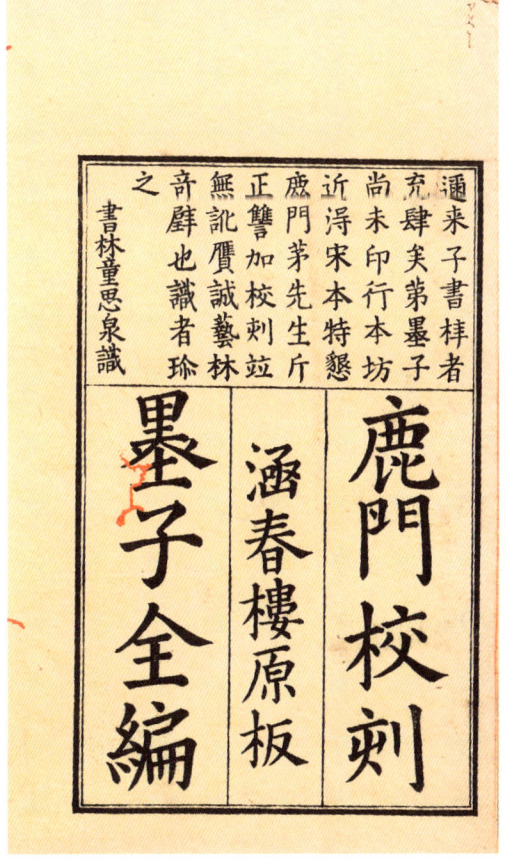
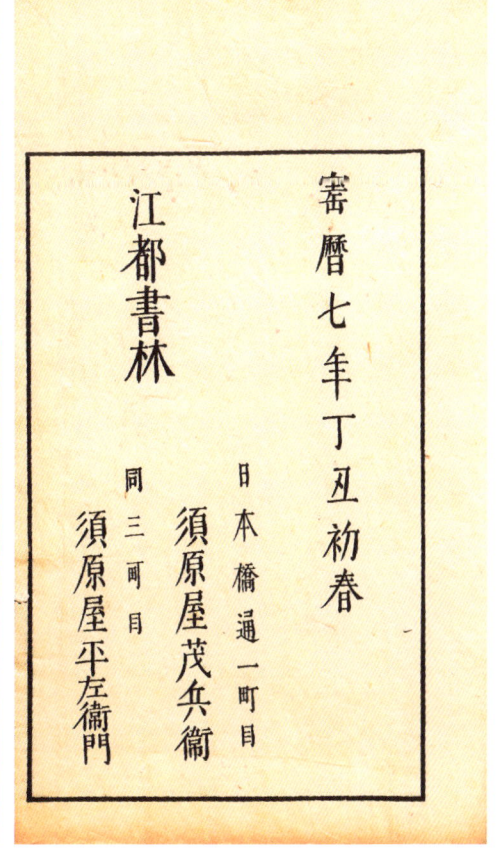

《墨子全书》牌记

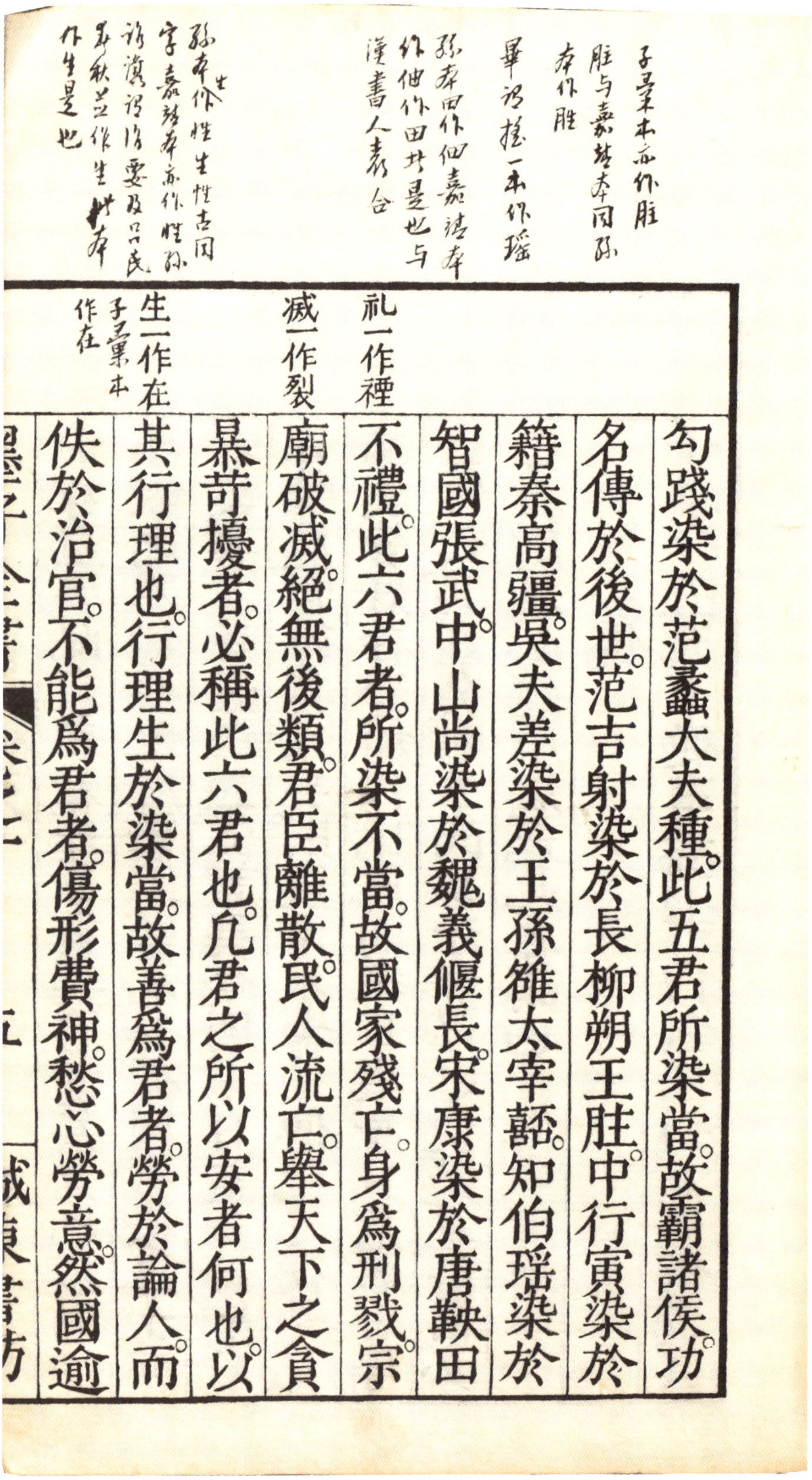

子彙本亦作胜
胜与嘉靖本同孫
本作胜
畢云搖一本作瑶
孫本田作佃嘉靖本
作佃作田者是也与
漢書人表合
孫本作性 生性古同
字嘉靖本亦作性孫
詒讓云治要及呂氏
春秋並作生抄本
作生是也

礼一作禮
滅一作裂
生一作在 子彙本作在

勾踐染於范蠡大夫種此五君所染當故霸諸侯功
名傳於後世范吉射染於長柳朔王胜中行寅染於
籍秦高彊吳夫差染於王孫雒太宰嚭知伯瑶染於
智國張武中山尚染於魏義偃長宋康染於唐鞅田
不禮此六君者所染不當故國家殘亡身爲刑戮宗
廟破滅絕無後類君臣離散民人流亡舉天下之貪
暴苛擾者必稱此六君也凡君之所以安者何也以
其行理也行理生於染當故善爲君者勞於論人而
佚於治官不能爲君者傷形費神愁心勞意然國逾

墨子全書　卷之一　五　城東書坊

《墨子全书》版心下刻有“城东书坊”

　　将陆稳之名换作茅坤，乃万历九年（1581）涵春楼童文举所为。童文举字思泉，万历间吴兴书贾，涵春楼为其书坊名，除《墨子》六卷外，尚刻印过《国语解》二十一卷、《脉诀》十卷。原陆稳序刻本为嘉靖三十二年（1553）所刊，不足三十年的时间，即有坊间书贾行此欺世盗名之事，明人刻书风气之劣可见一斑，亦难怪郎园先生于《书林清话》中一再痛陈明人刻书添改脱误之恶习。

　　今细审吾持之本，牌记页书名题《墨子全编》，注明为"鹿门校刊"及"涵春楼原板"，上有横栏，内容为："迩来子书梓者充肆矣。第《墨子》尚未印行，本坊近得宋木，特恳鹿门茅先生斤正雠加校刻，并无讹赝，诚艺林奇璧也。识者珍之。书林童思泉识。"牌记页后为叶德辉题记，次为宝历七年（1757）丁丑秋九月日本汉学家秋山仪序。秋山仪即郎园题记中所称"原仪"，其字子羽，号玉山先生，传世有《玉山诗集》《玉山遗稿》。秋山仪序后接韩昌黎序，未记年款，再次为茅坤万历九年（1581）序，以及西吴陆弘祚序，亦无年款。序言之后为目录，卷首次行则有"归安茅坤校阅"字样。是书内页为两截楼版式，正文为九行二十字，上层眉批处刻有小注，小注为双行，每行四字，由秋山仪序言可知上层之小注为其所加。是书之第六册卷末有井孝德所题书后，最后一页刊有"宝历七年丁丑初春江都书林"以及"须原屋戊兵卫""须原屋半左卫门"字样。

　　检《日藏汉籍善本书录》，子部杂家类有《墨子》十六卷，其附录提及《商舶载来书目》，记载享保十六年（1731）有中国商船"浦字号"载《墨子》一部二册抵日本。享保十六年即中国清朝雍正九年，惜书目未记载此次随船东渡日本之《墨子》为何版本，但可以肯定的是，至宝历七年，亦即清乾隆二十二年，童思泉之涵春楼版《墨子》已流入日本。该年日本江户须原屋平左卫门刊印《墨子》六卷，所据底本即涵春楼之本，然此本又经秋山仪再校，并附刻上层小注。郎园先生所见之本，即秋山仪再校、并加以小注之本。郎园先生未知秋山所注之宝历七年本，后又有城东书坊翻刻之，而其所题记之本版心下方刚好又刻有"城东书坊"四字，故此本并非如其所言宝历七年本矣。但城东书坊又是何年刊刻此本，该书坊又为何人所设，吾查尽手边资料，毫无线索，仅以纸张墨色度之，应是与中国清中晚期刻本相当者。

　　于今日而言，在吾对日本刻本所知极其有限情况下，仅凭手边几部工具书，即能断定此非宝历七年之本，实为后来翻刻者，精通版本目录学之郎园先生却下此误判，非为其学浅，而实在是囿于当时交通、信息所限，而令古人所见无如今日之广博而致。其题记中提及杨守敬《日本访书志》，其中亦谈到《墨子》六卷，惺吾所述之本即万历九年童思泉所刻茅坤序本，述完之后复有案语："又按：日本宝历七年源仪重刻此本，以诸本之异同者校刊于书楣，多与毕氏暗合，与《太平御览》所引合，不惟胜此本，且胜毕氏所据之《道藏》本，惜乎源氏无卓识，不刻其所引之一本，而刻此合并之本，令人叹息也。"惺吾未谈及此本后有城东书坊翻刻本，或因其亦未曾寓目。以吾臆度，倘若惺吾先生所见之本有"城东书坊"四字，应该会以本能去推敲此书坊之始末，而知此为翻刻宝历七年之本，以《日本访书志》所记之详，惺吾先生应该不会漏其所见。

叶德辉与杨守敬

郋园与惺吾皆提及之毕刻，即乾隆四十九年（1784）毕沅灵岩山馆刻本，然具体校注该书者，却是芳茂山人孙星衍。毕沅幕府存在时间长达二十年，无论规模还是影响，于清代皆是首屈一指，当时之著名学者几乎皆曾受其礼遇。灵岩山馆所刻《经训堂丛书》计二十一种一百六十八卷，其中即有《墨子》。《经训堂丛书》本《墨子》日后亦东渡日本，并于日本天保六年（1835），亦即清道光十五年，重刻于江户千钟房。郋园、惺吾对经训堂所校之本皆有推崇之意，对城东书坊翻刻之《墨子》之评价亦多有相合之处，然所见略同者，并非皆知己。未知何故，郋园对杨守敬极其不惮。

《书林清话》卷十有《日本宋刻书不可据》一章，郋园专门谈到杨守敬，一则云其听闻杨守敬刻《留真谱》时，抽取他人之旧本书页，以使模刻；二则云其刻《古逸丛书》时，伪撰《太平寰宇记补阙》；三则云其亲见杨守敬刻《古文苑》，明明是据孙星衍岱南阁仿宋刻重雕，却假称据宋本而雕；四则云《日本访书志》中载卷子本佛经若干，实则大半近百年内高丽新钞。至刻薄处，乃其评价惺吾之语："至《留真谱》误以明翻宋刻为真宋本之类，殆如盲人评古董，指天画地，不值闻者一笑。杨又刻有《激素飞青阁双钩法帖》，其作用亦同。盖貌为好古之人，而实为孳孳为利，吾断其所著所刻书不足信今而传后矣。"叶德辉固然有许多令今人感觉不喜之旧习，却鲜闻其评价他人有极刻薄之语，然此处评价杨守敬刻薄至极处，令吾好奇以郋园先生如此之厌恶，专门著文揭其错漏，两人间该有何等深恶之间隙？郋园先生或未知其此言此语既出，给惺吾带来的却是一场无尽烦恼。

当年杨守敬东渡日本时，恰逢日本明治维新，各地皆如中国破"四旧"般，发生焚烧佛像、经卷、法具等事，大量经卷毁于此劫，许多旧家之籍亦因此散出，杨守敬遂以极廉之值购得许多旧籍及日本卷子，其中卷子有五百卷之多。岛田翰尝形容当时之景："与宜都杨君惺吾购求古本，一时都市为之一空。"自日本归来，惺吾还特意治印一方，文曰："惟余旧书一百车，方舟载入荆江曲。"之后每与人谈及古籍，皆意气风发，动辄六朝唐宋。当时敦煌石室藏书尚未为众所知，惺吾所言之日本卷子亦无人相信，再加上叶德辉《书林清话》所云，惺吾所藏更是无人肯信，闻者皆指其妄谈，群呼为"杨疯子"。时至暮年，惺吾老人因拮据欲出让所藏，以此批日本卷子谋之政府时，却因三人成虎而未果，后不得已只好以极廉之值售于范之杰。

范之杰字隽丞，济南人氏，光绪二十九年（1903）进士，入民国后曾于江西、湖北等地任职，晚岁客居上海。收惺吾日本卷子时，其于湖北任职，后携归济南，然其子侄辈却趁其寓居上海时，陆续将其所藏售出，待范氏知晓追索时，已徒然矣。此批卷子散出后，其中一部分经吕贾

杨守敬墓

之手，以善价售予齐鲁大学，然欲再售时，主事者却因叶德辉《书林清话》之说，而信其尽为赝品，拒绝再收。吕贾复将卷子数种售往北京隆福寺书贾，然未久后北京书贾亦不再收。又若干年，此批卷子本陆续为张景栻前辈所得，闻至今仍在其后人手中。

大约五六年前，吾到济南访书期间，至杜兄泽逊家中看其所藏。晚与杜兄及周晶先生闲话时，听闻张景栻先生因收得杨氏此批珍宝，又因这批珍宝的后事安排而带来若干烦恼，令吾唏嘘不已。由此念及吾之所藏，一定要在自己尚能自我做主时，对它们作出相应安排，万不可等到思想自由而身体不得已时来做决断。

钤章

是书每卷首页均钤有"于省吾印"朱方、"双剑誃"白方及"坂东文库"长方章，第一册之首页尚有"省吾私印"白方、"未兆庐藏书"朱方及"叶德辉焕彬甫藏阅书"白方。日本许多历史悠久的大学图书馆内，多建有"某某文库"，所谓"文库"者，通常是将一些社会名流或者本校教授晚年捐赠之书集中收藏，或特别加以注明，名之"某某文库"，此类"文库"之旧主多为学问家或藏书家，故"文库"本往往不乏佳本，例如长泽规矩也所捐之书名为"双红堂文库"，仓石武四郎所捐赠之书名为"仓石文库"。然而此书所钤之"坂东文库"为何人所捐赠者，吾则无处可查。偶尔念及日本汉学家研究中国文化，多有如数家珍者，远如宝历七年（1757）重刻《墨子》之秋山仪，近如民国年间之岛田翰，往往一书出而国人叹，却鲜有国人研究日本文化而令日人叹者，不能不有所感。以吾所读，二十余年来，似乎仅有北大教授严绍璗先生致力于日藏中国汉籍的研究，写出了几部巨著，其用力之勤令吾钦佩。

于省吾（1896—1984）字思伯，号泽螺居士、双剑誃主人，为现代著名甲骨学家、古文字学家，民国期间曾任奉天省城税捐局局长、萃升书院监督、北平辅仁大学讲师等，1955年任吉林大学历史系教授直至去世，著有《双剑誃尚书新证》《双剑誃诗经新证》及《甲骨文字释林》等书。其藏书处为双剑誃、未兆庐、泽螺居，其中双剑誃之名来自其所藏两把古代名剑，一者为吴王夫差剑，二者为少虞错金剑。所藏书多达四五万册之多，为东三省藏书至富者。伦明《藏书纪事诗》咏其："文家分派溯桐城，写本存真宝竹汀。时俗疑书信金石，别搜龟甲证新经。"注云："海城于省吾，亦东省之书雄者。长沙叶氏书之归北平某书局也，君以捷足，尽得其佳本。"此书既有郋园手泽，亦有双剑誃主人之藏章，恰可为伦明此言之物证也。

　　双剑誃主人虽然一直于大学执鞭，束脩颇丰，然以其四男七女之家累，亦不甚宽裕，偶有售书易米之为。王謇尝托通学斋孙耀卿与之商议购苏时学《爻山笔话》及叶大庄《偕寒堂读书记》，其要价几乎等同于嘉靖本，令原本以为其拮据之王謇叹曰："大致尚求善价而沽，不至太窘迫也。"卒后，其夫人以七万元将双剑誃旧藏全部售予吉林大学，不过，吉林大学似乎并未将其旧藏集中收藏，并冠以"于氏文库"之名。

叶德辉藏书印
"叶德辉焕彬甫藏阅书"

于省吾藏书印
"双剑誃"

刘履芬批校并题记
《三国志》六十五卷

《三国志》六十五卷　（晋）陈寿撰　（刘宋）裴松之注

清刻本　清刘履芬通批并题记　一函十册

钤印：履芬读过（白方）、彦清珍秘（白方）、刘履芬印（白方）、泖生手校（白方）、泖生手校（白长方）、江山刘履芬彦清父收得（朱方）、彦清（朱方两种）、泖生（朱方两种）、江山刘履芬观（朱方）、龙游余氏寒柯堂藏书记（朱方）、刘胜私印（白方）、余越园读书记（朱方）、龙游余氏越园藏书（朱方）、两三间书屋珍藏（朱方）、宽之手校（白方）、虚斋（朱方）、查猛济字宽之（白方）、古红梅阁、彦清珍本、雁卿私志、履芬眼福、查猛济印、宽之手校、人间寂翁、寂、太爻珍秘、小东山楼等

此《三国志》六十五卷乃清刻本，以明崇祯十七年（1644）毛氏汲古阁本为底本，前有刘履芬朱笔题识两段，其一为："同治元年（1862），盱眙吴公督师□浦，兵事之暇，购得有明南雍本陈寿《三国志》，系桐城张晴岚阁部所校录义门学士读本，笔墨精审，足资是正。唯中《三少帝纪》及《虞翻传》以下九卷，均未命笔，当是未竟之作。逾年癸亥，从公借得手校此部，复取殿本及嘉定王西庄光禄《商榷》、泰州康伯山明经《补义》诸书，依事补缮，经始于中夏初旬，越月讫事。忆家藏有福州梁芷林中丞《三国志辨证》一书，彼时惜未及细审，今屡遭兵燹，无从问讯。履芬旧以随宦侨寓吴，趁地自庚申贼陷后，家室流离，亲朋旷隔，顷闻大兵已抵城下，逆焰骤衰，禽渠有日，一唱从军行，不禁欢喜鼓舞久之。六月十一日，江山刘履芬并识于袁浦营

刘履芬

魏書一

武帝紀第一

三國志

太祖武皇帝沛國譙人也姓曹諱操字孟德漢相國參之後桓帝世曹騰為中常侍太祖一名吉利小字阿瞞王沈魏書曰其先出於黃帝當高陽世陸終之子曰安為曹姓周武王克殷存先世之後封曹俠於邾春秋之世與於盟會逮至戰國為楚所滅子孫分流或家于沛曹參漢之功臣勳封平陽侯世襲爵土絕而復紹至今適嗣國於容城嵩生太祖太祖少機警有權數

養子嵩嗣官至太尉莫能審其生出本末司馬彪續漢書曰嵩字巨高質性敦慎所在忠孝為司隸校尉靈帝擢拜大司農大鴻臚代崔烈為太尉黃初元年追尊嵩曰太皇帝吳人作曹瞞傳及郭頒世語並云嵩夏侯氏之子夏侯惇之叔父太祖於惇為從父兄弟

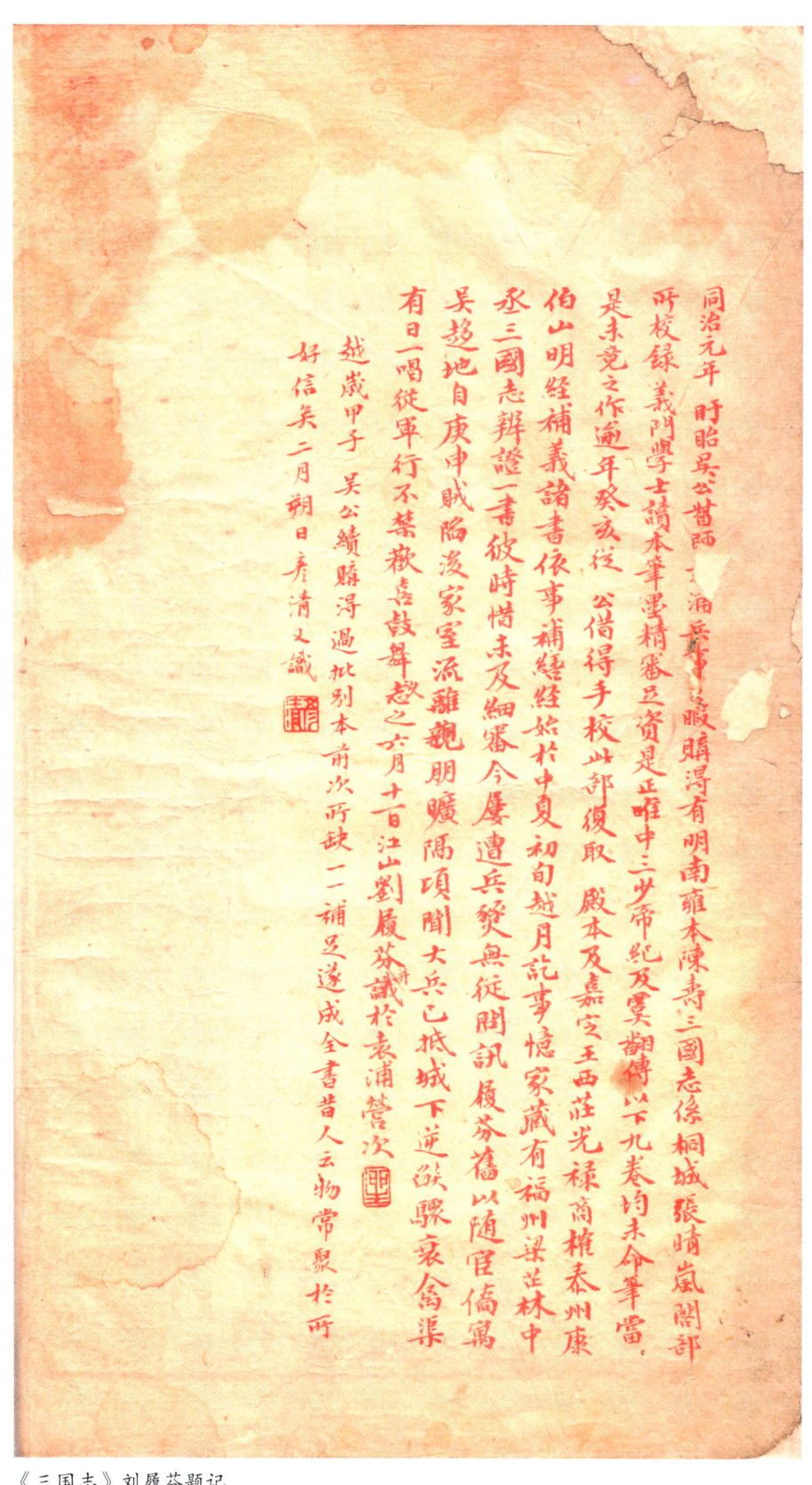

同治元年 時貽吳公曾□□涌 兵事之暇 賻得有明南雍本陳壽三國志係桐城張晴嵐閣部
所校錄 義門學士讀本筆墨精審乃資是正唯中三少帝紀及裴翻傳以下九卷均未命筆當
是未竟之作逾年癸亥從 公借得手校此部復取 殿本及嘉定王西莊光祿菕榷泰州康
伯山明經補義諸書依事補綴經始於中夏初旬越月訖事憶家藏有福州梁芷林中
丞三國志辨證一書彼時惜未及細審今屢遭兵燹無從閱訊履芬舊以隨宦僑寓
吳趨地自庚申賊陷後家室流離巋然朋曠隔項閒大兵已抵城下逆酋駱駝衰禽渠
有日一唱從軍行不禁歡喜鼓舞愁之六月十日江山劉履芬識於袁浦營次

越歲甲子 吳公續賻得過批別本 前次所缺二補足遂成全書昔人云物常聚於所
好信矣 二月朔日彥清又識

《三国志》刘履芬题记

次。"次行低两格续记："越岁甲子，吴公续购得过批别本，前次所缺一一补足，遂成全书，昔人云：物常聚于所好，信矣。二月朔日，彦清又识。"

此两段识语之下，分别钤有两枚小印，一曰"泖生"，一曰"清彦"。刘履芬（1827—1879）字彦清，清江山（今属浙江）人氏，因生于三泖间，故自号泖生，曾充苏州书局提调，光绪五年（1879）调嘉定县代知县，不久即卒。其人长于骈文，有《古红梅阁骈文》传世，王颂蔚评价其文曰："色琭尔而莹，声璆然以清，刊落雕饰，乃见纯质，其陶而洁也。幽花媚娴，骨苍泽鲜，其杰且妍也。雄骏轶肆，寸衔检制，方枘圆凿，惟意所剧，则又律法之娴，动合自然也。"李慈铭论人好以刻薄之语，对刘履芬却惺惺相惜，遗憾昔年同在京师时未曾相识，于《越缦堂日记》中称其文章："简贵修洁，虽少力少弱，未宜长篇，而古藻盎然，善言情状。尤情文骚楚，求之古人，亦不多得。……论骈文家法，识议独高"。

泖生性喜聚书，与叶昌炽为忘年之交，每遇善本必倾囊购之，不能得者则手自钞录，其藏书、校书之外，又好刻书，尝覆刻汪鱼亭旧藏宋本《尚书释音》，末页有"光绪纪元仲夏江山刘氏摹刻"小字一行。此《三国志》一函十册，内中朱批满纸，除卷首两段题识外，每卷末皆有尾题一行，注明某月某日"校此卷讫"以及当时晴雨明晦，间中小有"侵晨大雷雨，课两姪读书"等句，尾题之下必钤小印一方，以"泖生"及"清彦"相间使用，有时一日校讫数卷，所钤之印亦必相间，绝无同一方印连钤二卷者，可见其于用印之事极其上心。

除"泖生""清彦"之外，是书前后有其藏书印十余方，分别为"江山刘履芬彦清父收得""古红梅阁""泖生"（朱方）、"泖生"（小朱长方）、"刘履芬印""江山刘履芬观""泖生手校"（朱方）、"泖生手校"（白长方）、"彦清珍秘""雁卿私志""履芬眼福"等，此外尚有"泖生手校"墨印一方。其中"雁卿私志"为同治六年（1867）苏州潘钟瑞所刻，《篆刻年历》载此印边款为："彦清仁兄太守，一字雁卿，取古音通转也，属瘦羊治此石，时同治六年丁卯七月十九日并记。"彦清于此书卷前题识分别为同治二年（1863）与同治三年（1864），"雁卿私志"为同治六年所治，则知刘履芬喜爱是书之甚，时时取来摩挲，此十余方印，当为若干年间陆续钤上。此外尚有"余越园读书记""龙游余氏越园藏书""龙游余氏寒柯堂藏书记"等印，乃民国年间余绍宋之藏章，可知此书自红梅阁散出后，一度归于寒柯堂架上。

余绍宋后，此书复归海宁查猛济所有，以其钤有"寂""人间寂翁""查猛济印""宽之手校""太亥珍秘"等藏章。查猛济（1902—1966）字太亥、宽之，别号寂翁，"五四"运动时与同学一起办《浙江新潮》，之后曾到上海古今图书店工作，不久又转入杭州英文专修班任教，并加入中国共产党。第一次国共合作期间，其以共产党员身份担任国民党杭州市宣传部长，1927年蒋介石发动"四一二"政变后，被当局通辑，遂隐居故乡。抗日胜利后，其任英士大学哲学系教授，1949年后调至金华执教中学，1956年受聘为浙江文史馆馆员、海宁县政协委员。查猛济以共产党员身份担任国民党宣传部长，此段经历若以今时之传奇写法再现，或为国共版本之《无间道》，吾对此段历史亦颇为好奇，然四处检索资料，却是所得寥寥，关键之处一片空白，仅知其1966年逝世。或曰，死得好，寿则多辱矣。

《三国志》一书历代版本众多，批校者亦众，检《中国古籍善本总目》，带批校者有数十部，其中有自己批校者，亦有过录前人批校者，其中过录何焯批语者有十余部之多。何焯为清初大学者，著有《义门读书记》《困学纪闻笺》等，其所校之书于当世即极受学者欢迎，常有书估冒其名而求售。何焯所校之书中，又以《两汉书》《三国志》最为著名，故后之学子读《三国志》而过其批语，无足为怪。

此书之刘履芬朱批内容亦为过录何焯批语，然非直接过录，而是转录张若霭所录之义门批语，目录后有其转录张若霭小字一行，曰："乾隆二年六月二十二日从师茗前辈处借义门批本对校起，若霭识"。张若霭（1713—1746）字晴岚，为三朝元老张廷玉之子，以书画供奉内廷，乾隆十一年（1746）伴驾西巡时染病，回京不久即过世。张若霭过录何义门批语之《三国志》时，所用底本为明南监本，卷中除过录义门批语外，偶见其自抒胸意之语，如《魏书六》卷末之"六月二十九日以孟秋时享太庙，斋宿内直，阴雨竟日，晚更昌沛。校此卷十八番后，秉烛啜茗，静听金水桥流水声潺潺不已，恍然念及石马潭瀑布，不知身之在禁中也。若霭小记。时乾隆二年。"隔二行又有泖生题识："五月二十一日校此卷讫，时新雨初霁，凉爽宜人。"今吾行文之日为壬辰惊蛰，京城春雨连绵两天，细若游丝，颇有"一春梦雨常飘瓦，尽日灵风不满旗"之感。

张若霭所批之本于同治元年（1862）为吴棠所得。吴棠（1813—1876）字仲宣，号棣华，谥勤惠，安徽盱眙人，摄篆三十余载，任封疆大吏十六春秋，为清代安徽唯一一位封疆大臣，曾与李鸿章、曾国藩、左宗棠等疆臣齐名。吴棠亦为镇压捻军最著名地方守令之一，因守城有功，于咸丰十年（1860）授徐海道员，次年擢江宁布政使，代理漕运总署，同治二年（1863）实授漕运总督，三年署江苏巡抚，

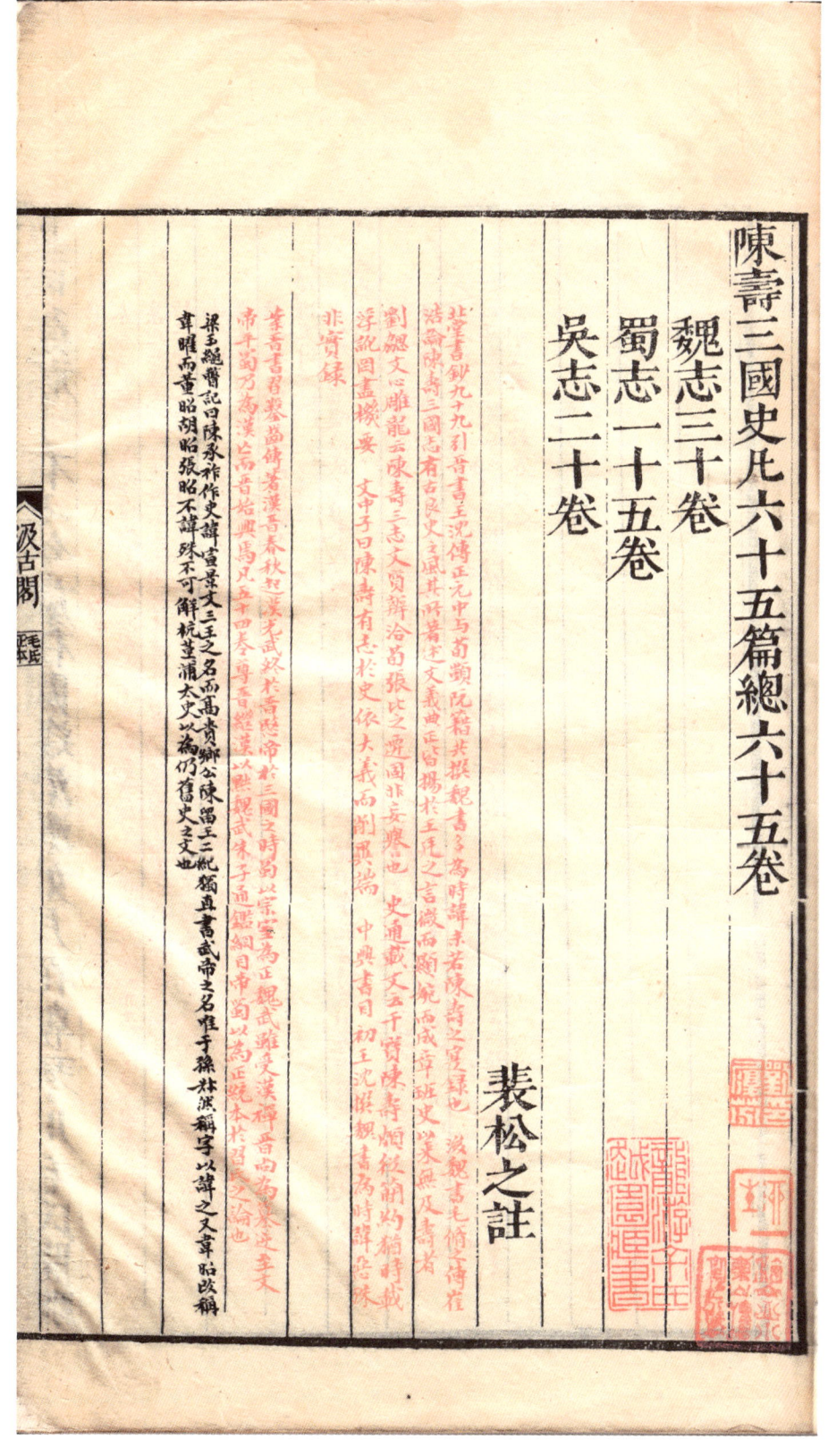

陳壽三國史凡六十五篇總六十五卷

魏志三十卷

蜀志二十五卷

吳志二十卷

裴松之註

四年升两广总督，七年复调任四川总督。其官运亨通同时，亦不忘藏书，藏书处则有滁山草堂、望三益斋。吴棠收得张若霭校本后又二年，复收得别本之《三国志》，上亦有过录何焯批语。刘履芬先后自吴棠处假得两部《三国志》，转录何焯批语全帙于此刻本之上，即吾今日所得之本。

刘履芬向吴棠借书之时，尚为其幕下之宾。彦清虽性嗜诗书，师从名儒，却一直举业乖蹇，数进科场铩羽而归。彼时清廷国库虚空，为弥补开支，常会接收一些落榜书生捐资，然后授以官职，刘履芬亦按当时惯例捐资以任户部主事，然此"主事"仅是闲职，并无实际事务。太平天国事起，原本居于苏州之刘履芬携家逃至海上，期间女儿及继室相继病故，此时吴棠督师袁浦，而吴棠恰是刘履芬之父刘佳于道光十五年（1835）任同考官时所取之士，因此层关系之故，吴棠于其颠沛流离之际延之入幕，算是回报恩师。

刘履芬亦因吴棠之情，得享数年安稳，并沾吴棠"军功"之光，被封为直隶同知，等待补缺。至同治七年（1868），刘履芬开始担任江苏官书局提调，虽亦闲职一份，却正中其怀，每日亲自校对书稿，以求尽量减少鱼鲁亥豕。光绪五年（1879），其调至嘉定任代理知县，上任未久即遇冤案惹怒上级，有心替"人犯"陈情又遭训斥，期间复得罪小人，令蒙冤受难者增多，遂深悔自己考虑欠缺周全，仰天叹曰："吾德薄，灾殃及民，不如死也。"遂于夜间秉烛作《洗冤录》后，以剪刀割喉而亡，距离上任之初仅百余日。光绪年间之《嘉定县志·职官志》中，此事仅以"博洽仁慈，卒官"一笔略过，然徐珂《清稗类钞》中有《刘沨生欲解疑狱而死》一文述及此事，使后人得以略知一二。

刘履芬卒官时，其子刘毓盘（1867—1927）年仅十二，其字子庚，号椒岑，光绪二十三年（1897）拔贡，授云阳知县，入民国后任北京大学文学院国文系教授，主讲词学等课程，所著《词史》一书，与鲁迅《中国小说史略》、黄侃《文心雕龙札记》、刘师培《中国古文学史》并列为上世纪20年代研究中国古典文学史四部权威性著作。有词集《椒岑词》，凄清悱恻，动人于无声之处。子庚性情颇似其父，长于学问而不善理财，卒后居然无以为葬，待友人整理所遗图籍，于书内翻出银票若干，始得料理后事。叶昌炽《藏书纪事诗》中尝记刘氏父子曰："沨生先生与余为忘年交。其子名毓盘，先生殁时甫襁褓，今已为学官弟子，且能读父书矣。顾先生廉吏，家甚贫，其书已不能守。顷闻吴中有持元刻郭茂先《乐府》陆敕先校本求售，此先生秘笈，余所素知者也。此书出，先生之书尽出矣。"又于日记中感慨其书散之速，曰："彦清子名毓盘，瞿子久学使极赏之。非不能读楹书者尚如此，则其他又何论哉。"

此之散，彼之收，谓之递藏也。毓盘散父书之日，即卷盦藏书之始。光绪十七年（1891），毓盘赴杭州应乡试，因旅费不足而出刘履芬朱笔句读之《小谟觞馆诗集注》求售，索价银饼十元。时叶瀚告知其侄叶景葵，言此书印本流传极少，兼有泖生先生手迹，何妨收之。彼时叶景葵每月所得仅七元，遂向母亲讨得三元，始购得是书。是年叶景葵十八岁，该书为其生平所购之第一部书，卷盦藏书生涯从此而起。书之聚散递藏若此，谓圆满，谓轮回，可矣。

刘履芬藏书印"江山刘履芬观"及"泖生手校"

夏孙桐抄并题记《未庵初集》四卷《未庵初集诗稿》四卷

《未庵初集》四卷《未庵初集诗稿》四卷　（清）曹禾撰

民国夏孙桐钞本　夏孙桐题记　一函四册

钤印：夏孙桐印（白方）、悔生（朱方）、孙桐之印（白方）

《未庵集》作者曹禾（1637—1701）字颂嘉，号未庵，又号峨嵋，江苏江阴人，康熙三年（1664）进士，官内阁中书，十八年（1679）举博学鸿词科，授翰林院编修，阅二年充日讲起居注官，典试山东，官至国子监祭酒，《清儒列传》有其小传，云其工诗。在京师时常与田雯、宋荦、汪楙麟、颜光敏、王又旦、谢重辉、曹贞吉、丁澎、吉封等相唱和，为世注目。该十人尝与王士禛谈艺，之后由王士禛定稿，汇刻成《十子诗略》，"金台十子"由此而得名。沈德潜辑《清诗别裁集》，云："曹禾字颂嘉，江南江阴人。康熙甲辰进士，己未召试博学鸿词，官至国子祭酒。余识其孙全伦，清门零落矣。既全伦旋殁，访其诗不能多得，为怃然。"吴伟业则序其文集曰："峨嵋之文如风樯阵马，回飚骇浪，顷刻千里，不可禁

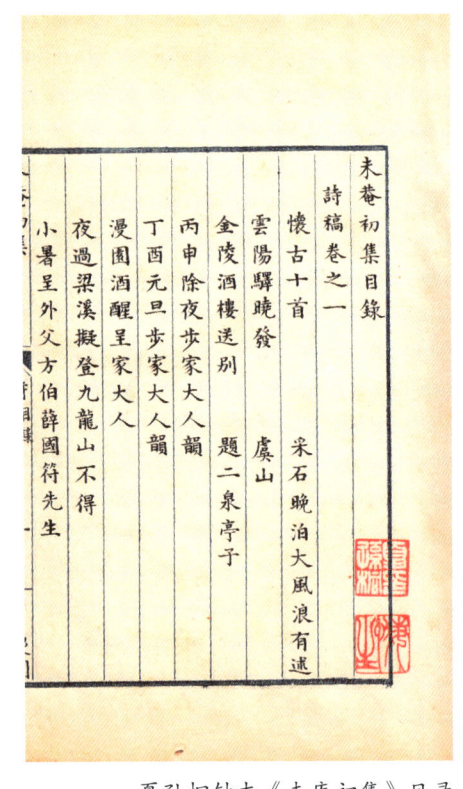

夏孙桐钞本《未庵初集》目录

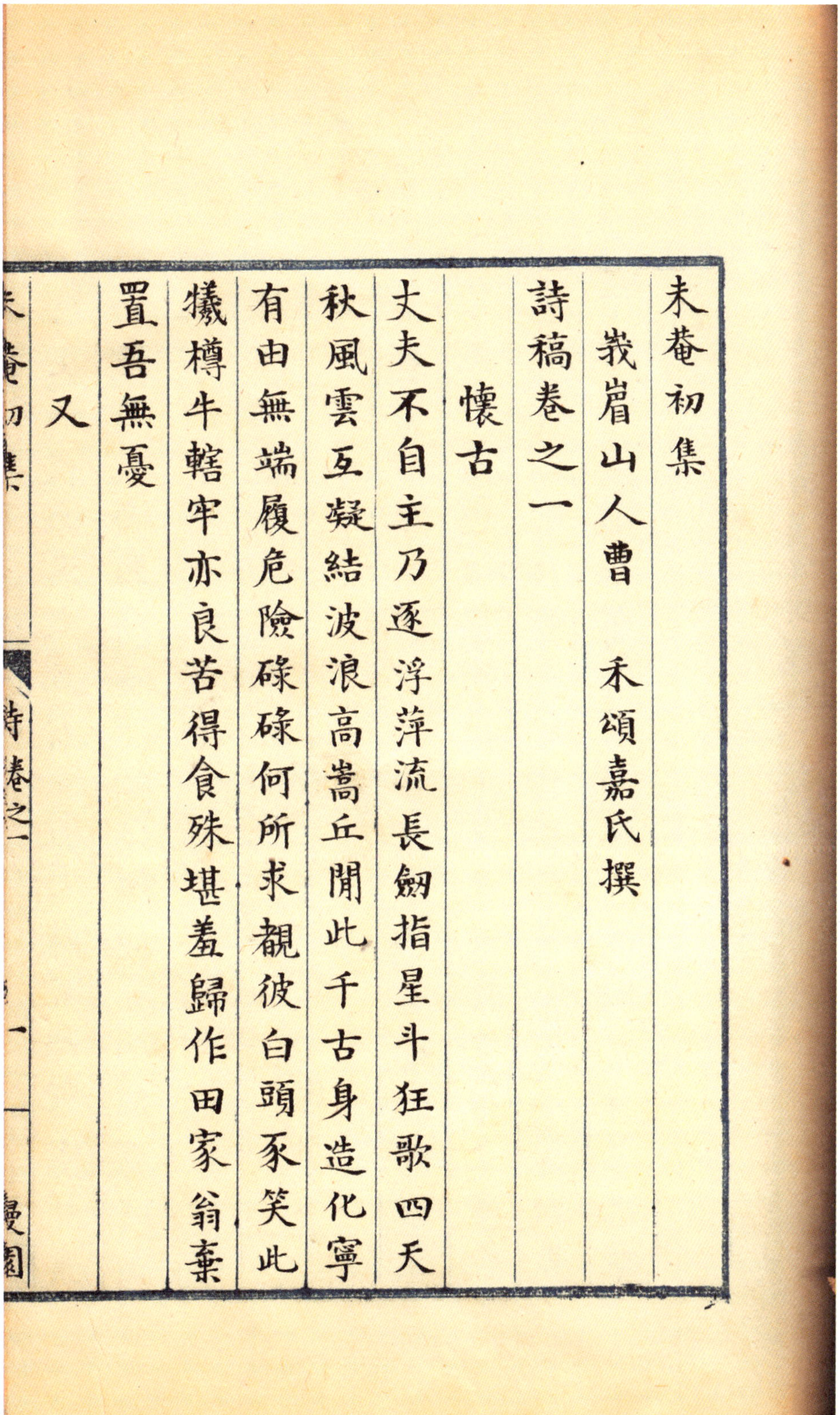
未菴初集
峩眉山人曹　禾頌嘉氏撰
詩稿卷之一
懷古
丈夫不自主乃逐浮萍流長劒指星斗狂歌四天秋風雲互凝結波浪高嵩丘開此千古身造化寧有由無端履危險碌碌何所求覩彼白頭豕笑此犧樽牛轄牢亦良苦得食殊堪羞歸作田家翁棄置吾無憂
又

未菴初集　詩卷之一　一

夏孙桐钞本《未庵初集》卷首

御，而复一准于法，曹君之才可谓绝矣。"

《未庵初集》由曹禾门人翁叔元等十二人请而梓行，卷前有翁叔元康熙十二年（1673）所书序言，详述此事："且夫弟子之于师，于其语言文字必录而存之。叔元辈居先生之门，学先生之学，梓先生之文，所以志也。乃简其集，得什之一，授之叔元，谋于诸子，鸠工而刻之，颜曰《初集》，从先生命也。"今检《中国古籍善本总目》及《清人别集总目》，知该书有康熙十五（1676）年漫园刻本。漫园为曹禾之父曹玑室名，曹玑少有神童之目，求诗画者踵而不绝，崇祯十年（1637）登进士，入清后因事家道中落，遂辟漫园于城南，屏迹纵酒。曹玑顺治十四年（1657）去世，漫园为曹禾所袭，康熙十五年之漫园刻本，当即翁叔元所刻也。翁叔元为康熙十五年进士，后累迁至工部尚书，门下弟子亦众，然于今日爱好藏书者而言，最为人知者却是反出师门之何焯。康熙二十六年（1687）权臣明珠一党弹劾汤斌，翁叔元为其中之一，举朝多为之不平，何焯当即致书翁叔元，请削门生籍，一时间士子们大呼"快哉"。此后何焯举业一再受窘，亦有说乃翁叔元幕后所使。

寒斋所收《未庵集》为夏孙桐钞本，其中《未庵初集》四卷两册为黑格抄书纸，《未庵初集诗稿》四卷两册为蓝格抄书纸，版心下抄"漫园"二字，每册卷前皆钤有"夏孙桐印"白方及"悔生"朱方，可知闰庵所抄之底本即康熙十五年漫园刻本。民国二十二年（1933），江阴祝丹卿欲刊印《江阴先哲遗书》，夏孙桐特意副录此本举以赠之，以襄其事。阅明年，祝丹卿以此钞本作底本，用木活字排印，将《未庵初集》刊入《江阴先哲遗书》，遂广流传。祝丹卿字廷华，号毅丞，光绪二十九年（1903）进士，民国年间曾任江阴同盟会分部部长，致力于兴办地方实业及文教之事。其于光绪末年与谢鼎熔成立之"陶社"诗社，为江阴历史上规模最大、历时最久之诗社。创立诗社同时，祝丹卿亦设立书局，所刊刻者，除《江阴先哲遗书》之外，尚有《江上诗钞》《陶社丛书》等三十余种。 此钞本卷前有夏孙桐题记一页，详述此集之难得：

"峨嵋先生所著书，见于邑志者曰《靖难十六功臣传》，曰《未庵初集》一百卷《二集》一百四十卷；见于《江南通志》者曰《峨嵋集》，皆罕传本。乾隆中沈文悫选《国朝别裁集》，已云旧识峨嵋孙全伦，旋即下世，清门零落，访诗不能多得。仅载二首，可知于全集未经目睹。道光中同邑顾心求辑《江上诗钞》，载诗百二十余首，未审所据何本。光绪中缪艺风、金粟香、家彦保三君皆访求乡先辈遗著，于峨嵋竟无所得，以为憾事。昨岁闻粤东门人伦

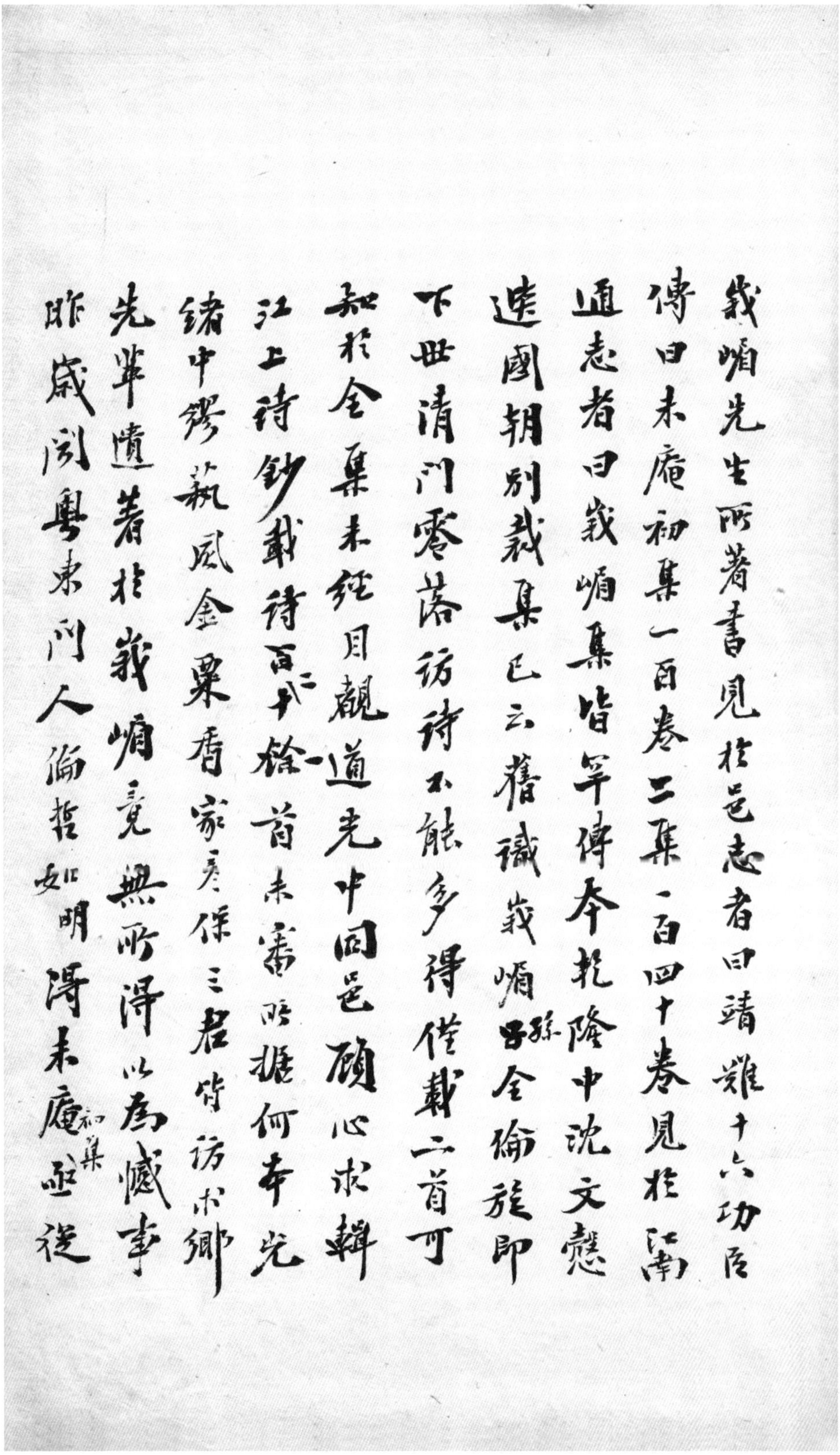

戢媚先生所著書見扵邑志者曰靖難十六功臣
傳曰未庵初集一百卷二集一百四十卷見扵江南
通志者曰戢媚集皆竿傳亲扵乾隆中沈文慤
選國朝別裁集已云舊識戢媚曰全偷龍即
下冊清門零落彷詩不能多得僅載二首可
知扵全集未絕目覩道光中闔邑顧心求輯
江上詩鈔載詩百廿餘首未審所據何幸先
緒中鏐藐風金粟房家秀保三君特彷求鄉
先輩遺著扵戢媚竟無所得以為憾事
昨歲阅粵東門人倫哲如明得未庵初集並從

《未庵初集》夏孙桐题记

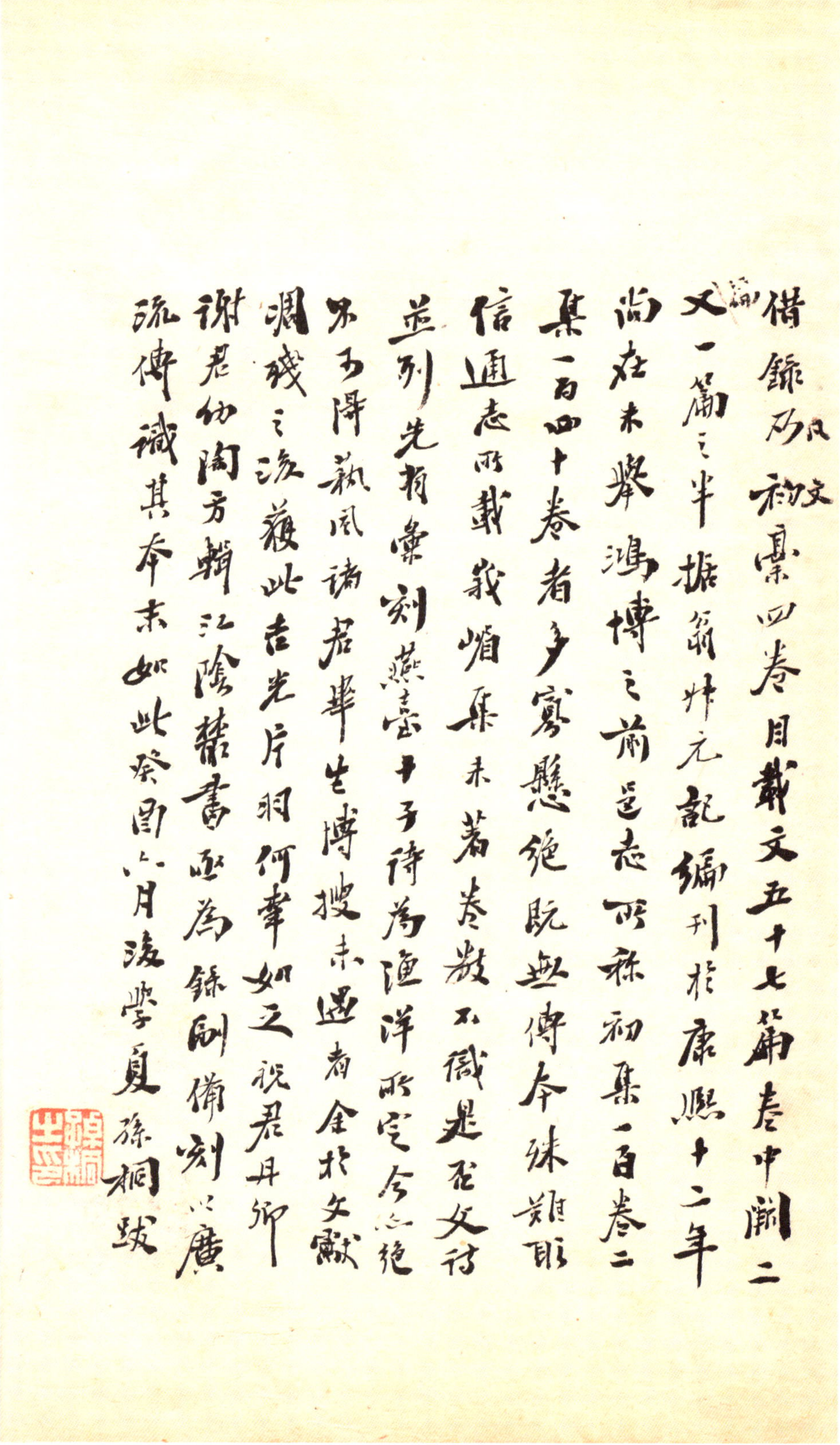

借錄乃及初集四卷目載文五十七篇卷中闕二
又一篇三半塘翁炸元記編刊於康熙十二年
尚在未撥鴻博之前邑志所稱初集一百卷二
集一百四十卷者多寡懸絶既與傳本殊異耶
信通志所載我媚陳未著卷數不㣲是否文行
並列先有彙刻燕臺十子詩為漁洋所定今必絶
不可得諷誦君畢生博搜末遐南金於文獻
凋殘之次養此古光片羽何辜如之祝君丹卯
謝君幼陶方輯江陰叢書函為錄副備刻以廣
流傳誠其本末如此癸丑六月後學夏孫桐跋

《未庵初集》夏孙桐题记

夏孙桐藏书印"夏孙桐印"

哲如明得《未庵初集》，亟从借录，凡文稿四卷，目载文五十七篇，卷中阙二篇又一篇之半。据翁叔元记，编刊于康熙十二年（1673），尚在未举鸿博之前，邑志所称《初集》一百卷《二集》一百四十卷者，多寡悬绝，既无传本，殊难取信。《通志》所载《峨嵋集》未著卷数，不识是否文诗并列。先有汇刻《燕台十子诗》，为渔洋所定，今亦绝不可得。艺风诸君毕生博搜未遇者，余于文献凋残之后获此吉光片羽，何幸如之。祝君丹卿、谢君幼陶方辑《江阴丛书》，亟为录副备刻，以广流传。识其本末如此。癸酉六月后学夏孙桐跋。"

闰庵得此沧海遗珠，欢喜之余不忘考证，卷中所夹稿纸数张，字迹虽草，然存其考证推敲之迹。其中以普通稿纸书之者，其一为自县志中搜得曹氏父子资料，另一为闰庵推敲所得之曹禾年谱，言明某年有某事发生，作何诗篇，开篇即为曹禾生日之考证："卷四有《丙辰四十自寿》诗，康熙十五年（1676），上推是生于崇祯十年（1637）。据《癸丑元宵前四日初度作》，当是正月十一日生。"翻至卷三第十六页，《癸丑元宵前四日初度作》下有小注云："时年三十七"，诗云："金门不得意，荏苒岁华过。四载春灯酒，通宵燕市歌。敝裘联袂少，瘦马避人多。闲索梅花笔，萧条忆薜萝。"此年为康熙十二年（1673），曹禾已中进士，官内阁中书，亦为□人翁叔元请授稿付梓之年。诗稿中尚有《丙辰四十自寿》诗，可知《未庵初集诗稿》刊刻当在康熙十六年（1677）之后，此时《文稿》已然行世。或因《文稿》《诗稿》为分两次刊刻而成，故版心所刻略有不同。

另有一页版心下刻"退耕堂"之绿格稿纸，上刻有"清儒学案稿"字样，内容为民国二十一年（1933）所书之题记，所述较正式书于卷首者为略，然多出一句："近见宋牧仲《绵津山人诗集》有附载未庵诗三首，一并录后，备他日辑补遗者览采焉。壬申中秋闰庵记。"后则附录逸诗三首。退耕堂为民国五任总统之一徐世昌堂号，《清儒学案》为其退居津沽时主持编修，始于民国十七年（1928年），成于民国二十七年（1938年），历时逾十载，夏孙桐为其主要编撰者。

卷内目录及卷首处尚各贴有浮签一条，目录处所贴浮签内容为："文稿卷之一下'序'应改小字旁注。卷二、卷三以下'序''词话'等亦同例。"卷首处所贴浮笺为："著人名字一行，下、二、三、四卷均无，应补，以归画一格式。"此二签均为叮嘱上版刊刻之语，可知闰枝录副此本，乃特意为丹卿刻书而为。丹卿刻书之后，是书于人间流转，至2004秋年经海王村归吾架上，然期间似乎易手非多，以其触手若新也。

章士钊、蒋书因跋汲古阁刻本《东观余论》二卷

《东观余论》二卷　（宋）黄伯思撰

明崇祯毛氏汲古阁刻《津逮秘书》本　章士钊跋　一函八册

钤印：羊城双门底九经阁发兑（朱方）　南海康有为更生珍藏（朱方）　御赐天游堂（朱方）

　　此《东观余论》二卷为明末毛氏汲古阁《津逮秘书》本，毛晋字子晋，号潜在，原名凤苞字子九，典出《初学记》："《论语摘衰圣》曰：凤有六像九苞。……九苞者：一曰口包命，二曰心合度，三曰耳听达，四曰舌诎伸，五曰彩色光，六曰冠矩州，七曰距锐钩，八曰音激扬，九曰腹文户。"更名后为晋，实则亦与凤相关，其典出《列仙传》："王子乔者，周灵王太子晋也。好吹笙作凤凰鸣。"今时书法爱好者初习字时所用之"毛边纸"，即源自毛晋，其为历代私家刻书最多者，所用纸张皆从江西购入，并于纸边上钤一篆书"毛"字印章，其纸厚者曰"毛边"，薄者名"毛太"。毛晋刻书始自明代天启年间，讫于清朝顺治初期，前后四十余年，成书六百多种，囊括经、史、子、集、丛部，早期所刻之书版心署为世美堂或绿君亭，汲古阁则为其所刻书之通称。生五子，名襄、褒、衮、表、扆，能承父志者有褒、扆二子，其中毛扆还是陆贻典东床，继毛晋后，毛扆刻书仍有延用汲古阁之名。子晋所刻诸书中，最通行者为"十三经"及"十七史"，另有《宋名家词》六十一种，此为汇刻词集之始，毛晋亦为刻书史上最早有意识对词集进行校勘、辑佚、考辨者。其子毛扆亦精研词学，尝搜集数十种词集待刻，后人称为《汲古阁未刻词》。

　　《津逮秘书》为毛晋所辑刻之丛书，全书分为十五集，每集少则四种，多则十八种，《四库存目》云其总计一百三十九种，其中《金石录》《墨池篇》有录无书，实则一百三十七种，然亦有其他书记载，称其总计一百四十一种或一百四十四

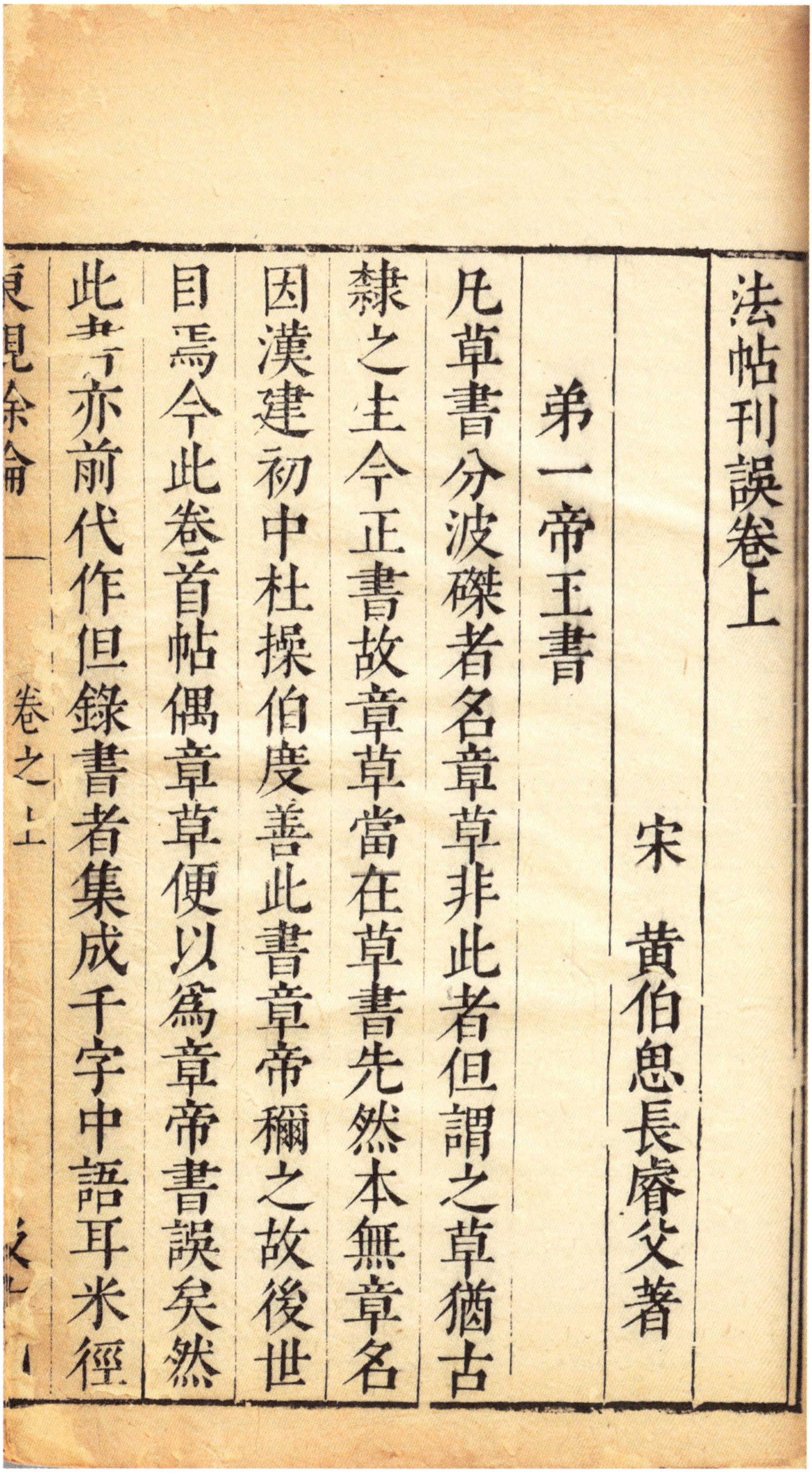

法帖刊誤卷上

宋 黄伯思長睿父著

第一帝王書

凡草書分波磔者名章草非此者但謂之草猶古
隸之主今正書故章草當在草書先然本無章名
因漢建初中杜操伯度善此書章帝稱之故後世
目爲今此卷首帖偶章草便以爲章帝書誤矣然
此書亦前代作但錄書者集成千字中語耳米徑

東見余論　　卷之上

明汲古阁本《东观余论》卷首

71

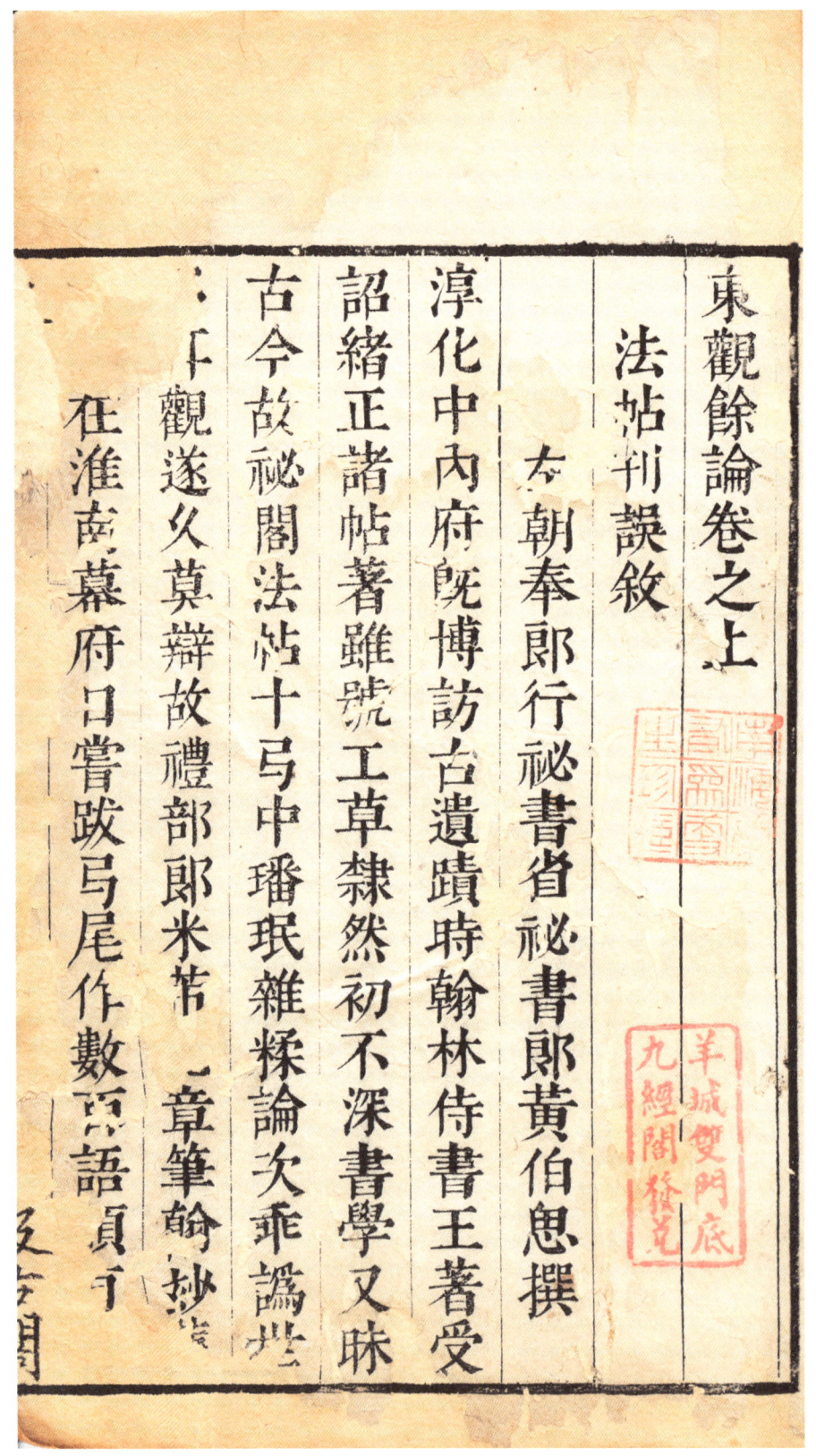

東觀餘論卷之上

法帖刊誤敘

太朝奉郎行祕書省祕書郎黃伯思撰

淳化中內府既博訪古遺蹟時翰林侍書王著受

詔緒正諸帖著雖號工草隸然初不深書學又昧

古今故祕閣法帖十弓中璠珉雜糅論次乖譌些

……千觀遂久莫辯故禮部郎米芾一章筆翰抄……

在淮南幕府口嘗跋弓尾作數百語員千……

明汲古阁刻本《东观余论》钤有书坊售书章

种等等。明代藏书家胡震亨据自家所藏古籍辑成《秘册汇函》后，书未成而毁于火，后将残版赠于子晋，子晋复据家藏旧籍增补，并加上闵元衡所藏稿本，遂成《津逮秘书》。书名"津逮"二字语出《水经注·河水二》："悬岩之中，多石室焉，室中若有积卷矣，而世士罕有津逮者，因谓之积书岩。"子晋以此二字，比喻为学之门径，其内容则多收春秋至元代著作，尤多宋人书，并偏重掌故琐记。其中《东观余论》为北宋黄伯思（1079—1118）所撰。黄伯思字长睿，号霄宾，又号云林子，年仅四十卒，然学问淹通。李纲为作墓志铭，称其经史百家之书，天官、地理、律历、卜筮之说无不精诣；又好古文奇字，洛下公卿家古器款识，均能辨认是非，遂以古文名家，又工于书法，各体皆妙。长睿殁后，其子黄讱将父亲所著论辩题跋等合而刊之，总名《东观余论》，于绍兴丁卯年间刻于建安漕司。

子晋所刻《津逮丛书》既有胡震亨所赠之秘函，亦有自己增补之旧籍，二者于版式上有着明显不同。凡震亨所赠之书，版心书名皆在鱼尾之下，以沿用宋本旧式；凡子晋增补者，书名皆在鱼尾上而下刻"汲古阁"或"绿君亭"。《东观余论》版心下刻"汲古阁"三字，书名刻于线鱼尾之上，当为子晋所增者。

二十余年前吾尚在天津，某天逛古籍书店时，恰遇一位老先生携十余箱古书来店中求售，所售之书品相极佳，似是旧家而出者。其中十函《津逮秘书》独装一大箱，见之令人心悦，遂于店中相商，价谐而购归。然待回家细细理书，方知此丛书并非全帙，遂将该书之未备零种一一列出，陆续补配，望能将其配为全书。此《东观余论》即当年未备之书，辛卯年秋拍出现于保利拍场，图录说明为"明刻本"，强调此乃康有为旧藏，知卖家所卖之点在此，幸底价不昂，吾略喊数口即归寒斋。

归来细观此书，为一函八册，有精心修缮之痕，上下界栏脱落处皆以墨笔描补，并有跋语两篇，位于首册第一页者为章士钊跋语："此是康南海写《广艺舟双楫》时所摩挲宝贵之书。辛丑夏日在北京购得。秋桐。"另一篇跋于第八册最后两页，谓"至今存之全者仅此一书而已，读者所宜珍惜也"云云，落款为民国壬戌五月南海蒋书因。除却题跋，此书每册均钤有"南海康有为更生珍藏"及"御赐天游堂"两枚朱方，卷首又有"羊城双门底九经阁发兑"之印。双门底为清代广州商业街，以书坊、古董店及花市著名，世界、中华、共和、商务等八大书局上世纪三十年代均曾设分店于此，某次官方考试作文，竟然以"双门底卖书坊"为题，可见其时之盛，九经阁则为其中一间书坊。

吾素不谙书学，于辨识书法、篆刻印文之上屡屡出错，贻笑大方。前番误认"秋桐"为"孙桐"，又以夏孙桐与康有为行年事迹时间不合为由，疑该书有书贾造假之嫌，后得友人指教，此为章士钊所跋，不免且愧且喜。愧者学养不足，喜者章士钊题跋较夏孙桐题跋更为稀见。章士钊（1881—1973），字行严，笔名黄中黄、青桐、秋桐，湖南善化人。民国间曾任段祺瑞政府司法总长兼教育总长，创办《甲寅》周刊，提倡尊孔读经，反对新文化运动，1949年国共和平谈判时，任南京国民党政府代表，建国后担任过政务院法制委员会委员及中央文史馆馆长等职，一生多有著述，撰有《中等国文典》《逻辑指要》《名墨訾应论》《名学他辨》及《柳文指要》等。

　　章士钊跋称该书为其"辛丑夏日"购于北京，"辛丑"为1961年，是年章士钊已是八秩老人，定居于北京，而此前一年，章老刚刚搬入史家胡同24号的新居，并开始撰写《柳文指要》书稿。今人研究章士钊，多从其政治及学者角度着手，鲜有谈及藏书者，大约藏书之事于其而言是再寻常不过之事，因此也无需特别谈及。然而据其养女章含之回忆，章士钊不仅藏书较多，连毛泽东当年亦常向其借书阅读。毛泽东与章士钊同为湖南人，两人早在民国初年即经杨昌济之介而结识。1918年，毛泽东自湖南省第一师范学校毕业，成立新民学会拟赴法勤工俭学，然而前往法国的路费却成为问题，毛泽东遂经杨昌济之介，求助于当时的国民教育总长章士钊，章士钊筹得经费两万元，使得新民学会赴法留学得以成行。四十余年后，也是1961年，毛泽东旧事重提，告知章士钊当年的那笔钱一部分用作了新民学会成员前往法国的路费，另一部分用作自己在湖南开展革命活动之经费，并于是年开始，以还款付息的名义，每年让秘书送二千元至章家，以贴补章家生活之费。

　　章士钊跋中又称此乃康有为撰写《广艺舟双楫》时所参考之书，或因该书每册均有"南海康有为更生珍藏"及"御赐天游堂"藏章。康有为（1858—1927）又名祖诒，字广厦，号长素，晚署天游化人，广东南海人。清光绪间进士，授工部主事，一生著述颇多，《广艺舟双楫》为其所著之一。《广艺舟双楫》又名《书镜》，乃康有为于光绪十五年（1889）年撰于广东，虽然用时仅

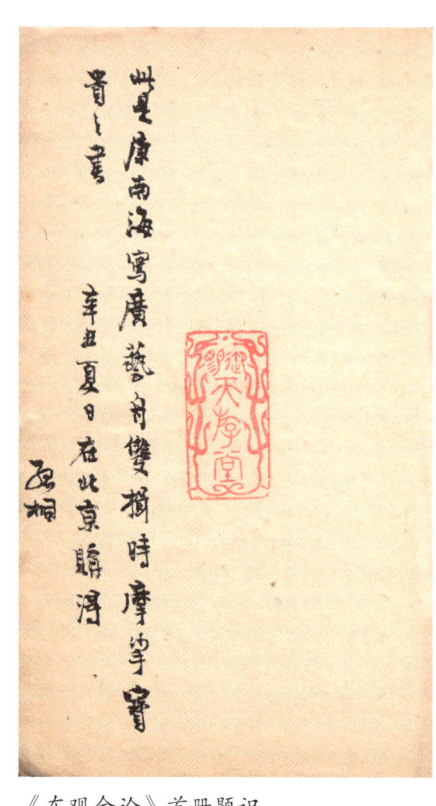

《东观余论》首册题识

康有为青岛故居天游园

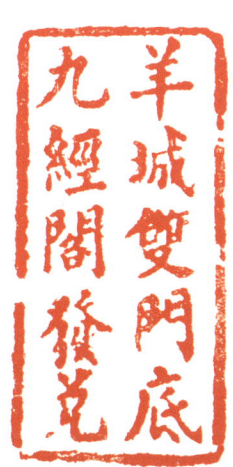

晚清民国书坊售书章

十五天，却是晚清最重要的书法专著之一，影响颇为深远。《东观余论》中涉及书法碑帖者颇多，故在章士钊看来，康有为撰《广艺舟双楫》时参考《东观余论》，乃在情理之中。

然而康有为"御赐天游堂"之印最早使用时间却是民国十一年（1922），是年《广艺舟双楫》早已撰成三十三年。该印之缘起为是年溥仪大婚时，康有为等一班旧臣跪进贺礼，同年得溥仪御赐"天游堂"匾额，之后康有为将此匾悬于青岛别墅，并将"康家花园"更名为"天游园"，由此段史实可知，"御赐天游堂"之印出现时间不会早于民国十一年（1922）。是故在吾想来，该书为康有为旧藏无疑，然是否确为当年撰《广艺舟双楫》时摩挲之本，则有待再考证。

毛晋藏书印"毛氏正本"及"汲古阁"

附:《汲古阁歌》 吴伟业

嘉隆以后藏书家,天下毗陵与琅邪。
整斋旧闻汲放失,后来好事知谁及?
比闻充栋虞山翁,里中又得小毛公。
搜求遗逸悬金购,缮写精能镂板工。
由来斯事推赵宋,欧虞楷法看飞动。
集贤院印校雠精,太清楼本装潢重。
损斋手跋为披图,苏氏题观在直庐。
馆阁百家分四库,巾箱一幅尽三都。
本朝儒臣典制作,累代缥缃输秘阁。
徐广虽编石室书,孝徵好窃华林略。
两京太学藏经史,奉诏重修赐金紫。
高斋学士费餐钱,故事还如写黄纸。
释典流传自洛阳,中官经厂护焚香。
诸州各请名山藏,总目难窥内道场。
南湖主人为叹息,十年心力恣收拾。
史家编辑过神尧,律论流通到罗什。
当时海内多风尘,石经马矢高丘陵。
已坏书囊缚作袴,复惊木册摧为薪。
君家高阁偏无恙,主人留宿倾家酿。
醉来烧烛夜摊书,双眼摩挲觉神王。
古人关书借三馆,羡君自致五千卷。
又云献书辄拜官,羡君带索躬耕田。
伏生藏壁遭书禁,中郎秘惜矜谈进。
君获奇书好示人,鸡林巨贾争摹印。
读书到死苦不足,小学雕虫置废簏。
君今万卷尽刊讹,邢家小儿徒碌碌。
客来诗酒话平生,家近湖山拥百城。
不数当年清秘阁,乱离踪迹似云林。

田撰异抄、张士珩题记
《四经读本》一卷

《四经读本》一卷

清田撰异钞本　张士珩题记　无不悔庵蓝格纸　一函
二册

铃印：臣士珩印（白方）、楚宝（朱方）、冶城竹居
（朱方）、合肥张士珩印（白方）

　　是书一函两册，2005年秋得之于上海敬华
拍场。十年前国内古籍拍卖专场，南北加起来
仅五六家而已，沪上拍古籍者主要是上海国
拍及朵云轩两家。2001年上海敬华拍卖公司成
立，首场即有古籍善本专场，然两场之后因人
事变动而停拍，至2005年王德先生到敬华，古
籍专场重又开张。王兄亦为爱书之人，眼力颇
佳，从事拍卖却是第一遭，遂广邀朋友前往捧
场，吾亦忝列其中。此场成交额四百万元，于
今视之，不过是一场小拍的成绩，但于当时而
言，成绩已是不俗。回首看去，不足十年已有
沧海桑田之感，真不知再过三十年古籍市场会
如何变幻。

　　是场吾拍得数件拍品，此本亦为其一。彼
时关注此书者未多，故以近乎底价得之。其内
容无甚特别，一册为《易书诗读本》，另一册
为《三传读本》，为士子举业必读之书，抄者

汪士铎

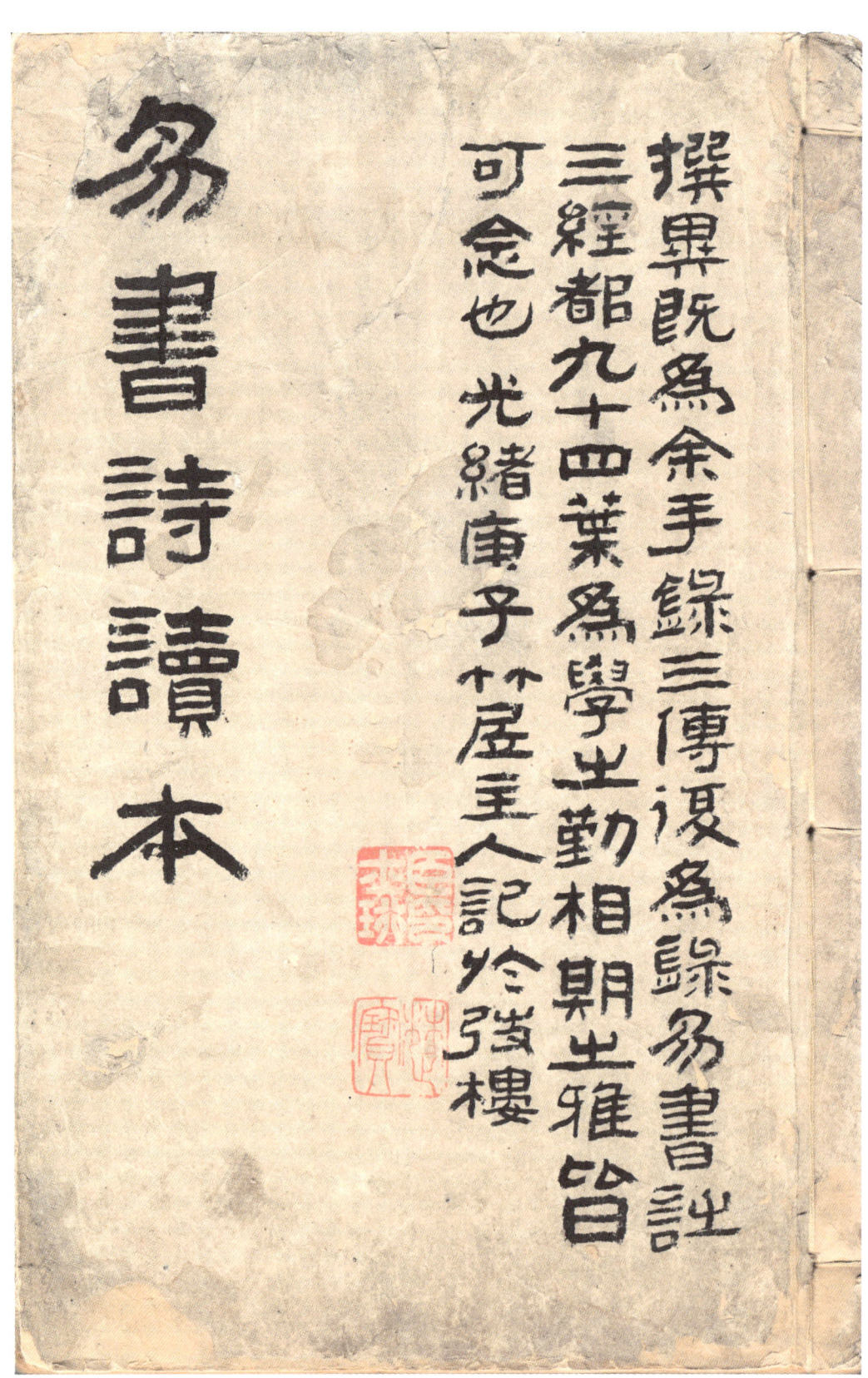

象書詩讀本

撰畢既為余手錄三傳復為錄象書詩
三經都九十四葉為學业勤相期止雅皆
可念也 光緒庚子竹屋主人記於強弓樓

《四经读本》张士珩封面题识

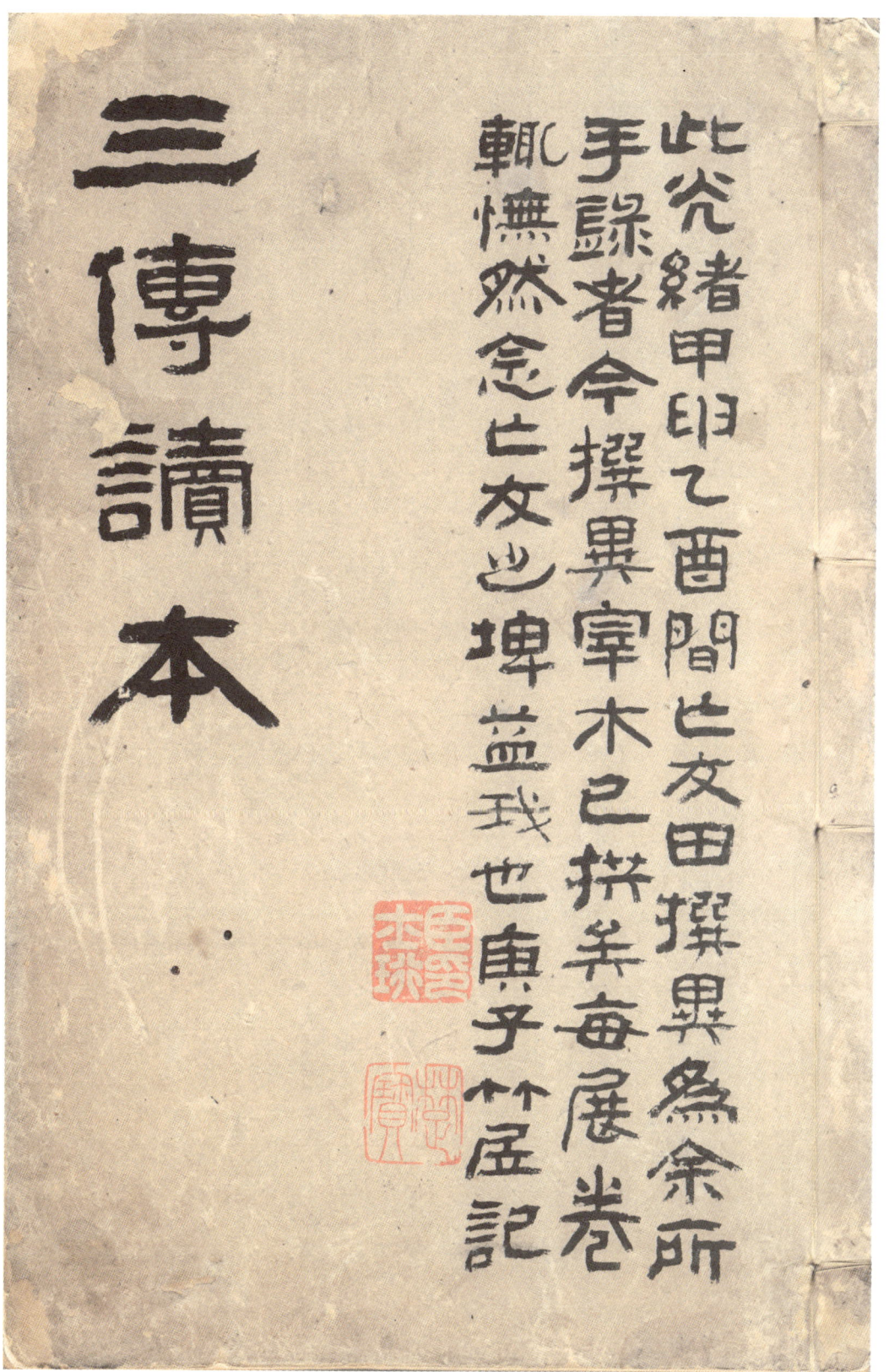

《四经读本》张士珩封面题识

张士珩藏书印"合肥张士珩印"

田曾，字撰异，亦无甚名气，仅知其为清末时期南京人，诸生，曾师事汪士铎，幕游台湾时卒于基隆，张士珩尝为之撰《田撰异家传》，并为刊刻遗文。该书可喜者，两册封面皆有张士珩墨笔题记。其中《三传读本》封面题记曰："此光绪甲申、乙酉间，亡友田撰异为余所手录者，今撰异宰木已拱矣。每展卷辄怃然念亡友之埤益我也。庚子竹居记。"《易书诗读本》封面题记为："撰异既为余手录《三传》，复为录《易》《书》《诗》三经，都九十四页，为学之勤，相期之雅，皆可念也。光绪庚子竹居主人记于㲱楼。"皆钤有"臣士珩印"白方及"楚宝"朱方。

张士珩（1857—1917）字楚宝，号㲱楼、因觉生、冶山居士等，安徽合肥人，曾中过举人。张氏一门与李鸿章数世姻亲，其父张绍棠为李鸿章表弟，母亲为李鸿章长妹，李鸿章兄弟未腾达时，多得张家接济，故日后亦多有照顾张氏后人。张士珩光绪十四年（1888）上京应礼部试不售后，留于李鸿章幕府，以道员领军械局，兼武备学堂，甲午后去职。之后其被周馥招至山东主事山东学务处及武备学堂，又主江南制造局六年，辛亥后退居青岛，民国四年（1915）复被袁世凯任命为造币厂监督，数月后以病辞。

以上张士珩资料多引自《中国近现代人物名号大辞典》，介绍颇简，尤其"甲午后去职"五字，未曾详说内情，然此段经历实乃其身后最为人议论者。甲午战争失利后，有官员向朝廷弹劾李鸿章时，波及张士珩，更有传言指其盗卖军火得白银数十万两，朝廷遂派张之洞彻查此案。张之洞虽素与李鸿章政见不合，处理此事时却十分公允，查出张士珩不仅没有盗卖军械，且数年来所有涉及军械之帐目、清单皆有据可查，每项进出皆有数个部门签字画押，"售枪械予日本人"之传言纯属子虚乌有之事。然而清白虽还，仕途仍然受到影响，张士珩因此被朝廷革职。

张士珩少年失恃，约二十岁时至南京求学于汪士铎，时汪士铎已年过古稀，此《四经读本》或即彼时游学于汪士铎门下时，由田撰异为其抄就者。究其原因，一则彼时张士珩约二十七八岁，正游学于汪士铎门下；二则抄书所用之蓝格纸，右下角皆有"无不悔庵"字样，此室名正好为汪士铎晚年所用。汪士铎为江宁一大儒宗，其生年有说为嘉庆七年（1802），亦有说嘉庆九年（1804），卒于光绪十五年（1889），安徽歙县人，原名鉴，字振庵，后改字晋侯，号芝生、悔翁、种樗老人等，晚年将悔翁之号更为无不悔翁。其虽于道光二十年（1840）中举，却一生命运乖蹇，从未任过正式官职，始终以授徒讲学及充当幕僚为业，直至光绪十一年（1885）始得授以国子监助教衔，时须发皆白，年已耄耋矣。其治学初以三礼为

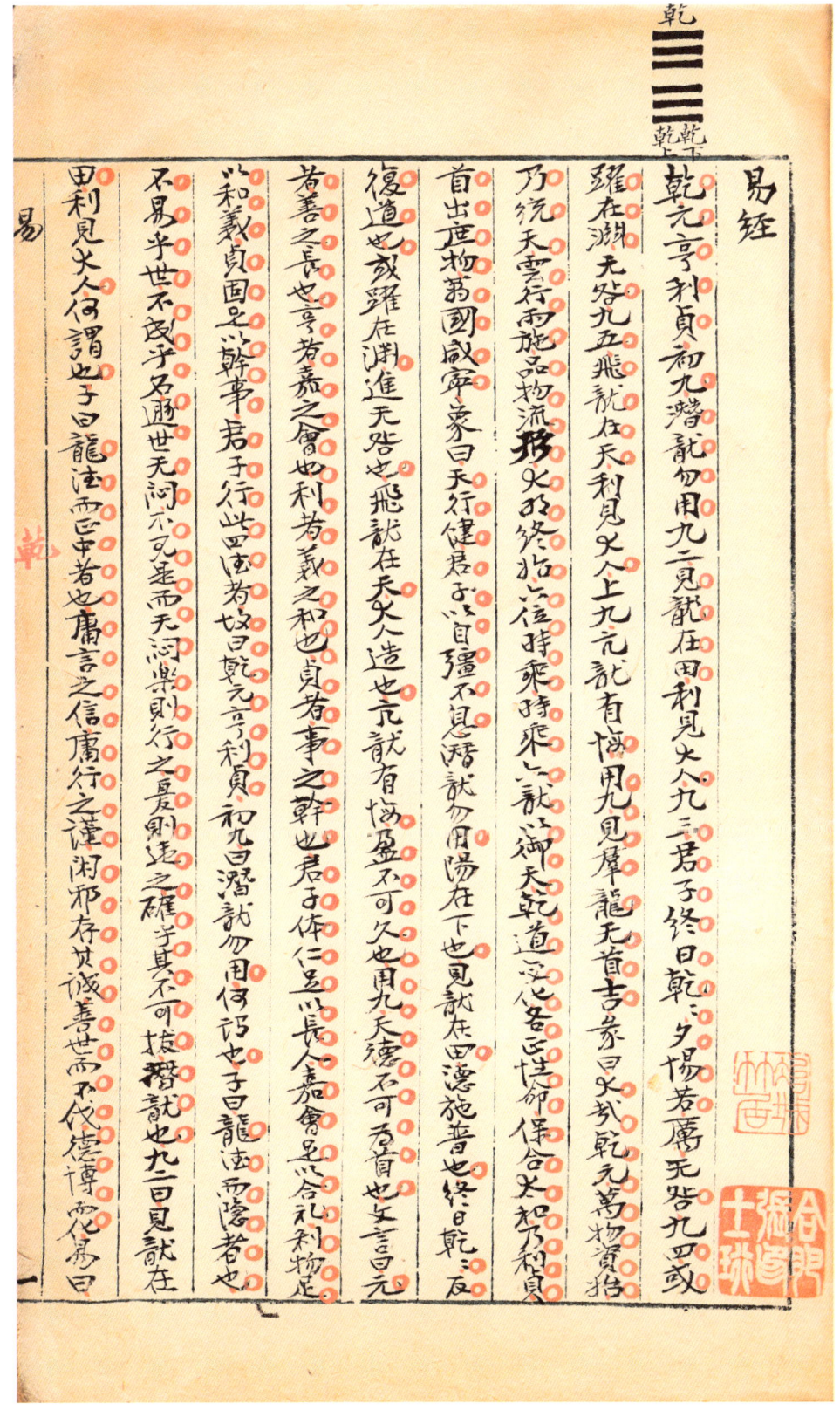

乾下乾上

易经

乾，元亨利貞。初九，潛龍勿用。九二，見龍在田，利見大人。九三，君子終日乾乾，夕惕若厲，无咎。九四，或躍在淵，无咎。九五，飛龍在天，利見大人。上九，亢龍有悔。用九，見群龍无首，吉。

彖曰：大哉乾元，萬物資始，乃統天。雲行雨施，品物流形。大明終始，六位時成，時乘六龍以御天。乾道變化，各正性命，保合太和，乃利貞。首出庶物，萬國咸寧。

象曰：天行健，君子以自強不息。潛龍勿用，陽在下也。見龍在田，德施普也。終日乾乾，反復道也。或躍在淵，進无咎也。飛龍在天，大人造也。亢龍有悔，盈不可久也。用九，天德不可為首也。

文言曰：元者善之長也，亨者嘉之會也，利者義之和也，貞者事之幹也。君子體仁足以長人，嘉會足以合禮，利物足以和義，貞固足以幹事。君子行此四德者，故曰乾元亨利貞。

初九曰潛龍勿用，何謂也？子曰：龍德而隱者也。不易乎世，不成乎名，遯世无悶，不見是而无悶，樂則行之，憂則違之，確乎其不可拔，潛龍也。

九二曰見龍在田利見大人，何謂也？子曰：龍德而正中者也。庸言之信，庸行之謹，閑邪存其誠，善世而不伐，德博而化。易曰

易 一

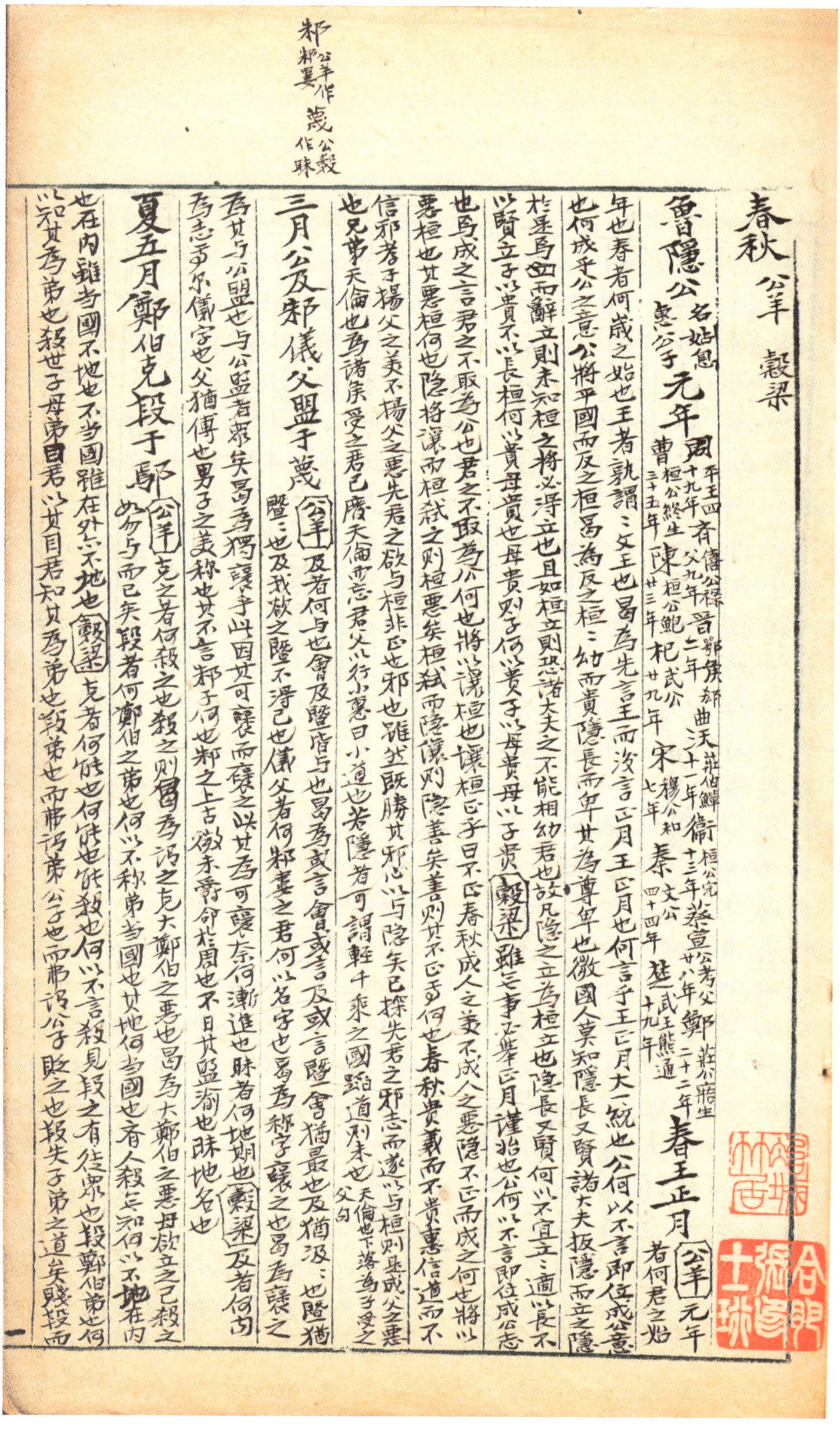

邾 公羊作邾婁　蔑 公穀作眛

春秋 公羊 穀梁

魯隱公 名息姑 惠公子 元年 周平王四十九年 齊僖公祿父九年 晉鄂侯郄二年 曲沃莊伯鱓二十一年 衛桓公完十三年 蔡宣公考父廿八年 鄭莊公寤生二十二年 曹桓公終生三十五年 陳桓公鮑廿三年 杞武公廿九年 宋穆公和七年 秦文公四十四年 楚武王熊通十九年

春王正月 公羊 元年者何君之始年也春者何歲之始也王者孰謂謂文王也曷為先言王而後言正月王正月也何言乎王正月大一統也公何以不言即位成公意也何成乎公之意公將平國而反之桓曷為反之桓桓幼而貴隱長而卑其為尊卑也微國人莫知隱長又賢諸大夫扳隱而立之隱於是焉而辭立則未知桓之將必得立也且如桓立則恐諸大夫之不能相幼君也故凡隱之立為桓立也隱長又賢何以不宜立立適以長不以賢立子以貴不以長桓何以貴母貴也母貴則子何以貴子以母貴母以子貴 穀梁 雖無事必舉正月謹始也公何以不言即位成公志也焉成之言君之不取為公也君之不取為公何也將以讓桓也讓桓正乎曰不正春秋成人之美不成人之惡隱不正而成之何也將以惡桓也其惡桓何也隱將讓而桓弒之則桓惡矣桓弒而隱讓則隱善矣善則其不正焉何也春秋貴義而不貴惠信道而不信邪孝子揚父之美不揚父之惡先君之欲與桓非正也邪也雖然既勝其邪心以與隱矣已探先君之邪志而遂以與桓則是成父之惡也兄弟天倫也為子受之父為諸侯受之君已廢天倫而忘君父以行小惠曰小道也若隱者可謂輕千乘之國蹈道則未也 天倫也下落為子受之父句

三月公及邾儀父盟于蔑 公羊 及者何與也會及暨皆與也曷為或言會或言及或言暨會猶最也及猶汲汲也暨猶暨暨也及我欲之暨不得已也儀父者何邾婁之君也何以名字也曷為稱字褒之也曷為褒之為其與公盟也與公盟者眾矣曷為獨褒乎此因其可褒而褒之此其為可褒奈何漸進也眛者何地期也 穀梁 及者何內為志焉爾儀字也父猶傅也男子之美稱也其不言邾子何也邾之上古微未爵命於周也不日其盟渝也眛地名也

夏五月鄭伯克段于鄢 公羊 克之者何殺之也殺之則曷為謂之克大鄭伯之惡也曷為大鄭伯之惡母欲立之己殺之如勿與而已矣段者何鄭伯之弟也何以不稱弟當國也其地何當國也齊人殺無知何以不地在內也在內雖當國不地也不當國雖在外亦不地也 穀梁 克者何能也何能也能殺也何以不言殺見段之有徒眾也段鄭伯弟也何以知其為弟也殺世子母弟目君以其目君知其為弟也段弟也而弗謂弟公子也而弗謂公子貶之也段失子弟之道矣賤段而

一

《三传读本》首页

主，作《礼服记》等，后治舆地，补赵一清、戴震注《水经注》，释以当时地名，另有《南北史补志》《汉志志疑》《江宁府志》《同治上江二县志》《乙丙日记》及《汪梅村诗文集》等。

悔翁诸多著作中，最为后世所谈论者为《乙丙日记》，此为汪士铎咸丰乙卯（1855）、丙辰（1856）两年间之日记，原稿为《乙卯随笔》《丙辰备遗录》，因非有意示人之作，故落笔肆意抒发己见，多有惊人之语，尤其关于人口多寡之阐述，不为当时社会伦理所接受。其认为社会动荡之主要原因乃人口太多，故宜晚婚晚育并施以节育药物，以降低人口出生率，并主张"以威断多杀为主，有言仁慈不嗜杀者立斩"，甚至"凡男子有子而续娶，妇人有子而再嫁，皆斩立决"，又有溺毙女婴等语。然而提倡晚婚晚育节育之

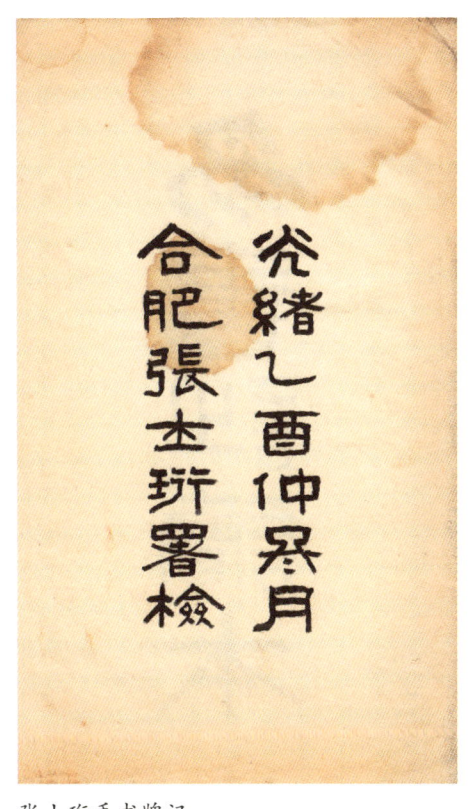

张士珩手书牌记

汪梅村，自己却娶过两任妻子，先后育有四子五女，惜日后存活者仅剩一女。该女长成后嫁于吴姓，随夫婿迁往山西，故悔翁手稿等皆散落太原，后得同乡邓之诚自书肆以高价购得，并陆续整理刊行。

胡玉缙《续四库提要三种》中收录有《汪梅村先生集》，云其"学有根柢，究非桐城派纯掉虚机者所能及。"并转述汪士铎评价自己之语："乱后之作，笔记为上，诗次之，词又次之，文最下"。李慈铭则对其有褒有贬，褒者有"其地理考据之学多称于时，文亦修洁"之句，贬者则为"它文多立意不纯，时涉偏谲，盖矜气过甚也。志传拙于叙事，万不足观。其人尚存，而自题《汪梅村先生集》，虽托于门弟子编辑，然从无此体。"李慈铭虽言语刻薄，却也是事实，《汪梅村先生集》光绪七年（1881）刊于合肥味古斋，味古斋正是张士珩堂号。

吴玉搢跋清钞本
《石墨镌华》八卷

《石墨镌华》八卷　（明）赵崡著

　　清雍正八年（1730）阎敬修钞本　吴玉搢跋　毛边纸

一函两册

　　钤印：汉瓦轩（白文）、修竹吾庐（白文）、李梅村藏（朱文）、赤坪寓目、李炜宝藏、思敬斋等

　　乙丑春日至琉璃厂阅市，窦兄称新收一钞本，已放在张经理处。窦兄知我喜欢此类稿钞校本，每有所获，即通告于我。到张经理处视之，确为旧钞两册，书名却并不稀见，乃赵崡所著《石墨镌华》，此书明刻本至今仍能时于市面得见，并非珍稀秘本，如此耗费心力抄之，估计又是某乡塾以为珍秘而抄之者。张经理或许看出吾对此不甚措意，笑称您再细看看。

　　该书两册，原装，为毛边纸素抄，字迹倒还工整，馆阁味并不浓，应该是乾隆前钞本，每册封面皆以墨笔竖书"石墨镌华"及"汉瓦轩藏"，封面钤印两方，一曰"修竹吾庐"，一曰"汉瓦轩"，均为白文。卷首钤"李梅村藏"细朱文印，以及"赤坪寓目""李炜宝藏"，卷末则有"思敬斋"印，上册卷末空白处尚有蓝色铅笔标注"两

清阎敬修钞本《石墨镌华》封面

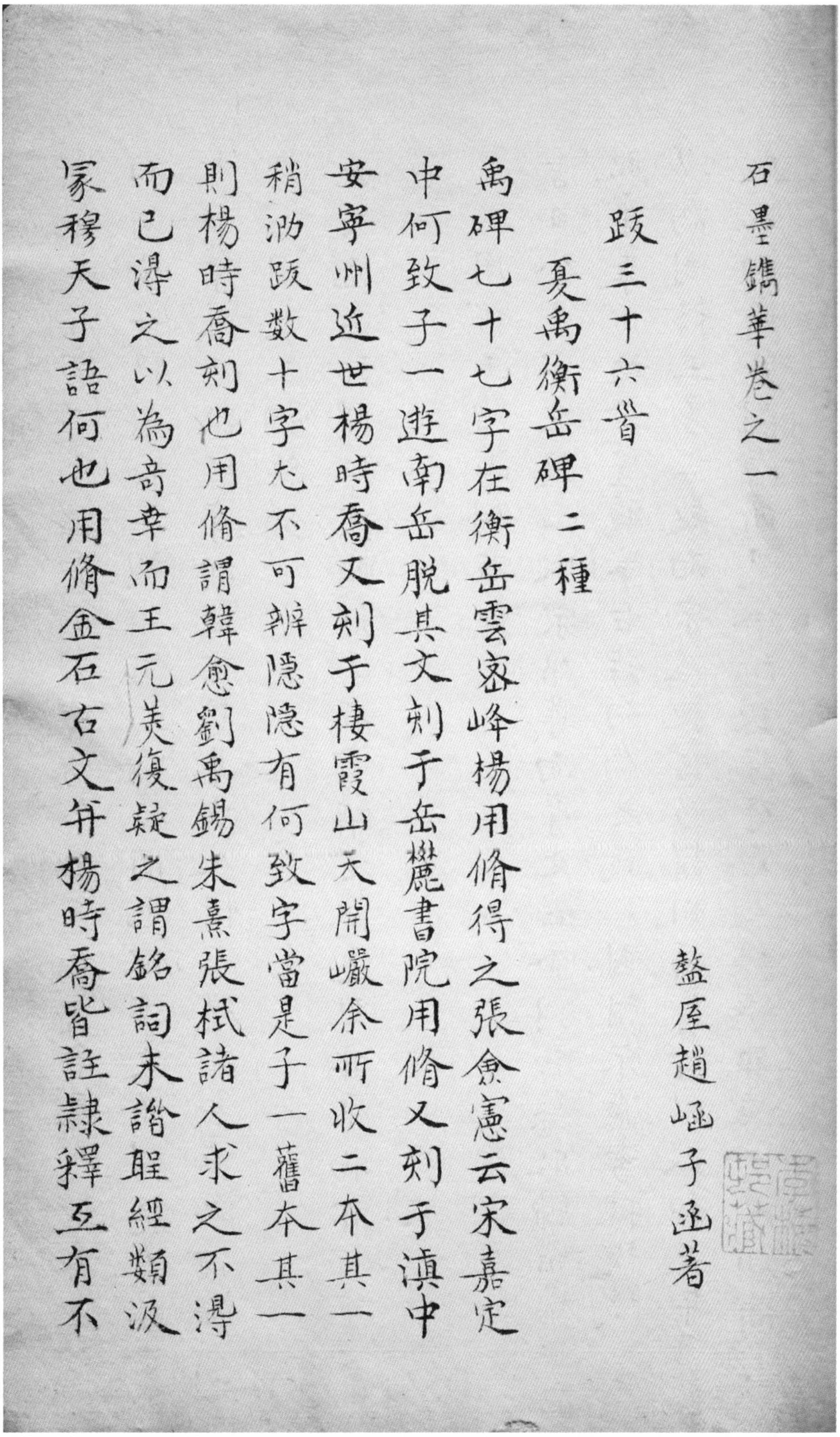

石墨鐫華卷之一　　　　　　盠屋趙崡子函著

跋三十六首

夏禹衡岳碑二種

禹碑七十七字在衡岳雲密峰楊用脩得之張魚憲云宋嘉定
中何致子一遊南岳脫其文刻于岳麓書院用脩又刻于滇中
安寧州近世楊時喬又刻于棲霞山天開巖余所收二本其一
稍泐跋數十字尤不可辨隱隱有何致字當是子一舊本其一
則楊時喬刻也用脩謂韓愈劉禹錫朱熹張栻諸人求之不得
而已得之以為奇幸而王元美復疑之謂銘詞未諧聖經類汲
冢穆天子語何也用脩金石古文并楊時喬皆註隸釋互有不

《石墨鐫華》卷首

85

册四元"字样。吾仍然觉得此为寻常之本，不过一清初钞本耳。张经理仍然带笑看吾，吾再翻一过，偶于序言之后、目录之前瞥到"钝根玉擂"四字，亟细看之，果真是吴玉擂手迹。吾素颇为看重乾嘉学者之手迹，吴玉擂批校正是寒斋未备之品，见此大喜，亟问价格，全然忘记此时应当做出不经意状，然张经理亦是打交道多年之书友，并未因吾两眼放光而大抬其价，终于携归，并请顾兄略为整池。

该书书名出自《文心雕龙·诔碑》篇最后一段："赞曰：写实追虚，碑诔以立。铭德慕行，文采允集。观风似面，听辞如泣。石墨镌华，颓影岂式。"作者赵崡为明代万历间人，字子函，陕西盩厔人，万历十三年（1585）举人。"盩厔"二字原本为专用县名，或许是太过古老之故，该县自1964年起改作周至县，延用至今。赵崡性喜收集古碑石刻，常自携纸墨四处访而拓之，积三十余年后，所蓄旧碑颇富，久而撰就是书。

其自序曰："既归为诸生，困于制科文，不暇旁及，然私心窃向慕古人。每获一名碑，必摩弄累日，不忍释去。余居近周秦汉唐故都，诸名书多在焉，西安泮宫碑林为最，余每至其下，必坐卧观之，至于忘返。芒蹻所及，片石只字，必且驻观，其佳者辄疏记之，以俟好事贵人怂恿摹拓，从乞副本，并请之友人之宦游四方者，于今三十余年矣。"是书共著录碑刻253种，所载多过都穆《金薤琳琅》及杨慎《金石古文》，虽然远不及欧阳修《集古录》、赵明诚《金石录》所录之富，却多有二人未收之宋以上旧拓。其体例则仿陈思《宝刻丛编》，每碑目录之下注明其地，颇为详备。另有元蒙古字碑，皆依样描之，兼以双钩笔法摹绘碑上所刻之年月，复注以汉字释文，使后人读之，一目了然。

壬辰春为访李颙墓前往周至县，一路所见，"盩厔"二字业已消失至无影无踪，县城大街两旁的路灯杆上，多悬有"周"字旗帜以为装饰，所用字体为秦篆，当地政府或许以为此即该县最古之字，岂不知该县县名在古时并非此字。周至县二曲中学附近街心花园所立之李颙像雕造得粗鄙不堪，脑后拖一条粗辫以标明其为清代人物。李颙虽生于明末清初，入清后却自称遗民，宁死不仕清，拒穿窄衣小袖，若知后人将其塑为如此模样，料其心必不甘。该县尚有老子墓，墓碑乃乾隆年间所立，碑上文字为毕沅所书，左下注明"盩厔县事徐作立石"，不意在此看见"盩厔"二字，心下稍稍释然，城市发展纵使日新月异，终究有古存焉。行文至此，复想起赵崡序中自叹："余死之日，余所收录亦与浮烟飘霭俱尽，良足悲也。暇日，命装池成帙，置一长几，高斋永昼，追寻往哲，或模效名书，披赏之余，妄加管

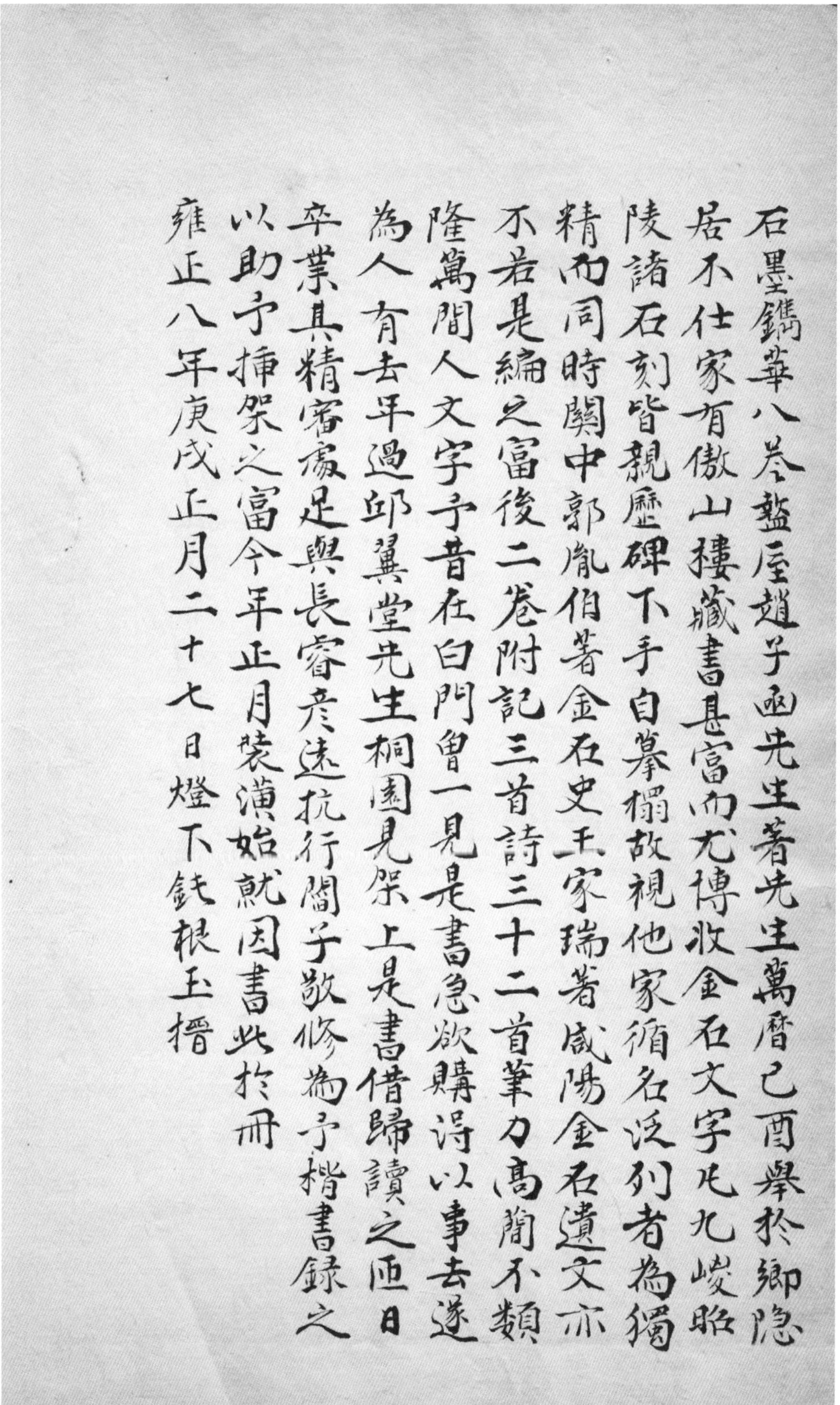

石墨鑴華八卷藍屋趙子函先生著先生萬曆乙酉舉於卿隱
居不仕家有傲山樓藏書甚富而尤傳收金石文字凡九峻照
陵諸石刻皆親歷碑下手自摹搨故視他家徇名泛列者為獨
精而同時關中郭胤伯著金石史王家瑞著咸陽金石遺文亦
不若是編之富後二卷附記三首詩三十二首筆力高簡不類
隆萬間人文字子昔在白門魯一見是書急欲購得以事去遂
為人負去平過邱翼堂先生桐園見架上是書借歸讀之匝日
卒業具精審豫足與長睿彥遂抗行闇子欲修為予楷書録之
以助予挿架之富今平正月裝潢始就因書此於冊

《石墨镌华》吴玉搢题记

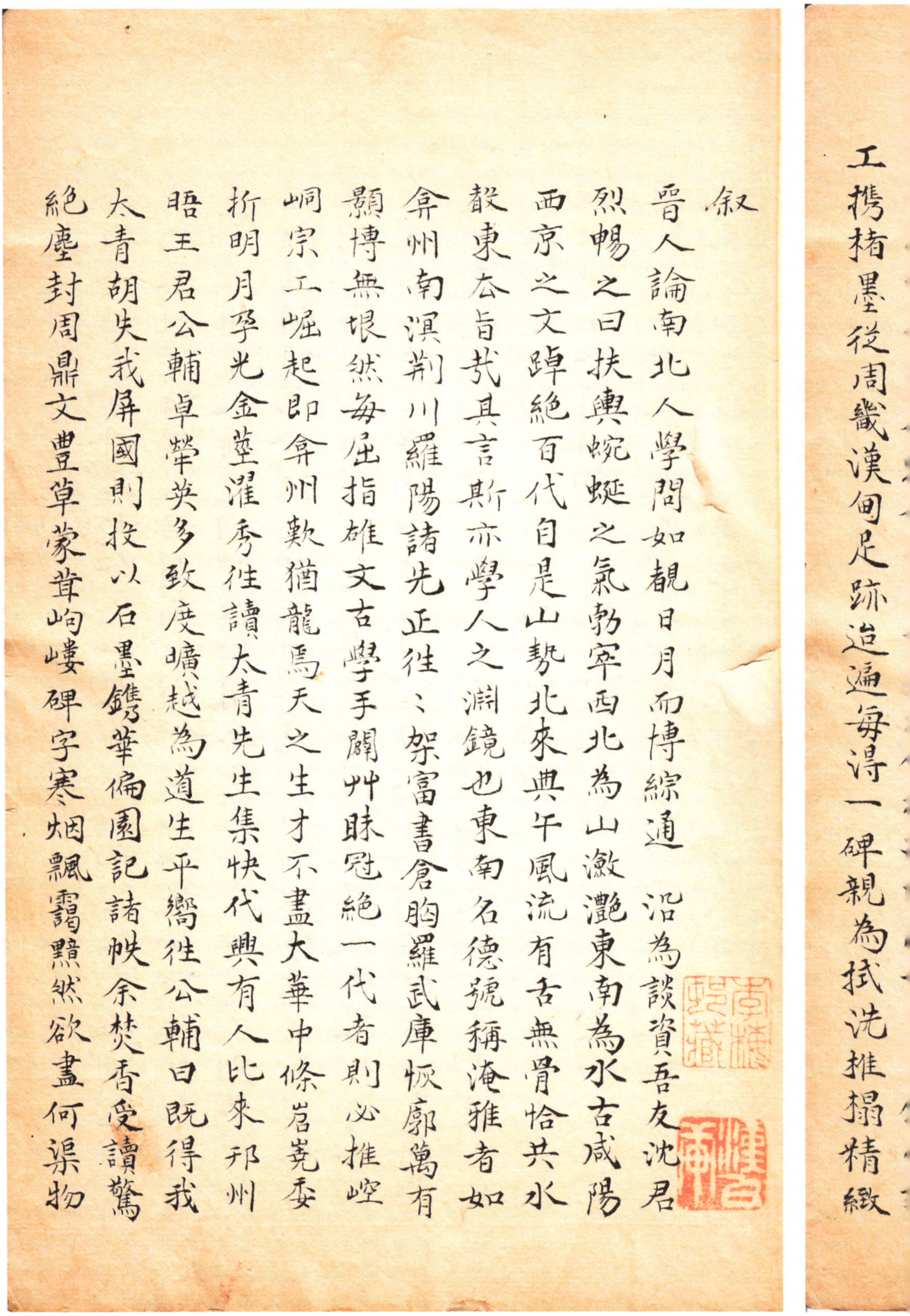

工携楮墨從周畿漢甸足跡迨遍每得一碑親為拭洗推搨精緻

叙

晋人論南北人學問如觀日月而博綜通沿為談資吾友沈君

烈暢之曰扶輿蜿蜒之氣勃窣西北為山激灩東南為水古咸陽

西京之文踔絕百代自是山勢北來與午風流有舌無骨恰共水

穀東太旨哉其言斯亦學人之淵鏡也東南名德號稱淹雅者如

俞州南滇荊川羅陽諸先正往々架富書倉胸羅武庫恢廓萬有

顧博無艮然每屈指雄文古學手闢艸昧冠絕一代者則必推崆

峒宗工崛起即俞州歎猶龍焉天之生才不盡大華中條岩堯委

折明月孕光金莖濯秀往讀太青先生集快代興有人比來邠州

晤王君公輔卓犖英多致庋廋壙越為道生平響往公輔曰既得我

太青胡失我屏國則投以石墨鐫華偏園記諸帳余焚香受讀驚

絕塵封周鼎文豐草蒙茸峋嶁碑字寒烟飄霉黯然欲盡何渠物

《石墨镌华》序言两篇

石墨鐫華序

子函先生石墨鐫華成走使示余且命為序余雖不文竊恐讀是書者瞥然未諳先生之苦心也遂不辭而為之說夫書契之防、于河洛萬世人倫禮樂教化刑政骨此為出乃迁儒老生眂為桑之後存者無幾唯是索球琇於荒草掘負贔于泥沙庶幾彰六書翰柔翰豈知道哉古人遺吳其精神骨髟之於文章筆扎碩兵燹遺響於百世之後自永叔明誠暨玄敬用修裒集金石表章大雅詎不偉歟昕可恨者采輯雖廣而評駮未盡獨王元美品題寔當

见，书于各卷之尾。又恐他日与此卷同为乌有而已，因总录其语，付诸梨枣。"子函之叹堪叹也！

为免所录与浮烟俱尽，赵崡于明万历四十六年（1618）将该书付梓，是为此书之初刻，再刻为清乾隆三十九年（1774）知不足斋本，另有清光绪八年（1882）学古斋刻《学古斋金石丛书》本。此番所得为清雍正八年（1730）吴玉搢友人阎敬修为其所抄之本，兼有其题记一页，文曰："《石墨镌华》八卷，蠹屋赵子函先生著。先生万历己酉举于乡，隐居不仕，家有傲山楼，藏书甚富，而尤博收金石文字，凡九嵕、昭陵诸石刻，皆亲历碑下，手自摹拓，故视他家循名泛列者为独精。而同时关中郭胤伯著《金石史》、王家瑞著《咸阳金石遗文》，亦不若是编之富。后二卷附记三首、诗三十二首，笔力高简，不类隆、万间人文字。予昔在白门，曾一见是书，急欲购得，以事去，遂为人有。去年过邱翼堂先生桐园，见架上是书，借归读之，匝日卒业，其精审处足与长睿、彦远抗行。阎子敬修为予楷书录

藏书印"修竹吾庐"

之，以助予插架之富。今年正月装潢始就，因书此于册。雍正八年庚戌正月二十七日灯下，钝根玉搢。"

吴玉搢（1698—1774）字藉五、涤江，号山夫，又号钝根，江苏淮安人，自幼即喜辨识古字，稍长，潜心六书，博通经籍，精小学，尤喜金石彝器，江藩《汉学师承记》《国朝先正事略》及《清史列传》等均有其小传。尝辑邑贤诗文编成《山阳耆旧诗》，顾栋高为之序，序中略述吴玉搢性情："山阳吴君藉五，家贫嗜书，为诗能根极汉魏三唐，尤以山阳为枌皋旧里，而诗文之传者盖寡，乃访求故家旧族，积数十年，得诗文集凡四尺许。其有无书可传，而蠹简断编手自校录。家无侍史，授徒之暇，淡墨猗行，荟萃成帙。当乏绝时，厨中告米罄，吴子手一编，咿唔不辍，家人讪且笑，吴子欣然曰：我道如是也。"其所著有《别雅》五卷，考古书文字之异，取字体之假借通用者，系韵编次，各注所出，为之辨证，汉魏以前声音文字之概貌皆赖以考见，非普通俗儒剽窃所能及。另著有《说文引经考》《金石存》《十忆诗》《六书述部叙考》及《山阳志遗》等。乾隆十八年（1753）其游京师时，由秦蕙田延至味经轩，时秦蕙田正撰《五礼通考》，助其成书者有吴鼎、卢见曾、钱大昕、王鸣盛、戴震、沈廷芳、顾我钧等人，而统校全书者，惟吴玉搢一人耳，今复旦大学图书馆藏有《五礼通考》之付刻底本，每卷末尾均署"淮阴吴玉搢校字"。

寒斋另收有于莲客旧藏闻妙香室刊《金石存》十五卷，清丽俊雅，观之悦目。该书著录金石文字148种，前五卷为篆书，曰《篆存》，后五卷为隶书，曰《隶存》，同时对官阙、世次、岁月、舆地以及文字之异同、篆隶行楷之递变详细考释。《金石存》未曾付梓前，以抄本流行，题曰"钝根老人编"，后为李调元所获，李调元不知"钝根老人"为何人，询之王昶，王昶亦不知其为何人，居然告知为赵搢，随后李调元遂以"赵搢"署其名，此误延至嘉庆年间李宗昉重为校订，始得纠正。

吴玉搢撰就《金石存》时，约为乾隆三年（1738），为撰写是书，钝根以孤贫之士四处游历，或搜求拓本，或临摹原刻，用力不可谓不勤。彼时金石研究尚未蔚然成风，与金石相关之图籍亦远不若清末之盛，而赵崡《石墨镌华》当时仅有万历四十六年（1618）自刻本，鲍氏知不足斋本尚未问世，金石之癖难医，求书之渴待解，不抄之录副，又何以解忧。

朱睦㮮未刊写本
《史汉古字》六卷

《史汉古字》六卷 （明）朱睦㮮著
明蓝格写本 一函一册

得此书甚欢心，却又不敢太过，然每见是书，仍然欢喜莫名。其归来之初，品相略有不整，因请顾兄略为装池，近日送还，顿觉面目可喜，心情为之一悦。书为蓝格写本，一册，从内容上分为前后两部分，前部分为《史记古字》，计358字，后部分为《汉书古字》，计369字，每部分之下复分为古文门、通用门及假借门。每半页九行，每行顶格录古字，古字之下古文门注明为古某字，通用门注明与某字同，假借门下注明读音，再下则注明出处，作者题为"汴上睦㮮辑"。全书无钤章，仅有"万历壬午秋日睦㮮题"序款，无从推断其递藏经过，然细观其字迹并无馆阁味，首页第二字"佷"字不缺末笔，且为蓝格写本，以此度之，断为明代写本应无问题。

是书归来日，翻阅相关资料，以《史

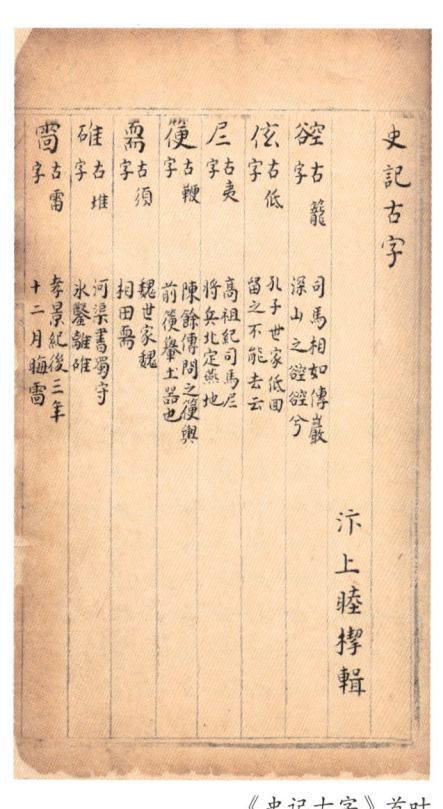

《史记古字》首叶

记古字》及《汉书古字》两名检之，均不见著录。后将两名合并，以《史汉古字》检之，于《千顷堂书目》中查得结果，其著录为"朱睦㮮《韵谱》两卷（一作五卷），又《正韵边旁》一卷，又《史汉古字》二卷"。复以《韵谱》《正韵边旁》《史汉正字》检国内公藏著录书目，仅查得《韵谱》五卷，亦为朱睦㮮所撰，有明嘉靖二十四（1545）年刻本，惟广东中山图书馆有藏，然目录中未注明五卷之细目，不知此五卷皆为《韵谱》，还是此五卷包含有《正韵边旁》一卷及《史汉古字》两卷。想起沈津先生恰在中山馆，即刻去电沈先生，向其请教此事，沈先生明确说其馆未有此书，复取书目细看，原来自己太过粗心，将中山图书馆与中山大学图书馆相混淆。沈先生闻我所言亦称无妨，可找中山馆朋友调出此书。数日后收到沈先生快递来《韵谱》书影两页，第一页为卷首，第二页为"卷之四"，由此可证，中山馆所藏该书五卷皆为《韵谱》，并不包含《史汉古字》，故《史汉古字》两卷国内公藏的确未见著录。

朱睦㮮（1518—1587）字灌甫，号西亭，世称西亭先生，安徽休宁人。其为明代宗室，周定王六世孙，封镇国中尉，亦为明宗室中最工艺文者。其人自幼好学，少从睢阳许先生游，三月而尽其学，二十岁通五经，精于《易》《春秋》，中年筑室于东陂之上，自号东陂居士，著有《五经稽疑》《授经图》《经序录》《春秋诸传辨疑》《谥苑》《韵谱》《建文逊国褒忠录》《河南通志》《开封郡志》《革除逸史》及《陂上集》等。明初海内藏书之富者，首推江都葛氏、章丘李氏，两家藏书散出后，为朱睦㮮倾资所收。时其家居汴梁，于宅西侧建起书堂五间，以"万卷堂"颜之，内则以经、史、子、集分贮，识以各色牙签。尝撰《万卷堂家藏艺文目》五卷，详细著录所藏四部图籍，其中经部680部，史部930部，子部1200部，集部1500部，凡4310部，计42750卷，自序曰："东陂子曰，余垂髫时即喜收书，然无四方之缘，不能多见多致，大梁又自金元以来，屡经兵燹，藏书之家甚少，即有亦皆近代之刻，求唐以前则希矣。间或假之中吴、两浙、东郡、耀州、澶渊、应山诸处，或写录，或补缀，盖亦有年，所得仅此，信积书之难也。隆庆庚午秋日，余斋居多暇，值积雨初霁，命童出曝，因取而观，其内或有丹铅圈点，或有校勘题评，平生心迹，历历在目，亦足以自镜矣。本余所好，或资纪述，若曰畜德，则吾岂敢，东陂居士睦㮮书。"清初曹溶曾评价西亭先生及此书目，云："有明宗室工艺文者莫多于隆、万，而灌甫宗正为之最，考其持躬谨洁，多门内之行，蒙勅奖风诸藩。今观其书目，部分完整，卷逾数万，所嗜在此，故能划削豪习，与古作者并驰

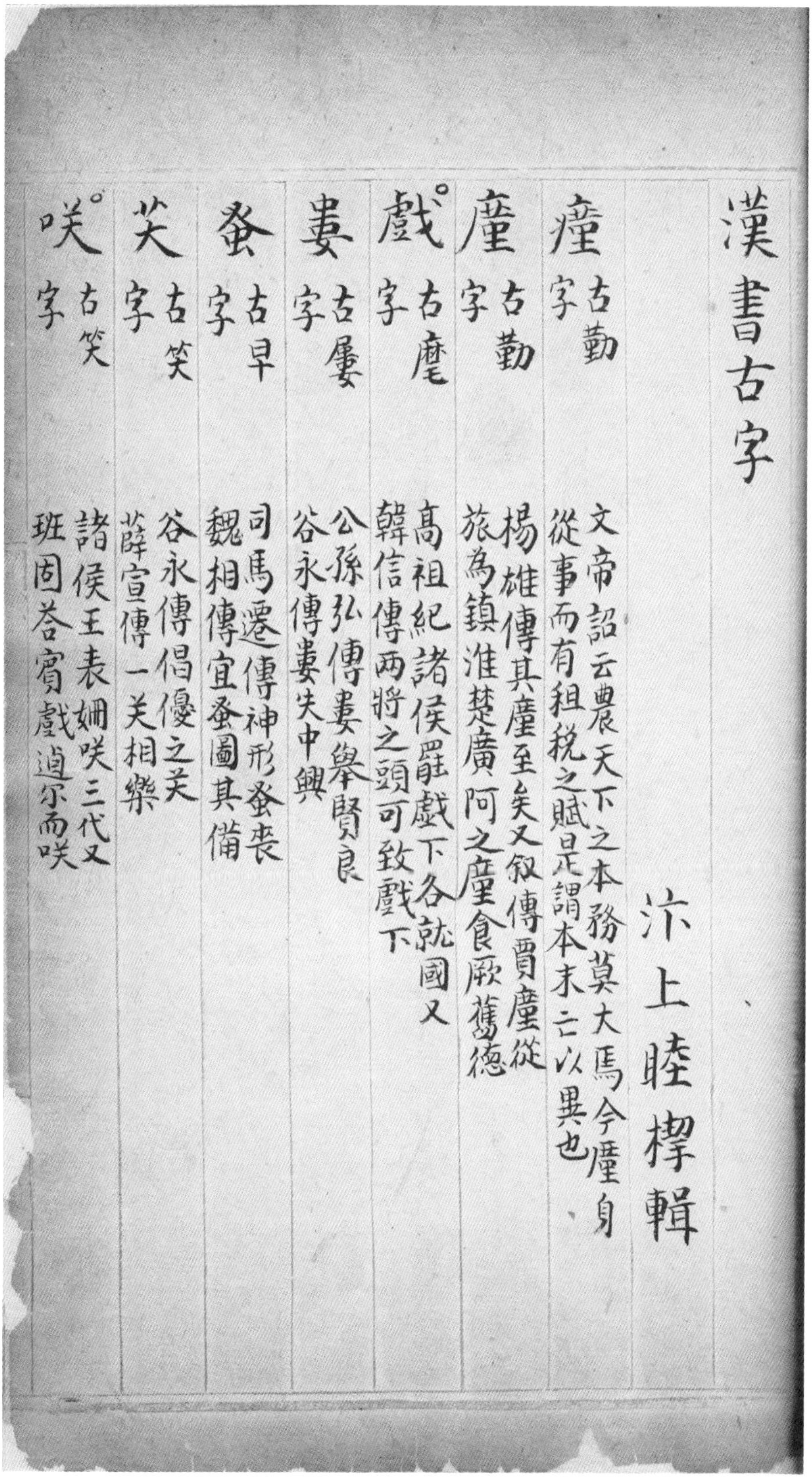

漢書古字　　汳上睦㮮輯

癃字古勤　文帝詔云農天下之本務莫大焉今癃身從事而有租稅之賦是謂本末亡以異也

壅字古勤　楊雄傳其壅至矣又叙傳賈壅從
　　　　　旅爲鎮淮楚廣阿之壅食歠舊德

戲字古麾　高祖紀諸侯罷戲下各就國又
　　　　　韓信傳兩將之頭可致戲下

婁字古屢　公孫弘傳婁舉賢良
　　　　　谷永傳婁失中興

釜字古旱　司馬遷傳神形釜喪
　　　　　魏相傳宜釜圖其備

笑字古笑　谷永傳倡優之笑
　　　　　薛宣傳一笑相樂

咲字古笑　諸侯王表姍咲三代又
　　　　　班固荅賓戲逌尒而咲

《汉书古字》首页

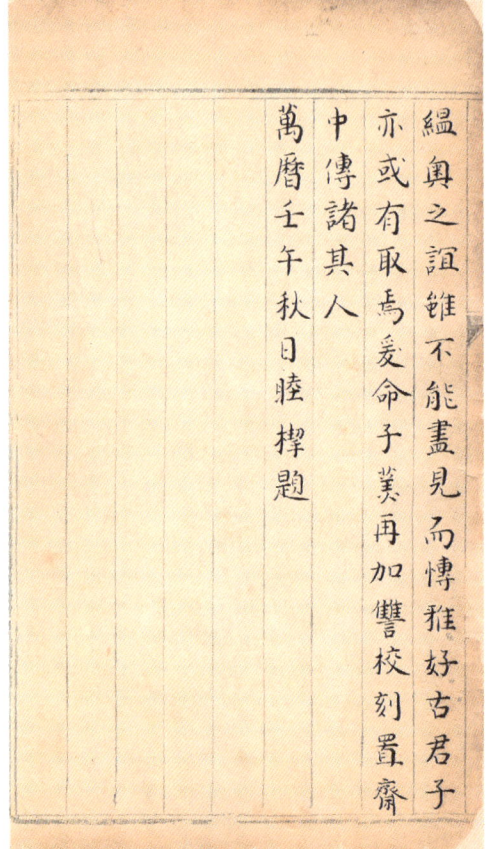

《史汉古字》朱睦㮮序言

也。"

藏书同时，西亭先生亦好刻书，刻书堂号为聚乐堂，所刻多经学著述，如张洽《春秋集注》、赵汝楳《周易辑闻》及《周易集解》等，然而不知何故，西亭先生却似乎从未将《万卷堂家藏艺文目》付梓。待归道山之后，其子朱勤美（字伯荣），能继父业、读父书，亦举宗正，却也未将此目付梓，直致光绪二十九年（1903），始有叶德辉观古堂刻本。

万历四十六年（1618）吕邦耀刻《宋宰辅编年录》序言中言及此书目及朱勤美："万卷堂者，伯荣藏书之所也。《万卷堂书目》已自卷帙浩繁，览之终日不能竟，书可知矣。《书目》中所有者，或梓本，或抄本，皆善本也。而漏卷漏页及错乱之甚者，则置之敝箧中，有其书而无其目。《编年录》梓完，已装成帙矣。适月之六日，伯荣晒书于万卷堂下，偶检敝箧，于乱书中得是书焉。因漏逸三卷，故沉埋敝箧，而新刻所佚之十七卷、十八卷则宛然在也。噫，奇矣哉！始也索之于千里之外，失之于一室之内；今也得之于一室之内，合之于千里之外。其始也孰秘之，今也孰见之耶？岂非造物者有数存乎其间耶？天生神物终当合耳！此事之奇，何让丰城剑也。然毕竟合之于伯荣，岂文献之家即造物之所注耶？固知宇内奇事未有不天人参焉者也。"此序读来真是令人艳羡不已，想寒斋亦有许多残卷，未知哪日才能配成完书，而吾愿不敢多，若十之二三，即算幸矣。

然而可惜者，明崇祯十五年（1642）兵燹再起，河堤决口，万卷堂所藏尽被河伯所吞，如今仅存其目。《四库全书总目提要》中提到《毛诗集解》时，尚言"明代惟朱睦㮮万卷堂有宋椠完本，后没于汴梁之水"，读之令人扼腕。周亮工尝为此作《汴上谣》，云："河决后，民多有以书纸蔽体者。诗云：云绡雾縠，经衣史服。"又有《煮书》云："煮奇字，去黑水。蹒跚老蠹鱼，蜗蝸登士篚"。叶昌炽《藏书纪事诗》中咏朱睦㮮时，亦提及河伯之灾："一线惊涛逼丽谯，西亭万卷叹漂摇。经衣史服何从见，栎下生歌汴上谣。"

此《史汉古字》当为西亭先生未刊之著，黄虞稷《千顷堂书目》中虽著录是书，却未言版本，故吾揣测其所藏者亦为钞本。卷前有西亭先生自序，叮嘱其子校雠付梓。因是书罕有流传，以存史料故，现录全序如下：

"汉去古未远，当时学者尚及见先秦漆书，故其文字多奇恺卓异，今六经百氏所亡者。余束发时喜读《史记》《汉书》，遇古字，辄自手录，疏其所出于下，凡得若干焉，以古文、通用、假借各厘为三卷。尝闻欧阳文忠公云，前古文字传至后世，为流俗所窜易，湮灭亡几。韪哉言乎！余之搜抉，仅存其一二，藏之笥中久矣。今年夏偶取阅之，然幽深缊奥之谊虽不能尽见，而博雅好古君子亦或有取焉。爰命子羡再加雠校，刻置斋中，传诸其人。万历壬午秋日睦㮮题。"

细读此序言，再视其年款为"万历壬午秋日"，于是更加肯定中山馆所藏之《韵谱》五卷中并未包含此两卷，中山馆藏之《韵谱》为嘉靖二十四年（1545）刻本，时朱睦㮮二十七岁，此《史汉古字》序言却作于万历十年（1582），此时西亭先生已六十四岁矣，且明言尚未付梓，故《史汉古字》绝无可能为《韵谱》五卷之一。序言中又称将《史记》《汉书》以古文、通用、假借各厘为三卷，故该书当著录为六卷，并非《千顷堂书目》中所称二卷。

又有奇怪者，该书《史记古字》卷之后、《汉书古字》卷之前，有尚未写完文章一篇，书法与卷前序言同类，当为同一人所书，然内容却于古字无关，而是叙述作文之道，字迹较序言略为凌乱。其文曰："文字若缓，须多看杂文，杂文须看他节奏紧处，若意思杂，转处多，则自然不缓。善转者如短兵相接，盖谓不两行又转也。讲题若转多，恐碎了文字。须转虽多，只是一意方可。若使搅得碎，则不成文字。若铺叙处间架令新不陈，多警策句，则亦不缓。作文要使心如旋床，大事大圆成，小事小圆转，每句如珠圆……"此半页与《史记古字》之最后半页合为一页，若说是误抄，又觉得可能性甚微，因其前后两卷皆无错改之处。后检诸书，知此段文字出自《丽泽文说》，据云为南宋吕祖谦所作，该书于明代散失，今仅于他书中散见片段。以常理推之，此段文论当非朱睦㮮本人所录，无论是作为一名藏书家，还是作为一名著述者，皆无可能在自己著述之后抄录一段无关之内容，故此本与"朱睦㮮稿本"五字无缘，只能称之为佚名写本而已。

是书于2011年秋现身于北京保利，底价四千至五千元人民币，或是以其不见经传，再加上末段文字出现得莫名其妙，故买家多视其为普通乡塾所抄，无甚价值，因而对其感兴趣者非多，令吾以略高于底价得之。然而，即便此书的确为乡塾所抄，以其未刊、明写两点视之，以此价收得，亦为拍场之小漏也。

顾公雄批、瞿凤起跋硃印本《须静斋云烟过眼录》一卷

《须静斋云烟过眼录》　（清）潘世璜撰　潘遵祁辑
清宣统三年（1911）潘氏刻硃印本　顾公雄批　瞿起凤
跋　贡宣纸　一函一册
钤印：熙邦眼福（朱方）、熙邦之印（朱方）

　　十余年前到苏州访藏书楼，江澄波老
先生不辞劳苦，陪吾在苏州市内到处寻访。
至潘家旧居时，得闻江老讲述苏州两大潘姓
来由，以及潘家后人与文学山房几代人之交
往逸事。访完藏书楼之后又至江老文育山房
看书，正遇案头有硃印本《须静斋云烟过眼
录》一卷，坚决要求带走。江老称此为刚刚
收得之物，尚在研究，然见吾得书心切，只
好割爱。记得当日另购有其他古籍四部，然
多年过去，惟此书印象最深。

　　《须静斋云烟过眼录》乃吴县潘遵祁自
其父潘世璜日记中摘抄汇编，再由其子潘敦
先、潘睦先刻于宣统三年（1911）。叙其源
起，则当推至吴县潘氏藏书之始祖潘奕隽。
潘奕隽（1740—1830）字守愚，号榕皋，自
号三松居士，潘世璜之父，潘遵祁之祖父，
敦先、睦先、介繁、介祉之曾祖。潘奕隽

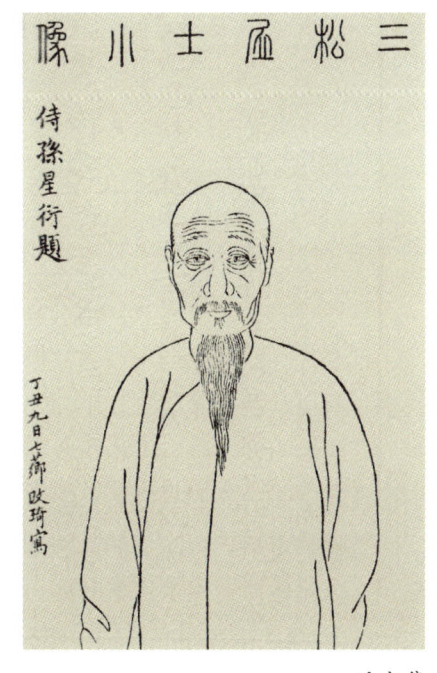

潘奕隽

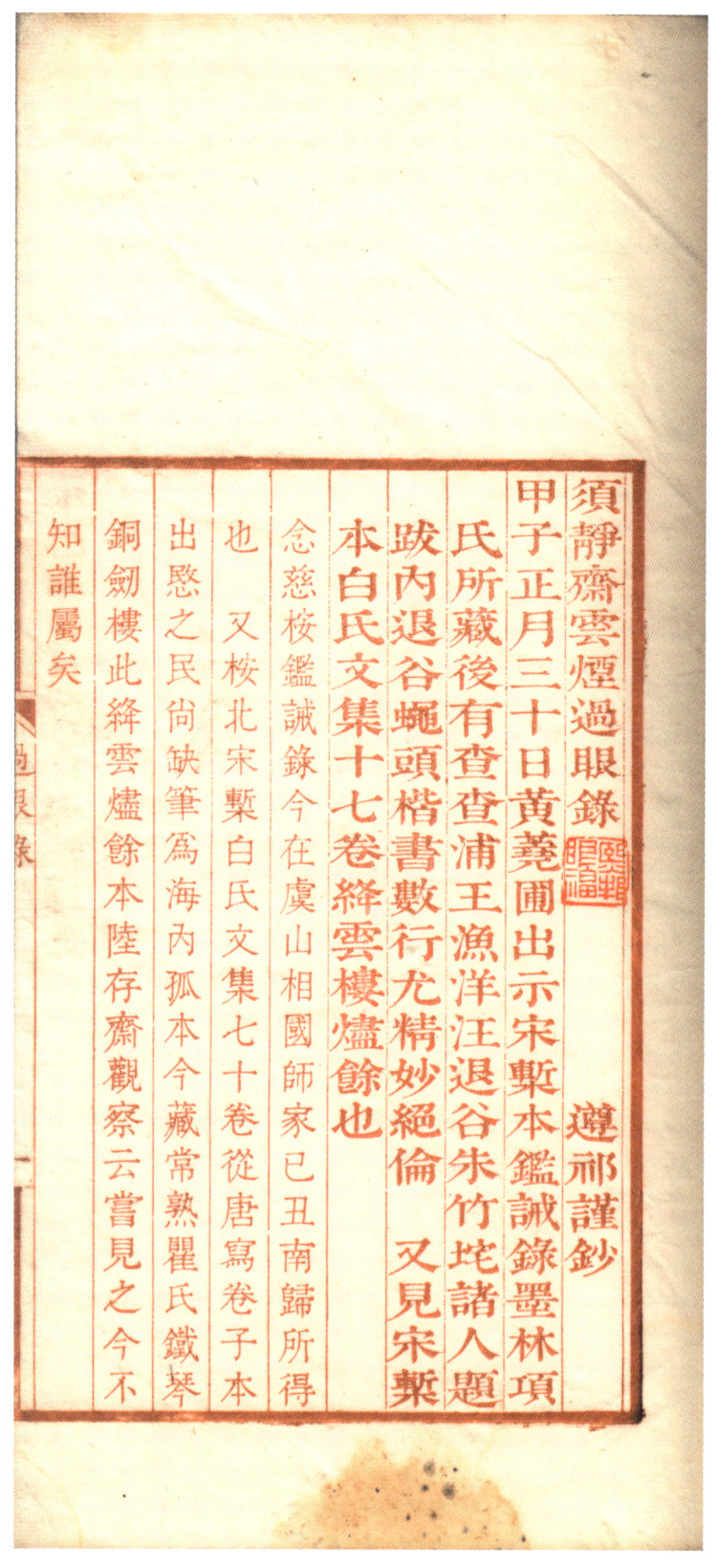

須靜齋雲煙過眼錄

遵祁謹鈔

甲子正月三十日黃蕘圃出示宋槧本鑑誠錄墨林項氏所藏後有查查浦王漁洋汪退谷朱竹垞諸人題跋內退谷蠅頭楷書數行尤精妙絕倫 又見宋槧本白氏文集十七卷絳雲樓爐餘也

念慈桉鑑誠錄今在虞山相國師家已丑南歸所得也 又桉北宋槧白氏文集七十卷從唐寫卷子本出愍之民尚缺筆爲海內孤本今藏常熟瞿氏鐵琴銅劍樓此絳雲爐餘本陸存齋觀察云嘗見之今不知誰屬矣

《须静斋云烟过眼录》卷首

98

《须静斋云烟过眼录》牌记

藏书处名曰三松堂，王昶《三松堂集序》曰："三松堂者，君迁居临顿里，庭有松苍翠可爱，日夕吟啸其下，因以名堂，且以名集，欲自比岁寒也。"三松居士藏箧至富，与士礼居主人黄丕烈为挚友，两人往来频密，《须静斋云烟过眼录》与《荛藏书题识》中均有记载。三松堂所藏图籍中经黄丕烈校跋者逾百种，《荛圃藏书题识》卷七《清塞诗集》则有"时潘榕皋、理斋父子散步至舍，剧谈而去，颇极友朋之乐"语，足见二人相交至欢。

潘遵祁（1808—1892）字觉夫，别字顺之，号西圃，藏书处为香雪草堂，著有《西圃诗集》。其父潘世璜（1765—1829）字黼堂，号理斋，为潘奕隽独子，潘奕隽出游、访书均由其陪侍在侧，尤其潘奕隽晚年目力不济时，潘世璜更是不离左右，随时以便召唤。潘奕隽娱情翰墨，精于鉴赏，四方之士多有持古今书画图籍碑版请其鉴定者，世璜皆因陪侍而获观，故生平所见益多，更将所见写入日记，录其梗概。

世璜去世后，潘遵祁谨检父亲遗墨，将日记中与碑版书画相关者摘出，辑成《须静斋云烟过眼录》，并序曰："外大父谨庭先生，为吴中艺林正法眼藏，先大父每至松下清斋必出所藏相示，以是生平鉴别益多。暇时偶札记其梗概，以志欣赏，不能尽载也。遵祁谨检遗墨，汇钞成帙，已不下百数十种，其中偶有一二展转归三松堂者，别而识之。先大夫尝言世间宝物所在，必有神物护持，而一时寓目，等之过眼云烟，不知他日流传何处，此生得再遇否？爰姑记之。因谨题曰《须静斋云烟过眼录》，盖亦犹手泽存焉之意，且以俟墨缘印证之资尔。"

《须静斋云烟过眼录》开卷第一篇，即讲到嘉庆九年（1804）正月三十日黄丕烈出示宋椠《鉴诫录》，后有查查浦、王渔洋、汪退谷、朱竹垞等人题跋。检《荛圃藏书题识》，复翁亦著录是书，且篇幅颇长，详录前人诸家题跋，复记曰："近年念鞠宦游江西，家中书籍大半散佚，唯此书未见。询诸伊戚毛榕坪，知此书亦欲售去，以榕坪劝阻，尚为宝藏。余闻斯言，知物主未必无去志，缘谋诸书贾之素与往来者，久而始得见其书，索直白镪卅金。余爱之甚，且恐过此机会难以图成，遂易以番钱三十三圆。书计五十七叶，并

潘世璜

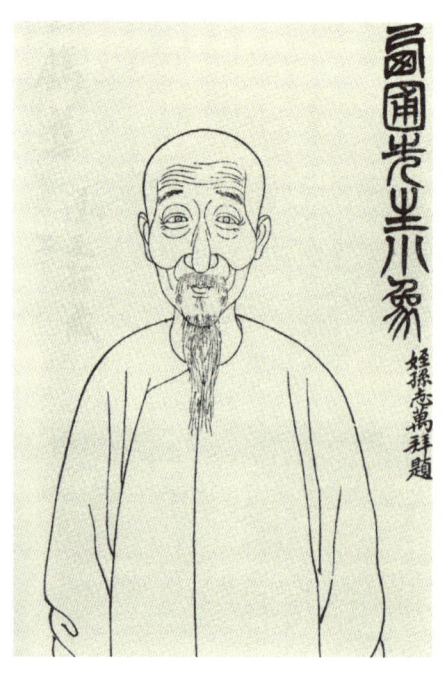

潘遵祁

题跋一叶，以叶论钱，当合每叶四钱六分零。宋刻书之贵，可云贵甚。而余好宋刻书之痴，可云痴绝矣。时有解事者在座，云此书之可贵不仅在宋刻，而并在题跋。盖书画碑版，往往以名公题跋为重，其于书籍亦犹是云尔。余不觉抚掌称快，以为知己之言。时嘉庆九年岁在甲子正月丁巳日，荛翁黄丕烈书于百宋一廛。"

此段文字读来颇有趣味，一则可知宋版书于嘉庆时期市价为每页四钱六分零，二可见复翁谋书之意，志在必得。更令吾遐思者，此跋记于嘉庆九年正月丁巳，检万年历，知彼丁巳日为二十七日，可知荛圃获书后三日即出示予潘氏父子，正谓喜不自胜，迫不及待也。据《过眼录》所载，当日与《鉴诫录》一同出示者，尚有绛云楼烬余宋椠《白氏文集》，仅读此一篇，已令吾心生羡慕，彼时书友互访，随手出示即为宋椠，何等眼福！

三松居士与士礼居主人如此交厚，自然近水楼台，所藏多得荛圃题跋，据《三松堂书目》所载，有黄跋者逾百部。想当日荛圃于书上挥毫时，定料不到他日自己笔墨居然亦会贵如宋版。三松堂所藏自潘奕隽过世后，由世璜二子潘遵祁、潘希甫分藏，潘遵祁之香雪草堂及西圃藏书后传至其子潘敦先、潘睦先。潘睦先（1871—1963）字季孺，号少圃，一号俭庐，藏书处曰养闲草堂，其妻为吴大澂女。1937年日军轰炸苏州，睦先避难移居沪上，先祖遗珍皆来不及运出，养闲草堂为日寇炮火击中，珍笈秘本尽没于瓦砾当中。

叶景葵《卷盦书跋》中谈及《苏学士文集》时尝记此事，其文曰："季孺之曾祖三松先生与荛夫莫逆，朝夕过从，所藏黄校黄跋善本不下百余种。百年以来，陆续散失，仅存此本。倭兵入苏州，季孺居室为炸弹所中，是书已沦入瓦砾灰烬之中。季孺避难来沪，凡先世遗留珍物，概未携出。炮火甫定，赖有健仆不避艰危，出入兵间，将烬余运出一篑，均已残破。惟是书首尾完好，俾余有展读之机会，不胜欣幸！"

当日读卷盦书跋至"惟是书首尾完好"句时，还曾联想到"宝物所在，必有神物护持"，然而当即复反驳自己，若当真有神物护持，则幸存者当不止此书，苏州全境皆不该遭此劫难，连咸丰十年之劫亦不该当。然而事实总是令人不忍直面，苏州遭轰炸，被毁者又岂止三松堂？过云楼第四代主人顾公雄、沈同樾夫妇亦险些被炸弹击中。1937年8月16日，当时顾公雄夫妇正住在苏州朱家园，日军飞机掷下的第一枚炸弹恰好落到顾家窗下，窗户与院中杂物皆被炸飞，连接大厅的书房亦被炸烂，所幸放在窗下的两排书画箱却安然无恙。情形至此，不能久留，顾氏夫妇于是带着文物避居蠡墅镇，然而蠡墅镇毕竟距离苏州太近，仍然不安全，复避至光福。居光福数月后，顾公雄始终担心此批文物安危，决定将之运往上海租界。前往上海租界途中，惊险之事频发。行至常熟时，因车上满载书画文物，剩余位置不足以坐下全部家人，顾公雄当即将两个儿子笃璋、笃球留在常熟小店内，直至文物安然抵达上海，次日才另行派车来接儿子。

自1938年起，顾公雄将部分珍品寄放于"铁琴铜剑楼"主人瞿启甲、瞿凤起父子在上海之寓所长达七年。1949年其将全部书画存入外滩中国银行保险箱内，节衣缩食支付着高昂的银行保管费。在上海避乱期间，顾公雄与瞿氏父子朝夕过从，欣赏劫余，亦算是乱世里的一些小安慰，瞿家楼下的客厅也成了最佳书画交流中心，此《须静斋云烟过眼录》即当日展玩之物也。

是书书签乃叶昌炽所题，牌记为"岁在重光大渊献闰月吴县潘氏刊"，卷中有顾公雄批语六则，其中有题扬补之《四梅卷》者："《四梅卷》由潘归李香岩，由李归先君。已著录《过云楼书画记》中。扬。"此《四梅卷》者，睦先还特意在《须静斋过眼云烟录》刊刻跋语中专门提到："小子生晚，仅于邓尉侍游时，得见扬逃禅《四梅花卷》，盖先大夫既成香雪草堂，复筑四梅阁以庋是卷。钱唐戴文节公绘图以张之，题句云：'搜罗名绘阁藏之，更种梅花好护持。数点空香本无迹，天闲万马是吾师。'措词高旷寄意遥深。"潘祁遵将是书题为《云烟过眼录》，过云楼之"过云"亦为过眼云烟之意，而所著录之物果然如云烟飘荡，可见世间之事，莫有不暗合者。顾公雄又有题米南宫书《崇国公墓志》者："此卷虽历经著录，先君审为赝鼎，故未收载《过云楼书画记》中。而先曾祖以之刻入《过云楼集帖》，乃于《书画记》凡例中及之。则扬。又，《千字文》一卷亦然。"

是书卷末尚有瞿凤起楷书跋语一则，其文曰："此苏州潘理斋氏日记也。所载经籍书画，源流綦详，足为后学津逮。书为吾友顾公雄兄所藏。丁丑之秋沪战起，苏城遭轰炸，顾氏朱家园宅被毁，纪纲遇难者三人，阖家仓皇出奔，避居蠡墅及光福者达半载。车夫朱召棠不避艰险，收拾余烬，过云旧藏得未全佚，厥功不可没也。今春公雄以内地不遑宁处，来沪结邻，晨夕晤谈，各出劫余相欣赏，因乞此册录副。人事纷纭，竣事竟达匝月，还书之日赘此以当一瓻。戊寅冬至常熟瞿熙邦。"文末钤有"熙邦之印"白方。读此跋，由车夫朱召棠复想起卷盒书跋中所记之"健仆"，惜"健仆"未留有名字。顾笃球事后曾有文字详述当日云楼从苏州转移至上海之经过："……需要纪念的是，家中的车夫朱召棠，冒着生命危险从残

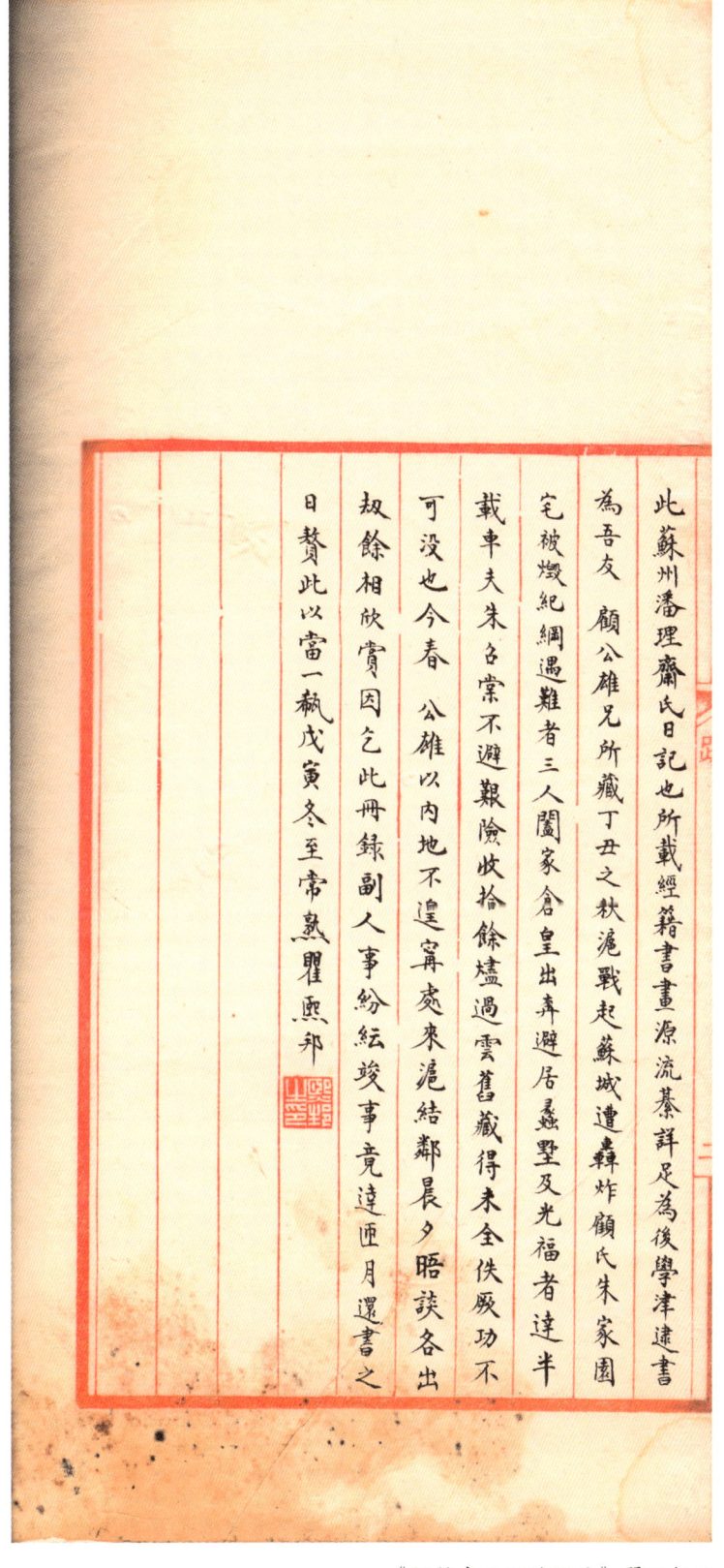

此蘇州潘理齋氏日記也所載經籍書畫源流纂詳足為後學津逮書

為吾友　顧公雄兄所藏丁丑之秋滬戰起蘇城遭轟炸顧氏朱家園

宅被燬紀綱遇難者三人闔家倉皇出奔避居蟊墅及光福者達半

載車夫朱名棠不避艱險收拾餘燼過雲舊藏得未全佚厥功不

可没也今春　公雄以内地不遑窜處來滬結鄰晨夕晤談各出

叔餘相欣實因乞此冊錄副人事紛紜竣事竟達匝月還書之

日贅此以當一幗戊寅冬至常熟瞿熙邦

屋中抢救文物，此人粗通文墨，毫无二心，抗战期间一直看守朱家园住所，不幸于1944年春病殁于朱家园。"朱召棠之义举为诸爱书护书人所敬，其病殁后，诗人杨无恙闻讯特意为之撰写墓志铭。

行文至此，忽又联想起潘家最后一位守护者潘达于先生。依旧是1937年，日军占领苏州之后到处抢劫，潘达于带着两名木匠将大克鼎与大盂鼎装在箱内，埋进密室，无人知道那两名木匠是谁，虽然潘达于向他们承诺："潘家养你们一世。"而世事变迁，他们所受之诱惑定也不少，但到底他们守住此秘密，直至潘达于将二鼎捐献。

瞿凤起藏书印"熙邦之印"

何振岱批旧钞本
《樵隐笔记》六卷

《樵隐笔记》六卷　（清）王廷俊辑

民国钞本　何振岱批校　毛边纸　一函六册

钤印：何振岱印（白方）、梅叟书画（朱方）

　　《樵隐笔记》六卷，作者王廷俊（1792—1869）字伟甫，福州人氏，所遗资料甚少。此笔记中有《畊耕音义不同》篇，文曰"余甲辰同年叶馥田畊心解元，人皆呼畊作耕，误矣"，道光二十四年（1844）为甲辰，是年有恩科，可知王廷俊曾于道光二十四年中试。然此钞本既无前言，亦无后记，仅每卷次行题有"福州王廷俊伟甫辑"，故无法得知此笔记之始末及王廷俊其人其事。是书内容包罗万象，既有市井见闻，亦有天象奇观，复有读书观史之心得，兼有友朋往来事迹，所述事多发生在道光、咸丰时期，有日期可稽者，最早为道光十一年（1831），最晚为咸丰九年（1859），前后近三十年。撰者王廷俊似乎颇讳言自身及家事，全书六卷，每卷近百则，仅一则谈及祖父以德服人事。卷一有《盗木与饭》，内容述及其祖父居深山中，植有松柏百余株，有盗伐者被祖父发现，不仅未出恶语，反而留之午饭，饭毕引至屋傍，指以砍

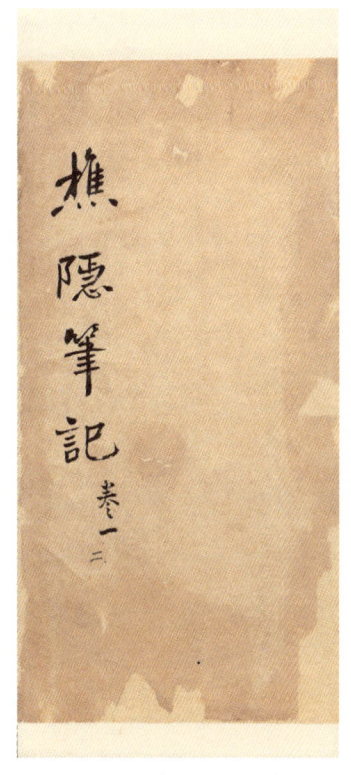

民国钞本《樵隐笔记》封面

樵隱筆記卷一
福州王廷俊偉甫輯
著述。
曾子建與楊德祖書云。世人之著述不能無病。僕嘗
好人譏彈其文。有不善者。應時改定。觀陳思王所言。
可證著述之難。欲免後世非議。必先受今人譏彈。方
傳之永久。自知之明。不如與人人共見之。惟虛心者
可言著述。前者作。後者曰謬。如劉炫之規杜失。鄭康
匡

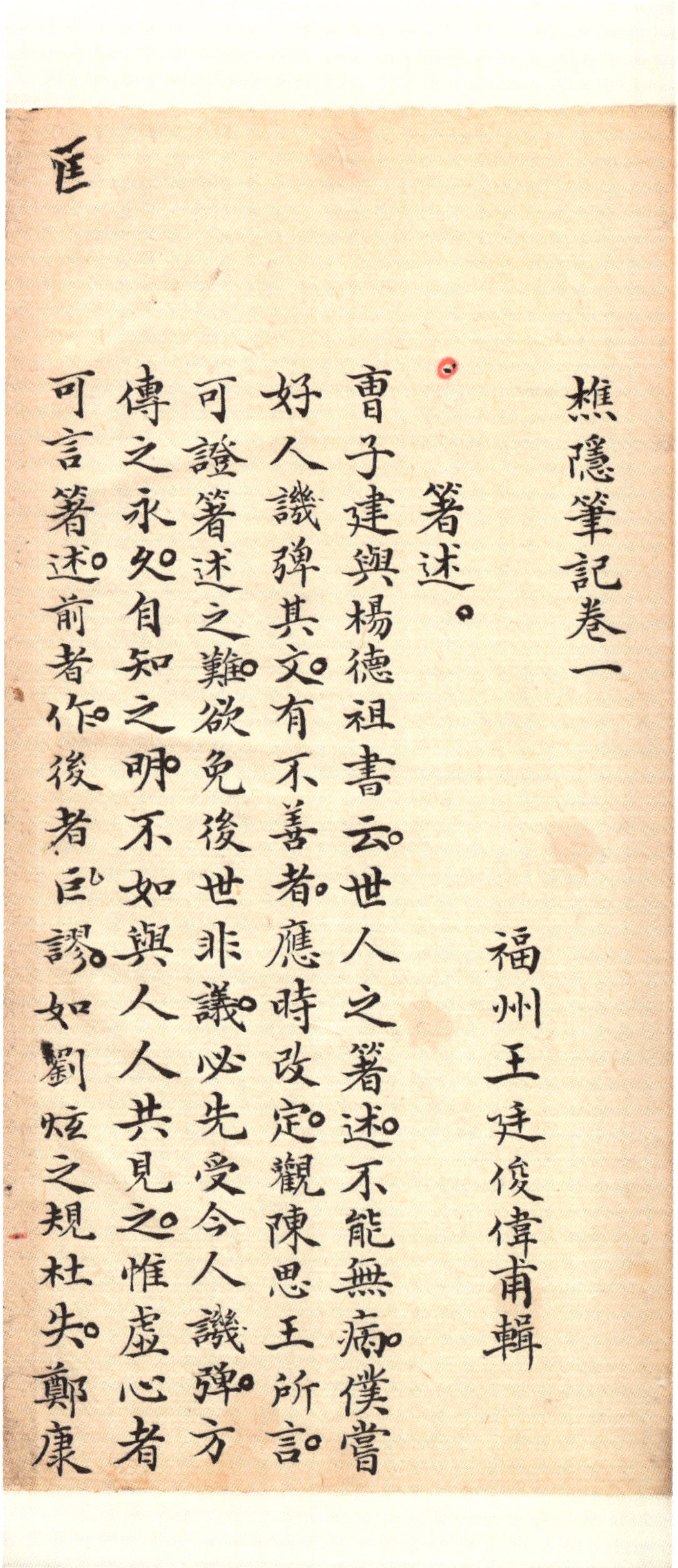

民国钞本《樵隐笔记》卷首

好之柴任其自取，并谓：“山中足木，予取予求，不汝瑕疵也。”

王廷俊似乎对天象颇为在意，并将天象与人间事物相对应，故凡有异象皆详记之，并注以年月时辰。如道光乙酉（1825）八月十七日夜三更见天狗星：“天净无云，忽如雷声，轰阗百里，西北隅光燄四射，有物如火毬旋转空中，人见之，不知其坠于何地，半晌乃止。考之《史记·天官书》，殆谓天狗星也，未几，有台寇之警。”咸丰二年（1852）十一月间，日食、月食同现，其记曰：“咸丰二年，岁次壬子，月建壬子，十一月初一日朔，福州府日食七分三十六秒。初亏，巳正初刻六分；食甚，午初二刻

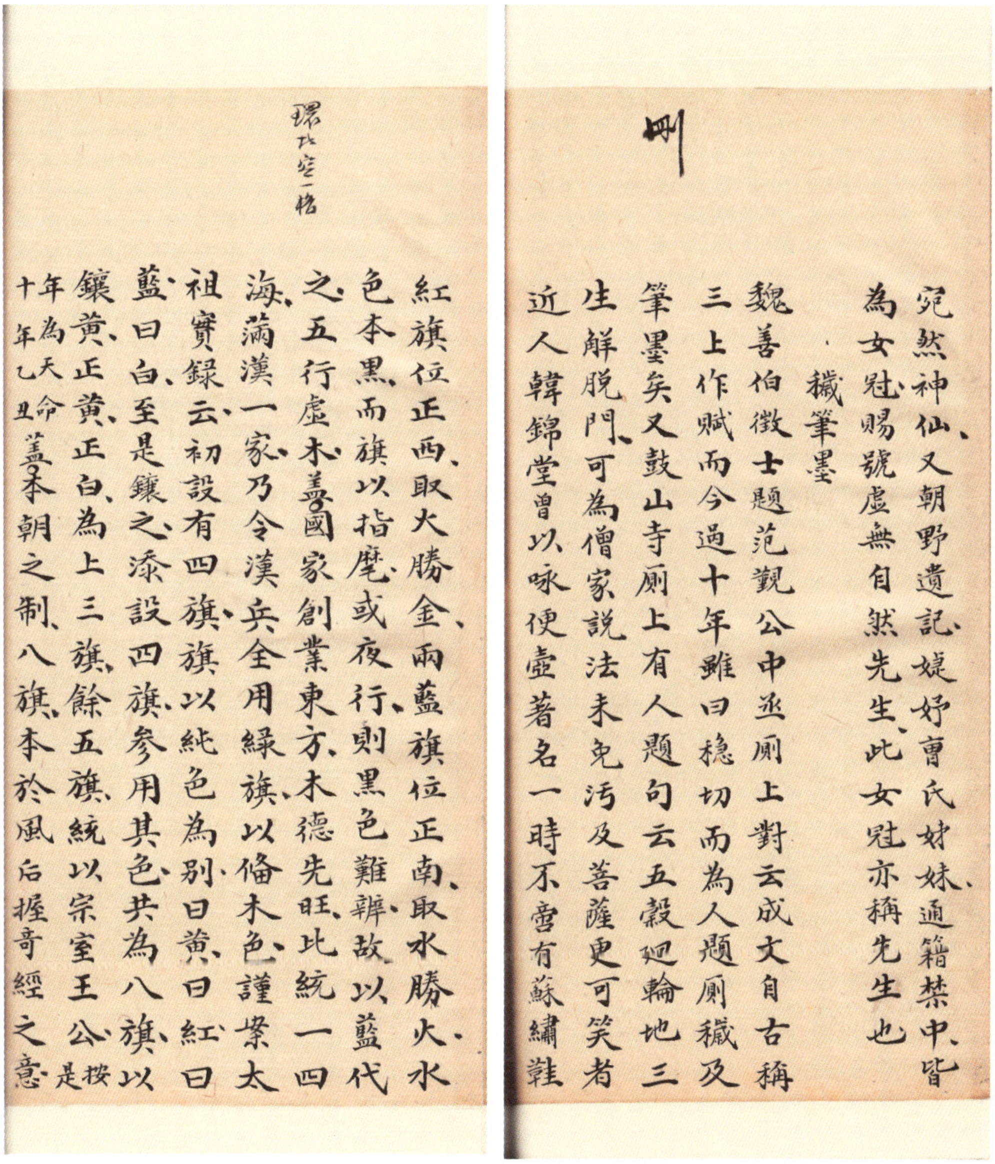

环北室一帖

刪

宛然神仙、又朝野遺記媲好曹氏姊妹通籍禁中皆
為女冠賜號虛無自然先生此女冠亦稱先生也
· 攝筆墨
魏善伯微士題范觀公中丞廁上對云成文自古稱
三上作賦而今過十年雖曰穩切而為人題廁穢及
筆墨矣又鼓山寺廁上有人題句云五穀廻輪地三
生解脫門可為僧家說法未免污及菩薩更可笑者
近人韓錦堂曾以咏便壺著名一時不當有蘇繡鞋

紅旗位正西取火勝金、兩藍旗位正南取水勝火水
色本黑而旗以指麾或夜行則黑色難辨故以藍代
之五行虛木善國家創業東方木德先旺此統一四
海滿漢一家乃令漢兵全用綠旗以倫木色謹緊太
祖實錄云初設有四旗餘五旗參用其色共為八旗以
藍曰白至是鑲之漆設四旗參用其色共為八旗以
鑲黃正黃正白為上三旗餘五旗統以宗室王公是按
十年為天命乙丑蓋本朝之制八旗本於風后握奇經之意

《樵隐笔记》内页

二分；复圆，未初初刻二分。十一月十六日亥初初刻望，福州府月食六分四十三秒。初亏，戌初二刻六分；食甚，亥初初刻六分；复圆，亥正二刻五分。日月同食于一月中，是可异也，余当作歌以纪之。"而记之最详者，当数咸丰八年（1858）之长星出没："八月二十五夜，有星见于西北方，尾向北，长二丈余。至九月十三夜以后，移在西南，渐沉而下。见或曰慧星，非也，其实长星耳。故考之《汉书·文帝》：八年夏，有长星出于东方。文颖曰：'孛、慧、长三星，其占略同，然其形象小异。孛星光芒短，其光四出蓬蓬孛孛也；慧星光芒长，参参如扫慧；长星光芒有一直指，或竟天，或三丈，或二丈，无常也。大法，孛、慧星多除旧布

新、火灾，长星多为兵革事'"。

又有云借书及补书事。其友人林思赓每借人书籍，日则必置净几，夜则收藏箧笥，以防鼠啮，又用布帙包裹以防尘污，阅完即还，复引《颜氏家训》云："借人书籍，皆须爱护，先有缺坏，就为补治，此亦士大夫百行之一也。"言及补日书之古法，则曰："补日书用古法最完善，《辍耕录》引王古心先生笔录云：古法用楮树汁、飞面、白芨末三物调和，以粘接纸缝，永不脱解。"此法虽无甚新意，却因所述皆吾生平最喜之事，亦观之可爱，惜颜氏所云士大夫百行之一，吾从未遇之。又有云当时翰林名帖款式流行以大字书于小红笺上者，适友人沈廷枫之子葆桢入翰林，沈廷枫叮嘱其子不必用大字，尚有古人谨朴之风。按沈葆桢（1820－1879）字幼丹，又字翰宇，亦福州人，既为林则徐外甥，亦为其女婿，因为其母乃林则徐之六妹。沈葆桢入翰林为道光二十七年（1847）事，当年同入翰林者尚有李鸿章。

《清人别集总目》内有王廷俊条，所著有《樵隐山人诗集》九卷、《北游草》一卷《归田集》一卷《东隐集》一卷及《略存稿》二卷，并无此《樵隐笔记》，作者介绍仅三字：福州人。可知《樵隐笔记》未见刊本，仅以钞本流传。吾藏之本亦钞本，且有何振岱批校及白方"何振岱印"、朱方"梅叟书画"。何振岱（1867－1952）字心与，号梅生，又号梅叟、觉庐，亦福州人氏，光绪二十三年（1897）举人，所著有《觉庐诗草》《我春室文集》等。精于诗、古文辞，尤工长短句，钱基博将其诗归入宋诗类，称其"非惟淡远，时复浓至；其用力于柳州、郊、岛、圣俞、后山者，皆颇哜其胾也。"民国年间，福建重修《福建通志》，名义总裁沈瑜庆正是沈葆桢之子，总纂为陈衍，何振岱则负责编撰《艺文》及《列传》部分，历时八年始竟。今检《福建通志》传记兼艺文志索引，果见王廷俊名下有《樵隐笔记》六卷，可知当日何振岱正是以此书入通志。

细观卷中何振岱批校，可知其曾有意将该书付梓，然终未成事。卷五有述八旗配色篇，中有"盖国家创业东方"句，"盖"与"国家"中间有后加之小圆环一个，此行眉批则曰"环者空一格"，由此可见是书为民国钞本，清廷之避讳等已然作废，然梅叟毕竟为传统文人，旧习不忍弃，故加以识之。

另有数处皆于眉端注明"删"字，如论"倭"字一则："倭国乃日本国也，本名倭，既耻其文，又自以国在极东，因号日本，而讳倭之名。然近代有使闽主考倭仁，则不以为讳矣。"以及"天地里数"条："天地东西三亿三万三千里，南北二亿一千五百里，天地相去一亿五万里，见《诗纬含神雾》。"另有数条内容极短者，眉端亦注"删"字，且注曰："凡单引一事皆不成体"。另有一文《秽笔墨》，眉端亦注"删"字，且此处"删"字较他处而言，笔锋别见一种干脆利落，定要删之而后快，此文读来却十分有趣，且录如下：

　　魏善伯征士题范觐公中丞厕上对云：成文自古称三上，作赋而今过十年。虽曰稳切，而为人题厕，秽及笔墨矣。又鼓山寺厕上有人题句云：五谷回轮地，三生解脱门。可为僧家说法，未免污及菩萨。更可笑者，近人韩锦堂曾以咏便壶著名，一时不啻有苏绣鞋、陆假髻之目，则可谓之韩便壶矣，律以不能敬惜字纸之罪，殆有过之。

　　噫！昔日何梅叟睹此文已觉污法眼，当即皱眉怒目一删了之，绝不肯以此文付梓污纸以行世，今吾不仅读之，乐之，更令之以行世，岂非罪过！

何振岱藏书印"梅叟书画"

何煌校跋、方若蘅及张蓉镜跋《云烟过眼录》四卷

《云烟过眼录》四卷　（宋）周密撰

明万历三十四年（1606）嘉兴沈德先尚白斋刻本　何煌校跋、张蓉镜跋、方若蘅跋、李兆洛跋　毛边纸　一函两册

钤印：丕烈（白方）、张伯元别字芙川（白方）、蓉镜收藏（白方）、稽瑞楼（白方）、顾莼观（白方）、曹大铁图书记（朱方）、菱花馆（白方）、味经（白方）、蓉镜私印（朱方）、清河（朱方）、大铁父（朱方）、曹鼎（白方）、长寿富贵（白方）、淫读古书，甘闻异言（白方）、半野园（椭圆）、蓉镜（小朱方）、蓉镜珍藏（朱方）、张蓉镜印（白方）、暂得于己快然自足（白方）、畹芳（朱方）、若蘅（白方）、叔芷（白方）、蓉镜（白方）、振衣沧海月，握笔洞庭秋（白方）、绛云旧梦（白方）、吴县曹鼎（白方）、芙川心赏（白方）、虞山曹氏收藏图书（朱方）、吉祥如意（押）

《云烟过眼录》四卷乃南宋周密所著，主要记述其所见名书、名画以及琴、盏、玉印、法剑、玉圭、金冠等古物，其中尤以名画最多，兼以略加品评及注明收藏之人。从古至宋，一目了然，多有补充史传缺载之处，书名取自苏轼《宝绘堂记》"烟云之过眼"语。此为陈继儒所辑《宝颜堂秘笈》本，万历三十四年（1606）嘉兴沈德先尚白斋所刻，每半叶八行十八字，白口四周单边，开卷钤印累累，计有数十方之多，可知历来得者宝之。更可宝者，卷中尚有何煌朱批满乙及跋语一则，兼李兆洛、张蓉镜、方若蘅题跋，使今人一窥清代藏书家之风貌。

由是书钤印及题跋，可大致推知该书之递藏顺序，最早当为何煌批校并跋语，后归顾莼架上，继而售归黄丕烈，再转至陈揆稽瑞楼，陈揆殁后其书四散，由张蓉镜小琅嬛福地收

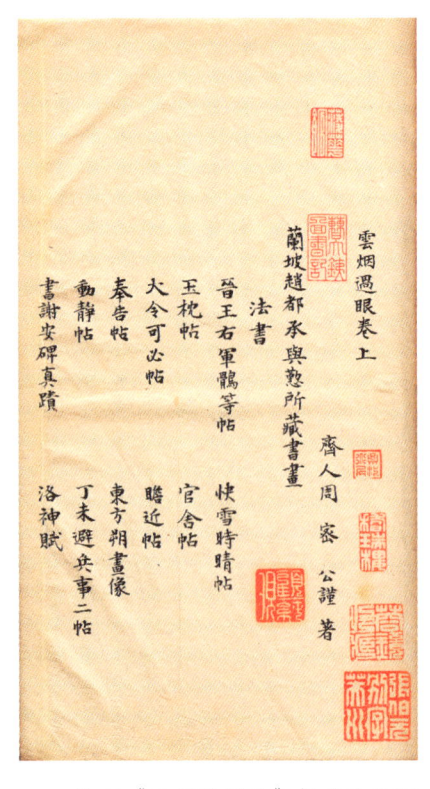

明刻《云烟过眼录》抄补目录页

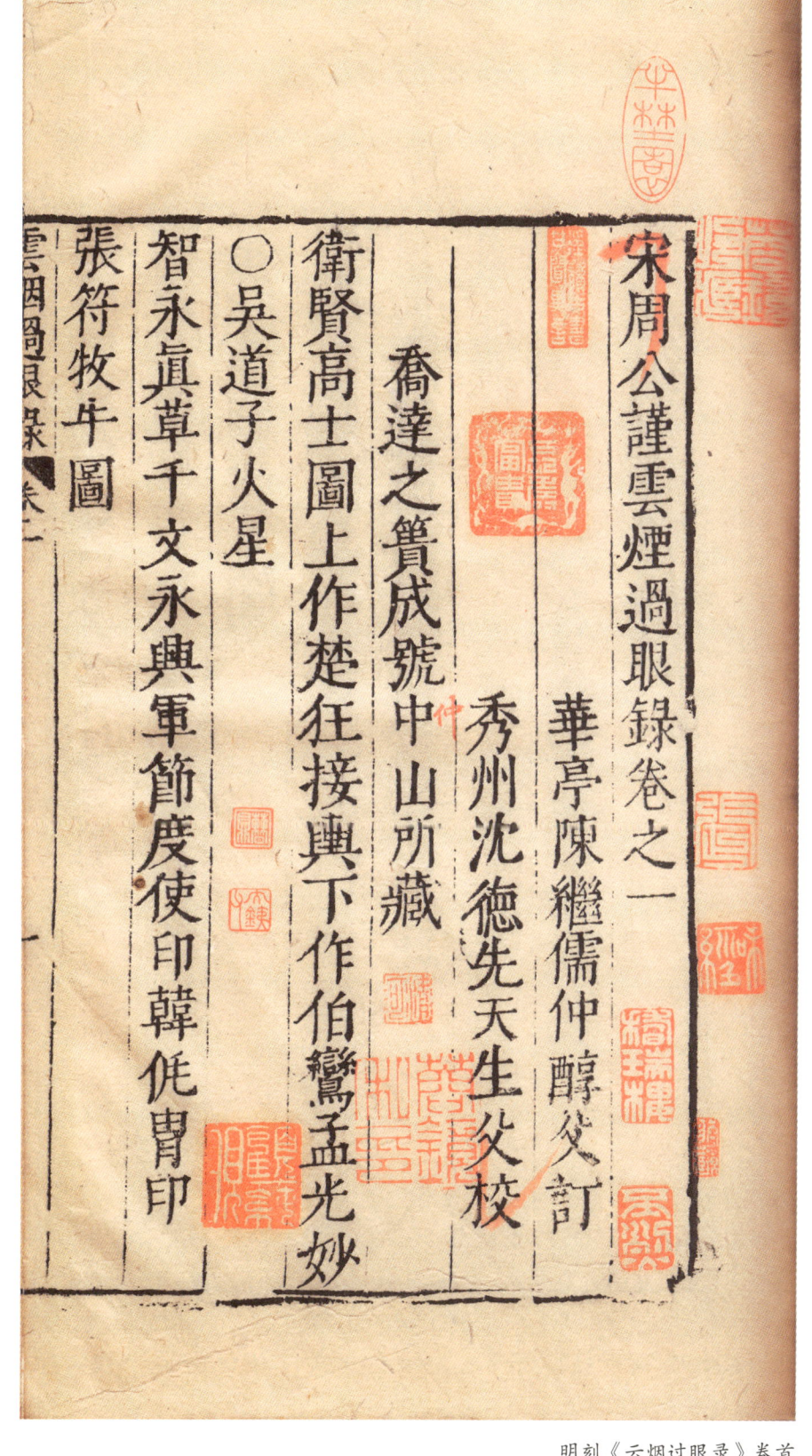

張符牧牛圖

智永眞草千文永興軍節度使印韓佽胄印

○吳道子火星

衛賢高士圖上作楚狂接輿下作伯鸞孟光妙

喬達之簣成號中山所藏

秀州沈德先天生父校

華亭陳繼儒仲醇父訂

宋周公謹雲煙過眼錄卷之一

之，李兆洛、方若蘅皆从张宅得以经眼，并施跋语，最后归于曹大铁先生。八人皆为藏书大家，是故该书可谓流传有绪，今归寒舍，蓬筚生辉，实吾之幸。校者何煌字心友，一字仲友，号小山，尝自署何仲子，江苏长洲人，何焯之弟，喜收书籍，每遇宋椠，即便一二残帙亦购而藏之，所居处为语古斋，与蒋杲、陈景云等以文字往来。

何煌平生校书极富，今可见最为精者有清初汲古阁本《说文》，毛斧季因笔划小讹，多有剜改，以致失却宋本之真，小山以朱笔校正，且识曰："劝君慎下雌黄笔，幸勿刊成项宕乡。"阮元校刊《十三经注疏》时，《公羊》《穀梁》皆以何煌所校宋椠官本为底本，《吴县志》亦有"嘉庆时，元和顾广圻以朴学名家，极称煌所校本为精确云"之句。此《云烟过眼录》中有小山朱、墨二色批校，可知其对此书用力之深，而朱、墨二色批校中，朱批由卷首至卷末，几乎无页不有之，墨批则为偶尔见之，然对比字迹并细读卷末跋语内容，可知朱批为小山早年所校，墨批及跋语则为后来书之。其跋曰："康熙辛丑岁，盐官马寒中携此钞来，阅为明神□时人手录，因假以校。老友陆淇清有张清甫手录于故纸背者，虽字迹潦草亦善本也。大约是暂假一昔，录底即完之故耳。并记。乾隆壬戌清明后二日。耄煌，时开八帙□五。"

读此跋语可知小山朱笔详校此书当为康熙辛丑岁，即康熙六十年（1721），墨笔跋语则书自乾隆七年（1742），时隔二十一年。盐官马寒中即马思赞（1669—1722），又字仲安，号衔斋，又号南楼、渔村，浙江海宁人。工诗及书，研贯诸子百家，穷其一生购书、抄书、藏书，家有道古楼及红药山房，所藏多宋元精椠，旁及金石书画，为东南藏书之冠。《爱日精庐藏书志》中曾载其购书不遗余力，云其过龙山查慎行宅时，见案头有宋椠《陆状元通鉴》，百计购而不可得，只得暂休。后查家有人去世，所卜葬之吉地正好为马氏田地，马寒中闻之大喜，立即前往拜访，愿以十亩良田换得一书，遂抱书疾归，惟恐查氏后悔。

陆淇清则为陆漻，字其清，号听云，江苏吴县人，精医术，博闻多藏书，手抄数千卷。其居听云室中多蓄古籍金石，其人则精于鉴赏三代秦汉器物及唐宋而下之书画名迹，四方士大夫好古者莫不就其而是正，其往来相厚者，则有曹溶、朱彝尊、何焯等，撰有《佳趣堂书目》，详录康熙十四年（1675）至雍正八年（1730）所置图籍。该书目于清末由叶德辉收入《观古堂书目丛刻》，其手稿本则于近世经江澄波先生售予陈澄中，后得拓兄晓堂高义，现归寒舍。

弁陽老人攜至疇齋所編墨琴二譜觀其

列叙人名及論墨精粗所藏出處盡在

此編尖好事者有所考也　子昂題

予見趙文敏公小楷不下數十餘種惟此本筆

法妍秀較前所閱者為最勝蓋文敏得意

之筆實希世之珍也適友人諸登之持予鑑

定遂令長兒壽昌雙鉤入石與臨池者共

賞焉萬曆癸卯臘月廿有七日沈弘嘉識

康熙辛丑歲臨盟官馮寒中攜此鈔束閱東嘉隆人手錄困假以
校老友陸淇清有張清甫季銘省者雖字跡潦草亦著
本也大約是暫假一昔錄底即完之故耳弃記日嘉慶時閱六帙盡

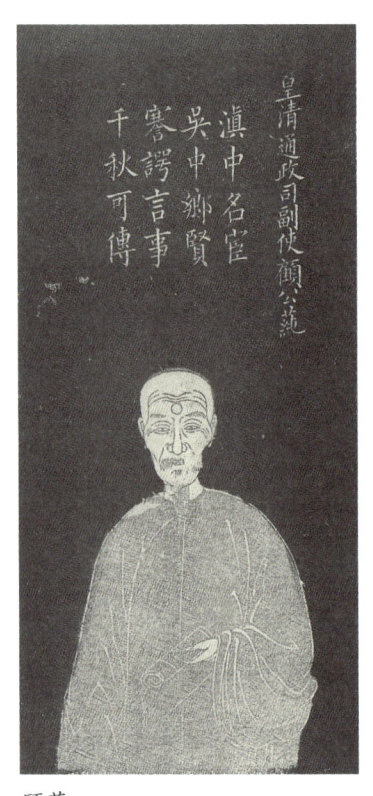

顾莼

黄丕烈

然此跋令人疑惑者，在于落款"乾隆壬戌清明后二日。耄煌，时开八帙囗五"，乾隆壬戌即乾隆七年，亦即1742年，"八帙"与"五"中间另笔插入一字，惜字迹极小且模糊，难以看清。古人旧习，此处多为"之""又"或"有"字，若如是，则说明此年何煌虚龄八十五岁，生年当为顺治十五年（1658），然此又与史料不合，且何煌为何焯之弟，何焯生于顺治十八年（1661），何煌不可能长于何焯。

何煌之生卒年并无确切记载，《荛圃藏书题识》卷五"西溪丛语"中有复翁转录何小山跋语："乾隆辛酉三月二十五日，……七十四病叟煌记"，根据古人多以虚龄计岁，可推知何煌生于康熙七年，亦即1668年，然此跋仅能说明其生年，以及乾隆辛酉年，即1741年仍在世，并未说明其卒年。复转猜若此为"欠"字，"八帙欠五"为七十五岁，刚好与史料相符，且可证明1742年其尚在世，较之前史料又多一岁矣。是故吾揣测，按复翁转录之语，七十四岁之小山已为"病叟"，又或"病叟"增一岁后，年老手误而致？此惑令吾大为不解，甚至一度怀疑此书是否确为小山所校所跋，所幸卷末尚有方若蘅跋语一则，证明此书确为小山所校跋，心下始宽。

何煌校跋之后，书归顾莼所有，以其钤有"顾莼观"白方也。顾莼（1765—1832）字希翰，号南雅，嘉庆七年（1802）进士，《荛圃藏书题识》中多处提到混堂巷与顾五痴，即南雅之父顾应昌，亦乾隆间著名藏书家。复翁跋语中曾多次提到购得顾氏藏书之事，其中卷三"玉峰志"云："混堂巷、任蒋桥两家才有去志，而余与顾抱冲得诸

黄丕烈藏书印"丕烈"　　　　　顾莼藏书印"顾莼观"　　　　陈揆藏书印"稽瑞楼"

最夥。"又有"东京梦华录"云："余旧藏元刻本，为顾五痴家物。"又有幽兰居士《东京梦华录》云："此幽兰居士《东京梦华录》十卷，东城顾桐井家藏书也。因顾质于张，余以白金二十四两从张处赎得。"卷七"张说之文集"云："此碧凤坊顾氏藏书也。相传顾氏书虽残鳞片甲，无一不精，宋刻固不待言，即影宋本亦无弗精绝者。"又"宋刻残本《白氏文集》跋"云："东城顾五痴家藏书甚富，余尝购得数十种矣。主人知余好之笃，虽一鳞片甲，亦自侈为奇宝。因出破书一束，指示余曰：此绛云余烬也，曷归之？……余喜甚，而索直逾百金，余又以不能即得为忧。越岁丙辰，五痴以老病终，厥子南雅昆季皆兢兢焉守其父书，而南雅与余交亦颇投契，每一过访，必以是书为请，遂与元刻《伯生诗续编》以白金二十两易得，命工重加装潢，所以存旧物也。"凡此种种，皆可知顾家藏书流向士礼居，故是书虽同时钤有"顾莼观"与"丕烈"藏章，亦可知为复翁购自南雅，该书先归南雅而后归复翁。顾南雅居词馆三十年，文名动天下，有文坛耆宿之誉，嘉庆年间官至云南学政，道光中擢通政司副使。其官位虽高于其父，嗜书之深却不能及，故叶昌炽叹曰："先生达而家书尽散矣。"

苏州碧凤坊桥即当年顾莼藏书处

　　黄丕烈之后，是书归陈揆所有，以其前后皆钤有"稽瑞楼"长白方。陈揆（1780—1825）字子准，生而羸弱，省试被黜后绝意科场，醉心旧籍，平生不妄交一人，仅与吴卓信、张金吾等三数人往还，著有《琴川续志》《虞邑遗文录》《稽瑞楼文草》及《稽瑞楼书目》。《稽瑞楼书目》后由潘祖荫从翁叔平家藏本借出，刊入《滂喜斋丛书》。稽瑞楼之堂号，源自陈揆从吴兴书贾处偶得唐代刘赓《稽瑞》一卷，该书除宋代王应麟《玉海》曾提及外，其他书目均未见著录，故子准以此颜斋。子准素与张金吾交好，曾馆于张金吾家为其校勘古籍。黄廷鉴作《藏书二友记》，详述二人过往之细节："吾邑陈子准、张月霄二人，家世儒学，旧有藏书。至两君而更扩大之，储藏之名，遂并甲于吴中。四方之名士，书林之贾客，挟秘册、访异书，望两家之门而投止者，络绎于虞山之麓、尚湖之滨。嘻，盛矣！张居西关，陈居稍南，相去不半里，皆面城临水。暇辄过从，各出所获，赏奇辨疑，有无通假，相善也。两君志趣同而各有所主，张则钟于经籍而兼爱宋元人集，陈则专于史志而旁嗜说部，其大较以网罗散佚、存亡断绝为宗旨。其于书也，张则乐于人共有，叩必应；陈则一室静研，慎于乞假。"子准、月霄二人之性情，皆一目了然。张月霄所撰《陈子准别传》中复提及周锡瓒、袁廷梼、顾之逵、黄丕烈四家宋元旧椠陆续散出时，"君与金吾各择其尤互相夸示，而要必以书贾先至其家为快，五六年中，两家所得盖不下三四万卷，呜呼，何其盛也！"有张月霄此语，则可证陈子准、黄荛圃虽同为嘉道时期之藏书家，兼为同年离世，此《云烟过眼录》却是自黄荛圃家散出后，由陈子准收入稽瑞楼中。

　　然所得诚如云烟过眼，顾广圻序《张月霄书目》曰："常熟陈子准、张月霄二君，于书好同、聚同、能读同，十年以来，名在人口。予频岁出游，不及与之赏奇析疑，而偻指识面，所以深期之者未有艾。日月几何，闻子准夭，无子，半生心血所收，徒供族人一卖。月霄家落，责负者倾囊倒箧，捆载而去。"读此语，吾亦为之嗒然。

　　陈子准卒于道光五年（1825），藏书四散。张蓉镜得此书于两年之后，并于封面墨笔识曰："稽瑞楼散逸。道光丁亥仲秋得此。芙川张蓉镜珍藏。"钤有"蓉镜"小朱方。上卷末复有"小琅嬛福地藏书"及"稽瑞楼散逸，琴川张蓉镜珍藏"。张蓉镜字芙川，又字伯元，生于嘉庆七年（1802），卒年及履历不详，其藏书处有小琅嬛福地及双芙阁，其中小琅嬛福地延自其祖父张燮。张燮字子和，别号荛友，以词章名世，生平俭约，惟好积书，所著有《小琅嬛福地随笔》《味经书

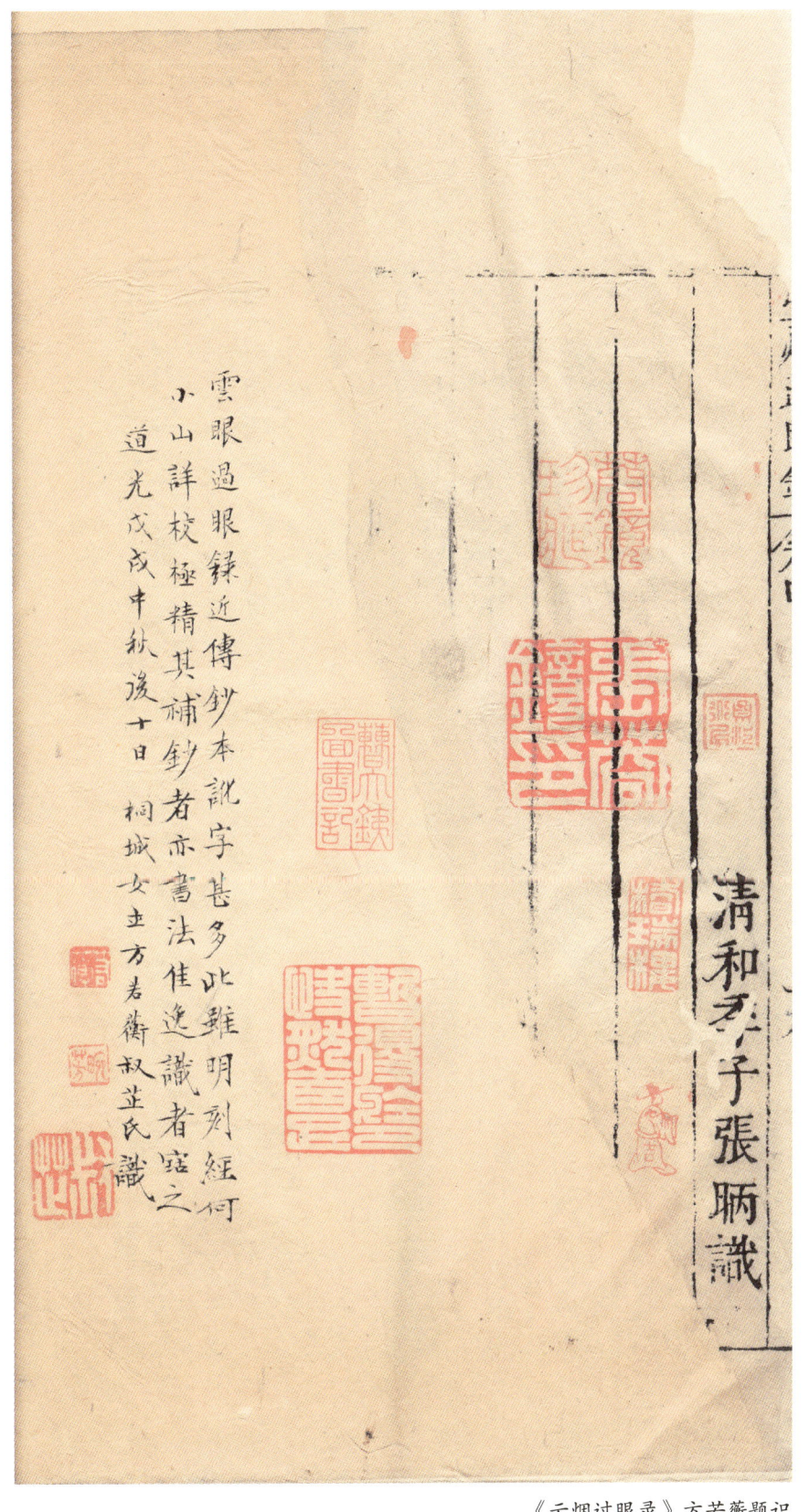

雲眼過眼錄近傳鈔本說字甚多此雖明刻經何
小山詳校極精其補鈔者亦書法佳逸識者寶之
道光戊戌中秋後十日桐城女士方若蘅叔芷氏識

清和君子張炳識

《云烟过眼录》方若蘅题识

屋诗稿》等。素与黄丕烈交善，乾隆五十八年（1793）同赴京师会试而相知，每日暇余同游琉璃厂，恣览古籍。张燮过世后，其孙张蓉镜不仅继其书，亦继其情谊，继续与荛翁友善。

《荛圃藏书题识》中多有记载荛翁与张燮、张蓉镜之书事，其中卷三有"跋《营造法式》"，详述与张燮订交始末："余同年张子和有嗜书癖，故与余订交尤相得。犹忆乾隆癸丑间在京师琉璃厂耽读玩市，一时有两书淫之目。既子和成进士，由翰林改部曹，出为观察，偶相聚首，必以搜访书籍为分内事。余亦因子和之有同嗜也，乘其乞假及奉讳之归里时，辄呼舟相访，信宿盘桓。盖我两人之作合由科名，而订交则实由书籍也。子和有二丈夫子，皆能继其家声，所谓能读父书者。今其冢

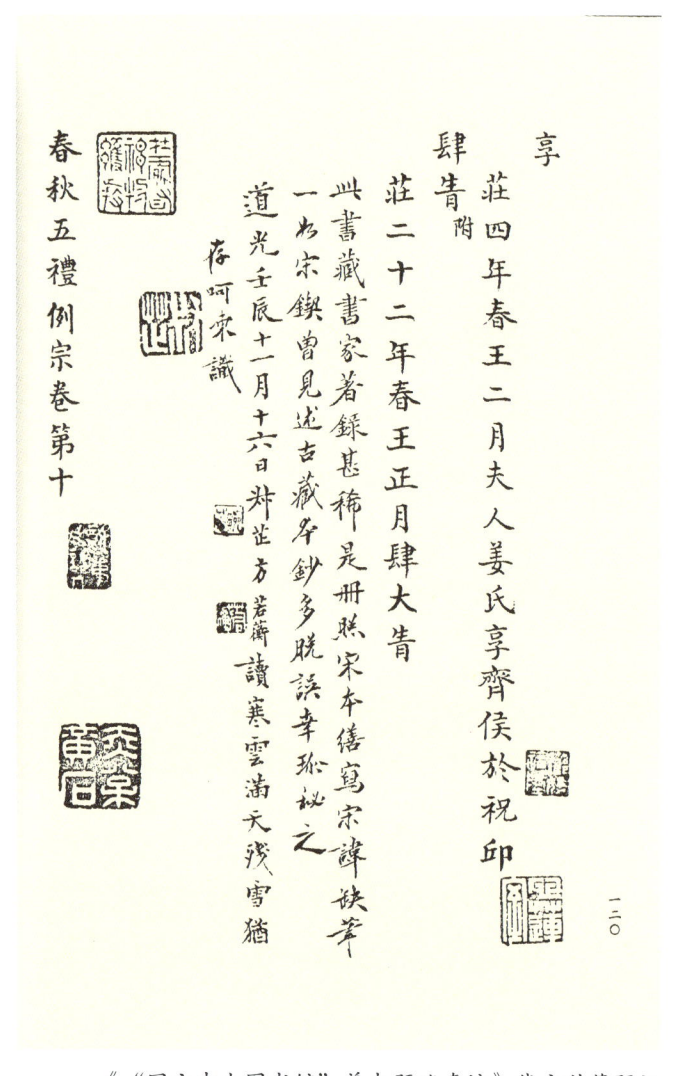

《"国立中央图书馆"善本题跋真迹》载方若蘅题识

孙伯元以手钞《营造法式》见示，属为跋尾。"又卷九有跋《九灵山房集》云："余向年买舟泛琴川，访同年张君子和于东言子巷，煮春芹暖酒欢聚，犹记酒后狂态，思豪夺其家藏书以归。……今忽忽廿年来，子和作古，余亦不常至琴川，徒怆然于怀而已。岁辛巳，子和孙伯元以此本属题，来札云，《戴九灵集》先祖在时已邀洞鉴，兹再求题数语于前，以作一重翰墨因缘。余嘉子和之有孙，而又不忘旧好，重续前盟，而后乃今异地同心之友，得一知己，可以不恨，余于伯元有厚望焉。"

黄丕烈作此跋三年后，张蓉镜亲赴百宋一廛就教于荛翁，时荛翁六十一岁，老友张燮已过世十六年，故人之书守藏有人，自己却无以为继，甚至不得不变卖所藏，一时感慨而赋诗曰："琉璃厂里两书淫，荛友荛翁是素心。我羡小琅嬛福地，子孙世守到于今。""颜训曾经借我钞，蔡词相示又谁教。收书不惜黄金尽，珍重相期属世交。"诗末注曰："余向收书，不惜多金，今芙川亦颇类此"。

张蓉镜另一藏书处双芙阁与其夫人有关。其夫人姚畹真号芙初，亦精鉴别藏书，曾以诗跋宋本《后村诗集》残本云："墨林万卷劫灰余，古本流传此绝希。八十诗翁高格调，伊川击壤想依稀。泼茗薰香绣懒拈，芸编珍重展瑶签。好花明月原无主，自取猩红小印钤。道光戊子二月花朝，琴川女士姚畹真芙初氏题跋，时年二十六岁。清寒凄雨，病榻淹缠，腕弱字劣，不计工拙也，无虚佳日而已。姚氏畹真，芙初女史。"因张蓉镜、姚畹真夫妇二人名字中皆有"芙"字，故夫妇藏书之所又名"双芙阁"。叶昌炽《藏书纪事诗》咏张蓉镜、姚畹真夫妇诗云："与花同好月同明，修到双芙有几生。薰沐为书题佛号，生生世世出秦阬。"

世人多有称姚畹真藏书处又名"镜清阁"者，此误矣，"镜清阁"实为姚畹真闺中密友方若蘅室名。宋本《后村诗集》姚畹真跋后尚有方若蘅跋语一段，云："道光庚寅上巳，桐城女士方若蘅叔芷氏假读于镜清阁。时盆梅尚未全落，静对古编，觉幽香

李兆洛

119

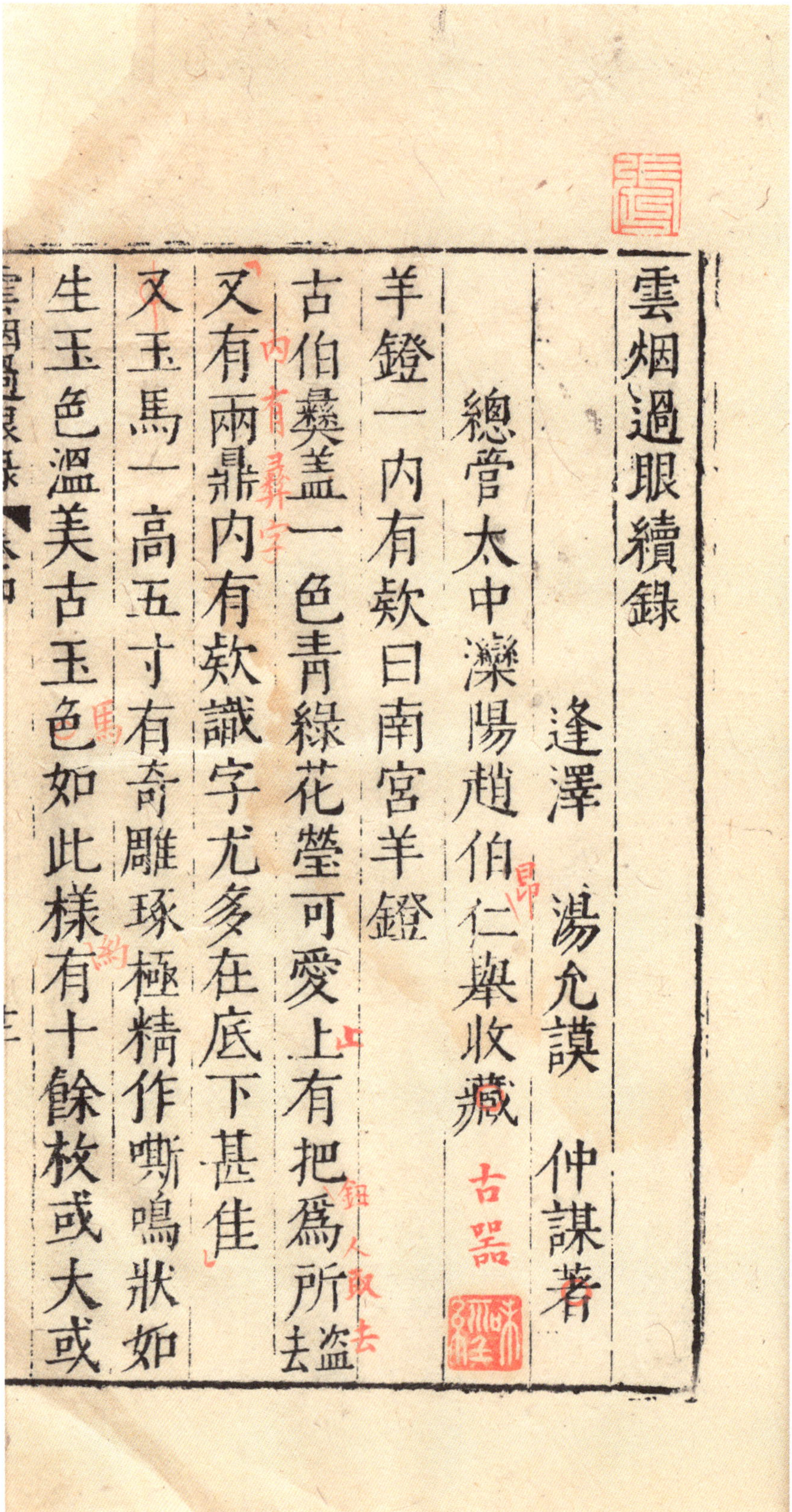

雲烟過眼續錄

總管太中灤陽趙伯仁舉收藏　古器

逢澤　湯允謨　仲謀著

羊鐙一內有款曰南宮羊鐙

古伯彝蓋一色青綠花瑩可愛上有把爲所盜去

又有兩鼎內有款識字尤多在底下甚佳

又玉馬一高五寸有奇雕琢極精作嘶鳴狀如

生玉色溫美古玉色如此樣有十餘枚或大或

《云烟过眼续录》首页

曹大铁藏书印"绛云旧梦"

与墨香同耐人寻味也。烧烛漫志。畹芳女士。"今《文献家通考》等处均将"镜清阁"归入姚畹真名下，误会或即由此而起：一者姚婉真夫君名字中有"镜"字；二则方若蘅"假读于镜清阁"，则可推"镜清阁"为方若衡假读之处，非其所有，故得出结论：镜清阁为姚婉真室名。 然而事实并非如此。方若蘅字芷叔，号畹芳女士，桐城人氏，其祖父方观承曾为直隶总督，为乾隆朝著名"五督臣"之一，所制《棉花图》十六幅得乾隆深许，每图题诗一首，因而成《御题棉花图》。他著尚有《述本堂诗》《宜田汇稿》及《问亭集》等，又与秦蕙田合撰《五礼通考》。其父方维甸字南耦，号葆岩，为乾隆四十六年（1781）进士，五十二年（1787）跟随福康安东征台湾，累擢太常寺少卿，后历任山东按察使、河南布政使、陕西巡抚、闽浙总督等，《清史稿》《清史列传》《清代七百名人传》中均有传。然诸传多载方维甸军政事，甚少言其蓄书事，实则乾隆年间，其曾入四库馆任缮书处分校官，并编辑、汇刻三代先人之书，进呈于四库馆，得以著录于《四库全书总目提要》。顾广圻序曹寅扬州使院刻嘉庆十九年（1814）重修本《集韵》时，云："版存江宁榷使署，百余年来，渐已损泐，是诚不可不亟为补完也。桐城方葆岩尚书谋之榷使双公，属广圻与同志诸君经营其事，今凡重雕者少半而还旧观矣！"可知方维甸还曾参与刻书之事。方若蘅出身于如此门第，诗书之事当属平常，胡文楷《历代妇女著作考》卷七载有《镜清阁集》，作者"若蘅字叔芷，安徽桐城人，方维甸女，若徽妹，杨希铨妻。"可知镜清阁实为方若蘅室名，"假读于镜清阁"之句，当理解为将书假借至镜清阁读之。

方若蘅与姚婉真时常一书同赏，除宋本《后村诗集》外，尚有蜀大字本《史记集解》，莫友芝《宋元旧本书经眼录》记曰："蜀大字本《史记集解》，芙初女史藏本，亦有'勤襄公五女''若蘅'二印，盖当时两家闺秀，一舫往还，洵玉台之佳话已。"而方若蘅与姚婉真一家，实则又不仅仅为闺中密友，方若蘅适常熟杨希铨，亦世宦之家，清代书法名家杨沂孙为其三弟之子。若蘅为希铨续配，原配张采荇恰为张蓉镜之姑母，方家与姚氏亦世为姻亲，种种因缘，方若蘅长往张宅与姚婉真共赏珍籍，实为闺阁光阴之佳景。惜此何煌校跋之《云烟过眼录》仅存方若蘅墨泽，未见姚婉真手迹，否则此书又添一段胭脂佳话。

方若衡于是书跋曰："《云烟过眼录》近传钞本讹字甚多，此虽明刻，经何小山详校，极精，其补钞者亦书法佳逸，识者宝之。道光戊戌中秋后十日，桐城女士方若蘅叔芷氏识。"旁钤"若蘅""畹芳""叔芷"三枚小印。方若蘅虽出身名

吉祥如意押

门，兼适贵家，但毕竟是女子，名气甚微，此跋后人作伪可能性极低，且书法娟秀，明显为闺阁女儿所书。检台湾出版《"国立中央图书馆"善本题跋真迹》第一册，《春秋五礼例宗》有方若蘅题跋，比对字迹，笔锋一致，三方小印亦一模一样，当为同一人所书所钤，故此跋为方若蘅亲笔无疑。而道光去乾隆未远，以方若蘅眼力，当不误认，则此书之朱笔所校当为何煌无疑。何煌跋语中落款年号及年龄之差，惟有以年老笔误释之。

是书卷四终处尚有李兆洛题识一行："道光乙未秋八月，李兆洛观"。李兆洛（1769—1841）字申耆，晚号养一老人，清代经学家，尤擅舆地之学，与常熟杨家关系亦十分密切，道光八年（1828）杨希铨父亲杨景仁殁，其墓志铭即为李兆洛所撰。至道光十八年（1838），杨希铨侄子杨沂孙至江阴拜李兆洛为师，《濠叟日记》记曰："守一从养一李先生游最久，服教最深。余于戊戌岁，始谒先生于蓉城，著籍为弟子。"（按：彼时芙蓉城为江阴别称。）方若蘅借读该书为道光十八年（1838），正是杨沂孙拜师之年，未知叔婶可曾于小琅嬛福地相遇，而是书自道光七年至十八年均在张宅，故李兆洛观书亦在小琅嬛福地无疑矣。小琅嬛福地自张蓉镜后，藏书一如前贤四散，至于何时归入曹大铁之菱花馆，则不得而知，惟见菱花馆主钤于该书之多方藏章中，"绛云旧梦"之印最令人怅惘。

该书之钤印亦不得不提，钤印最多者为张蓉镜，计有"蓉镜"（朱白方各一）、"张伯元别字芙川""张""蓉镜收藏""蓉镜私印""清河""蓉镜珍藏"（大小各一）、"芙川心赏""张蓉镜印""味经"，总十二方，且多有一章而数钤者，其中"味经"为其祖父张燮藏章，张燮故后该章随小琅嬛福地藏书一并归芙川所有。菱花馆主亦多喜一章数钤，其所钤藏章计有"曹大铁图书记""菱花馆""半野园""大铁父""曹鼎""吴郡曹鼎""虞山曹氏收藏图书""暂得于己快然自足"及"绛云旧梦"，总计九方。余则有黄丕烈之"丕烈"，陈揆之"稽瑞楼"，顾莼之"顾莼观"，方若蘅之"若蘅""畹芳""叔芷"。另有几方闲章如"淫读古书，甘闻异言""长寿富贵""振衣沧海月，握笔洞庭秋"，或为张芙川所钤。因是书钤章者中，惟芙川印癖最深，尝有一书而钤四十余印者，且内中多闲章，如"在处有神物护持""晚院花留立，春山月伴眠"等，语句意境颇有类似。

卷末另有小押，图案为一官员手持如意，官袍上有"吉"字，谓之"吉祥如意"，此押因迥别于普通款式，故吾亦有留意。寒斋另有清初顾氏善耕堂钞本《沈下贤文集》，卷末相同位置亦钤有此押，押旁尚有"养拙斋"及"野夫所藏"，考"养拙斋"为曾元澄，"野夫所藏"为龚文照，卷前又有顾肇声藏印若干。除此吉祥如意押外，两书钤印者无一相同，然有此押在，说明两书曾一度归同一人所有，此何人哉？两书涉及人物中，顾肇声与顾阶升为从兄弟，顾阶升为顾莼祖父，两书若有关系，惟一痕迹在此，其间或有流转？然若以此为凭又太过牵强，尚待细考。又或者，此押只是一位藏书而不愿留其名者所钤，此亦是另一种达观。

自康熙六十年（1721）何小山批校此书，至道光十八年方若蘅写下跋语，百余年间该书经五家收藏，经眼者无数，由此可见所谓收藏家也不过是数十年之心满意足，终有烟消云散之日。清末孙文川尝有长诗印，其达观令吾叹为观止，印文曰：

> 宝翰垂千秋，人无百年寿。
> 展玩聊自娱，岂计收藏久。
> 我闻唐杜暹，撰铭书卷首。
> 鬻借为不孝，惟属后人守。
> 又闻赵吴兴，作诗题卷后。
> 但禁他室买，戒以弃勿取。
> 二公诚爱书，而我意则否。
> 子孙为凤麟，嗜古意必厚。
> 我爱彼更珍，搜采成丛薮。
> 何待我贻留，彼自能寻剖。
> 子孙若豚犬，压架已孤负。
> 摧烧或化薪，弃置更覆瓿。
> 尤物遭轻亵，贻者执其咎。
> 不如付赏音，什袭重瑶玖。
> 品题增光辉，益令传不朽。
> 由来天下宝，不妨天下有。
> 但祝得所归，勿落俗士手。

许宝蘅题签、王筠稿本 《说文韵谱校》五卷

《说文韵谱校》五卷　（清）王筠撰

清王筠稿本　许宝蘅题签　一函一册

钤印：王筠私印（白方）、缘隙奋笔（白方）、伯坚（朱方）、二金蝶堂藏书（朱方）、史庐瑑籀（白方）、䀝印斋（白方）、盐山刘千里藏书（朱方）、刘千里所藏金石书画（朱方）、发亭刘氏所藏秘笈（朱方）、庚戌（白方）

楚金之作此书，特以读《说文》者检字不得耳。今既用阴氏韵书，何由知《切韵》部分？而虽以此为捷径，是益之繁难也。特是李舟《切韵》世无传本，而此书犹存其梗概，故吾孜孜用力，不厌琐屑者，不为《说文》计，转为《切韵》计也。然则所录之脱文，焉知非《切韵》所不收，而必斤斤焉，何也？字以孳乳而浸多，后之所收，不能反少于前，是由传写既久，阙佚滋多，而抱残守独者不敢证视，其学富万卷者如朱竹垞、翁覃溪两先生又不屑屑于一书，遂使此书不可读，故补之也。新附虽多俗字，犹于注中明之，而本书不典之字尤多，故殊别之。然"坒"字犹见于小徐本，而"爨"字并小徐本不见，独赖此书存之，则亦安得不尊尚之也。

王筠

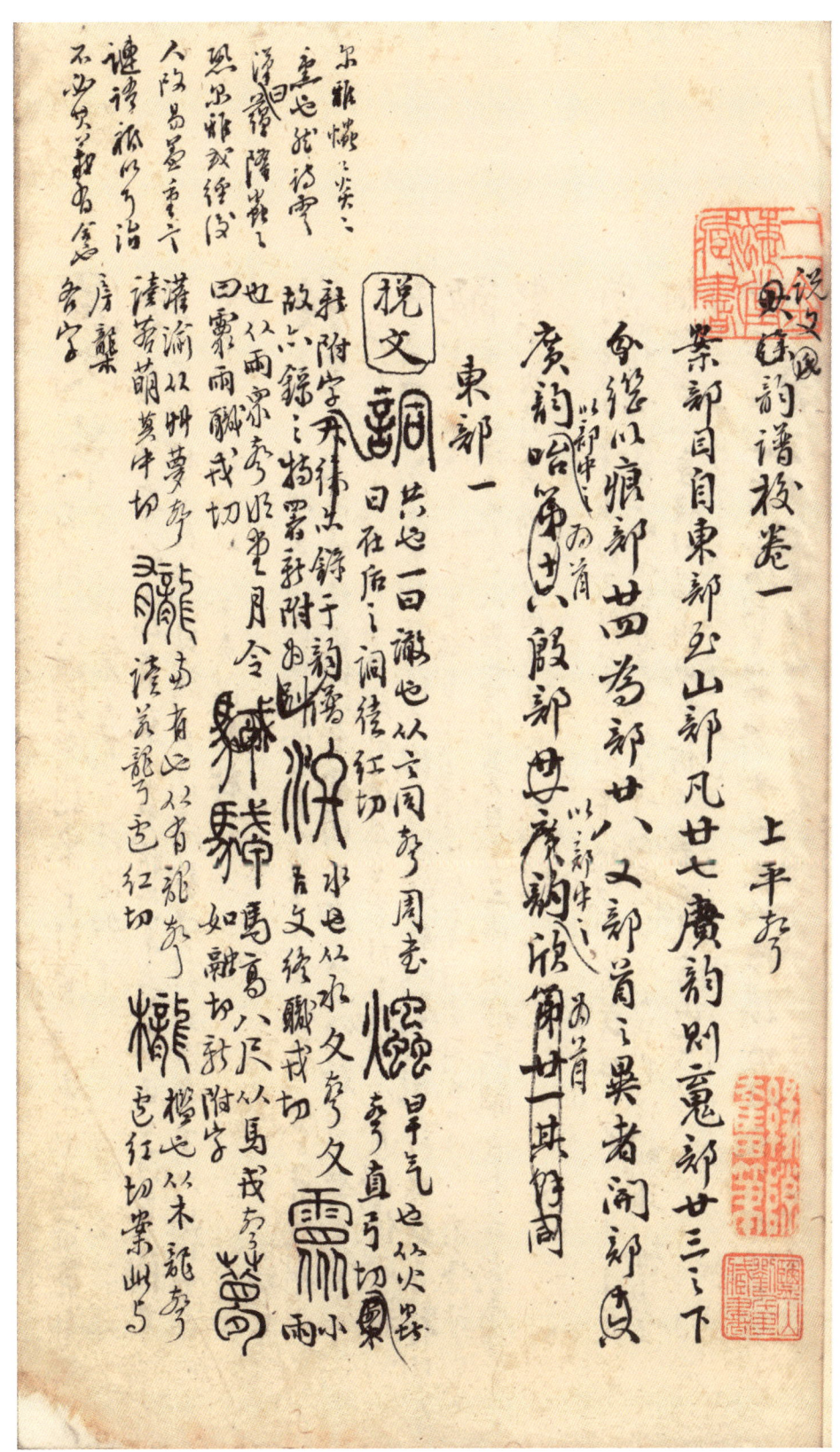

王筠稿本《说文韵谱校》卷首

原书仅二百番，而余所校者及百番，则其谬误不可诘也可知，余之特琐细也可知。而且法令如牛毛，必至网漏夫吞舟，将有大谬而为世笑柄者，余亦自知之矣。

此为稿本《说文韵谱校》卷前之王筠自序，行文与光绪年间刻本略有出入，然大意一致。序前题有书名，原拟为《徐氏韵谱校序例》，后将"徐氏"二字圈去，改以"说文"二字。然其卷首书名处又见原题《大徐韵谱校》，后将"大"字圈去，"徐"字下添一"氏"字，改作《徐氏韵谱校》，最后复将"氏"字亦圈去，定为《说文韵谱校》。可见王筠著书之始，定名《大徐韵谱校》，后改为《徐氏韵谱校》，最后定为《说文韵谱校》，一书而两易其名，可知其慎重若此。

《说文韵谱》又名《说文解字篆韵谱》，《四库提要》著录为南唐徐锴撰，取《说文解字》以四声部分，编次成书。然该书又不仅仅出自徐锴一人之手，其兄徐

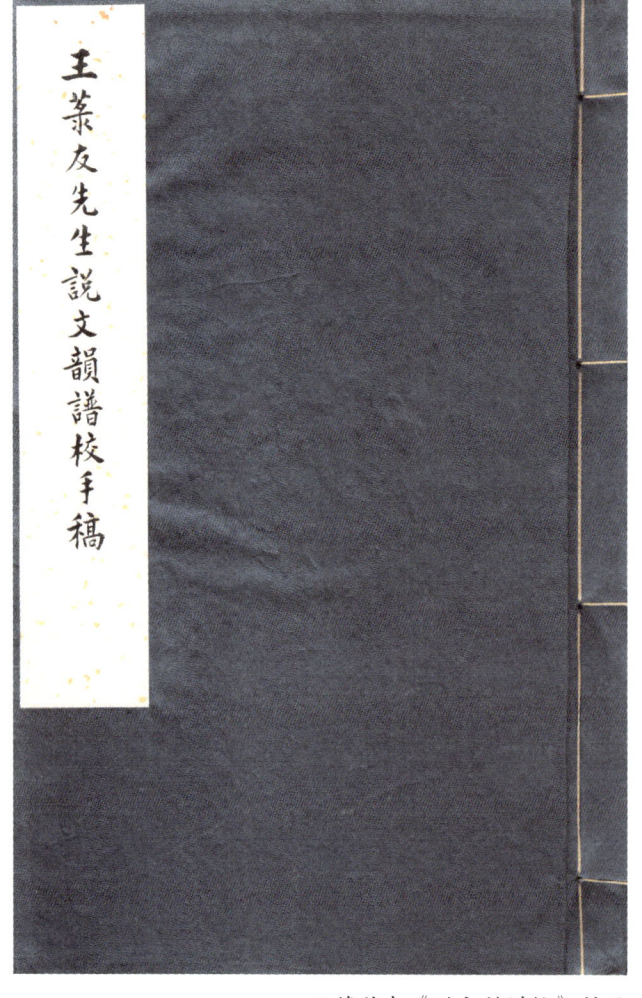

王筠稿本《说文韵谱校》封面

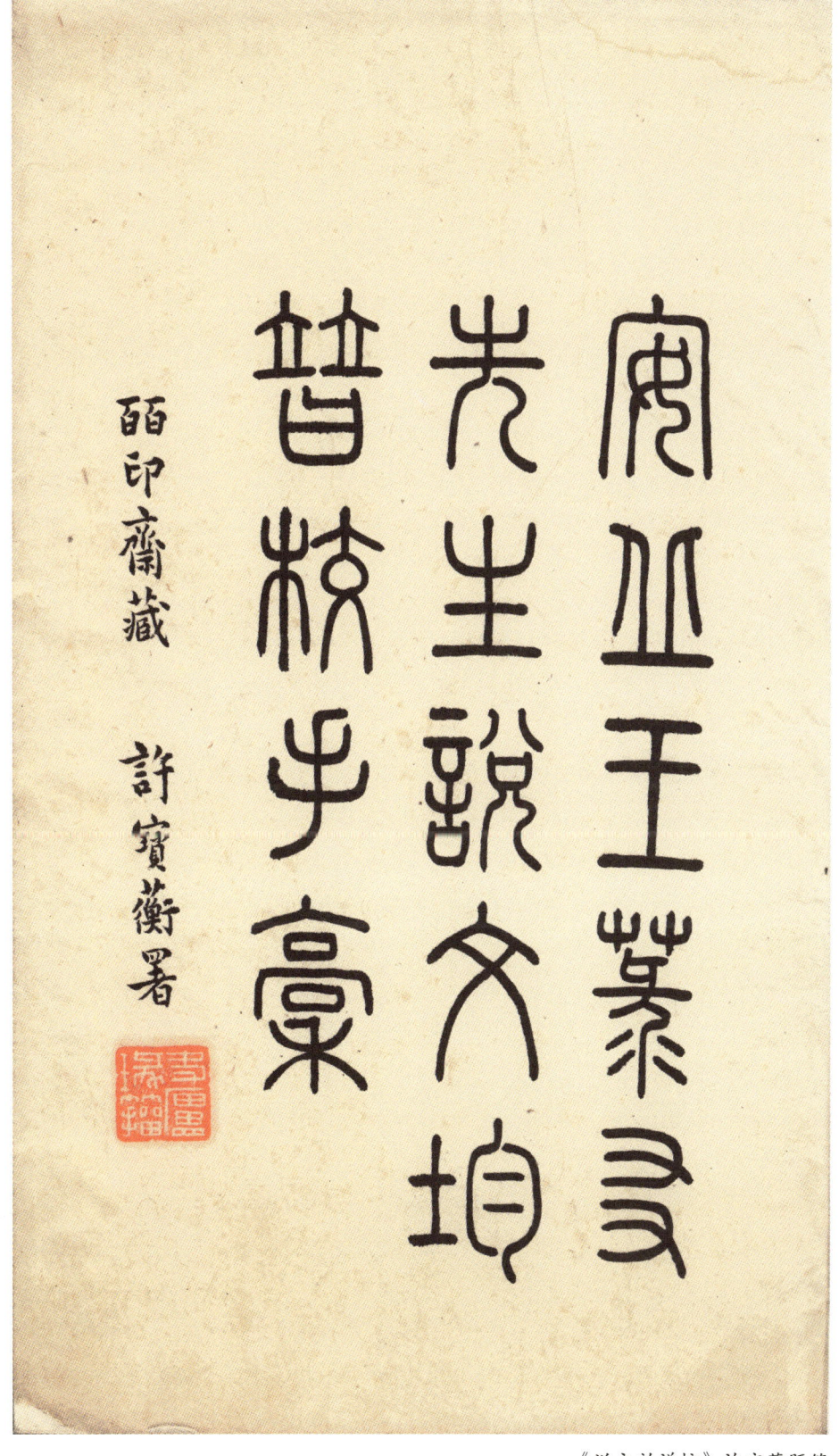

《说文韵谱校》许宝蘅题签

铉亦有所更定补编，其中篆字皆为徐铉所书，是故王筠拟定书名时，在"大徐""小徐""徐氏"之间左右摇摆，最后索性以"说文"定之，跳过大小徐之争。王筠（1784—1854）字贯山，一字伯坚，号菉友，山东安丘人，道光元年（1821）举人，游京师三十年，时与汉阳叶志诜、道州何绍基、晋江陈庆镛、日照许瀚商确古今，后官山西宁乡知县。其人则通经识古，尤精《说文》之学，尝自言："少喜篆籀，不辨正俗，年近三十读《说文》而乐之。每见一本，必读一过，即俗刻《五音韵谱》亦必读也。"其一生著述颇多，有《禹贡正字》《毛诗重言》《仪礼郑注句读刊误》《说文系传校录》《文字蒙求》等数十部之多，与段玉裁、桂馥、朱骏声并称清代"说文四大家"。四人代表作分别为段玉裁之《说文解字注》、桂馥之《说文解字义证》、朱骏声之《说文通训定声》以及王筠之《说文句读》《说文释例》。然四人又各有所长：段氏重在校订文字、阐释许慎解字；桂馥重在博辑群籍佐证字义；朱骏声主要通过形、音训释字义，博举群书阐释通假正别；王筠则以字体实例阐六书，纠正许慎误释。

说文四大家中，段玉裁与桂馥为同一时代，王筠与朱骏声为同一时代，而段、桂早于王、朱约五十年。是故王筠得以通读二人著述，并对二人极为服膺，尝言："治《说文》者，以二书为津梁，其亦可矣。"此"二书"，即指段著《说文解字注》及桂著《说文解字义证》。然则其服膺之余，并不拘泥于前人之说，曾评价二人著述曰："桂氏征引虽富，脉胳贯通，前说未尽则以后说补苴之，前说有误则以后说辨正之，凡所称引皆有次第，取足达许说而止，故专胪古籍不下己意也。读者乃视为类书，不已迷乎？惟是引据之典，时代失于限断，且泛及藻缋之词，而又未尽加校改，不皆如其初旨，则其蔽也。段书体大思精，所谓通例又前人所未知，惟是武断支离时或不免，则其蔽也。"梁启超在评价清代《说文》研究时，亦有类似之语："段书勇于自信，往往破字创义，然其精处卓然自成一家言；桂书恪守许旧，无敢出入，惟博引他书作旁证，又皆案而不断。"梁启超复评价王筠之说："王菉友《释例》，为斯学最闳通之著作。"以及"学者如欲治《说文》，我奉劝先读王氏《句读》，因为简明而不偏波；次读王氏《释例》，可以观其会通"。《清史列传》中载有王菉友小传，中有月旦之语云："许氏之功臣，桂、段之劲敌"，可见其学术界份量之重。

菉友生于段玉裁、桂馥等大家之后，得以广采前贤之说，固然为之幸，然其大成却还有另一原因：在其从事学术研究之时，金石之风开始大兴，多有前人未见之碑铭石刻被人发现，其中多有许慎著《说文解字》时未见之字，菉友得以利用此前人未

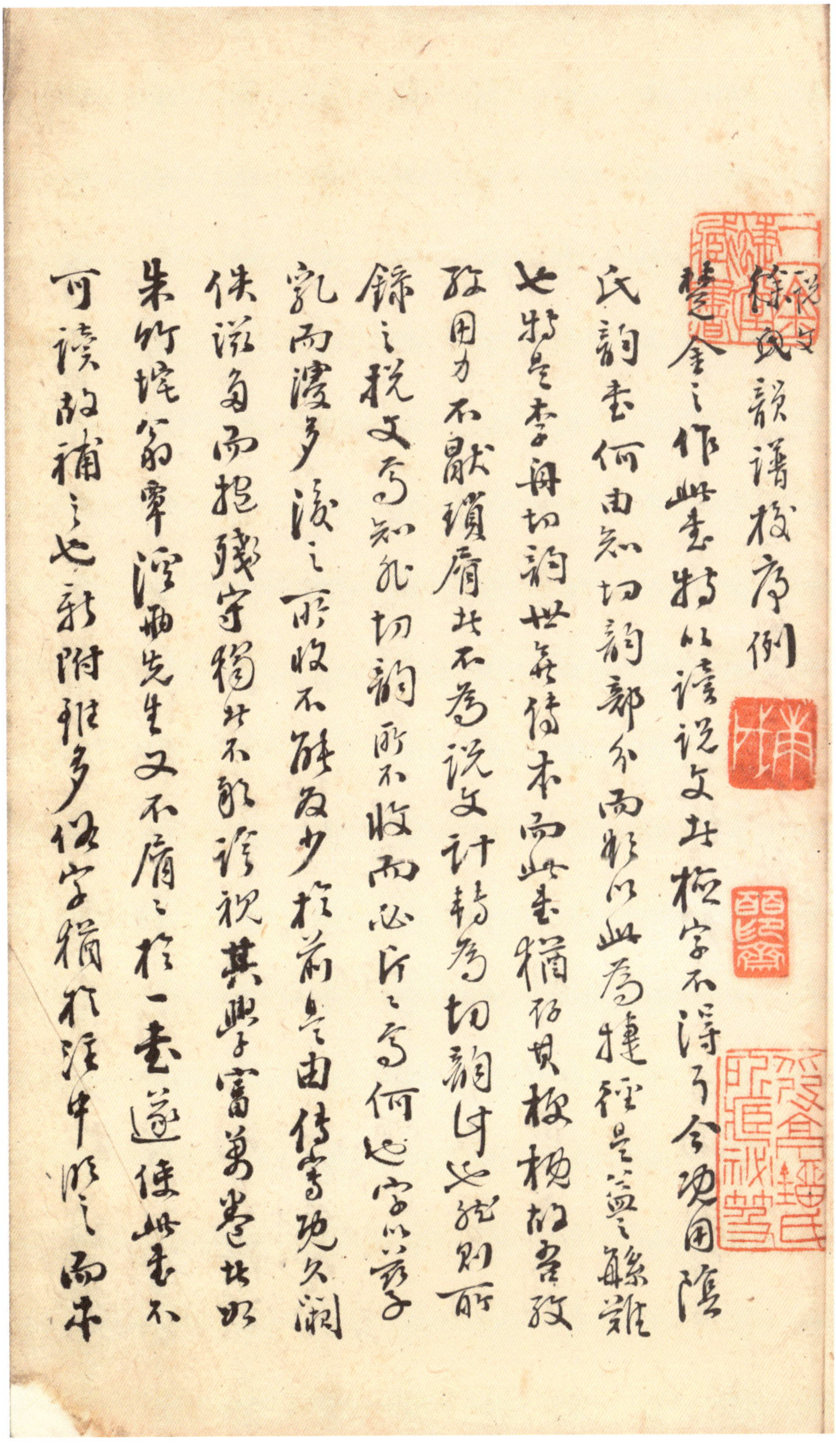

说文韵谱校序例

徐氏韵谱之作此书特以读说文其检字不得不令颇用隐

氏韵书何由知切韵部分而形以此为捷径岂无纂辑

此特是李舟切韵世无传本实此书稍珍贵校检的书致

故用力不献琐屑此不为说文计转为切韵计比较别有

录之税文又乃知乃切韵所不收而必行之字何必定以窜

乱而凌多後之所收不稀及少於前是由传写现久淌

佚滋多而抱残守稿此不敢谬祝其與字富万卷此如

朱竹垞翁罩淫雨先生又不肩之於一书遂使此书不

可读的補之也新附既多俗字稿不注中将之而本

杭州赵之谦墓

见之钟鼎古籀，尽量恢复篆文之原初字形，再现汉字演变之历史过程，甚至纠正许慎当年误说，此于"说文四大家"中，惟㧑友能为之。生于前人著述之后，得以博采其说；成于文献发掘之初，得以占尽先机，㧑友可谓生逢其时也。

此稿本序言后半部分，㧑友以举例方式简述其撰写此书之凡例，吾于此道不敢置喙，然此段凡例与该书关系大焉，故胪列如下以供方家：

一：所列脱文以本书切脚为次，新附亦与焉。或无是切脚者，概以行韵之字在是部即收之，而仍以《广韵》为比例，如有不同，皆明著之。

二：篆误者作篆明之，仍注楷书于下。亦有两篆皆书者，或有可误，或取易于检校。

三：如"湅"下云"又见送部"者，李巽岩《韵谱》收于"东"部故也，"蝀"下云已见"送"部者，巽岩收于"送"部故也。余仿此。今人多以《广韵》为唐韵，或李氏犹得见此书。

四：本书训释，其异于《说文》者，多同《广韵》。盖《切韵》固然必引以著之，知《玉篇》犹为前辈多传古训，《切韵》即渐趋时也。如《玉篇》《广韵》皆无是说，即不引。

五：翁钞已多误字，此刻尤甚，遍身疮痏，几无完肤，然其中异于它本而转胜者，亦间有之，故名以"考异"，一切隶焉。

六：其异于《说文》而有本者，或成字者，必书本文而后驳正之、证明

赵之谦藏书印"二金蝶堂藏书"　　　　王筠藏书印"王筠私印"

之；如不成字，则直书正字而已。

凡例之后有菉友落款"道光十有三年岁在癸巳秋九月，菉友王筠记"，并钤"王筠私印"白方及"伯坚"朱方。此年菉友四十九岁，正于家中为父亲王驭超守制，至道光十五年（1835）五月校删手稿并写成定本，除服后复入京师。今检《中国古籍善本总目》，此书著录未见刻本，仅有一部钞本及两部稿本，再加寒舍稿本，则知王筠当年为著此书，至少校改三次。此书于菉友生前并未付梓，直至光绪十一年（1885）始由山东潍县刘嘉禾素心琴室付梓。今视寒舍稿本，每卷首行之下皆钤有"缘隙奋笔"，卷末则钤"王筠私印"，卷中更改之处颇多，若更改文字较多，则另书一纸，浮贴于上，可知此稿当为初稿无疑。

此稿本至清末曾归赵之谦架上，以其钤有"二金蝶堂藏书"之印。赵之谦素有印癖，于篆书别有一种痴好，同治五年（1866）双钩《说文解字五百四十部目》，诚为学篆书之范本。此本归㧑叔，于书于人而言，皆可谓各得其所。赵之谦后，稿本归许宝蘅所有，并于卷前加以篆书题写书名《安丘王菉友先生说文韵谱校手稿》，侧有小字题"硒印斋藏，许宝蘅署"，下钤"史庐瑑籀"白方。许宝蘅（1876—1961）字季湘，又作继湘，号巢云，清末庚、辛并科举人，曾任学部主事，入民国后任国务院秘书及铨叙局局长等职，民国十七年（1928）应傅增湘之约，出任故宫博物院图书馆副馆长，兼管掌故部，主编《掌故丛编》，所撰有《西汉刺史考侯国考》《西汉郡守考》《西汉尚书考》《篆文诗经校正记》《百官公卿表考证》等。许宝蘅堂号为"硒印斋"，可知其亦为印痴，尝著《篆文诗经校正记》，可知其亦如赵之谦同好篆书，而以篆书为菉友此稿题写书名，菉友当引为知己矣。

今人但说古籍，动辄宋元，若非顾批，必言黄跋，似乎非此不为善本。然在吾看来，宋元固然难得，顾批黄跋亦佳，然此一等学问家之一等著述更为可贵，人类文明之沉淀、之传递尽在此中，何况此为稿本，更可窥见作者之思路变迁，此等卷内所蕴藏者，方为藏书之真谛。惜吾学浅，虽慕经学，亦心仰乾嘉以来诸位经师，每对此种著述，心知其为上苑琼浆，却终是"美人如花隔云端"，无力与之接，惟且敬且愧，且愧且敬。如今京沪两地，有古籍专场之拍卖公司越开越多，古籍亦越来越为世所知，然究竟有多少人关注卷内所言为何物，而不是其价几何？年年春秋两季，书商书友忙忙碌碌，吾亦忙碌，然于忙碌间偶一驻足，总有丝丝悲凉，无由排遣。

葛昌楣题签、邓之诚题记兼批校稿本《蕖村笔谈》四卷

《蕖村笔谈》四卷　（清）钮学乾撰

清钮学乾稿本　葛昌楣题签、邓之诚题记　一函两册

钤印：共读楼藏书记（朱方）、邓之诚（朱方）、葛荫梧（白方）

　　《蕖村笔谈》稿本四卷，作者钮学乾字沧亭，江苏震泽人氏，清初文学家钮琇之孙。此为其清稿本，修改处不多，数则笔记上端书有"可删"二字，卷四末行上有"丙午四月二十五日重订"语，可知此前另有初稿本。卷中所载多有论诗文语，兼及神异事，以及康、雍、乾三朝民间风貌，所记之事有具体年月者，最晚至乾隆十一年（1746），又有"岁甲子，与计氏赎产讼有司，……予年五十无只字入公门"语。按此三朝中甲子有康熙二十三年（1684）及乾隆九年（1744），若其为康熙甲子已五十，则无理由记至乾隆十一年，故此甲子当为乾隆九年，则其生年当为康熙三十三年（1694）。第四卷末之"丙午重订"，当为乾隆五十一年（1786），此时钮学乾已九十二华龄，堪称高寿。然此稿本虽有删改痕迹，字迹亦工整，却无久浸学塾之风骨，似是就傅未久，八法未精者所书，以钮学乾年以耄耋计，此或其孙辈代为抄录。

　　该书卷前有邓之诚题记一页，蝇头小楷，为文如居士一贯字迹，题记内容亦以笔谈中语句推论钮学乾生平："《蕖村笔谈》四卷，吴江钮学乾撰。学乾为琇孙，颇有家学，此编间附所作诗词，斐然可观，惜困于蒙塾以老，不知尚有他著否？行谊更不能详矣。所记皆里闾细事，杂以谐谑，然词旨隽永，颇见理致。间有删改，末卷有'丙午重订'语。丙午为乾隆五十一年，学乾自言童时及见潘耒，多记康、雍时事，及乾隆丙寅而止，不应此时尚存。若为自订，书中有'甲子年五十'语，

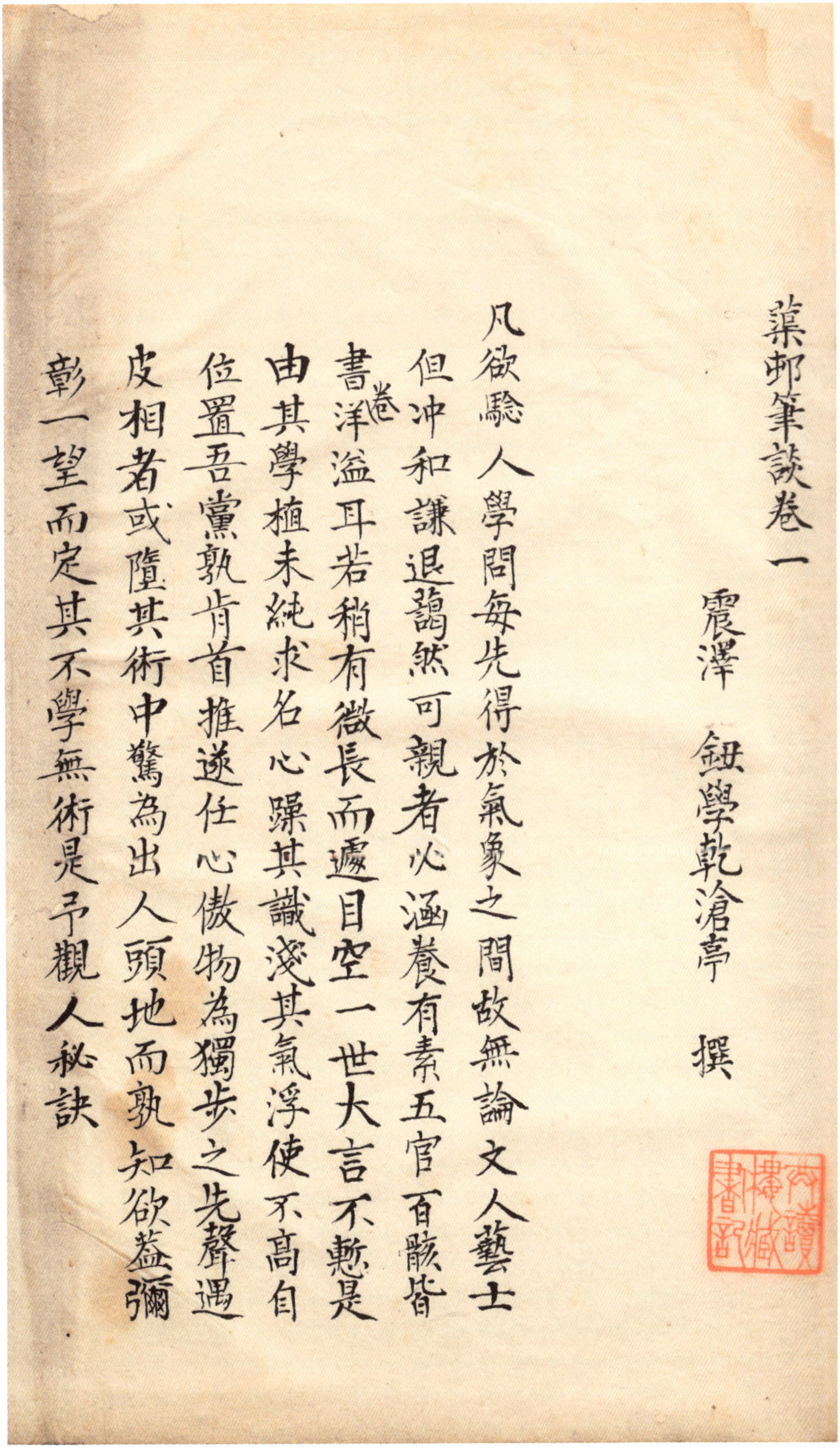

菓邨筆談卷一

震澤　鈕學乾滄亭　撰

凡欲聽人學問每先得於氣象之間故無論文人藝士

但沖和謙退鵠然可親者必涵養有素五官百骸皆

書洋溢耳若稍有微長而遽目空一世大言不慙是

由其學植未純求名心躁其識淺其氣浮使不高自

位置吾黨孰肯首推遂任心傲物為獨步之先聲遇

皮相者或墮其術中驚為出人頭地而孰知欲益彌

彰一望而定其不學無術是予觀人秘訣

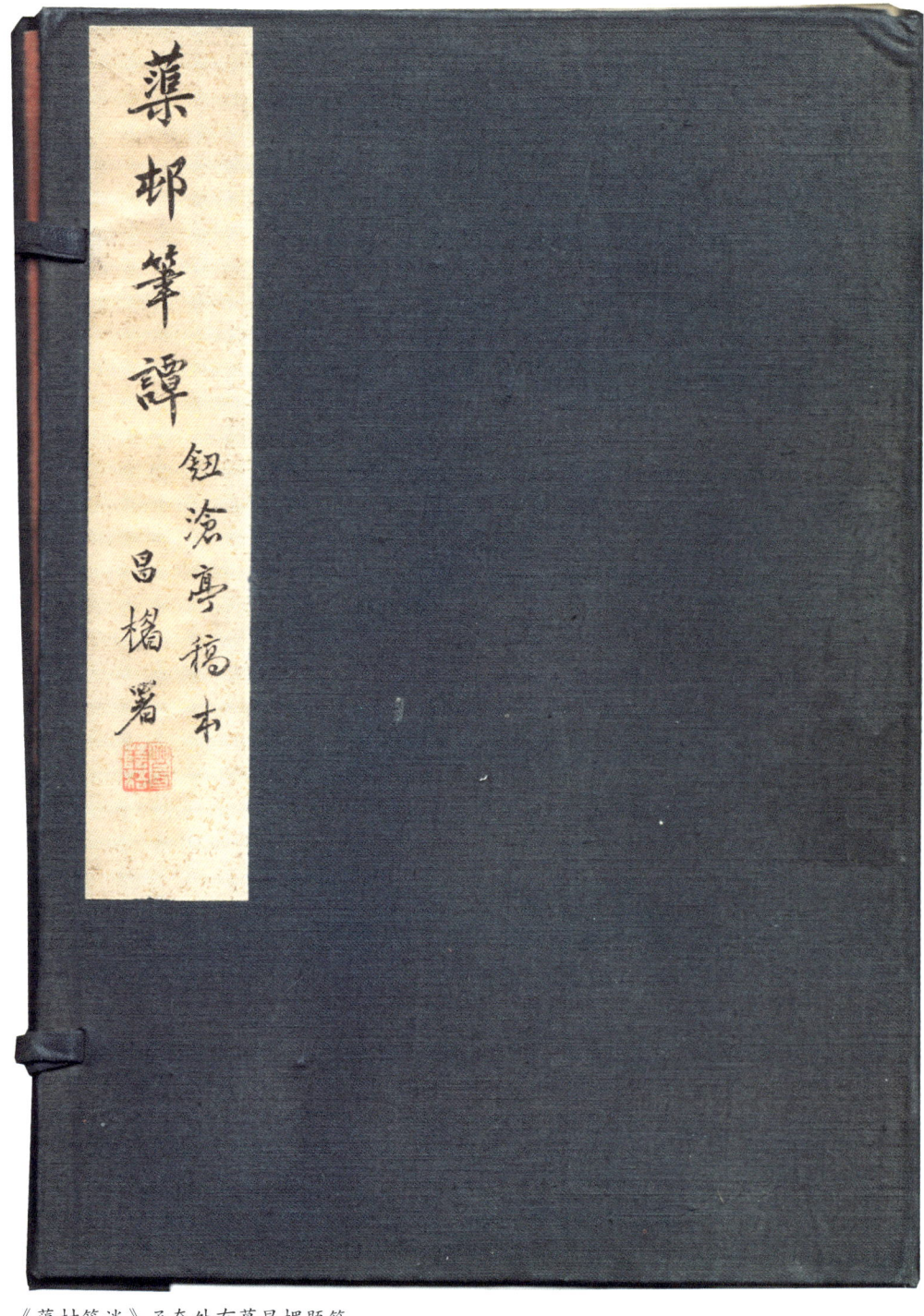

《蘽村笔谈》函套外有葛昌楣题签

则年已大耋矣。前十余年书估自南中得此，归于予斋。世间似无刻本。他日当贻好事者梓之。丙戌四月二十有一日，文如居士识于成府村居之五石斋。"其下钤有"邓之诚"朱方。

文如居士以钮学乾童时见过潘耒，而潘耒早已去世，故断乾隆丙午年钮学乾不应在世。以吾推断钮学乾之生年计，潘耒去世时钮学乾已十四岁，至丙午年，则钮学乾九十二岁，尚在人间亦有可能。此稿本中记潘耒事有数则，其中一则曰："鸿博翰林潘稼堂先生与先大父总角交，尝过予北郭草堂与先子论诗，予童头侍侧。"潘耒与钮琇素有交好，钮琇著有笔记《觚剩》八卷，分正续两编，寒斋亦有所藏，记叙多为明末清初事，官场、科场、青楼以及战乱、文字狱等，无所不涵，潘耒尝为之作序。钮琇另有《临野堂集》，亦潘耒为之序。

钮学乾似乎并无功名，亦未曾出仕，故名不显，此《蘽村笔记》各家书目均未见记载，检《清人别集总目》，亦无钮学乾其人。此笔记通篇未记官场事，却多记曾教授之弟子，故文如居士云其"蒙塾以老"，良有因也。该书确无刻本，文如居士曾有意贻好事者梓之，然此笔记在吾读来，多写乡野俚事，与风俗、史料相关者无多，或付梓之机甚微，然亦有谐谑之趣，暂录以消永昼：

其一：曾叔祖性耽诗酒，老而不倦，一夕大雪，方携酒入斋拟哦新句，有偷儿潜伏床下，公适见之，遂牵出抚其背曰："若大寒，子能来。予愧无长物，将何慰也？"酌酒与饮，偷儿勉强承卮，一吸而涸。公掀髯大笑曰："具沧海量，亦为是技耶！"复酌令饮，如是者三犹不已，必欲竭瓶，且曲慰曰："杯中物殊胜金帛也，不尽欢，陋甚矣。"偷儿苦其烦，哀祈止，不得，乃拂衣跃窗而去。于是里人盛传公厚道而迂。

其二：舜湖潘秉文、程天木相友善，而粗豪亦相匹。一日潘晨盥以巾擦项，用力过猛，遂伤颈骱，不能旋转，数日乃复。后遇程，问何久不见，潘告以故，程大笑，以手击案曰："何卤莽至此！"顿促腕，筋痛不能动，亦数日而愈，时人传以为笑。

其三：金渭师年七十余而纳一妾，对客曰："聊为娱老计耳"。客笑曰："只堪娱老，不堪娱小"。

另有："壹贰参肆伍陆柒捌玖拾陌阡等字，始于前明洪武中，刑部尚书开济以钱谷之数，用本字则奸人易于盗改，故易此以关防之耳。"今读此文，始知来历，亦收获也。

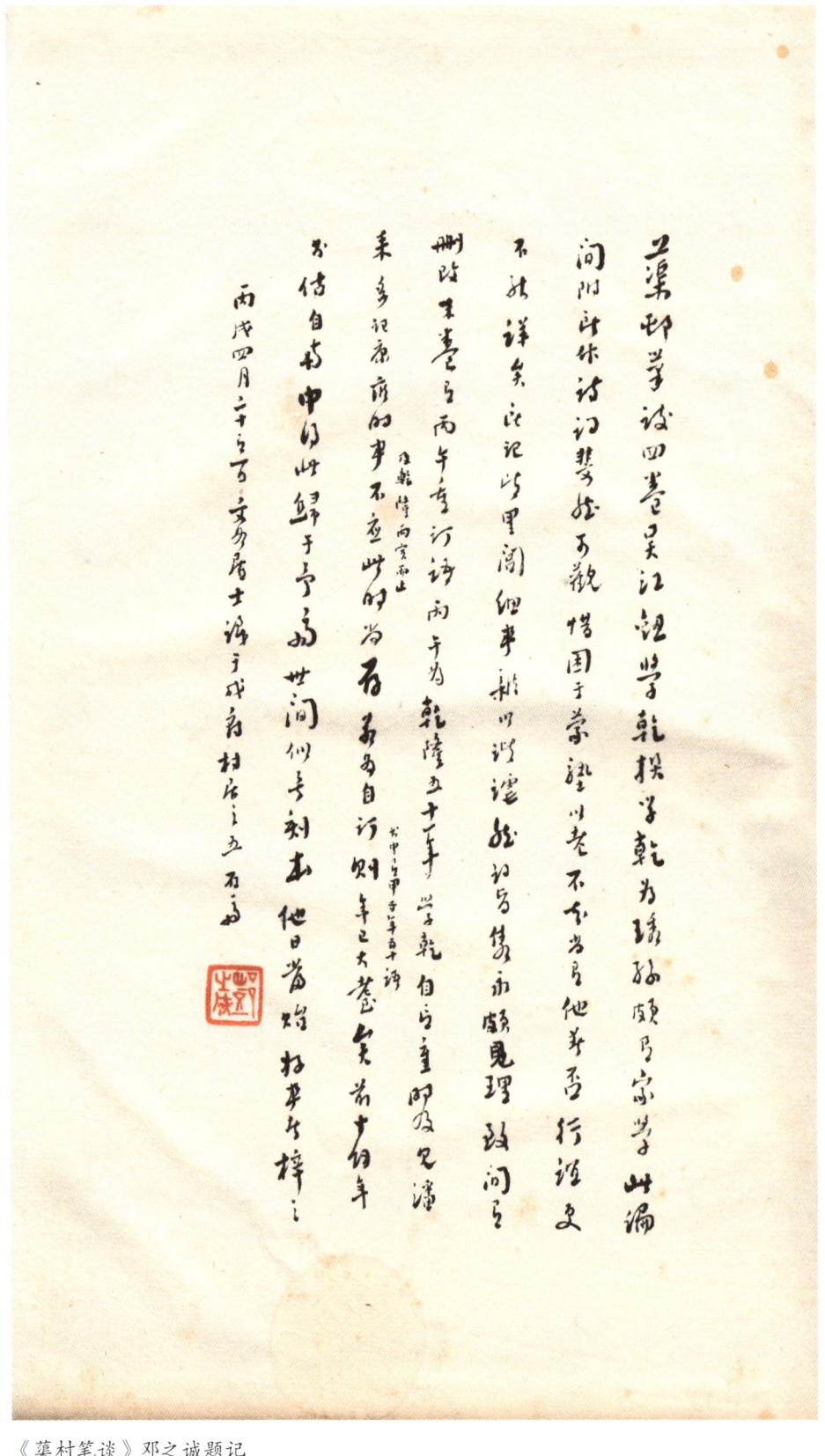

《菓村笔谈》邓之诚题记

该书卷前钤有"共读楼藏书记"朱方一枚，然以"共读楼"为斋名者有二。其一为国英（1823—1884），字鼎臣，满清贵族，道光年间曾任内阁中书，有感于当时藏书家多秘不示人，而寒门儒子又苦于无书可读，遂与友人一起建立崇正义塾，供贫寒人士读书。晚年辞归故里后，又于家塾内建藏书楼，名曰"共读楼"，并撰有《共读楼书目》及《共读楼条约》，将平生所藏图籍、法帖尽纳其中，供所有好书者入内看书或录副，自云："其所以不自秘者，诚念子孙未必能读，即便能读，亦何妨与人共读，成己成人无二道也。"

今人谈及中国近代公共图书馆之先河，往往引徐树兰之古越藏书楼，然国英之共读楼较古越藏书楼更早二十二年，于光绪七年（1881）即正式对外开放，惟其性质仍为传统私家藏书楼，非如古越以西方图书馆为模本。

另一以"共读楼"颜斋者为陈乃乾（1896—1971），浙江海宁人，清代藏书家陈鳣之后，曾先后供职于上海开明书店、北京中华书局，精于版本目录之学，1956年由沪迁京时，中华书局特意包下火车专厢以供其载书北上，可想其藏之富。陈乃乾堂号初为"慎初堂"，后更为"共读楼"，所藏皆为文史之书。

吾极欲知此"共读楼藏书记"为何人所钤，惜卷中无更多信息，然私心度为陈乃乾所钤几率为大。文如居士卷前题记写于丙戌年，亦即1946年，又云"前十余年书估自南中得此"，窃思以彼时藏书家撰写题跋之习惯，多半会记明此前为何人所藏，以证递藏有绪，若此为国英共读楼故物，文如居士没理由不知、不提，且国英共读楼就在京师，即便散出，也多半在琉璃厂等书肆，而非"南中"。陈乃乾包车运书北上已是1956年，为后事也，其早年藏书并无这般风光。辛亥革命之后其移家上海，馆于徐乃昌积学斋。上海沦陷后，复迫于生计为友人经营书店，并撰写版本目录、历史掌故等文章以糊口，若此时该书由陈乃乾之上海共书楼散出，亦有可能。邓之诚年长陈乃乾九岁，彼时已在燕京大学等高校任职教授，即或睹此印，陈乃乾当时于其而言亦非重要人物，大可忽略之。然吾之所思毕竟揣测成分居多，不敢肯定。 该书尚为平湖葛昌楣旧藏，以其函套上有葛昌楣题签，注明《蘽村笔谈》及钮沧亭稿本，并钤有"葛荫梧"白方。此函套内层贴满万年红，外层为靛蓝细洋布，配以牛骨别子，本黄洒金书签，一应制式均为典型平湖葛氏装治。葛昌楣（1886—1964）字咏莪，号荫梧、雍吾，承其祖、父辈之传朴堂藏书，又有发华馆，为南社社友。其人工书法、喜篆刻、爱鉴藏。所著有《蘪芜纪闻》《橅六朝碑碣》。其弟葛昌楹亦名极于一时，为西泠印社早期社员，1939年与丁仁、高时敷、俞人萃辑《丁丑劫余印存》二十卷，仅钤二十一部，以"浙西丁高葛俞四家藏印集拓廿又一部己卯春成书"序之。近二十年来，市面所见《丁丑劫余印存》均为后来所出之影印本，原钤本于拍场仅现身一次，为2007年西泠印社印章专场。彼时西泠印社尚未开古籍专场，故未引起吾之关注，后在友人处见到此场图录，中有此佳物，为失之交臂而叹息再三。四年后，于收藏印谱大家林章松先生宅中见到此书，复叹息不止，而林先生专藏印谱及相关之研究，更令吾佩服，此书能够归入松荫轩，也应是理所当然之事，可谓人物两相宜。

邓之诚藏书印"邓之诚"

顾随批、学陶居士题记
《西堂乐府》六种存五种

《西堂乐府》六种存五种　（清）尤侗撰

清康熙刻本　顾随批、学陶居士题记　一函两册

钤印：曹臣欣赏（朱方）、顾随（朱方）、羡季（朱方）、夜漫漫斋所读书（长朱方）、大兴刘氏校经堂藏书印（朱方）

　　《西堂乐府》六种存五种，作者尤侗（1618—1704）字展成，号悔庵、艮斋、西堂，为明末清初时期诗人兼戏曲家。《清史列传》有其小传，多溢美之词，云其"少博闻强记，弱冠补诸生，才名籍甚。历试于乡，不售，以贡谒选，除直隶永平府推官。吏治精敏，不畏强御，怙势梗法者，逮治无所纵"，"其诗词古文，才既富赡，复多新警之思，体物言情，精切流丽。每一篇出，传诵遍人口"。康熙十八年（1679），尤侗以花甲之年试博学鸿儒，授翰林院检讨，分修明史，三年后告归江苏长洲。尤侗诗文颇为上所喜，顺治目之以"才子"，康熙称其"老名士"，后南巡至苏州时，还御书"鹤棲堂"匾额以赐。与《清史列传》中溢美之词相反，李慈铭极恶尤侗，指其立身不稳，文章浮薄，于《越缦堂读书记》中云："西堂人品，余素薄之。其初注

尤侗

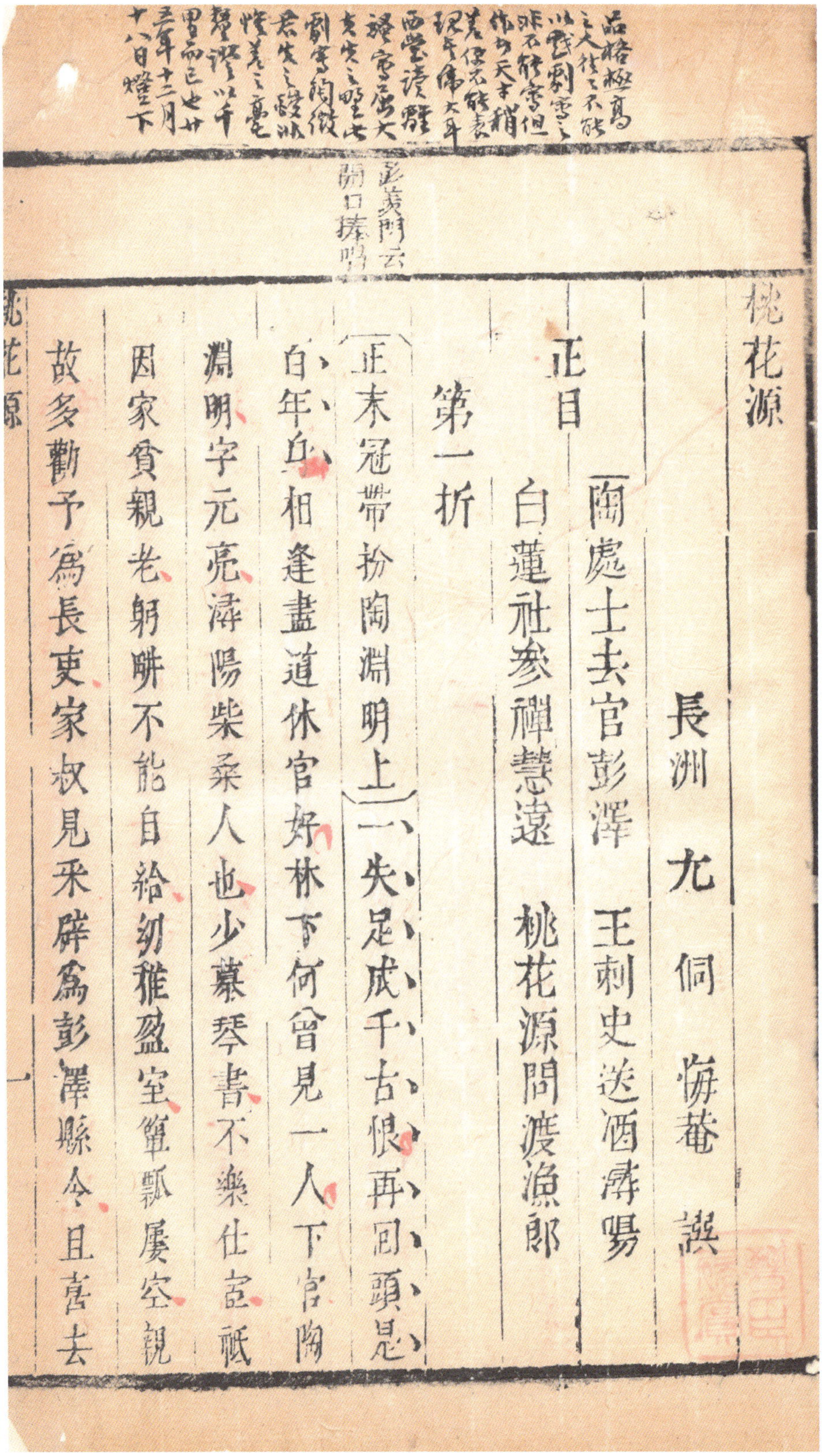

桃花源

長洲 尤侗 悔菴 譔

正目

陶處士去官彭澤　王刺史送酒潯陽

白蓮社參禪慧遠　桃花源問渡漁郎

第一折

[正末冠帶扮陶淵明上]一失足成千古恨再回頭是
百年身相逢盡道休官好林下何曾見一人下官陶
淵明字元亮潯陽柴桑人也少慕琴書不樂仕宦祇
因家貧親老朝躬不能自給幼稚盈室箪瓢屢空覩
故多勸予為長吏家叔見采屏為彭澤縣令且喜去

《西堂乐府》之《桃花源》卷首

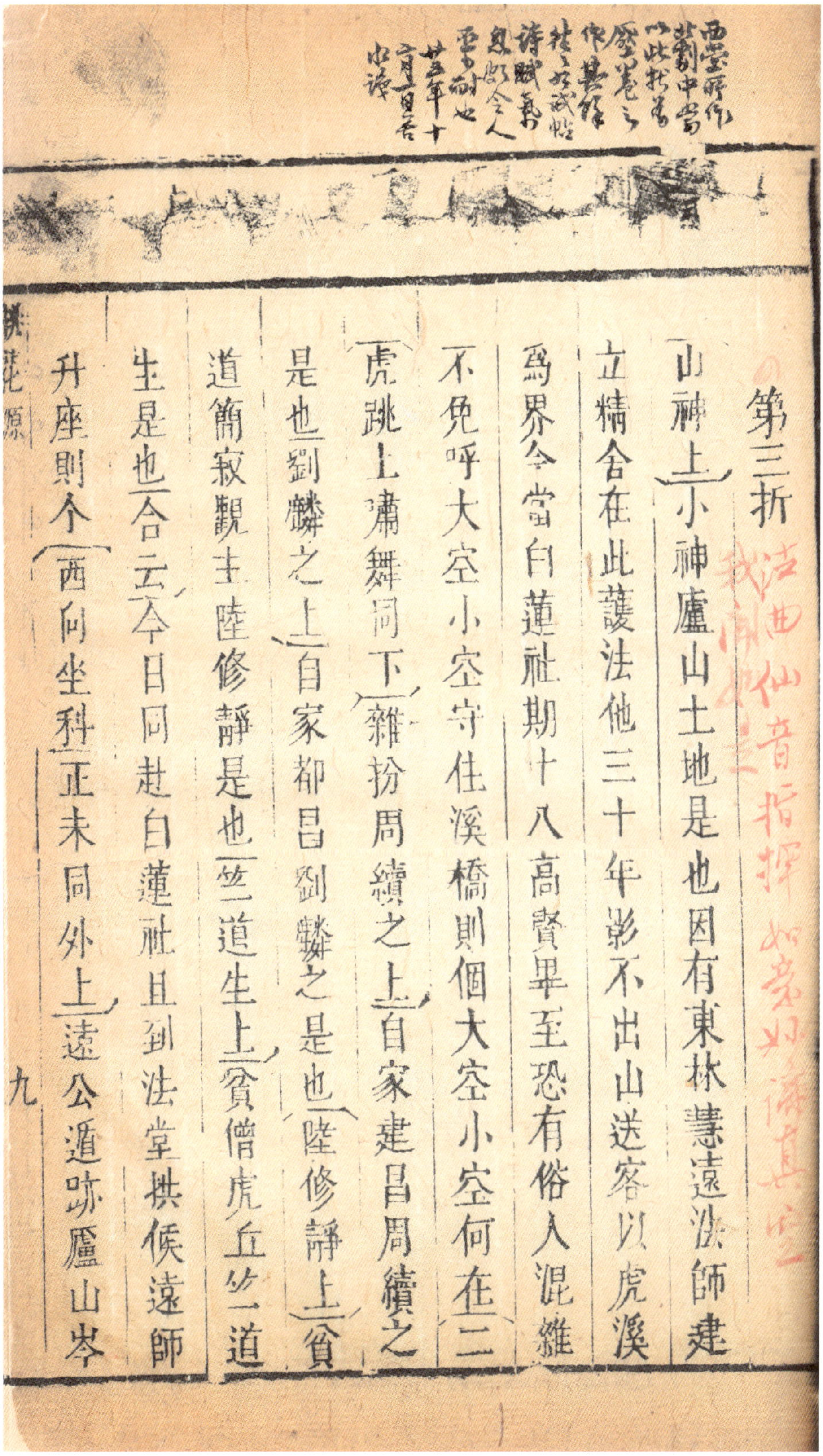

西堂乐府作
劇中當以
此折為最
璧卷之
作其稍
俗之弊悦
詩賦寫
復似令人
甚為可
恶耐也
辛亥十
二月旦者
又識

第三折

（山神上）小神廬山土地是也因有東林慧遠法師建
立精舍在此護法他三十年影不出山送客以虎溪
為界今當白蓮社期十八高賢畢至恐有俗人混雜
不免呼大空小空守住溪橋則個大空小空何在（二
虎跳上蕭舞同下）（雜扮周續之上）自家都昌周續之
是也（劉麟之上）劉麟之（自家建昌周續之
道簡寂觀主陸修靜是也（竺道生上）貧僧虎丘竺道
生是也（合云今日同赴白蓮社且到法堂拱候遠師
升座則个（西向坐科）（正末同外上）遠公遁咏廬山岑

桃琵源

九

名社籍，驰骛声气，全不为根底之学。及鼎革时叫嚣诅骂，一以俳谐芜鄙之词，寓其假饰忠孝之意，迹其所著，似非怀沙抱石，即披发入山矣。未几而列仕籍，膺征车，终以'真才子''老名士'之煌煌天语，炫耀邻里。"李慈铭论人固然以刻薄闻名，然其指斥尤侗立身不稳之事毕竟是实事。尤侗诗文多写生活琐事，对当时社会状况描写者不多，王士祯评论其诗曰"如万斛泉，随地涌出，时出世间，辩才无碍，要为称其心之所欲言"，沈德潜亦极推崇其诗，辑选《清诗别裁集》时，入选诗人凡996人，诗作3952首，其中尤侗入选诗作25首，在入选诗作最多者十位中，排名第七，而前三名分别为王士祯、钱谦益及施闰章，评语则为"（尤侗）四十至六十时诗，开阖动荡，轩昂顿挫，实从盛唐诸公中出也"。可见沈德潜对其青眼有加。然以吾私心论，沈德潜之说未必公允，尤、沈两人皆科场不顺，屡试屡败，尤侗花甲之年始授翰林，沈德潜六十七岁始中进士，两人又皆长寿，同得圣上欢心，故沈德潜视尤侗难免惺惺相惜，语多照拂。

除诗文集外，尤侗尚著有传奇《钧天乐》及杂剧五种，分别为《读离骚》《吊琵琶》《桃花源》《黑白卫》及《清平调》，合称《西堂曲腋》，又称《西堂乐府六种》，约作于顺治十三年（1656）至康熙七年间（1668）。其戏曲多以历史故事表现个人之怀才不遇，以及对现实之不满。在其看来，由诗而至词曲，皆为抒发性情之需要，作诗意有不尽，则以词曲畅发，而诗词曲虽然于形式上不断嬗变，于抒发性情则一以贯之，仅有程度变化而无本质区别，而"可歌"则是其一致之处。其云："词之近调即为曲之引子，慢词即为过曲，间有名同而调异者，后人增损使合拍耳。偷声、减字、摊破、哨遍，不隐然为犯曲之祖乎？"正因为尤侗重视声歌，故其作曲中极为讲求音韵及声律，此亦为其曲之特点。不过后人亦有评其剧作，过于论"曲"而不大论"戏"，重"唱"而不重"演"，故其剧作多为"案头之曲"，不若李渔之剧，以舞台演出为目的。

寒斋所藏《西堂乐府》为康熙年间刻本，其中《钧天乐》两卷已佚，杂剧五种分为上下两册，九行二十一字，眉栏处镌有评语。此为大兴刘铨福旧藏，钤有"大兴刘氏校经堂藏书印"。刘铨福字子重，号白云吟客，大兴人，官至刑部主事，生卒年无考，莫友芝跋《金石萃编补目》有"咸丰庚申夏，大兴刘子重铨福以宁乡黄虎痴此目清本见示"语，则知其咸丰十年（1860）尚有书友往来；其藏印有"大兴刘铨福家世守印"，为同治二年（1863）赵之谦所刻，则知其同治二年尚在世。

刘铨福之父刘位坦字宽夫，生卒年亦不详，仅知其道光五年（1825）拔贡，咸

顾随藏书印"夜漫漫斋所读书"

丰元年（1851）曾由御史出为湖南辰州知府，八年（1858）乞归，酷嗜金石文字，藏书甚富。刘位坦书法极佳，有钟、王笔意，尝手录《法帖释文》十卷，故意假托他人所抄，跋曰："嘉庆庚辰孟夏，从寄萍室主人假得此卷，命仆杨湛抄录一过。北平刘位坦宽夫氏记。"见者皆惊羡其有如此佳仆，竟然远过汲古阁之刘臣、士礼居之张泰。叶昌炽《藏书纪事诗》卷六咏刘氏父子诗云："河间君子馆砖馆，厂肆孙公园后园。月老新书紫云韵，长歌聊为续梅村"。按叶昌炽自云《藏书纪事诗》在世者皆不录，且该书前六卷最晚成书于光绪十六年（1890），则知刘铨福已于此年之前去世。

该书尚有朱墨二色批语，分属二人，朱批者署名学陶居士，于上册卷前录渔洋山人《题尤展成新乐府三首》，诗曰：

南苑西风御水流，殿前无复按凉州。
飘零法曲人间遍，谁付当年菊部头。

猿臂丁年出塞行，霸陵醉尉莫相轻。
旗亭被酒何人识，射虎当年右北平。

千金匕首土花斑，儿女恩仇事等闲。
他日与君论剑术，要离冢畔买青山。

下册卷前则有其自题诗四首，诗曰：

桃花古德契天民，流水源头少问津，
晋代衣冠优孟肖，悔庵直现酒人身。

胸中块垒最难平，五柳辞官谢世荣。
归去来辞挂冠后，晋家处士最分明。

白衣送酒贤太守，白莲开社慧远公。
抒写先生踪落落，者番提悟胜宗风。

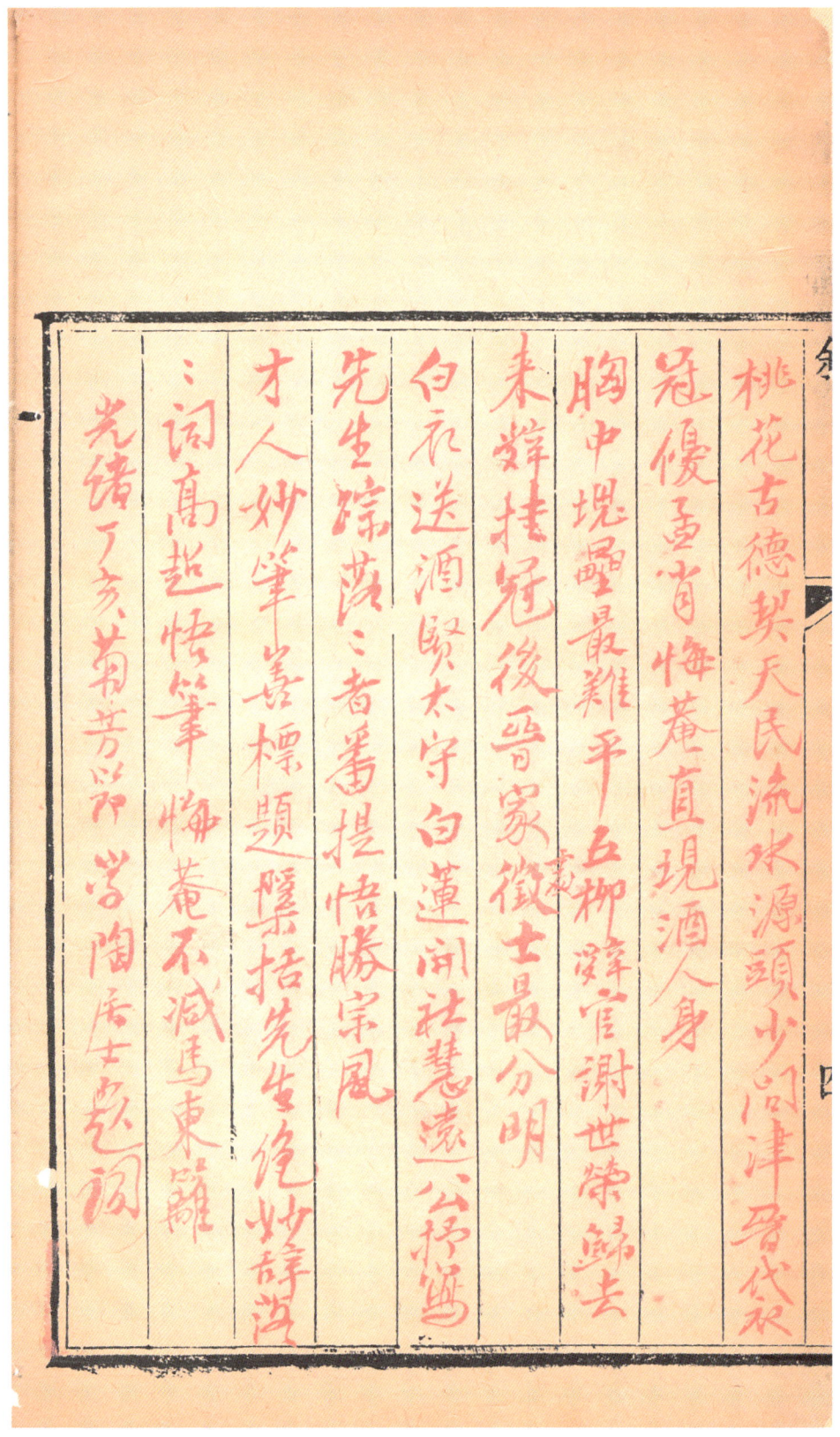

芝兰斋书跋续集

桃花古德契天民流水源頭少問津晉代衣

冠優孟肖悔菴直現酒人身

胸中塊壘最難平五柳辭官謝世榮歸去

未辦掛冠後晉家徵士最分明

白衣送酒贤太守白蓮開社慧遠公掉臂

先生踪跡三者蕳提悟勝宗風

才人妙筆喜標題隱括先生絕妙辭

三詞高趣悟筆憮菴不減馬東籬

光緒丁亥菊芳卯 學陶居士題詞

《西堂乐府》学陶居士题词

144

才人妙笔善标题，概括先生绝妙辞。

落落词高超悟笔，悔庵不减马东篱。

诗末有落款云"光绪丁亥菊芳节学陶居士题词"，此学陶居士未知何许人也，检《中国近现代人物名号大辞典》，未收"学陶"其人，故无处问踪。吾尝疑其为刘铨福，光绪丁亥为1887年，虽未知刘铨福该年是否尚在，然的确不敢妄断。卷中亦时见其朱笔点评，如"勘破无生，独超尘梦，是为明心见性，是为般若菩提""读罢当浮一大白"，皆为赞叹之语。

除学陶居士外，卷中尚有近人顾随墨笔点评及钤章："顾随""羡季""夜漫漫斋所读书"。顾随（1897—1960）原名宝随，后单名"随"，又因《论语》中"季子随"之语，取字为"羡季"，号苦水、述堂，别号驼庵。1915年入北洋大学肄业两年，1920年毕业于北京大学，曾在山东、河北、天津等地任教，1953年调天津师范学院（后改名为河北大学）任教，直至去世。四十余年来，苦水先生桃李满天下，许多弟子如今早已成为专家学者：叶嘉莹、周汝昌、史树青、邓云乡、黄宗江、吴小如等，叶嘉莹先生还以老师晚年名号"驼庵"于南开大学设立"叶氏驼庵奖学金"，一则奖励后辈，二则追思先师。顾随先生堪称全才学者，其学术领域兼涉小说、诗词、书法、韵文及杂剧，所著则有《稼轩词说》《东坡词说》《元明残剧八种》及《佛典翻译文学》等，近年又有河北教育出版社所出版《顾随全集》七卷。

顾随先生早年曾至致力于词，尝于民国二十五年（1936）自订词集《积木词》，凡153首，均系和晚唐五代词人之作，前有序言，述"夜漫漫斋"堂号之缘由："余旧所居斋曰'萝月'，盖以窗前有藤萝一架，每更深独坐，明月在天，枝影横地。此际辄若有所得，遂窃取少陵诗而零割之，名为'萝月'云耳。初，伯屏与余同寓三载，去秋始移居西城，其旧所居室既闲废，余乃入而据焉。客来茗谈或小饮，客去时亦于其中读书作文。室北向，终日不能得日，殊卑湿。回忆伯屏在此时，似不尔也。冬日酷寒，安炉爇火，乃若可居，而夜坐尤相宜，室狭小易暖故。北邻长巷，坐略久，叫卖赛梨萝卜、冰糖葫芦及硬面饽饽之声，络绎破空而至，遂又命之为'夜漫漫斋'。"

顾随先生研究杂剧，亦曾自己创作杂剧，计有《馋秀才》《再出家》《马郎妇》《祝英台》《飞将军》及《游春记》等六种，有研究称其为中国现代文坛上最后一位发表杂剧之剧作家。此《西堂乐府》为顾随上世纪30年代所收，函套上有其题签："《悔庵北剧五种》，苦水藏书"。内则眉批处处。所批内容与学陶居士相异者，学陶居士乃以读者身份读此剧，随剧中人物而哭而笑，顾随则是以剧评家身份点评尤侗作品，所处角度不同，月旦之词也各异：有从音韵角度而评者，如"'九州句'本应'平平去上'，此殊不合"及"'天台洞'三字本应作'去平上'，此亦不合"；有从戏剧结构而评者，如"楔子用于四折之末，不独元人无此例，而且与楔子名义不合"及"依元人例，此折正宜以正旦饰蔡文姬，不必以旦儿也"；亦有从行文角度来评，曰"此是作八股文家数也"。五剧中顾随最击节者，为《桃花源》中第三折，其评曰："西堂所作北剧中当以此折为压卷之作，其余往往如试帖诗赋，气息颇令人不可耐也。廿五年十二月一日苦水识。"此亦为其点评中惟一署名处，吾以此知墨笔点评者为苦水先生也，而此年正是其自序《积木词》之年。

苦水先生尚于上册卷末、下册卷首有评论尤侗及其剧作之语，曰："第四折谱蔡文姬祭昭君，立意极好，然曲词殊不能称此境，为憾耳。平心而论，清初作剧家自当以西堂为巨擘，然未必便能超盛明诸人，正无论元人矣。""品格极高之人往往不能以戏剧写之。非不能写，但作者天才稍差，便不能表现其伟大耳。西堂《读离骚》写屈大夫生之坚，此剧（指《桃花源》）写陶征君生之酸，非惟差之毫厘谬以千里而已也。廿五年十二月十八日灯下。"又于《吊琵琶》之后评曰："何必为明妃洗刷。西堂于此终不脱八股先生气，然自是一时风气所囿，不足责耳。"读罢苦水先生通篇所识，可知其虽认尤侗为清初戏剧之巨擘，却并未真心服膺，其心目中戏剧之巅峰，当为元人杂剧无疑。

顾随藏书印"羡季"

樊增祥、程淯题跋易顺鼎稿本《琴志楼编年诗录》不分卷及于莲客跋刻本《琴志楼编年诗》十九卷、《琴志楼游山诗集》八卷

《琴志楼编年诗》不分卷　（清）易顺鼎撰

民国九年（1920）易顺鼎稿本　琴志楼绿格稿纸　樊增祥、程淯题识

钤印：程（朱圆）、阳湖程淯（白方）、葭深居士（朱方）、愁楼（朱椭）、太平苏氏（朱方）、继卿（朱方、大小各一）

《琴志楼编年诗》十九卷、《琴志楼游山诗》八卷　（清）易顺鼎撰

民国九年（1920）铅印本　于莲客题跋

钤印：于（朱方）、莲客（朱方）、于莲客（朱圆）、莲居士身外物（朱方）

清末诗坛常将樊增祥、易顺鼎二人并称为"樊易"，视二人为中晚唐诗派之代表人物。江碚疆曾有月旦樊增祥、易顺鼎之语，云："汉寿易实甫顺鼎，近代才士之最著者。晚年与樊增祥齐名。实则樊山涂泽为工，伤于纤巧（如专尚对仗是）；易虽恣肆，其真气犹拂拂从十指出，樊不如也。"汪辟疆还曾作《光宣诗坛点将录》，将王闿运比作托塔天王晁盖，尊其为"诗坛旧头领一员"，樊增祥为"马军五虎旗五员"中之"天立星双枪董平"，评语为："天琴老人诗，整密工丽，能取远韵。诗篇极富，合长庆、娄东为一手。晚年尤恣肆，亦犹风流双枪将，有名于山东河朔间也。"易顺鼎则为"步军头领十一员"中之"天杀星黑旋风李逵"，评语为："快人快语，大刀阔斧。万人敌，无双谱。平生所为诗，屡变其体。至《四魂集》，则余子敛手；至《癸丑

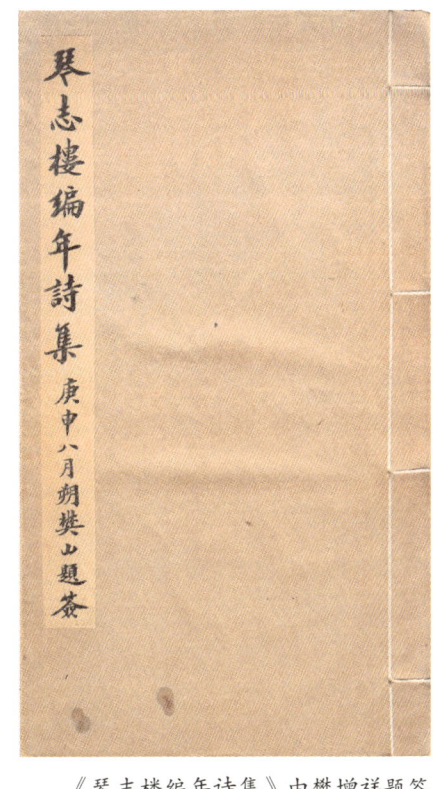

《琴志楼编年诗集》由樊增祥题签

易顺鼎

樊增祥

诗存》，则推到一时豪杰矣。造语无平直，而对仗极工，使事极合，不避熟典，不避新辞，一经锻炼，自然生新。至斗险韵、铸伟辞，一时几无与抗手。"

易顺鼎（1858—1920）字仲硕，一字实甫，自署忏绮斋，号眉伽、一厂，晚更号为哭庵，湖南汉寿人，幼以"神童"之名远播京师，十八岁中光绪元年（1875）恩科举人，之后沉浮宦海，辛亥后曾任印铸局秘书，晚年携妾居京师，穷困抑郁以死。其早年曾欲从王闿运学诗，湘绮先生视其华而不实，非成道之器，其父易佩绅则认为王闿运不务正业，无老成之风，若从其学诗，必致放荡，故易顺鼎、王闿运有师生之机而无师生之缘。后易顺鼎转从樊增祥学诗，成为文字骨肉之交。其诗才气纵横，狂放恣肆，生平所作近万首，现存三千余，诗集多以时间、地名为名，一时一地为一集，如《丁戊之间行卷》《摩围阁诗》《出都诗录》《蜀船诗录》《巴山诗录》《岭南集》及《高州集》等数十种。从诗作内容来分，则约可分为三个阶段：自十六岁至三十岁为第一阶段，该阶段易实甫主要生活为求学及宦游，故诗作多为记游写景；自三十一岁至五十三岁期间，恰逢甲午战争及辛亥革命，此阶段实甫以仕宦从政为主，诗作以伤世感怀居多；自五十三岁至六十三岁去世之间，其诗多为酬赠应答及捧写优伶。其曾自撰《哭庵

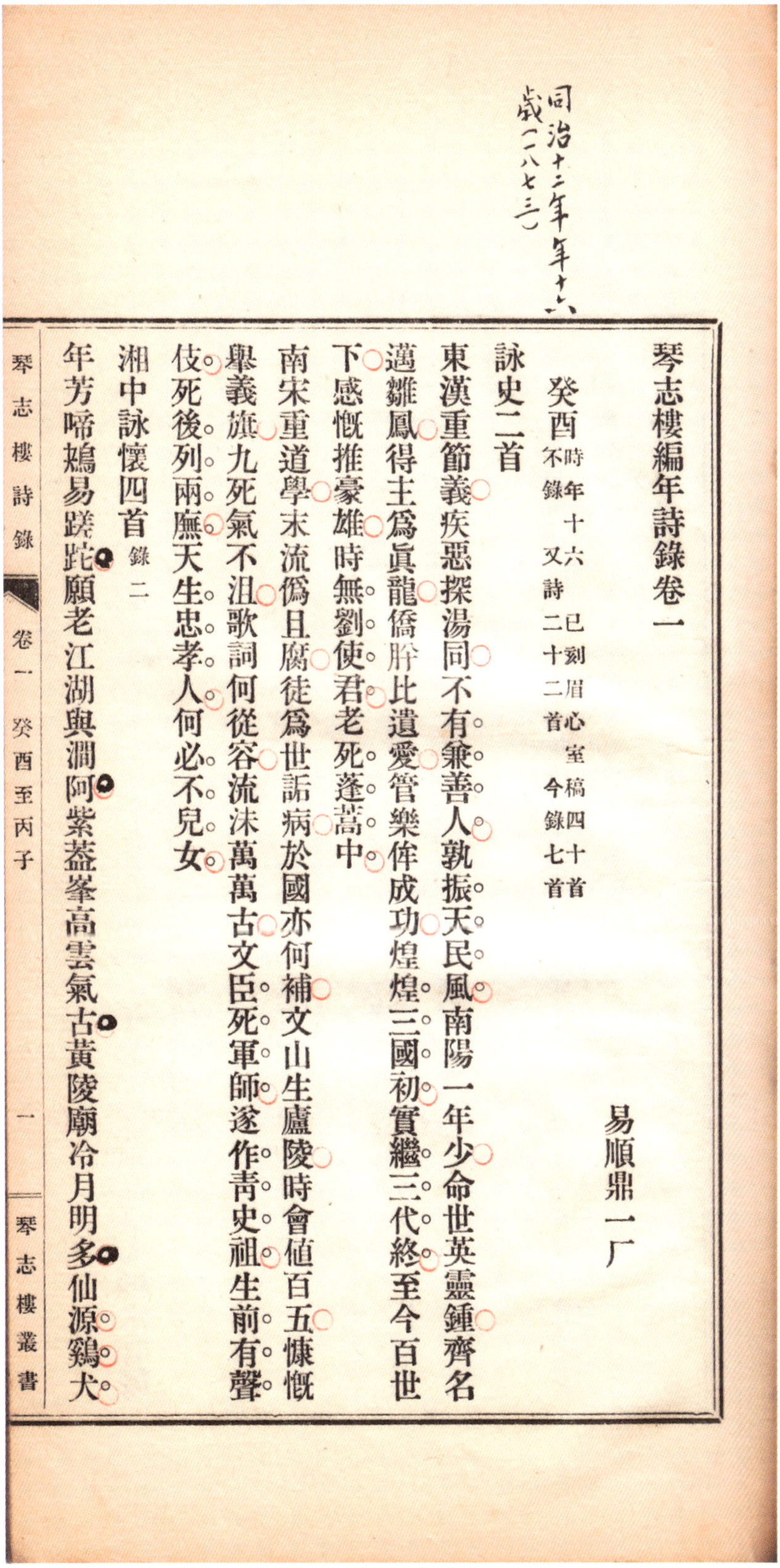

同治十二年年十六歲(一八七三)

琴志樓編年詩錄卷一

易順鼎一厂

癸酉 時年十六已刻眉心室稿四十首不錄又詩二十二首今錄七首

詠史二首

東漢重節義疾惡探湯同不有兼善人孰振天民風南陽一年少命世英靈鍾齊名邁雛鳳得主爲眞龍僑肸比遺愛管樂侔成功煌煌三國初實繼三代終至今百世下感慨推豪雄時無劉使君老死蓬蒿中

南宋重道學末流僞且腐徒爲世詬病於國亦何補文山生廬陵時會值百五慷慨舉義旗九死氣不沮歌詞何從容流沫萬萬古文臣死軍師遂作青史祖生前有聲伎死後列兩廡天生忠孝人何必不兒女

湘中詠懷四首 錄二

年芳啼鴂易蹉跎願老江湖與澗阿紫蓋峯高雲氣古黄陵廟冷月明多仙源鷄犬

琴志樓詩錄 卷一 癸酉至丙子 一 琴志樓叢書

铅印本《琴志楼编年诗录》卷首

传》，并解释其号"哭庵"之来历，其文虽短，恃才傲物，睥睨一切之态却尽现：

> "综其生平二十余年内，初为神童，为才子；继为酒人，为游侠；少年为名士，为经生，为学人，为贵官，为隐士。忽东忽西，忽出忽处，其师与友谑之，称为'神龙'。其操行无定，若儒若墨，若夷若惠，莫能以一节称之。为文章亦然，或古或今，或朴或华，莫能以一诣绳之。要其轻天下、齐万物、非尧舜、薄汤武之心，则未尝一日易也。
>
> 哭庵平时谓天下无不可哭，然未尝哭，虽其妻与子死不哭。及母没而父在，不得渠殉，则以为天下皆无可哭，而独不见其母可哭。于是无一日不哭，誓以哭终其身，死而后已。因自号曰'哭庵'。"

民国九年（1920）夏，易顺鼎已卧病年余，自知或不起，遂整理旧作诗篇，排比抄辑，恐身后散逸。适逢友人程淯、陶北溟来探病，见哭庵病已转深，尚强起自抄旧作，且字迹与平日无异，甚为惊叹，陶北溟遂慨然许下剞劂之资，程淯当即请任督付手民之役，不足两月即告刻成，题曰《琴志楼编年诗录》。该集凡十九卷，因其中丁丑、戊寅、己卯（上）、甲申、乙酉、戊子、己丑卷此前已有刻本，故此次付梓实刊十二卷。陶北溟出资付梓消息散出，其他友人如许珊臣、潘馨航、叶恭绰、李一山等亦纷纷解资以助。是年八月书成，哭庵强撑病体作序，详述因缘，感慨而叹："余一人区区享帚之情，既得稍慰，而诸公拳拳分金之雅，尤不敢忘，用特拉杂书之，因念自古迄今刻诗之难，而余独得友朋之助，为厚幸也。庚申八月力疾书。"

《琴志楼编年诗录》稿本今归寒舍，以绿格稿纸订为两册，皆易顺鼎手书，卷中时有嘱程淯刻书事宜，如："白葭仁兄鉴正：贱恙稍松一二，竟尚未能诣谈，怅甚。辛巳诗稿十页呈上，不完不备亦懒于搜辑矣。"以及："白葭我兄鉴：贱恙连日又小有返覆，恨甚，现惟有静养数日，暂停西药耳。送上稿数纸，尚有后送者，但求排印稍速为感。"程淯字白葭、葭深，一作伯葭，号白葭居士、葭深居士、皎嘉、愁楼等，喜藏书画，兼擅书法，室名苍苍葭室，1940年左右于上海病故，终年七十岁，其夫人刘可青亦能书画。程淯资料今可得者甚希，余仅知其与易顺鼎、赵熙等颇多倡和，尤其哭庵诗集中，尤多与白葭居士唱和者。此稿本卷前尚有程淯题识多页，分数次写就，以及哭庵致白葭书信八通，皆言及刻书事宜，中有提到陶北溟款项一度为滞，然终究成事，其中多得白葭督促，可知白葭对此集用心之甚，两人情谊之深。

白葭于此诗稿之题识共计四篇，首篇记于是年八月，亦即此集刊刻之月。此篇题识可谓中规中矩，一依通常序言之惯例，述作者之生平，描诗篇之奇丽，言刊刻

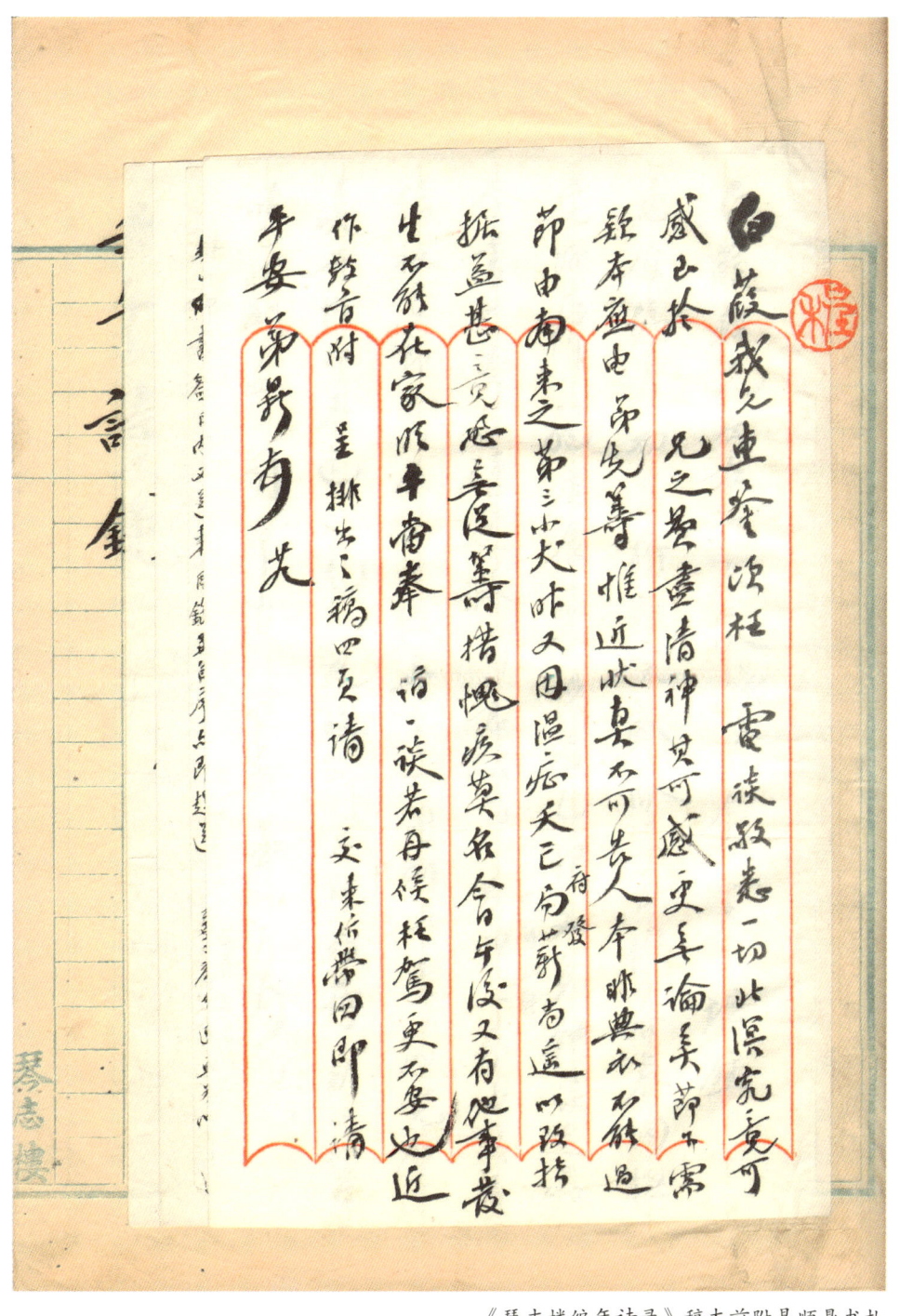

《琴志楼编年诗录》稿本前附易顺鼎书札

物冲牛斗埋骨空山气不平盖一腔热血湮鬱勃发遂涉纸皆泪而凤

得江山之助故诗禀心骚雅欷奇瑰玮此咸且托美人芳草之托岭非

纯读买厂诗知先买厂君此今及偕陶君此溪访买厂病棝见其支离

惟悴神惊沮丧欲死犹然撩菜钞箧诗谓有少年之乐宁跌端好

及时鹜美女北溪闺豪侠七载一代才人病废至此心为恻然惋欷

此卷隆道住偏理偈廑中国矢学昱刘千闇诗学始将歇绝先生

出冥为刈讨余刈隐愿猎倖咸之并为筹垫用直欷校猎刊不雨

月即戍编年诗十二卷凡五百八十四首慨长芒爱日新不遑徒方鸾

诗排刈戍震跋数烧蒼敃均不可知其作共刈君均徒芳耳难然

题不渐减刈主性政情一保蒼文字共云不断咸余蔿信此一编什袭千

载而下定有赏音故业的序而刈之纸夫长性情年戦於性政务隆饰

薛菜自称名山者谈先生此诗当以皇此悢夌度国第三庚申一月阳湖

己卯诗录 其七十九首 程淯

橋南楫亮庄僮霍语来老先生於此涤与此长祥

矢余连日抱祝疾知其病忘已起床为托腕尖栗颏遗稿業残盖皆救

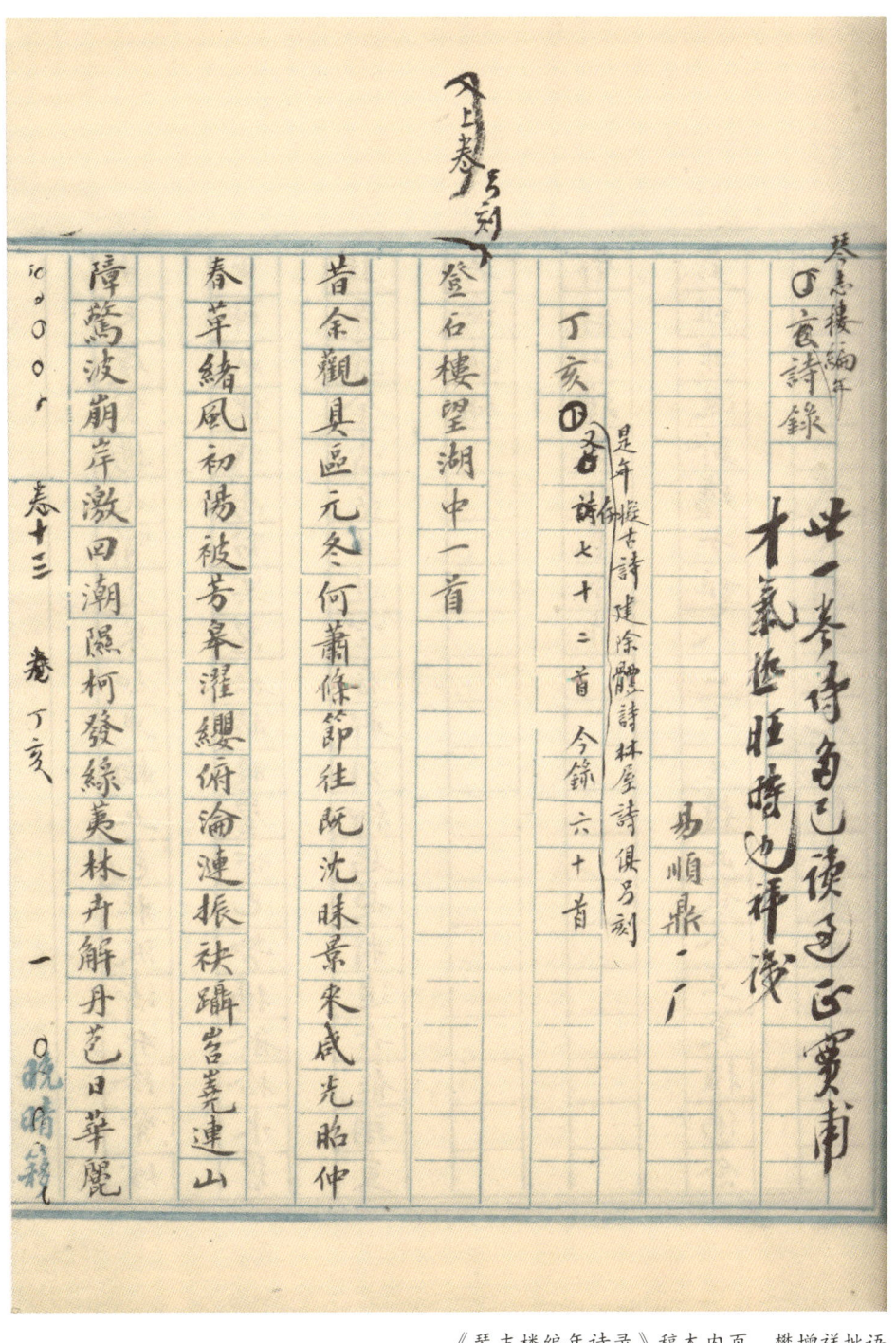

《琴志楼编年诗录》稿本内页，樊增祥批语

之始末，值得转录于此者为文末最后一段："……偕陶君北溟访哭庵病榻，见其支离憔悴，神情沮丧欲死，犹然据案抄旧诗，谓有少年之乐。字迹端好如时花美女。北溟固豪侠士，感一代才人病瘦至此，心为恻然，慷慨愿出资为刻诗。余则怂恿督促成之，并为筹垫用值，雠校督刊，不两月印成《编年诗》十二卷，凡五百八十四首。慨夫世变日新，不逞之徒方嚣然革除道德伦理，倡废中国文学，是则中国诗学殆将歇绝。先生诗虽刻成，覆瓿欤？烧薪欤？均不可知，作者、刻者均之徒劳耳。虽然，人类不澌灭，则至性至情之流露文字者亦不澌灭，余笃信此一编什袭，千载而下，定有赏音，故乐为序而刊之。彼夫无性情、无品格、惟务涂饰藻彩自矜名山者，读先生此诗，当亦皇然愧矣。民国第一庚申八月阳湖程淯。"文末钤有"阳湖程淯"白方及"葭深居士"朱方。然奇怪者，此序不知为何，并未出现于民国九年（1920）排印本中，或为程白葭仅愿成其事，不愿留其名者故。

紧接此序者，为八月三十日白葭得知易顺鼎去世消息时所书："稿甫校竟，正值电语来告，先生于此际与世长辞矣。余连日往视疾，知其病必不起，弥为扼腕，其案头遗稿丛残，盖皆欲选辑付印，而已病甚，不及理者也。后死之责自当力为措资刊行，以告先生于泉下。呜呼！余书此，余涕泗横溢矣。八月三十日亥刻白葭居士又记。"此处白葭并未钤常用之"阳湖程淯"白方，而改钤"愁楼"小印，以表哀思。

阅两月，白葭复识曰："余又挽哭庵联云：世间富贵都无分，身后文章合有名。盖哭庵少时遇术者，言不能富贵。呜呼！哭庵而能富贵，而能与今之富贵者伍，以取富贵，尚得为之哭庵耶？故集白乐天句以挽哭庵。十月初四日又记。"两序读罢，令人抚卷怅然，死生事，文字交，尽在其中，哭庵得此友，可以尽托身后之事，实令人羡。《琴志楼编年诗录》付梓之后，稿本一直存于程淯斋中，直至次年不得已，始将此稿交付他人，而交付稿本之前，白葭复题识两页，黏于稿本之最前页，并钤以"程"字押，以示慎重：

倡提风雅绍箕裘，国计还劳借箸筹。

敷政宏猷通食货，怜才厚谊重山邱。

屋乌推爱缘亡友，市骏挥金鼓众流。

岂止士林佳话著，卜公富教奠神州。

问艺凤契五云歌，今睹晴曦照逝波。

生死交情金诺在，文章寿世玉成多。

治河上策重溟噪，挂剑高风百代哦。

忍痛奉贻双册子，遗书临别几摩娑。

鉴斋次长为亡友易哭庵刻诗事，成全委曲，既周且至，昨又介冠春鲍君来

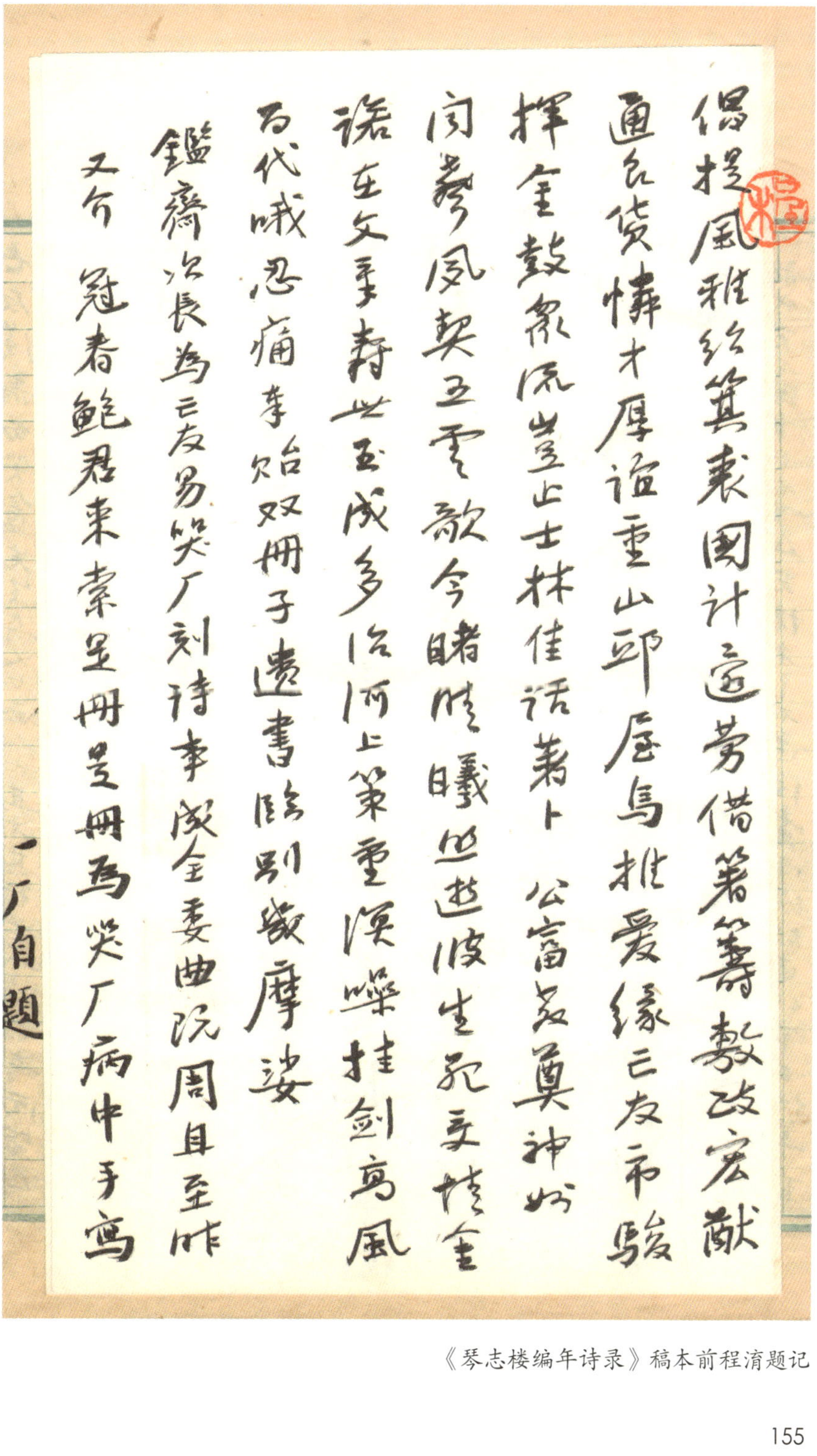

偶提風雅結箕裘圖計迂勞借著籌敷改宏獻

通气货悌才厚誼重山邱屋鳥推愛緣三友而駿

揮金數象流豈止士林佳話第卜 公富名真神州

閎參風爽五雲歌今睹朦曦世進波生死立摧金

諸左文壴壽世玉戍多位河上策重溪嶂挂劍高風

石代哦忍痛李始雙册子遺書臨別微摩婆

鑑齋次長為三友易笑厂刻詩事成金委曲阮周且至詐

又兮 冠春鮑君束素至册是册為笑厂病中手寫

一厂自題

《琴志樓編年詩錄》稿本前程淯題記

155

索是册。是册为哭庵病中手写诗稿，卷首黏存函札皆筹商刻稿之言也。目隔人天，怆怀遗迹，爰付装潢，什袭而藏之，一若此册先弃，即不啻绝交于九京故人者。然顾因冠春之敦迫，重违雅命，遂以平昔所不忍割爱于他人者，强割爱于深爱哭庵、慨允刻稿之人。腾以俚句录于卷端，藉志颠末，并乞吟坛正是。民国第一辛酉孟春，阳湖程淯呈稿并识。

苏锡昌

此"鉴斋次长"为何人，吾查无所得，哭庵诗稿自程淯经鲍冠春至鉴斋后，曾为苏锡昌所得，以其卷中钤有"继卿"及"太平苏氏"而知。苏锡昌（1894—1973）字季卿，号继廎，安徽太平人，曾任职于上海商务印书馆，主编《东方杂志》，所著有《岛夷志略考释》《南海钩沉录》等，藏书则多善本，尤富佛经。壬辰年春拍，北京翰海首次将古籍图录由一册变为两册，其中一册皆为苏锡昌旧藏，尤其难得者，图录后附有苏锡昌于"文革"中捐书目录，计有五十八页之多，其中第四十一页第五行即是《琴志楼稿本》两册。

然吾得此稿本，并非来自翰海拍场，而是数年前得之海上旧书肆，惟未知何时自受捐处流出。听闻翰海古籍部门负责人黄先生言，二十余年前，有人欲将苏锡昌部分旧藏携往海外，至海关处被截查，鉴定为善本者禁止出境，余则放行。此次翰海上拍者皆从海外征集而来，即亦当年海关所认定之非善本。同是壬辰年，保利春拍亦上拍太平苏氏旧藏一批，计有十四部，未知是否亦从苏家后人处由海外征集而来。翰海图录中，捐书目录前尚附有影印苏锡昌写于1969年之笔亲声明两页，恳请于捐书同时，暂留数种以备研究参考之用，苏氏言词之肯切、之无奈、之不卑不亢，尽在其中，当时不得已之情状可想而知。

> 恭祝　毛主席　万寿无疆　万寿无疆　万寿无疆
>
> 本人在四十多年前进商务印书馆编审部工作时，因为参考的便利和自求深造的需要，就好收买新旧书籍。以后也是如此，因此历年所收，总计当在一千左右。今特将本人现存各书开列清单于后，其中有旧刻本、稿本、新旧钞本、校本，以及现时很少见的排印本和影印本都有。政府如认为其中有值得称为善本的，自应检出捐献，俾可永久保存。至于近年一般出版社所刊行书，因为市

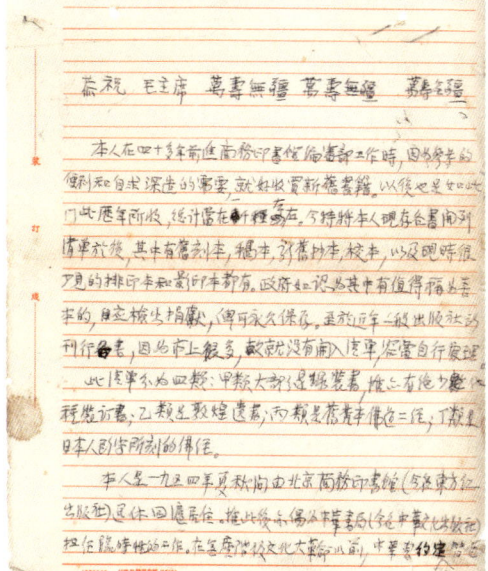

苏锡昌捐书声明

上很多，故就没有开入清单，容当自行处理。

此清单分为四类：甲类大部分是线装书，惟亦有绝少他种装订书；乙类是敦煌遗书；丙类是旧梵本佛、道二经；丁类是日本人所写所刻的佛经。

本人是一九五四年夏秋间由北京商务印书馆（今名东方红出版社）退休回沪居住。惟此后亦偶为中华书局（今名中华文化出版社）担任临时性的工作。在"无产阶级文化大革命"以前，中华曾约定替它编写两种稿子，订有合同，并付有一部分稿费。此两种稿子，一名《岛夷志略考释》，原书是元朝的一个大航海家任大渊君，它曾到过南洋印度洋不少的地方，但是它书中所列的地名，中外学者至今尚未能将其完全考定，故今有重考的必要。另一种名《南海钩沉录》的，是本人自著。内容是考证从汉到明和中国有接触的许多不常见的疑难的国名，究竟在今南洋印度洋何地，过去曾有人曾也做过这一工作（约在六十余年前），因为工具不足，竟未能成功，故今亦有重为考证之必要。中华方面知道本人一向好作此方面的研究，又搜罗一些材料，因以此二项工作见属。惟本人知识有限，学习不够，所写决无出版价值。不过此二稿中的资料有不见于他书的，似尚可供后人的参考或查验。故决计在本年内（一九六九）把此二种稿子整理完成，寄交中华收存，以清手续。惟在整理时，手头酌留几种普通本汉文书、马来、梵文等文字典，以及英日文有关参考书，似皆有必要，谨顺为声明。

在吾看来，苏锡昌之书目及声明为极难得之史料，甚感谢翰海将其全部刊出，吾亦效其行，恐他日亦有人寻此资料，照录于此。拍卖图录本为小范围内流通之

苏锡昌藏书印"继卿"

物，每年各家皆有所出，少则一册，多则五六册，用者通常拍完即弃，甚少有全部保存者。各家图录中虽有良莠不齐者，却亦有深为用心者，除却翰海，泰和嘉成每年之古籍图录亦皆可称道。令吾感慨者，如今许多资料需由拍卖图录中索得，而做专项研究者却常无所出，可深思矣。

　　卷前所黏易顺鼎致程白葭书札中，其中一封提及樊增祥所题书签事，云其日内必送来。后查对《琴志楼编年诗录》排印本，书签果然为樊山所题，下注明"庚申八月朔樊山题签"。而樊山不仅为哭庵题写书签，尚有作于七月十九日、长达一千二百余字之题辞，以樊山特有之行楷书于笺纸之上，计十五页之多，均以鱼鳞式整整齐齐黏于卷前。今翻阅此稿，各家之题辞、往来之书信，均经白葭悉心整理，黏于卷端，诗集之刊刻过程历历在目，辑稿、筹资、题辞、校印，皆集中于庚申年七、八两月，在此期间，哭庵及友人皆知其必不久于人世，而共同努力使其亲身得见诗稿刊成，众志一心，于无常相催之下成就此集，不仅程白葭其情可感，樊山、北溟等人之意亦可感。

　　付梓后之《琴志楼编年诗录》寒斋亦有收藏，为余莲客故物，惟稿本中所云"刻本"实则为铅字排印本。盖彼时新式印刷术已传入中国，传统雕版印刷术呈现其最后之辉煌同时，

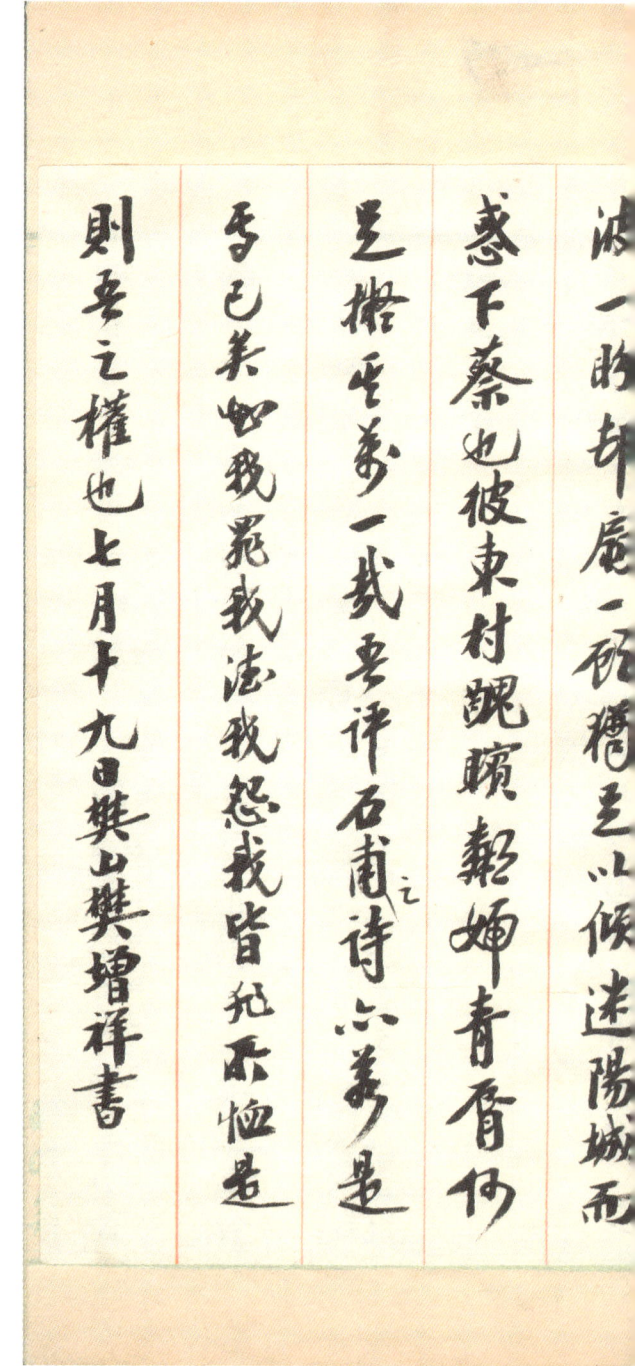

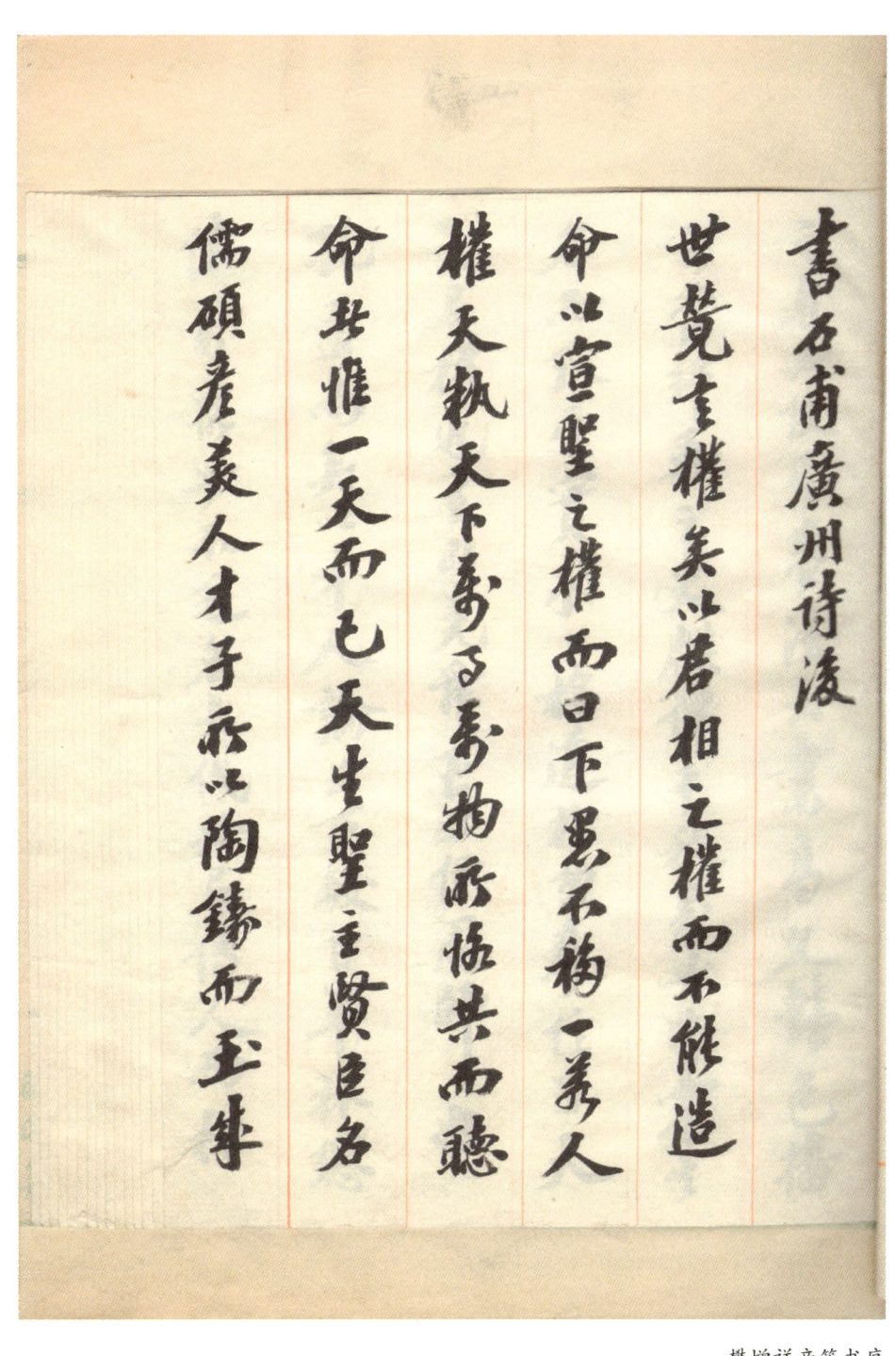

書石甫廣州詩後

世覺言權羡以君相之權而不能造

命以宣聖之權而曰下思不禍一羡人

權天執天下壽之壽物所所恆共而聽

命此惟一天而已天生聖主賢臣名

儒碩產羡人才子乃以陶鑄而玉集

樊增祥亲笔书序

石印、排印亦大行其道，然付梓者仍然延以传统说法，相对于稿本而言，称刷印流通之本为"刻本"。自上世纪80年代末期开始，之后的十几年间，琉璃厂时常能够见到于莲客旧藏之本，卷中或多或少皆有其题跋及藏印，其中有枚圆形白文藏书印，印文即其名"于莲客"，因形制特殊，颇似瓦当，故远隔玻璃柜遥望一眼，即能知其为于怀故物。此本十数年前于邃雅斋架上见之，彼时排印本不甚入藏家法眼，于莲客题跋亦不算什么大名头，故要价颇廉，然批校题跋之本素为吾所喜，故携而归之，并未料到若干年后，能与此书之稿本配为一套，实藏书意外之喜。

与《琴志楼编年诗录》一同归于寒斋者，尚有同属《琴志楼丛书》之《琴志楼游山诗集》，两本皆为排印本，版式相同，其《游山诗》当为程白葭尽"后死之责"，继《编年诗》之后而刊者。两书并非同一时间归于莲客架上，《游山诗》封面有其题识云："《琴志楼游山诗集》，易石甫顺鼎著，乙丑得于琉璃厂地摊中，重订为一册。"卷末又有朱墨二色跋语，其中朱笔跋语为："甲辰二月，静宜方卧病息，闷中取《绵津山人诗》及《缶庐诗》加朱一过，聊以自遣。可奈一则庸俗，一则拙涩，殊败人意。后取此诗点阅，虽才子习气太重，而时有佳篇秀句，胜彼牧仲、仓石一名宦、一名流万万也。莲客记。"墨笔跋语则紧接朱跋之后："据樊山未刻诗稿注，石甫病故于民国九年（1920）庚申九月初八日，得年六十有三，此集自序为庚申八月朔，印成当在九月中，或犹及见。豹死留皮，石翁庶无憾矣。莲客又记。"

樊山未刻诗稿吾未之见，然此前程淯题识明载石甫病故于八月三十日亥刻，故樊山所注之"九月初八日"或为其得石甫死讯之日。另石甫《编年诗》自序中开篇即云"刻既竟，易顺鼎自记其缘起"句，则知《编年诗》为八月中刊就，石甫确于临去世前见到诗集刊就，得偿夙愿。石甫自序中尚有"不两月印成十二卷……其余尚将陆续编辑，或能全刻亦未可知"句，此序作罢不久石甫即归道山，则知《游山诗》当其去世后刊行。

于莲客得《游山诗》为1949年，得《编年诗》为1963年，卷末有其墨笔题识详述得书经过："石甫才气艳发，虽未臻老到，但较胜舒铁云、王仲瞿一筹。予自少岁即喜读其诗，所著如《四魂集》《丁戊之间行卷》《庐余集》等均已收得。此书在予廿四、五岁时，亡友韩君振轩曾持赠一部。韩君旋归道山，该书亦为狸奴所殷，经予补拾，携至沈阳，复携到长春，化为劫灰，时时念惜。适渊受弟整理书笥，获此重本，举以拜贻，披读心喜，如逢旧朋。则此书虽通常铅印之物，而珍逾善本矣。癸卯腊月既望，昭华女婭携来，即记于退密斋。莲客。"又有："此书自序谓'庚申八月力疾书'，庚申为民国九年，至是年九月初八日，石甫即病故于

于莲客藏书印"于莲客"

京，得年六十有三。樊山有诗挽之，一则曰："孟痂庐癞事难论，床箦呻吟阅旦昏'。再则曰："泌观棋局成名早，愈服硫磺蕴毒深。'盖石甫致死之由为腹胀及鼻疮，五石而加护斧，宜其自促寿算也。"

由此二书之跋语，可知于莲客喜爱易顺鼎之诗远甚于宋荦、吴昌硕诗。于今而言，宋荦与吴昌硕亦算名士，却不入于莲客之法眼，可见其判断优劣自有一套标准。除却跋语，卷中亦时见莲客眉端点评诗作，有激赏其用韵之妙者，亦有感叹其走入牛角者。《编年诗》中有《杂诗十五首》之一曰："北道何以贫，云自轮船起。一从市舶开，舍此争趋彼。大道少行人，小民失生理。赭寇如旱灾，赤地数千里。轮船夺利多，一线灾如水。剜肉莫医疮，去角从予齿。感此重欷嘘，不敢言铁轨。"易顺鼎为身处鼎革时期之旧式文人，彼时轮船与火车皆新生事物，其显然未能

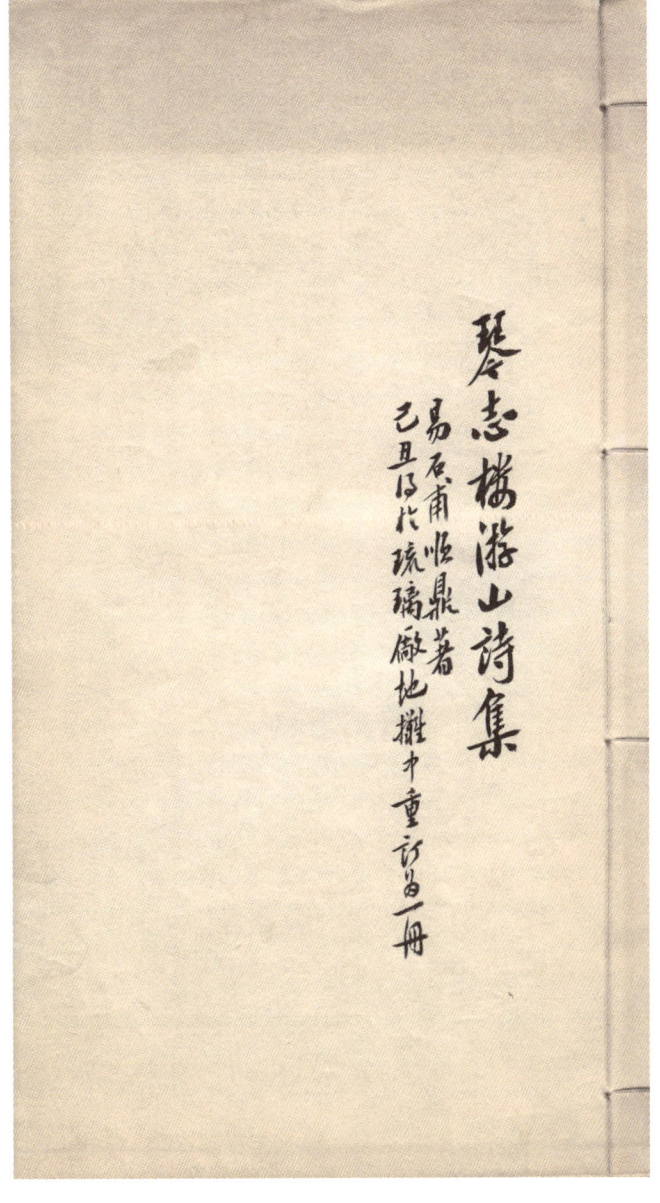

铅印本《琴志楼游山诗集》封面有于莲客手书题记

161

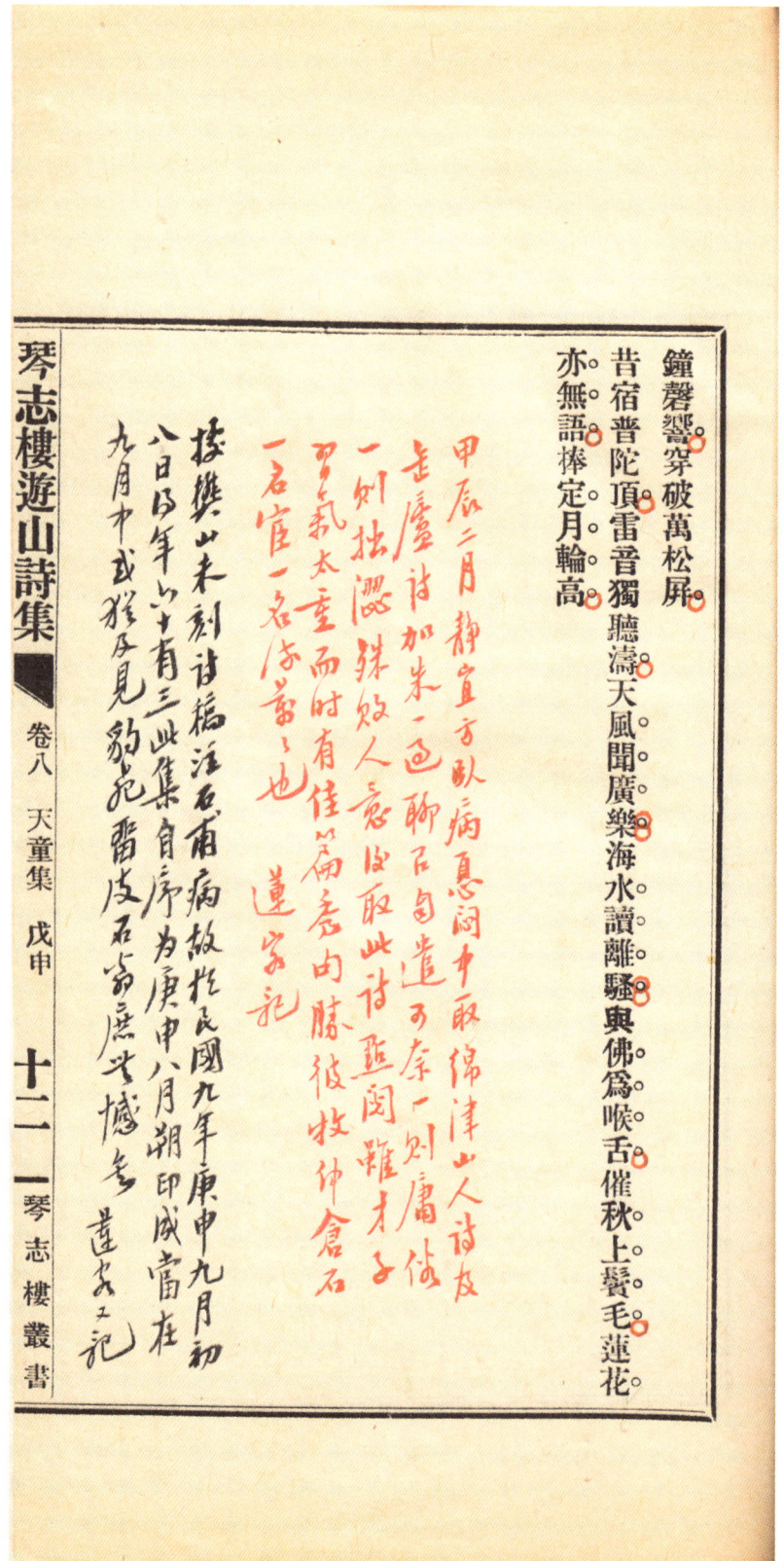

琴志樓遊山詩集　卷八　天童集　戊申　十二　琴志樓叢書

鐘馨響穿破萬松屏

昔宿普陀頂雷音獨聽濤天風聞廣樂海水讀離騷與佛爲喉舌催秋上鬢毛蓮花

亦無語捧定月輪高

甲辰二月靜宜方臥病惠詢中取緜津山人詩友走閱詩加朱一匝聊記句邁可奈一刻庸做一刻拈澀殊匆人意取此詩籃閟難才子羅氣太重而時有佳句病意的膝彼牧仲倉石一石宦一名付蒼々也　蓮客記

樓撰山未刻詩稿注石甫病故於民國九年庚申九月初八日卒年六十有三此集自序為庚申八月朔印成當在九月中武彜及見豹起留皮石當應受憾多　蓮客又記

《琴志楼游山诗集》铅印本卷末于莲客跋语

162

全然接受，甚至将此视为祸国殃民之洪水猛兽。于莲客在此诗眉端批曰："书生论时政，立见迂妄。此诗可与《四魂集》中《讨倭奴檄》等合观。"吾一时好奇依莲客之言，寻得《讨倭奴檄》一读，果见石甫怒发冲冠，言语激昂，然字字句句无非彼小人而己君子，彼卑鄙而己仁义，仅得一个骂字。

莲客尚于《游山诗》中点评另一首诗云："此诗短处在铺张藻绘而空洞无物，前半形容南岳雄伟虽太过分，尚不失为夸大描写，后半归功于神则荒唐可叹矣。'煌煌穰'三韵虽有微词，究系惟神之论，盖时代使然也。"吾读此语，联想起早前陆续所见之莲客校跋，深叹其清醒，时代之变迁在于莲客而言，为极清晰明瞭之事，逝者逝矣，来者且来，莲客自有应对。寒斋因藏其故物甚多，几次欲寻其相关资料，总是所得寥寥，仅知其上世纪20年代毕业于北京大学，曾任报社编辑，1980年于北京去世，似乎履历颇为简单。然从其所藏之书画图籍以及各家之题跋可知，莲客身为清代贵胄后裔，往来多名士，经手亦多善本，绝非普通百姓可比。此种人物往往动辄见于报端，而莲客后三十年却如人间蒸发一般消失，毫无踪迹可循。此般销声匿迹，也许正是其面对时代清醒之处。可惜者，莲客并未留下著述，若有，应是极通达之语，然而若真有，又不复为莲客矣。

补记：此文写就后数年，尤意间读到郑逸梅先生《文苑花絮》中有《易实甫的手写诗稿》一文，所谈正是寒斋所藏此本，其中谈及："他手写的原稿，都已散失了，七十年代，我在苏继卿老人处，获睹易实甫手写的《琴志楼诗录》两巨册，青缣护帙，非常精雅。诗写在特制绿色行格的琴志楼稿纸上，间亦杂以晚晴簃稿纸，两者完全相同，大约琴志楼稿纸，是仿晚晴簃的。字迹秀媚，有如时花倩女，行格间且加密圈，樊山写有附识：'示诗敬读一过，其最赏心者，加以墨圈。若遴其佳语，书之扇头，题之壁间，鲜不惊为仙作。'可知密圈出于樊山之手。诗共十九卷，现刻者十二卷，凡五百八十四首，出资者陶祖光北溟，督刊者程淯白葭。白葭和实甫相友善，北溟之识实甫，是由白葭介绍的。当庚申之夏，实甫抱病，自恐奄化，将诗排比钞辑，适白葭、北溟往探其疾，见实甫支离憔悴，神情沮丧，北溟因慨允助资，速付刻印，白葭允任督刊。《琴志楼诗》，不两月便印行问世，可惜实甫自己不及亲睹这书的告成了。"

郑老原文颇长，前后尚有易顺鼎简介及诗作评点，可补诗稿来吾寒斋之前缘。郑老先生作此文时，当已八十余岁，原物非在眼前，仅是十余年前所见，却能记忆如此清晰，可敬可佩也。

翁同龢跋、王友光通批
《遗山诗集》二十卷

《遗山诗集》二十卷　（金）元好问撰

明崇祯十一年（1638）汲古阁刊《元人集十种》本　翁同龢跋、王友光通批　一函二册

钤印：宋铖之印（白方）、宜堂（朱方、大小各一）、丙章（朱方）、张公权印（白方）、张氏丙章（朱方）、公权（白方）、臣公权印、臣铖之印、廉让居（白椭）、竹初（两方）、公琇（白方）、别字竹初（朱方）、竹所居士、乡野翰墨、半舫居（朱方）、羲皇侣（朱方）、同龢（白方）、翁同龢印（白方）、沧波钓叟（白方）、素为厨主觞客（朱圆）、塔射园（朱方）等

元好问（1190—1257）字裕之，号遗山，系出北魏鲜卑族拓跋氏，元结后裔，金兴定五年（1221）进士，曾任内乡令、南阳令、行尚书省左司员外郎，金亡不仕。郝经撰《遗山先生墓铭》中评论遗山诗篇云："上薄风雅，中规李杜，粹然一出于正，直配苏、黄氏。天才清赡，邃婉高古，沉郁大和，力出意外。……汴梁亡，故老皆尽，先生遂为一代宗匠，以文章独步几三十年。"郝经将遗山诗作与《三百篇》、李杜、苏黄比肩，可见其推崇之至。其他议论遗山诗者，亦多赞誉之辞，如赵翼《瓯北诗话》卷八云："苏、陆古体，行墨间尚多俳偶，一则以肆其辨博，一则以侈其藻绘，固才人之能事也。遗山则专以单行，绝无偶句；构思窅渺，十步九折，愈折而意愈深、味愈隽，虽苏、陆亦不及也。七言律则更沉挚悲凉，自成声调。"翁方纲所著《石洲诗话》卷

元好问

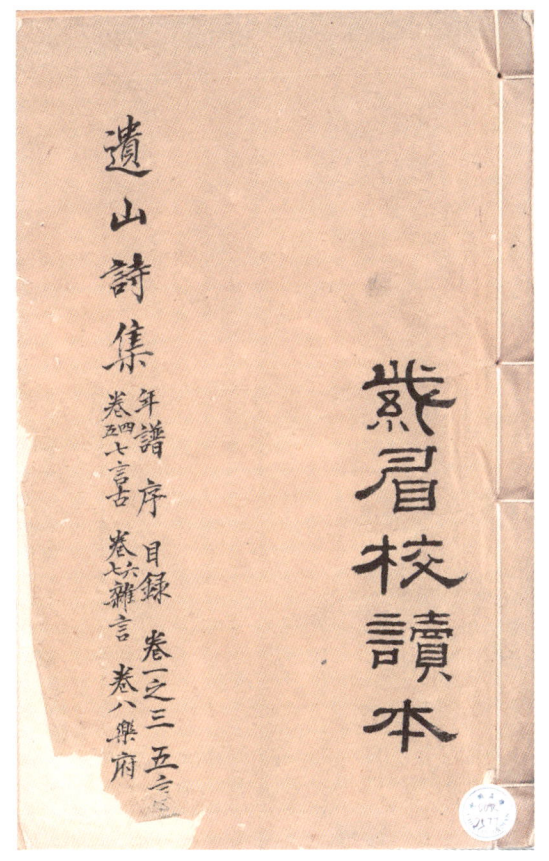

《遗山诗集》封面及书牌

五亦有议论遗山诗作语："遗山七言歌行，真有牢笼百代之意，而却亦自有间笔、对笔，又挽和以平调之笔，又突兀以叠韵之笔，此固有陆务观所不能到者矣。"翁方纲不仅于《石洲诗话》中极力推崇元遗山之诗，更多方搜集资料，由遗山诗中寻踪觅迹，整理出《元遗山先生年谱》，可见其喜爱遗山之甚。

《遗山诗集》为世所喜，历来版本颇多，据传曾有元刻本，今不复见。明弘治十一年（1498）李瀚根据储静夫太仆家藏抄本将其付梓，先刊诗集二十卷，后刊全集四十卷。清康熙时无锡华希闵据李瀚本覆刊，自云重加校订，然原本中缺叶、脱字处皆未能补全。至清道光年间，张穆苦心搜集，以华氏本为底本，缺者补之，误者订之，另据他书增辑集外诗十九首、文四篇，又增以《续夷坚志》四卷、《新乐府》五卷及翁方纲、凌廷堪、施国祁三家所辑《年谱》等，独力自任刳劂，历时五年，始于道光三十年（1850）蒇事。

与张穆同时者，有定襄李镕经亦刻《元遗山集》，其序称张穆有该书之元刻本，曾取其元刻本重加校雠，以百金俾坊间助其费而授之梓。张穆所刻序言中则称近日坊肆有新刻，乃某太守据华氏本刻于苏州，即指李镕经本也。然经双鉴楼主人考证，李镕经实际刻书于京师文贵堂，并非苏州，张、李二序互有提及，却又多抵

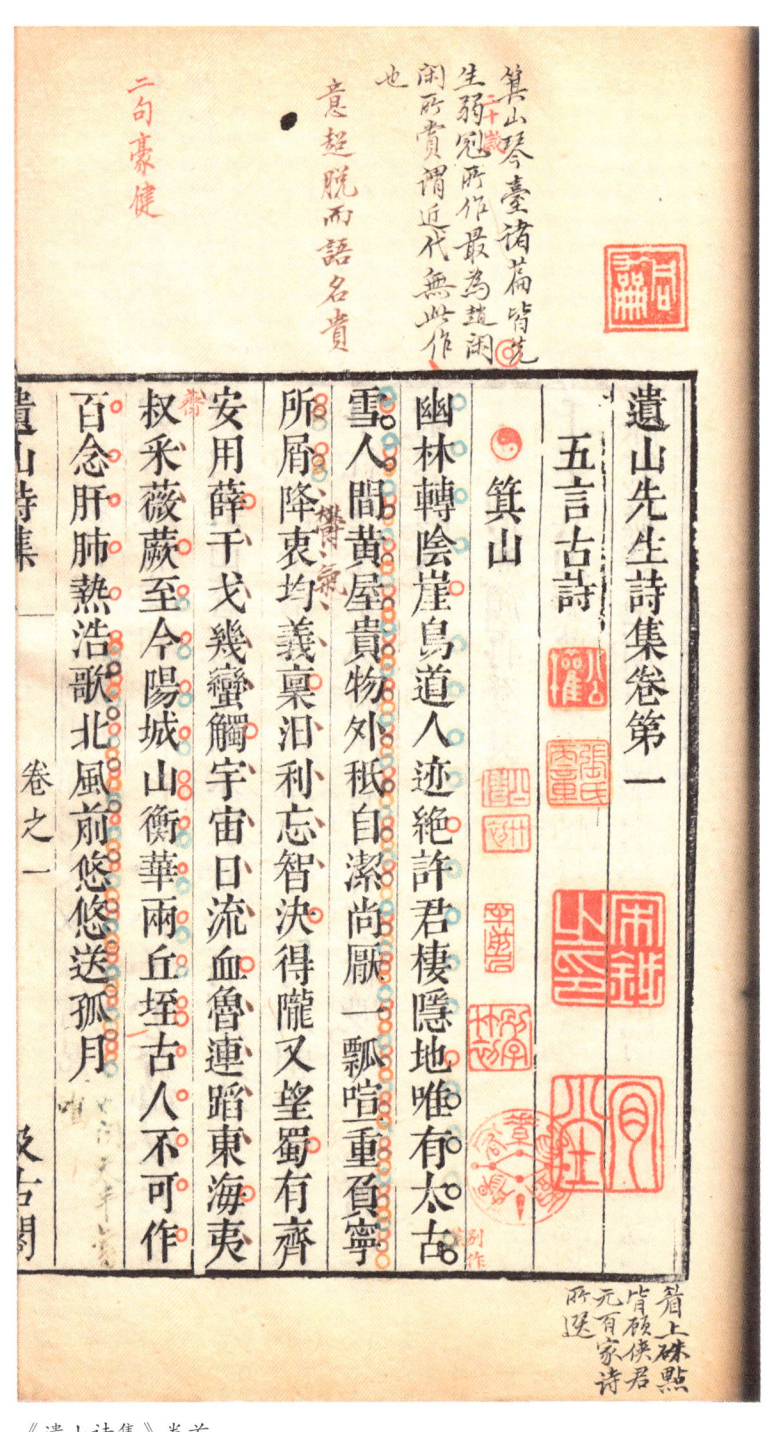

二句豪健

意超脱而語名貴

箕山琴臺諸篇皆先生弱冠所作最為諧
閒而貴謂近代無此作也

遺山先生詩集卷第一

五言古詩

箕山

幽林轉陰崖鳥道人迹絕許君棲隱地唯有太古
雪人間黃屋貴物外秖自潔尚厭一瓢喧重賁寧
所屑降衷均義稟汨利忘智決得隴又望蜀有齊
安用薛干戈幾蠻觸宇宙日流血魯連蹈東海夷
叔采薇蕨至今陽城山衡華兩丘垤古人不可作
百念肝肺熱浩歌北風前悠悠送孤月

遺山詩集　卷之一

《遗山诗集》卷首

悟之处，双鉴楼主人大惑而百思不得其解。《藏园群书题记》还记录一段关于李瀚刻本《遗山诗集》之延津公案：其素有李瀚本《遗山诗集》半部，内中钤有竹垞老人印章，欲求全集而不可得。民国五年（1916）藏园先生南游，于海日楼晤沈曾植时语及此书，沈曾植言箧中似有此书残卷，未知能否相合，阅数日取出持以相示，不仅卷数可补，纸幅印工皆宛然如一，正是一帙而分析者。正是丰城剑合，乐昌镜圆，藏园主人大喜过望，遂以梅南书屋本《后山诗注》、高丽本《山谷外集》，易回此书及万历洗墨池本《薛涛集》。芷兰斋中亦有颇多残帙，却从未遇上此等好事，不知是机缘未到，还是诚心不足。

寒斋藏有《遗山诗集》数部，此为崇祯十一年（1638）毛晋汲古阁刊《元人集十种》本，所用底本亦李瀚本。版心上刻书名"遗山诗集"，下有"汲古阁"三字，前有红色虎皮宣书牌，因年代久远，已褪成檀红，正文前有段成己序，后有毛晋跋。是书丙戌秋现身于北京嘉德，上下两册，封面有墨笔隶书"紫眉读本"，卷前录有王渔洋、翁覃溪、姚子寿诗各一首，皆为题裕之诗集，其中王渔洋诗云："载酒西园追昔游，画栏桂树古今愁。兰成剩有江南赋，落日青山望蔡州。"翁覃溪诗云："苏门未及数公游，只合西园倚暮愁。万古悲歌燕赵气，遗山掩泪集中州。"姚子寿诗云："柳州白傅晋风杰，差许樊南弟姪间。文到龙门何敢望，平生诗句服遗山"。目录后又有朱笔"江左后学王友光曾读一过"，此王友光未知何人，检无所得，不知是否即封面所云紫眉。卷中则钤印累累，兼有朱、绛、橙、绿、墨五色详批，每册末页皆有翁同龢墨笔跋语一页，望之眼明心悦，更喜彼时书价尚未大起，以略高于底价收之。归而细翻，是书曾重经装池，卷前增加手抄翁方纲所编《元遗山先生年谱》三十二页，字迹工整，未知书者何人。此次装池当在翁同龢得书之前，以其年谱第一页所钤之印与书中每卷第一页上所钤者多有重合，如宋钮之印、宜堂、张氏丙章、公权等。翁同龢于上册卷末跋曰："己丑九月于沪上候海舶，见此本，仓卒未收。濒行鹿卿送入舟，黯然也。乃寻闲话解其意曰：《芳洲图》《遗山集》为我致之。庚寅闰月扈从谒东陵，将发而《芳州图》与此并到，不觉喜舞，既又念万里楼前海风惊艒时也。十三日醉后记。同龢。"下钤"翁同龢印"白方。下册卷末跋曰："册内有宋钮、张公权、公琇等印，评点颇佳，不知出何人手，己亥十一月检箧得此，适鹿卿姪亦来山中，剪灯共读，致足乐也。是月望日，松禅老人记，冬暖，风雨如晦。"下钤"沧波钓叟"白方。可见书至翁同龢架上时，已钤张公权等印，而年谱首页亦有张公权印，故知装池在得书之前。

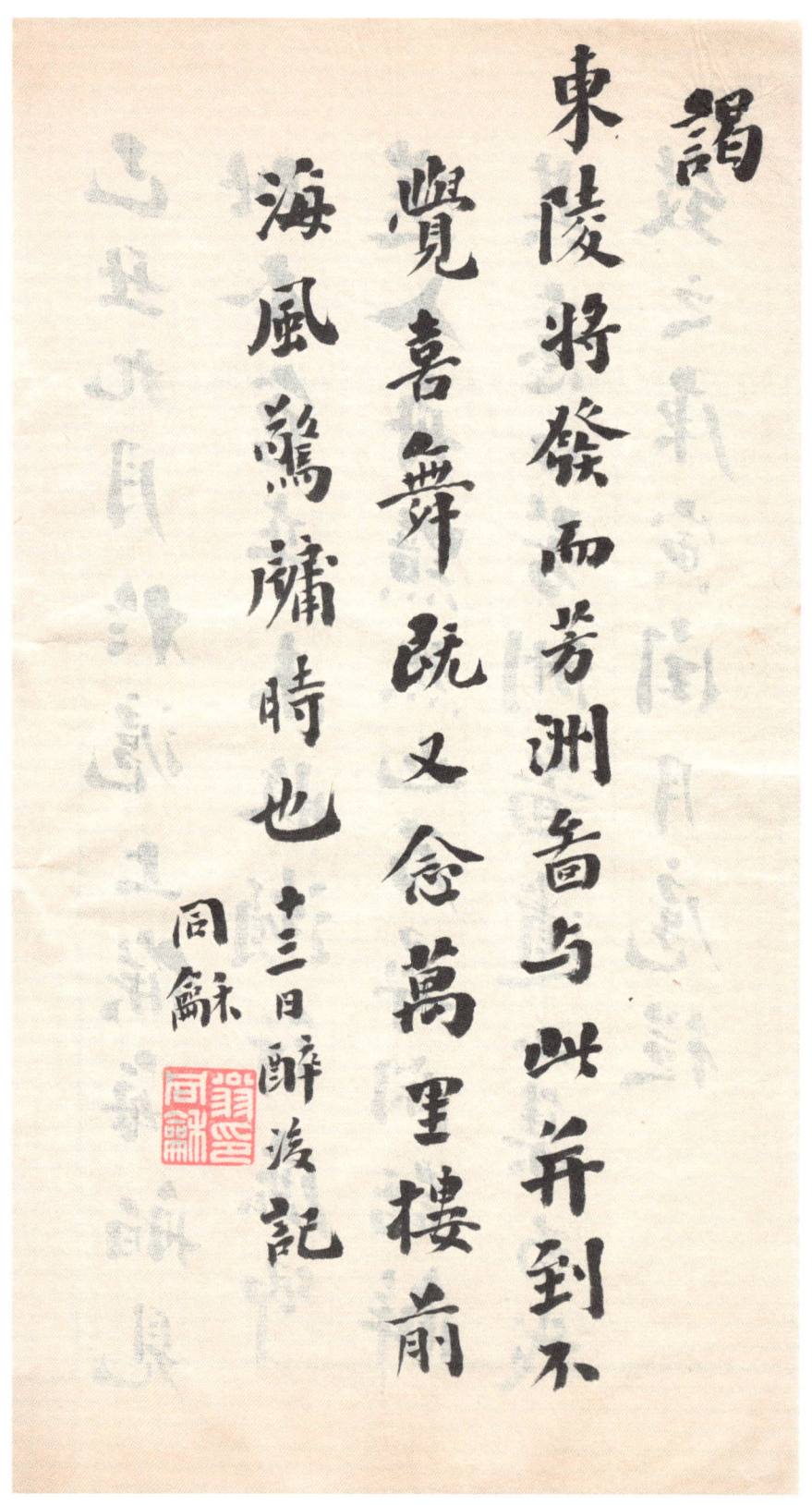

《遗山诗集》翁同龢题识

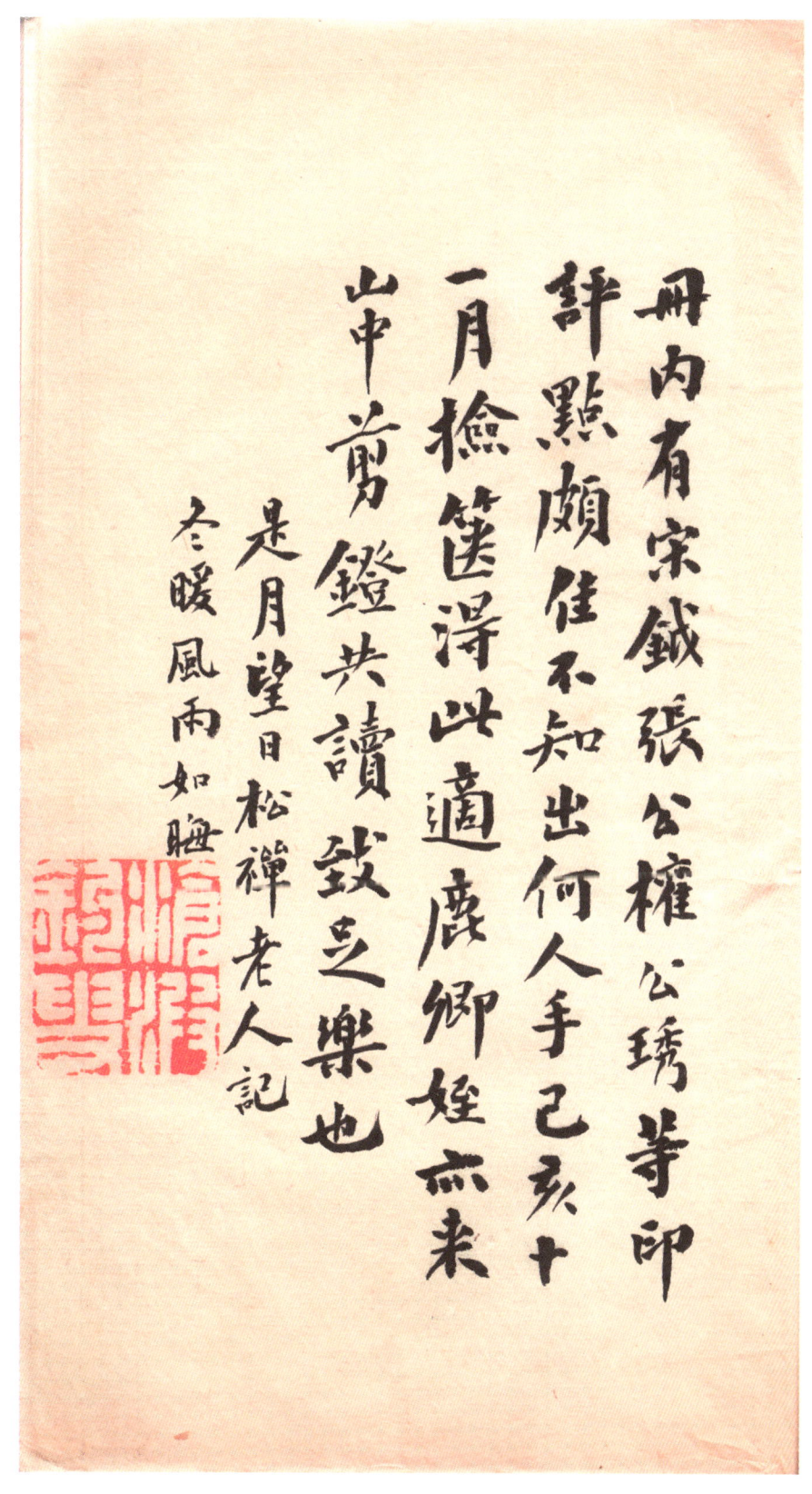

册内有宋铁张公权公璟等印
评点颇佳不知出何人手己亥十
一月检箧得此适鹿卿姪来来
山中剪镫共读致之乐也
是月望日松禅老人记
冬暖风雨如晦

松禅老人所记之"鹿卿"即其侄翁曾荣，为翁同爵次子，其字蓁卿，故松禅老人多以"鹿卿"称之。《翁同龢自订年谱》中曾多次提及鹿卿，其中光绪十五年（1889）皇帝大婚，翁同龢记有"鹿卿侄自南中寄鹤一双"句，是年四月松禅老人六十岁，孙辈奎孙、椿孙皆来京祝寿，并得上赐匾额、对联、如意、寿佛等物。至七月，翁同龢具折请假两月回籍修墓，抵乡后入住鹿卿之南泾塘屋，并由鹿卿夫妇料理诸事。事毕后九月回京，自上海起程，翁同龢记曰："九月，与二姊别，吞声而出。初三日行，鹿侄送余至上海，值风雨，坚请缓行，乃于市栈借住。时亦出游，所谓园亭者多洋式，不称意，客亦如之，往往默坐其中，唯铁厂、船坞、洋枪局、织布局等处为有益耳。十六日携之善入舟，茂如偕行，即来时海宴船也，鹿侄别去。"次年庚寅，其记曰："闰二月初四日亥初，地微震。上奉皇太后谒东陵，十五日起銮，二十三日还京，臣派出随扈。"此两段叙述正与该书上册之卷末跋语相合。

下册卷末跋语写于光绪二十五年（1899）十一月，此时松禅老人已被慈禧罢黜回籍，跋语所言"山中"即常熟虞山，惜《翁同龢自订年谱》已于光绪二十四（1898）年五月停笔，无法得知写此跋语之背景。然其自订年谱至此停笔，却也极易理解。是年四月二十七日，翁同龢记曰："二十七日，先谕翁某毋庸上，臣在直房检点官事五匣交苏拉，恭候诸公起下，恭读朱谕：'翁某渐露揽权、狂悖情状，姑念在毓庆宫行走有年，著即开缺回籍。'臣感激涕零。次日，具谢折于大宫门外碰头。又次日，颁端午节赏葛纱等件到寓，臣不敢领，内监传云：'请旨仍赏。'余乃托同官代奏陈谢，未具折也。余既去国之次日，康有为始被召对，命在总署上行走。"继而写五月事，仅寥寥几句："五月，料理笔墨，凡求题、求书者一概扫尽。同官颇有来送者，荣仲华馈饯，受之。贾人持汉碑来，价昂不能得。闻胡孚宸劾余与张荫桓得贿二百六十万。十三日，北向叩头，门生等五十人送余登火车，半日至塘沽，客有来见者并馈饯者，概却之。"至此，自订年谱终。不久，百日维新亦终。年余后，罢黜回籍之松禅老人检箧翻书，钤下"沧波钓叟"闲章。

卷中四色批语未知是否为王友光笔墨，上册卷首右下角有"眉上硃点皆顾侠君《元百家诗》所选"，下册相同位置有"题上双单圈者姚子春木选录也"。卷中评点之语恰如翁松禅所言颇佳，有读遗山诗之感悟句，有分析遗山笔法句，亦有列出《遗山诗集》不同版本之差异处，可见批校者喜爱遗山之甚，读书用力之深。北大馆亦藏有该书佚名批校本，其著录为"佚名录顾侠君、顾奎五、王澹渊、翁覃溪等评语"，与此本颇似，每有携书前往互校之念，然人事蹉跎，至今未能了愿。卷中藏章尚有同龢、廉让居、竹初、公琇、别字竹初、半舫居、羲皇侣、臣钺之印、竹所居士、乡野翰墨、素为厨主觞客、张丙章等，另有公馆藏章两枚，为天津图书馆藏章及注销章，然查善本总目却未见载，未习何故。另，诸藏章中"宋钺之印"每与"宜堂"同钤于每卷之首页，可知宜堂当为宋钺之别署；"竹初"每与"公琇"同钤，"别字竹初"多与"乡野翰墨"同钤，故知此四印当同属一人，"竹所居士"亦当为此人。

翁同龢藏书印"沧波钓叟"

廖廷相题记、佚名批校
《东塾读书记》二十一卷

《东塾读书记》二十一卷　（清）陈澧撰

清刻本　廖廷相题记　佚名朱批　一函四册

光绪年间，有考生于科考试卷中将《东塾读书记》作为经典加以引用，遭人异议，时主考官翁同龢驳曰，皇上案头亦置此书，且日加批览，异议始息。《东塾读书记》作者陈澧（1810—1882）字兰甫，一字兰浦，号东塾，别署江南倦客，广东番禺人。七岁入塾读书，十四岁踏足科场，顺利通过县试，次年府试第八，院试时不小心污卷以致未能录取，三年后再次参加童试，为翁同龢之父翁心存所录，命入粤秀书院继续修学。此后陈澧与翁家一直保持交往，翁心存去世后，其神道碑即出自陈澧手笔。然而污卷或为科场运蹇之兆，之后陈澧三次乡试，七次会试，皆与蟾宫无缘，直至咸丰二年（1852）最后一次会试仍以落第告终，始绝意科场，以教书著述终生，所著有《声律通考》《说

陈澧

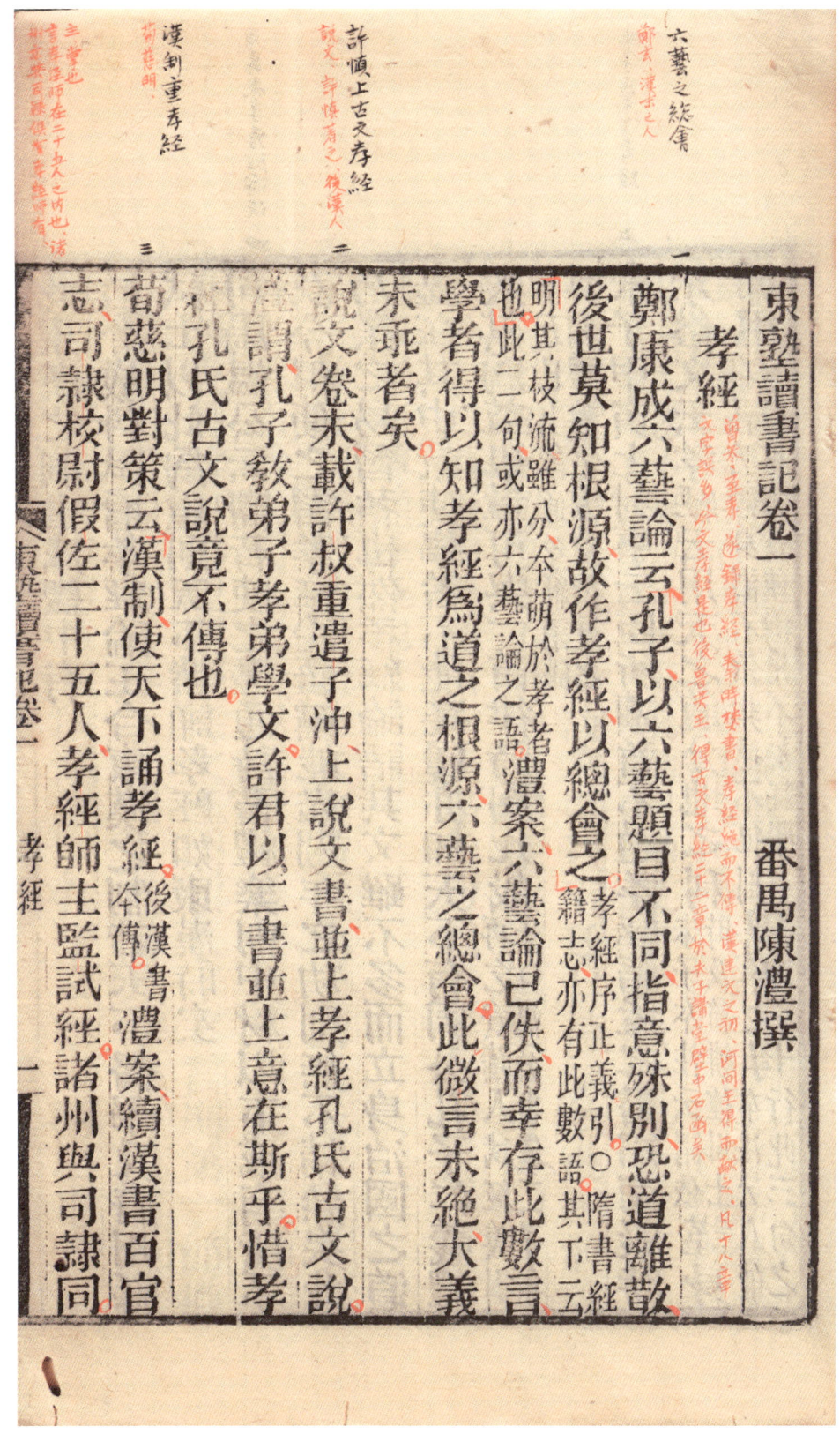

東塾讀書記卷一　　　番禺陳澧撰

孝經

鄭康成六藝論云孔子以六藝題目不同指意殊別恐道離散

後世莫知根源故作孝經以總會之　孝經序正義引○隋書經籍志亦有此數語其下云

明其枝流離分本萌於孝者也此二句或亦六藝論之語　禮案六藝論已佚而幸存此數言

學者得以知孝經為道之根源六藝之總會此微言未絕大義

未乖者矣

說文卷末載許叔重遺子沖上說文書並上孝經孔氏古文說

謹謂孔子教弟子孝弟學文許君以二書並上意在斯乎惜孝

紐孔氏古文說竟不傳也

荀慈明對策云漢制使天下誦孝經　後漢書禮案續漢書百官

志司隸校尉假佐二十五人孝經師主監試經諸州與司隸同

《東塾讀書記卷一》　孝經　一

《东塾读书记》卷首

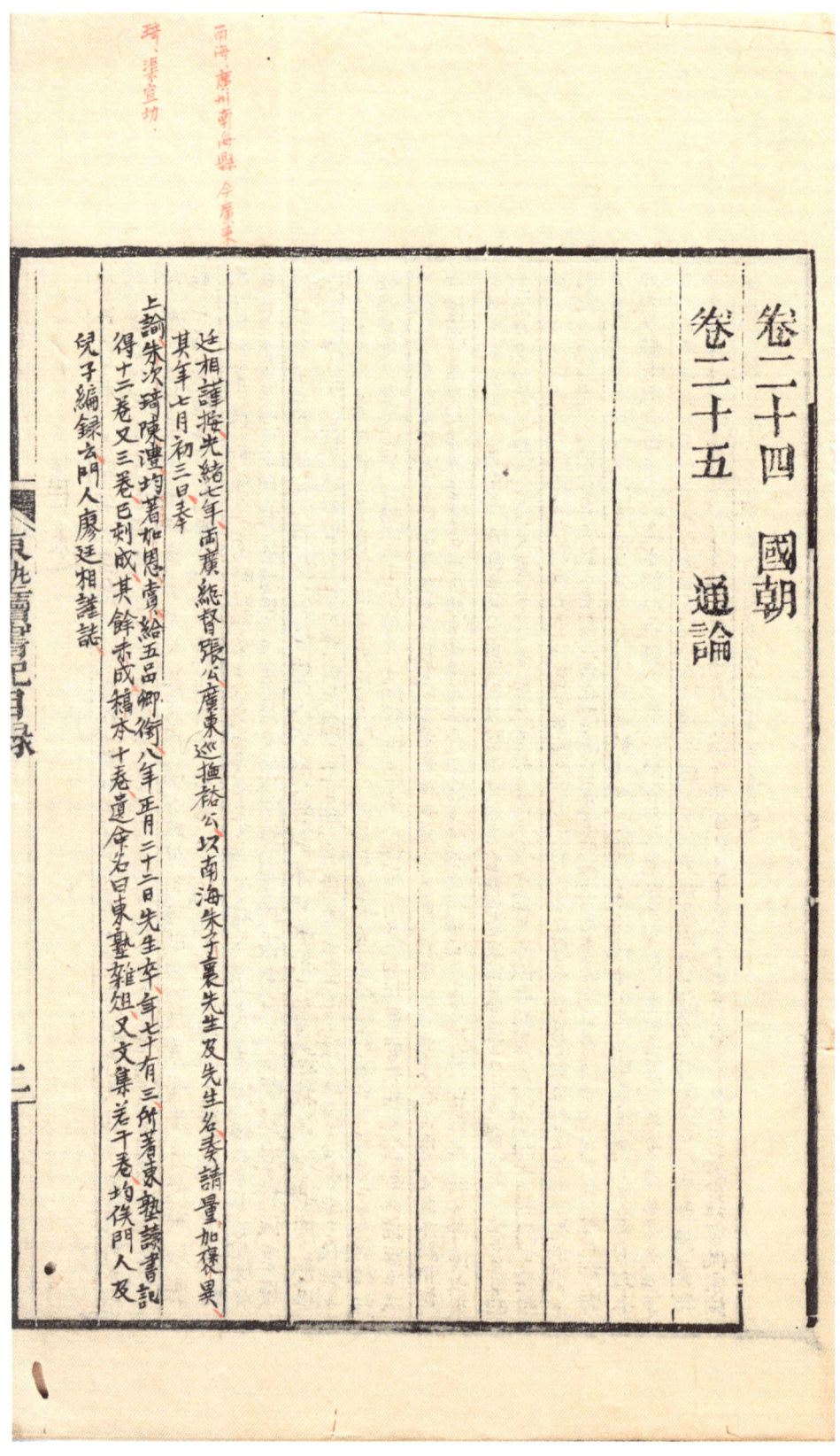

珙 渠宣功

卷二十四 國朝
卷二十五 通論

廷相謹按光緒七年兩廣總督張公之洞廣東巡撫裕公以南海朱子襄先生及先生名奏請量加褒異

其年七月初三日奉

上諭朱次琦陳澧均著加恩賞給五品卿銜八年正月二十二日先生卒年七十有三所著東塾讀書記

得十二卷又三卷巳刻成其餘未成稿本十卷遺命名曰東塾雜俎又文集若干卷均俟門人及

兒子編錄云門人廖廷相謹誌

《东塾读书记》廖廷相题识

文声表》《汉儒通义》及《东塾读书记》等百余卷，成为晚清时期岭南地区最著名之学者。

陈澧的学术成就与学海堂有着密不可分之关系。道光二十年（1840），陈兰甫被推荐补选为学海堂学长，年仅三十一岁。学海堂为清代首个专门培养朴学人才之新式研究型书院，由阮元仿杭州诂经精舍规制而建，经阮元十余年苦心经营，成为当时广东的学术文化中心，为维系广东文化群体之要地。能够被推举为学海堂学长，亦意味着陈兰甫已获得当时学界之整体认可。

同治六年（1867）秋，新任两广盐运使方浚颐建菊坡精舍，其址不仅与学海堂位于同一座山上，办学宗旨亦效同学海堂，以研究经史词章实学为主，不教授考试八股时文，并请陈兰甫为掌教。执掌学海堂二十余年，此时的陈兰甫已具备一套完整的教学思想及方法，追随者日多，其与友人信中云："菊坡精舍近日课期听讲者多至四十余人，好经学能文章者今年新得六七人，甚可喜。讲授阅卷，虽劳亦乐也。"陈澧还将学术研究与讲授教学相联系，以自己日常思索所遇之疑点作为师生探讨之内容，互相反馈、辩驳，或作为考试题目让学生阐释发挥，这些师生互动的学术交流在《东塾读书记》中皆有记载。菊坡精舍逐渐闻名遐迩，成为当时全国数量个多之著名新型书院之一。后人在评价陈兰甫对广东地区之学术影响时，有"一时学风为之不变焉"之语。

《东塾读书记》为陈兰甫晚年力作，杂记其考订经史、治学心得之言，由目录可知原计划撰写二十五卷，后仅成书十五卷，书中详记论述经学源流、诸子百家以及西汉以后之学术，精详深邃，颇为得体。《续修四库全书提要》谓："统校全书，语平淡而意笃实，文浅近而义精深，断非漫言调和汉宋者所可拟也。"素以刻薄点评他人之越缦堂主亦对其极为深许，再三称其实事求是，谓"所言皆大义醇实，不捃摭琐碎"，又谓"陈氏取材不多，不为新异之论，而实事求是，切理厌心，多示人以涵泳经文、寻绎义理之法，甚有功于世道。其文句于考据家中自辟町畦，初学尤宜玩味也"。

该书初名《学思录》。为撰此书，兰甫先生不仅大量搜集资料，还勤以动手，摘写各种撰书所需之原始素材，由于抄录群书之细，所积累之草稿数量亦惊人，现存《东塾遗稿》竟然有千余册之多。随着资料之累积，思索渐深入，兰甫撰写《学思录》之内容宗旨、体裁体例、结构安排以及前后顺序等亦不断调整，约至同治十年（1871），其正式决定将《学思录》易名为《东塾读书记》。兰甫先生对于著述要求极严，几近苛刻，该书自搜集资料、撰写草稿、修改是正，前后长达二十余年，却一直未能定稿付梓，直至光绪元年（1875）友人刘融斋建议将已成部分先行刊刻，未就部分日后作为续编，此书始得以付梓。该书甫问世，立即深受学界重视，刘熙载甚至称其"说经诸条，在顾炎武《日知录》之上"。

　　光绪七年（1881）夏，清廷赐以陈澧五品卿衔，埋身书院数十年，此为兰甫一生中唯一一次受到官方褒奖。次年正月，兰甫先生病剧，临终前于病榻上嘱咐子徒："吾病不起矣，然年过七十，夫复何求？吾四十时，已洞明生死之理，生死犹昼夜，无所悸恋也。吾所著《读书记》，已成十余卷，其未成者，俟儿子与门人编录，名曰《东塾杂俎》，此书当可传也。"言罢亲自将遗稿托付弟子陈树庸，可见于其而言，死生事小，著述为大。

　　寒斋所藏《东塾读书记》为辛卯年春得之于京城，一函四册，书根处以墨笔

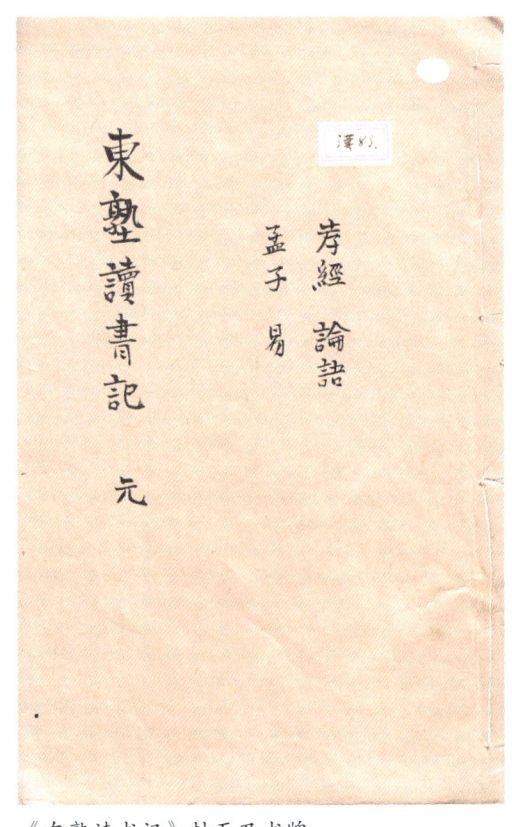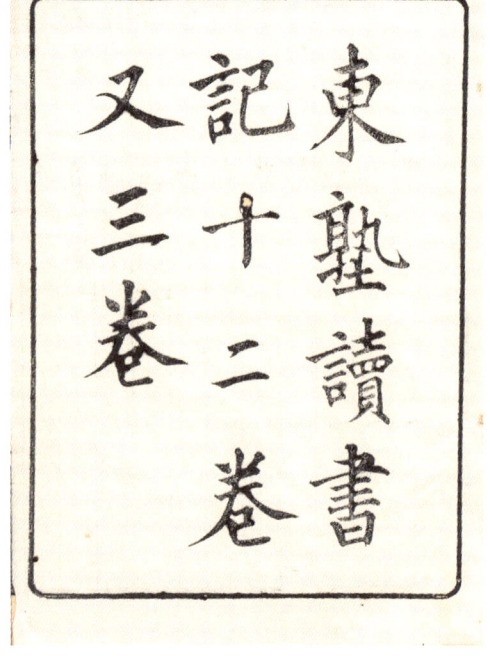

《东塾读书记》封面及书牌

黄培芳绘学海堂图

"元亨利贞"为序。前有陈澧门人廖廷相墨笔题识一段：

廖廷相谨按：光绪七年，两广总督张公、广东巡抚裕公，以南海朱子襄先生及先生名奏请量加褒异。其年七月初三日，奉上谕：朱次琦、陈澧均著加恩赏给五品卿衔。八年正月二十二日先生卒，年七十有三。所著《东塾读书记》得十二卷又三卷已刻成，其余未成稿本十卷，遗命名曰《东塾杂俎》，又文集若干卷，均俟门人及儿子编录云。门人廖廷相谨志。

卷前另有廖廷相手录陈澧同治十年自序，内容除自叙简历外，尚有论及读书语，极为精到。廖廷相（1842—1897）字子亮，又字泽群，光绪二年（1876）进士，充国史馆协修，亦曾任学海堂及菊坡精舍学长，尝搜集其师陈澧文集二百二十篇，辑为《东塾集》六卷。光绪年间张之洞在广州成立广雅书局，主持刊刻《广雅丛书》，其主事者即廖廷相。

是书尚有佚名朱墨二色批校，卷首第一篇为《孝经》，题下空白朱笔记曰："曾参至孝，遂录《孝经》。秦时焚书，《孝经》绝而不传。汉建元之初，河间王得而献之，凡十八章，文字误多，今文《孝经》是也。后鲁共王得古文《孝经》二十二章于夫子讲堂壁中石函矣。"言中所提之曾子、河间王及鲁共王，皆吾今春访古所寻之迹也。所云之"夫子讲堂壁"，今为一堵长约四米之红墙，上为新造琉璃瓦，墙下以砖砌一碑，上书"鲁壁"，虽为新建，毕竟是当年埋书之地，对此亦感慨良久。

"管礼耕"批校《六艺纲目》二卷《附录》二卷

《六艺纲目》二卷《附录》二卷　（元）舒天民撰

清光绪七年（1881）汪鸣銮籀书诒刻本　"管礼

耕"批校　一函四册

钤：继补斋藏

《六艺纲目》为元舒天民所撰。六艺者，五礼、六乐、五射、五御、六书、九数也，为古代儒家学子必修课程。是书先纲领后条目，皆四言韵语，注亦精当，极便初学者诵读。舒天民号艺风，浙江鄞县人氏，年甫十岁而宋亡，泣曰："吾不可以有为矣！"及长，以隐儒名其堂，某日读《汉书》至"君子舒六艺之风"句，抚卷笑称班固先得其心之所欲，故自号艺风。同邑蒋汝砺叹曰："先生之号甚美矣！他日表章六艺，其惟先生乎。"其言果验。

是书存世无元、明刻本，《中国古籍善本总目》仅著录两部清钞本，其中一部为清初毛氏汲古阁钞本。该书刻本有道光二十八（1848）年嘉荫簃仿元大字本、咸丰三年（1853）海源阁刻《海源阁丛书》本、光绪七年（1881）籀书诒汪氏刻本、光绪七年萩林

刘喜海

178

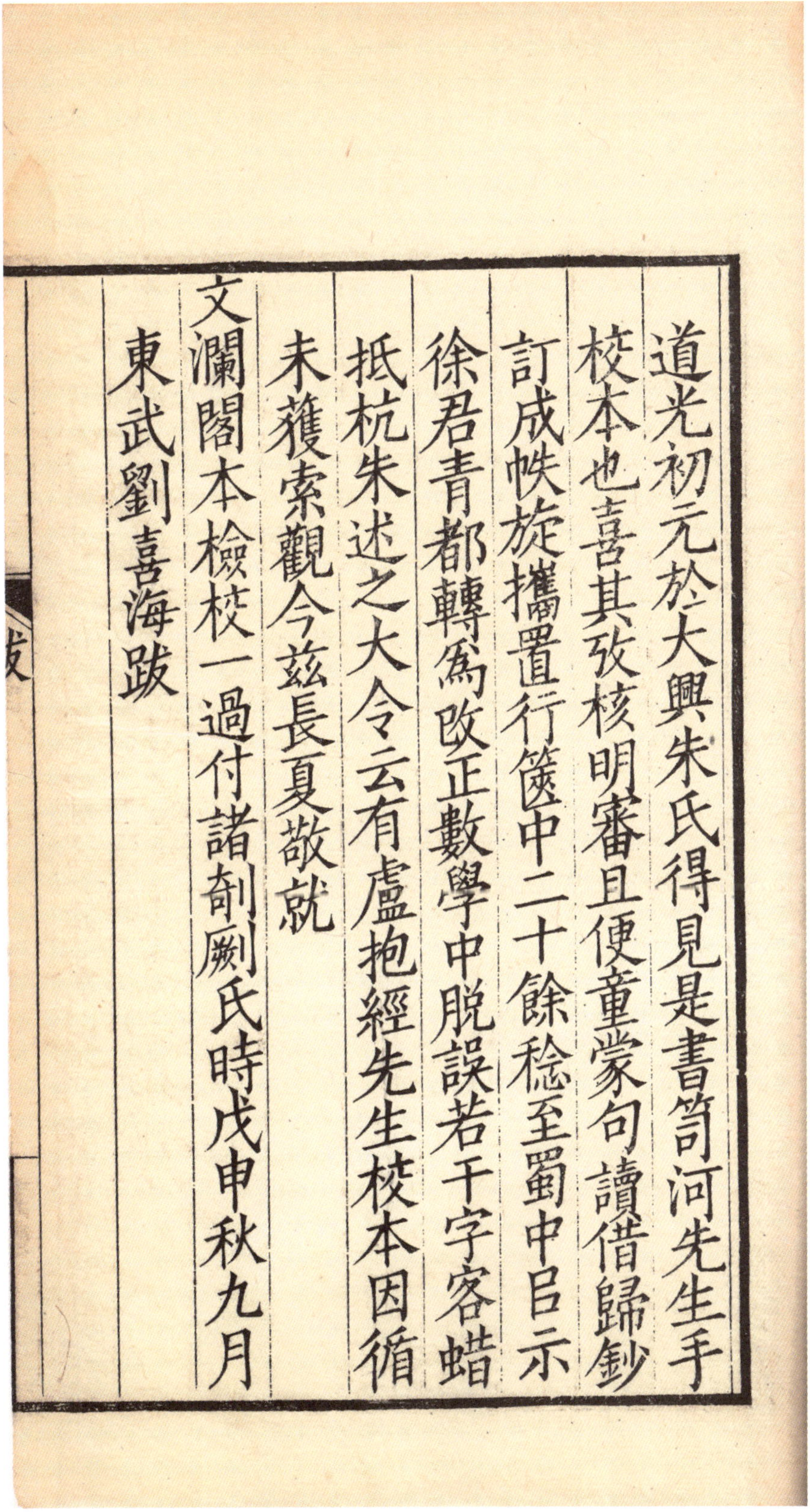

道光初元於大興朱氏得見是書筍河先生手
校本也喜其攷核明審且便童蒙句讀借歸鈔
訂成帙旋攜置行篋中二十餘稔至蜀中已示
徐君青都轉爲改正數學中脱誤若干字客蜡
抵杭朱述之大令云有盧抱經先生校本因循
未獲索觀今兹長夏敬就
文瀾閣本檢校一過付諸剞劂氏時戊申秋九月
東武劉喜海跋

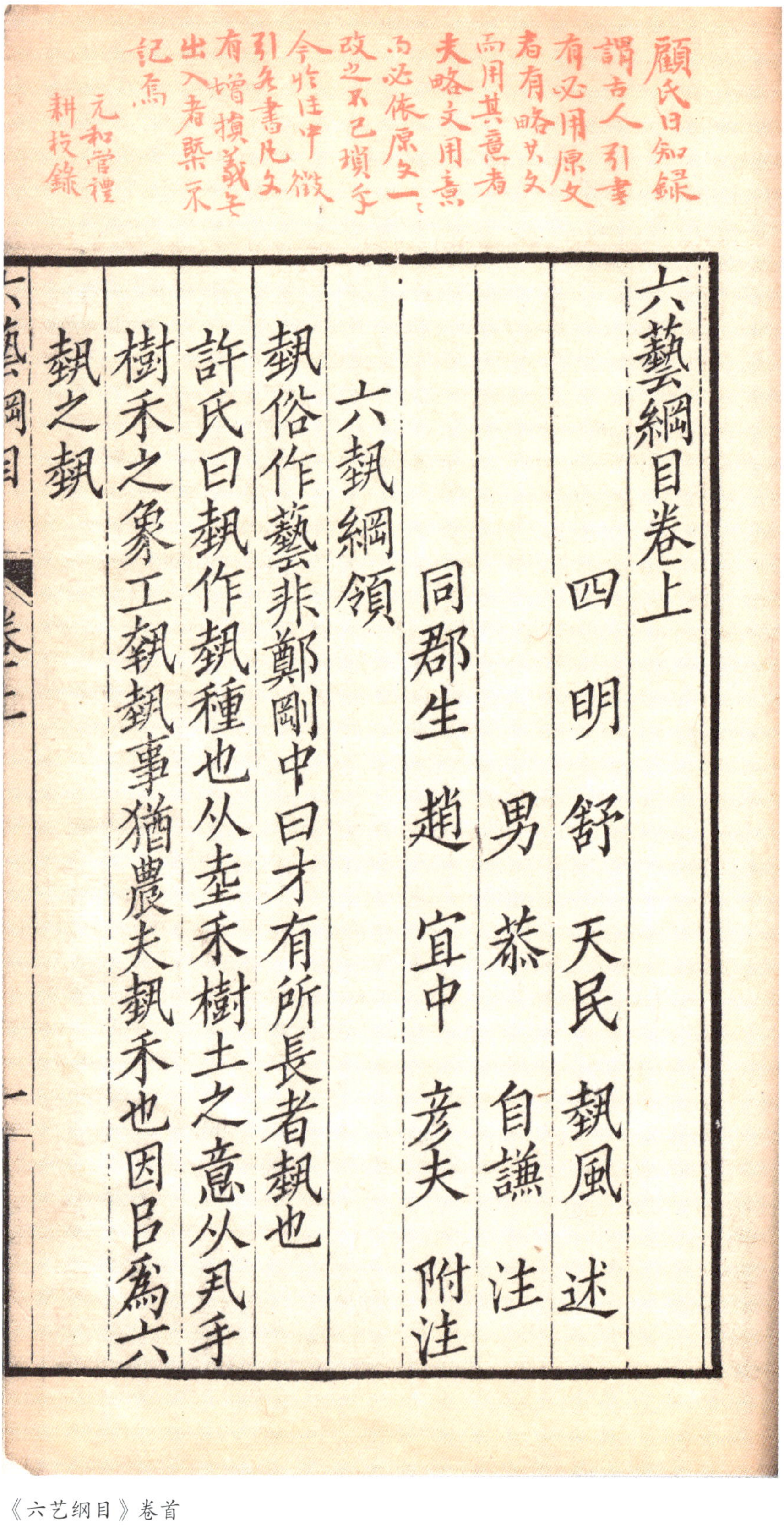

顧氏日知録謂古人引書有必用原文者有略其文而用其意者夫略文用意而必依原文改之不已瑣乎今作住中綴引彼書凡有有增損裁㝯出入者皆不記焉
元和營禮耕㩱錄

六藝綱目卷上

四明　舒　天民　藝風　述

同郡生　趙　宜中　彥夫　附注

男　恭　自謙　注

六藝綱領

藝俗作藝非鄭剛中曰才有所長者藝也

許氏曰藝作藝種也从坴禾樹土之意从丮手

樹禾之象工藝藝事猶農夫藝禾也因呂為六

藝之藝

《六艺纲目》卷首

山房刻《文选楼丛书》本、光绪十七年（1891）思贤书局刻本及民国约园张寿镛辑《四明丛书》本等。以现有资料看，嘉荫簃所刻当为现存最早刻本。嘉荫簃为清代嘉道年间藏书家刘喜海（1793—1852）室名，其字燕庭，一作燕亭，又字吉甫，山东诸城人，嘉庆二十一年（1816）举人，以荫生为户部郎中，道光十七年（1837）官汀州知府，擢甘肃巩秦阶道，后官至浙江布政使。燕庭精心博古，好搜奇书金石，室名又有味经书屋，庋藏珍本甚多，有宋刻唐人集数十家，其中宋刻《张说之文集》三十卷尤为海内所称道，另有金石碑帖五千通，古泉四千六百余品，著有《金石苑》《三巴𦾴古志》《长安获古编》及《古泉苑》等，学界公认其为钱币学之奠基者。

刘燕庭殁后，其书陆续散出，多为姚觐元所得。翁心存尝云刘氏图书泰半得自大兴朱筠河，并记燕庭身后事云："燕庭方伯一生精力萃于金石碑版，殁后已捆载归诸城。今其子将出室以行，酌留所藏秘籍，其余书籍概皆斥卖，以便轻赍。而触目琳琅，予力不能购，仅得其零篇断简，如乞儿般渎碗，亦足自豪矣。"以翁心存之高官厚禄，尚无力购之，则可见燕庭藏书体量之大、版本之精。叶昌炽《藏书纪事诗》有咏刘燕庭诗云："百衲丝桐藏箧衍，一床金薤整签题。风流罪过登弹事，空有遲台善业埋。"

诗中所云"百衲"指百衲本《史记》，燕庭得之于庙市，每卷皆有季沧苇印，其中既有北宋本，亦有南宋本，乃钱曾《读书敏求记》中所描绘之绝品。嘉荫簃旧藏移归姚觐元后，此书亦随之入藏咫进斋。光绪三十二年（1906），端方开始创办江南图书馆，陆续收进江南旧家藏书，光绪三十四年（1908），又斥巨资购入姚觐元所藏以充实京师图书馆，然而咫进斋旧藏运往京师时，百衲本《史记》却被深谙其妙之端方纳入私箧。又数年，端方与袁世凯联姻，其女嫁于袁世凯第五子袁克权，此书做为嫁妆带往袁家，归于袁克权架上，袁克权则因此而自号百衲，所著诗集亦名《百衲诗选》。

刘燕庭极喜抄书，所用抄书纸多为蓝格，版心下刻有"东武刘氏味经书屋"八字，或于左栏外侧刻"燕庭钞校"四字，又有刻"嘉荫簃写书"者，《中国古籍版刻辞典》"嘉荫簃"一条中详列其所抄书目，计有数百种之多，精刻书则仅录有《宝刻类编》《论泉绝句》《苍玉祠宋人题名》《三巴汉石纪存》及《六艺纲目》。此《六艺纲目》之底本得自大兴朱筠河先生，卷末附刻有刘燕庭道光二十八年（1848）跋语，详述是书渊源："道光初元，于大兴朱氏得见是书，筠河先生手校本也，喜其考核明审，且便童蒙句读，借归抄订成帙，旋携置行箧中二十余稔。至蜀中以示徐君青都转，为改正数学中脱误若干字。客蜡抵杭，朱述之大令云有卢抱经先生校本，因循未获索观。今兹长夏，敬就文澜阁本检校一过，付诸剞劂氏。时戊申秋九月，东武刘喜海跋。"惜此跋语未写明朱笥河所校本究竟为刻本还是钞本，若是刻本，又为何时所刻。是书未得卢抱经校本成为燕庭先生极憾之事，尝语朱绪曾云："《六艺纲目》未得卢抱经校本，《宝刻类编》未补其阙卷，《助字辨略》未刊，三憾事也。"

为刻是书，燕庭先生颇费心思，版式笔划尽仿宋元大字本，半页九行十九字，版心记有字数，每叶左侧下方皆刻"嘉荫簃"三字，末页有"苕溪沈锡堂写刊"。因其写刻俱佳，光绪七年（1881）籀书誃汪氏复以此本为底本将之影刻，其牌记有云："光绪七年孟冬之月籀书誃汪氏景写东武刘氏本校刊"。吾初未知籀书誃为何人，曾疑此汪氏即汪鸣銮，然并未有见资料载其堂号有"籀书誃"一说。直至读到越缦堂先生谈及《六艺纲目》时，有"柳门取刘本重刻仿宋字样，古雅可爱"句，"柳门"恰为汪鸣銮字，始确信此籀书誃即汪鸣銮，此亦读书之所以令人欢喜处。

近日所收为光绪七年（1881）汪鸣銮影刻刘燕庭本，于京城某拍场得之，然是书明显有动手痕迹，旧书主以光绪籀书誃本强充道光嘉荫簃本而售。汪氏刻此书颇为用心，与刘氏原本惟妙惟肖，不细对笔划极难分辨，全书明显不同之处除牌记外，尚有卷尾"苕溪沈锡堂写刊"数字，嘉荫簃本将此行刻于卷末书口，籀书誃本则将此行字移至卷末跋语之后。此本牌记页已被人取去，首册第一页原本当是牌记处变为张翯序言，此页并无钤印，然此页右侧之衬页上却洇有印痕，可知此前首页上曾钤有藏章，今钤有藏章之首页已被人取走，未知是否即牌记页。旧书主又将原书两卷两册强行分拆为四册，故第二、第四册开卷顶格即内文，而非常见之卷名及撰者姓名。凡此种种，皆可见旧主为射高利，颇为用心。

吾虽知其李代桃僵，要价亦不合常理，且寒斋已收《六艺纲目》数部，嘉荫簃本与籀书誃本皆备，然此本中有管礼耕朱笔批校，正中吾之所好，如此弃之甚觉可惜。遂游说自己，管礼耕批校甚为难得，今日错过，来年不知何时才能相遇，故不计其遭人动手以及高于市价，仍然将其拍下。取书归来日，想起"寡人有疾，寡人好色"句，深感自己好书亦几近病态，然顽疾难医，甚感无奈。管礼耕（1848—1887）字申季，号操敄，《清儒列传》载管礼耕条入陈奂名下，以其曾受业于陈奂。其文为："礼耕守家学，尤长训诂。冯桂芬为《说文段氏注考证》，嘱成十五卷。礼耕虽博通载籍，而细谨不轻著书。尝言唐以《正义》立学官，汉魏六朝遗说，积久半阕不完，凡所考见，独存《释文》，而今本蹂剥非其旧，思综稽群籍为校证，未及半而卒。年四十。著有《操敉斋遗书》四卷"。

管礼耕曾与叶昌炽、王颂蔚同肆业于正谊书院，出冯桂芬门下，佐冯桂芬撰《说文段注考证》，又与叶、王等人同入《苏州府志》局，终生与叶昌炽为挚友。光绪十二年（1886）汪鸣銮任广东学政时，通过王颂蔚招管礼耕、叶昌炽至广东襄助学政事务，时菊裳叠遭变故，债台高筑，无以为家计，决定应邀前往。管礼耕则因"馆况亦为嚼蜡"一同前行。抵粤后，汪鸣銮却对二人待遇甚薄，费念慈致缪荃孙书札中言及汪鸣銮，云其"世味深，其待申季尤薄"。种种不如意，管礼耕来粤不久即精神抑郁，身热不寐，腹胀焦灼，至次年正月初返回苏州，二月初八即告病逝。叶昌炽闻之怆然泪下，撰《祭管君申季文》曰："光绪丙戌之冬，昌炽与管君申季同客岭南，越岁正月，管君病归，归未浃月，而凶问至。昌炽于是为位而哭，痛逝者之不留，念平生之如昨，重怆累欷，不能自已，爰为文以祭之。"之后复有日记记申季所藏旧籍之下文："建霞书来云：操敉故后，百物荡析。有至好某专心注力觅其遗物，且百计减其值。果有此事，真堪腹痛。"

昔日汪鸣銮大宅今日为一片出租屋，仅余此门楣表明昔日繁华

后记

此文草就数月，收到某拍卖公司壬辰秋拍图录，翻阅一过，挑出十余部吾所喜爱之批校本。其中有徐乃昌所批《古今通韵》，拍品说明称："徐乃昌旧藏，内有其朱笔批校甚多。原装未衬。"徐乃昌先

生所批之书十余年来时常出现在各家拍场之中，其字体略向右上倾斜。此本一望即知并非出自徐乃昌笔，书上所钤"积学斋徐乃昌藏书"亦为伪章，且曾被人揭穿。细看此段朱批，颇觉眼熟，猛然想起数月前草就之管礼耕批《六艺纲目》，二者字迹甚是相似，亟调出细细比勘，果然出自一人之手。该图录中另一批校本《道山清话》笔迹、墨痕亦与《古今通韵》相似。因心存疑惑，取出往年图录细翻，于京城另一拍场图录中见到又一本管礼耕所批《六艺纲目》，笔迹一模一样，仅于落笔位置有所不同，而所批内容一致，可知此两本管礼耕批《六艺纲目》亦同一人所为。如此看来，做伪者并非偶然为之，而是批量造假，吾一时大意，亦上其当，后来者当以吾为鉴，小心辨别真伪，再行举拍。

倪东铭精钞、题跋《诗法》一卷、《诗谱》一卷

《诗法》一卷、《诗谱》一卷　（元）陈绎曾撰　（明）黄裳撰

清倪东铭精钞本　倪东铭跋　花溪倪氏黑格抄书纸

钤印：凤凰池上客（白方）、太平苏氏（朱方）、继卿（朱方）、苏锡昌印（白方）

　　此精钞一函两册，分别为陈绎曾撰《诗谱》一卷、黄裳撰《诗法》一卷。陈绎曾为元人，字伯敷，一作伯孚，生卒年不详，口吃而精敏，诸经注疏多能成诵，文辞汪洋浩博，官至国子监助教，善书，真草篆隶各得其法。黄裳为明人，其名不显，《四库全书总目提要》载其兄黄衷《矩洲集》时，附载《樗亭集》一卷，谓黄衷之弟裳所撰。

　　钞本卷前有明宣德五年（1430）后腊一日涵虚子书序，述及二人时称："如文江诗人黄裳撰《诗法》二篇，予初以为迂之甚也，后征而得之，深有理趣，极其精妙，则见其诗之为志大不凡矣。"又云："今又得元儒所作《诗法》，皆吾江西闻人也，其理尤有高处，乃与黄裳《诗法》互相取舍，芟其繁芜，校其优劣，自谓不由乎我更由乎谁，除文法及诗宗正法不取外，择其可以

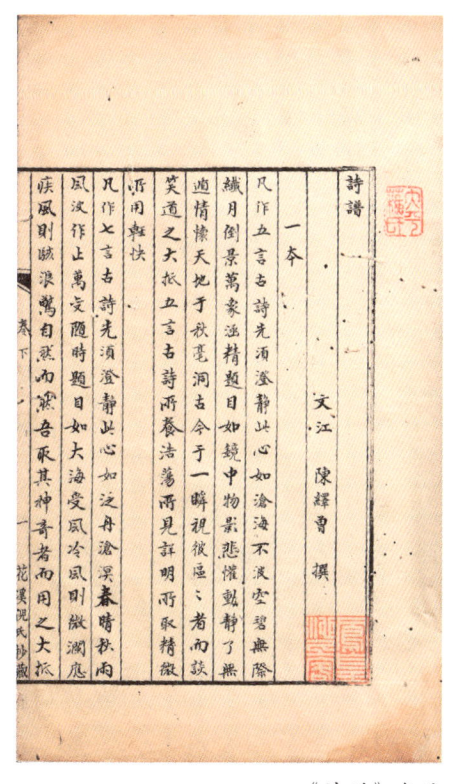

《诗谱》卷首

185

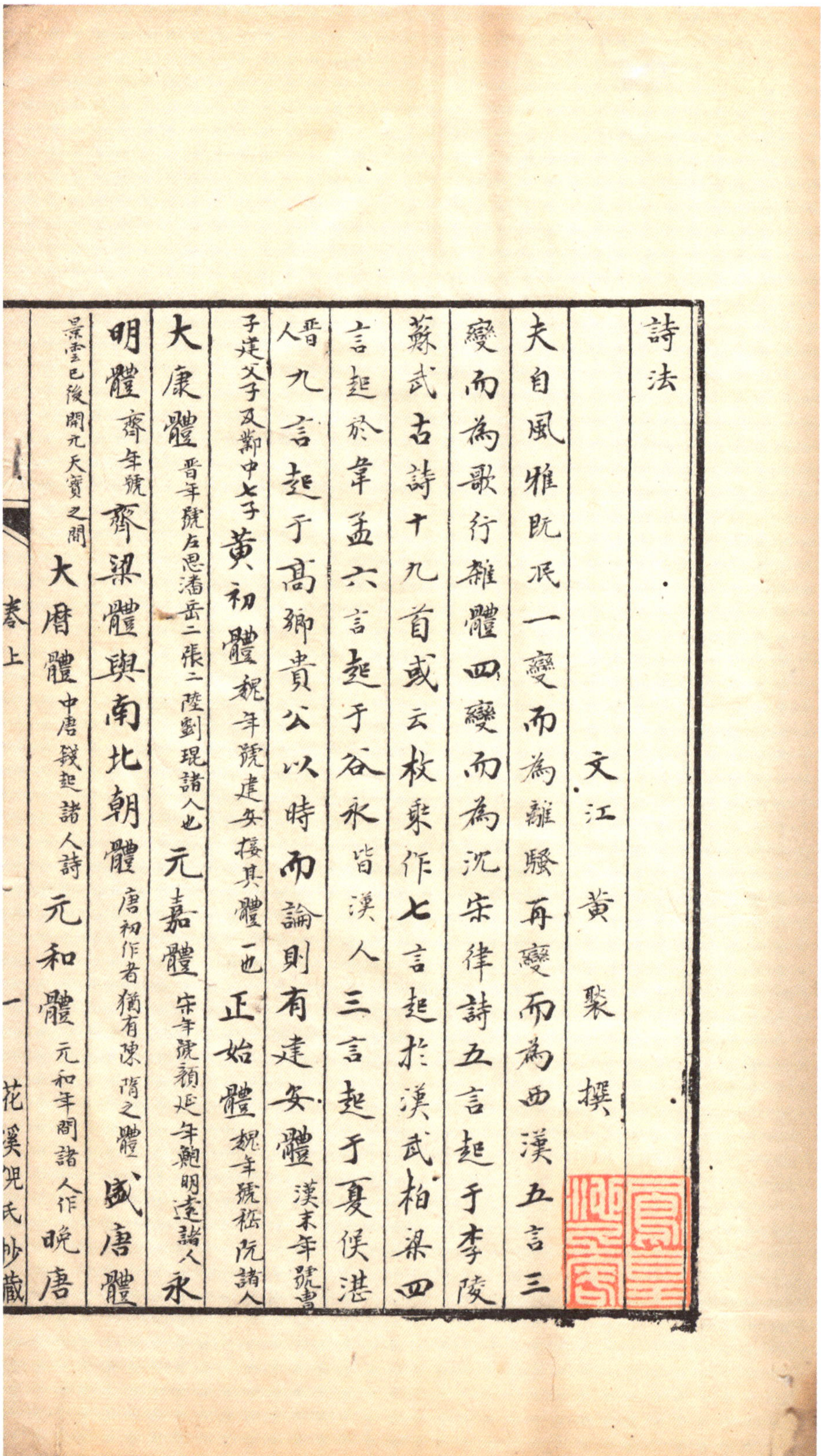

詩法

文江　黃溓　撰

夫自風雅既泯一變而為離騷再變而為西漢五言三

變而為歌行雜體四變而為沈宋律詩五言起于李陵

蘇武古詩十九首或云枚乘作七言起於漢武柏梁四

言起於韋孟六言起于谷永皆漢人三言起于夏侯湛

晉人九言起于高卿貴公以時而論則有建安體漢末年號書

子建父子及鄴中七子黃初體魏年號接其體也正始體魏年號松阮諸人

大康體晉年號左思潘岳二張二陸劉琨諸人也元嘉體宋年號顏延年鮑明遠諸人

明體齊年號齊梁體與南北朝體唐初作者獨有陳隋之體盛唐體

大曆體中唐錢起諸人詩元和體元和年間諸人作晚唐

景雲巳後開元天寶之間

卷上

一

花溪兒氏抄藏

《诗法》卷首

为法者，编为一帙，使知吾江西人杰地灵，气劲趣高，有如此之才人，有如此之诗法，使高明孰不拱手而归之也。"

目录之后、《诗法》之前又有署名"寓浙宪司佥事陵川和维"者所作序言，谓："比年书肆贼兵残掠，板多沉毁，而是书之散于四方者能几见哉，使穷邑僻地有志之士不能不为之愤叹。近得此本，诚为诗人指南。因摹旧本，并录陈绎曾《诗谱》，命工再刊传，与四方同心者共赏，惟不以醯鸡之见贻笑大雅，是所愿也。"由此知《诗法》《诗谱》原本各自流传，至和维始将二书合而刊行，惜未知和维生平及活动时代，否则即可大约推知此书之底本刊刻年代。

此为花溪倪东铭所抄，版心下刻有"花溪倪氏抄藏"六字，可见抄书于其而言是极寻常之事，故专门刻印抄书用纸，该书下册卷末尚贴有浮签，上书："花溪倪氏六十四砚斋，见观堂文，花溪是海宁地名"，当为前任藏书者所遗留，惜吾陋闻，未知海宁藏书家有倪姓者。于各资料中检"倪东铭"皆无所得，可知其人其迹久佚，然观此钞本，字迹精审，笔画明晰，显非俗手所为。末页尚有其跋语一则：

> 《诗法》《诗谱》上下二卷，系黄、陈两贤先后所编，其语时有近谚陋处，然便于初学入门之径，未始非小学之一助。明时藩邸曾有刻本行世，今流传绝少。今春溥游虎阜，友人从肆中购得，展卷之下，因叹今人不乐循规蹈矩、循叙渐进，故垂髫搦管，白首无成。虽风会日趋家鲜实学所至，然入门之始，途径未明，因之东涂西抹，难以名家。则是书虽陋，曷可少哉！爰手录一过，谨志数语于后。壬戌孟秋后一日，花溪倪东铭氏手跋。

跋语中提及此书明代曾有藩刻本，今流传绝少，可知倪东铭于版本流传极熟，后半段则可知其于作诗颇有心得，从遣辞造句复知倪氏于旧学颇有根柢，此般人物今时竟然毫无踪迹可循，不免抚卷慨叹。陈乃乾《室名别号索引》载六十四砚斋为清海宁藏书家陈鳣室名，此为误载也。浮签所书"见观堂文"，缘自王国维先生《〈敬业堂文集〉序》，其中有云："先是，他山先生家孙岩门（岐昌）辑此集，稿藏花溪倪氏六十四砚斋，陈简庄（鳣）首录一本，张沨舫从之传录。"近年整理出版之《吴兔床日记》，乾隆五十三年四月初一载："予尝从倪氏六十四砚斋所藏宋刻《渊明集》摹刊《靖节墓图》及《祠堂图》，祠旁余地皆有亩数，"可知六十四砚庙并非陈鳣室名，且知六十四砚斋中藏有宋刻《渊明集》，羡煞。

倪东铭所云藩刻本为朱权所刻之本，即叶德辉《书林清话》中所称"宁藩"。藩府刻本素被视为明代官刻之精品，明代藩王多财力雄厚，多藏宋元善本，故刊

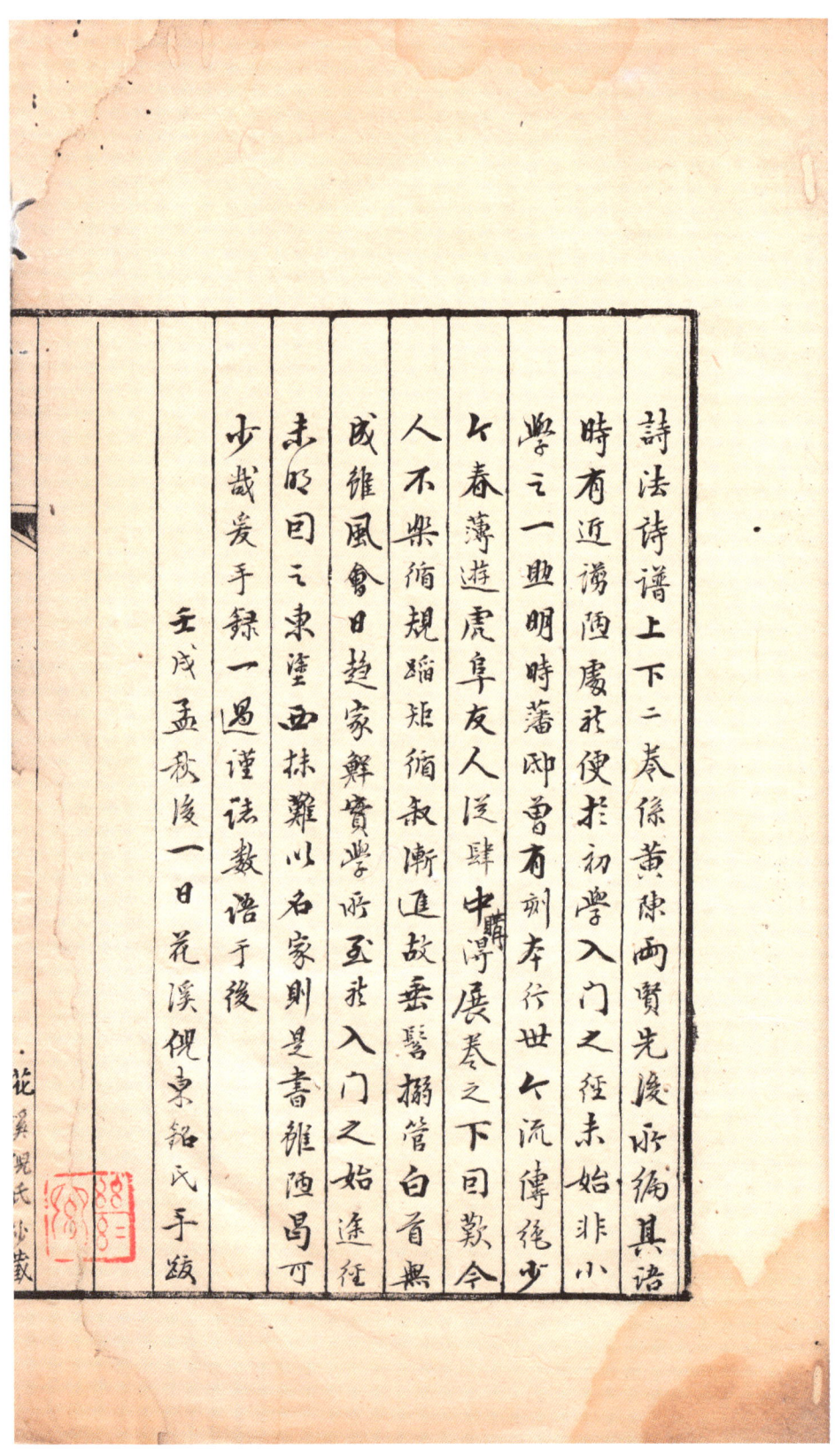

詩法詩譜上下二卷係黃陳兩賢先後所編其語
時有近傍隨處花使於初學入門之徑未始非小
學之一助明時藩邸曹有刊本行世久流傳絕少
七春薄遊震阜友人送肆中購得展卷之下日數今
人不樂循規蹈矩循氣漸進故垂髫搦管白首典
成維風會日趨家鮮實學所至求入門之始途徑
未明曰之束墊西抹難以名家則是書雖陋昌可
少哉爰手錄一過謹志數語于後
　　壬戌孟秋後一日花溪倪東銘氏于跋

《诗法》倪东铭跋语

刻书籍不惜工本；且明代皇帝对藩王防范极严，稍有犯上即严加制裁，多有藩王因此而遭削藩、戍边、赐死等。故其余藩王为保全自己，不得不采取韬晦之计，或藏书，或刻书，或吟诗作画，或潜心黄老，尽量避免皇帝猜疑。朱权为朱元璋第十七子，字臞仙，号涵虚子、丹丘生，受封于大宁，称宁王，卒谥献，又称宁献王。倪东铭所抄《诗法》卷前序言署款涵虚子，即朱权也。

是书前后尚钤有苏锡昌藏印三方，分别为"太平苏氏""苏锡昌"及"继卿"，颇疑卷末所夹字条即苏锡昌所写。北京翰海拍场近年曾推出苏氏专藏，图录还专门列出苏锡昌1969年捐书目录，然检其捐书目录，并无此《诗法》《诗谱》，则该书或为苏氏1969年之前即已散出，几经更迭归于寒斋。是书流转其间，旧主或保存非善，以致惨遭虫蛀，入目斑驳，为之心悸，幸而此蠹于作诗毫无兴致，只作些表面工夫，内页竟多完好，亦属大幸，暇日当重为装池。

卷首钤有藏书印"凤凰池上客"

梁鸿志、何振岱跋
《惜抱先生尺牍》八卷

《惜抱先生尺牍》八卷　（清）姚鼐撰
　　清宣统元年（1909）小万柳堂刊本　梁鸿志、何振岱题跋
一函四册
　　钤印：梁（朱方）、岁寒老人家藏（白方）

　　《惜抱先生尺牍》八卷，姚鼐弟子陈用光辑录而成，最早由陈用光门人郭汝骢刊于道光二年（1822）。陈用光（1768－1835）字硕士，一字实思，江西新城人，嘉庆六年（1801）进士，于当时文名亦高，游于姚鼐门下二十余年，往来书信悉藏弆潢治，日久积成十册，后又遍访与姚鼐有交谊之士以及姚鼐后人，收集惜抱先生书札成此八卷。陈用光以书稿出示郭汝骢时曾赞曰："此虽随手简牍，而其中论学论文语开发学者神智，视归震川尺牍有过之无不及也。学者苟能由是而有悟于学，则不啻亲炙先生之謦欬矣。"郭汝骢阅后遂起私淑之意，并自请剞劂，是为该书之初刻。

　　至咸丰五年（1855）九月，海源阁杨以增因深慕惜抱先生，称其尺牍为"德人之雅音"，于是以陈用光、郭汝骢道光二年刊本为底本，请高均儒重为校订，并手书上版，

姚鼐

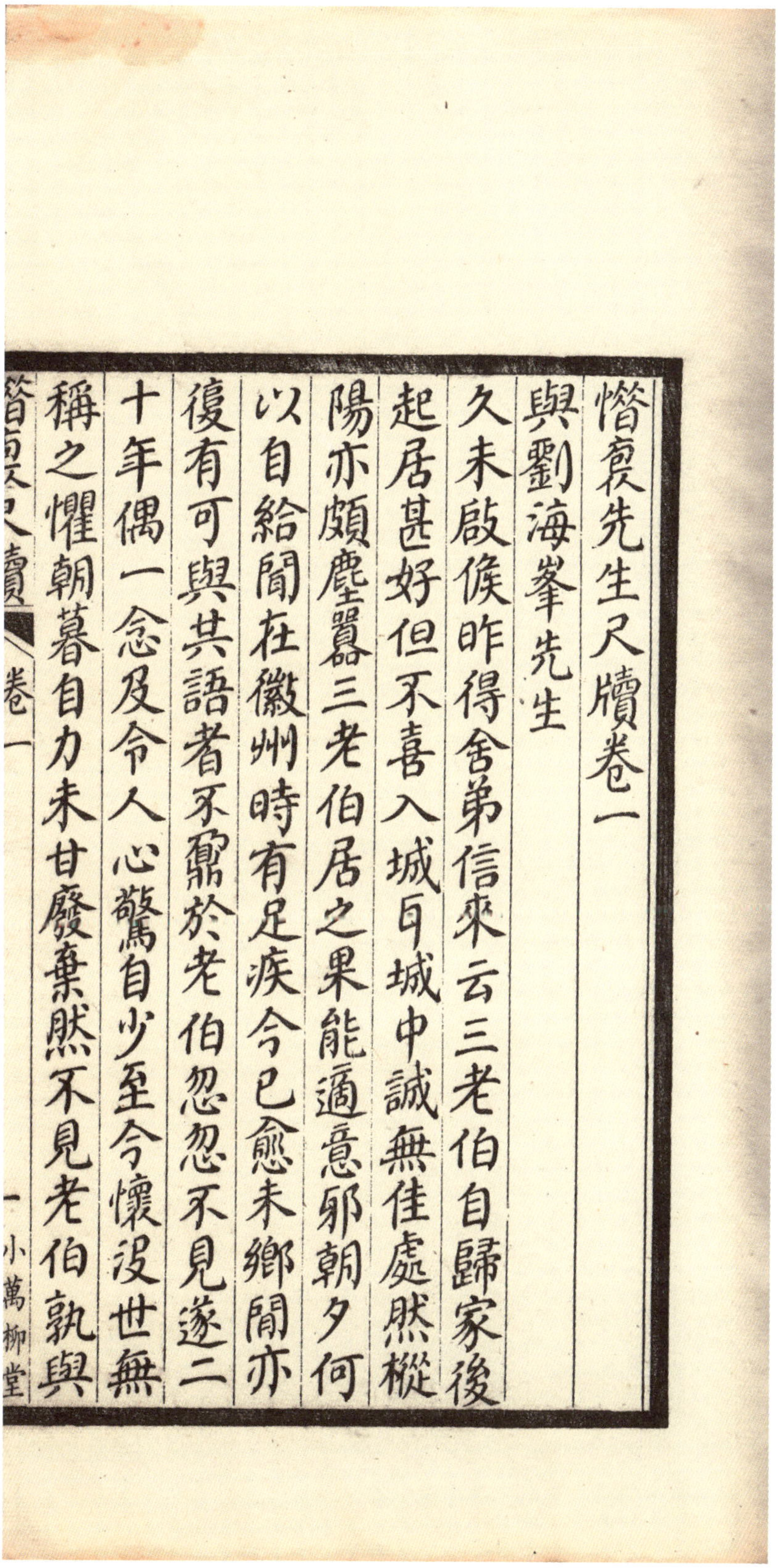

惜抱先生尺牘卷一

與劉海峯先生

久未啟候昨得舍弟信來云三老伯自歸家後
起居甚好但不喜入城曰城中誠無佳處黙櫬
陽亦頗塵囂三老伯居之果能適意耶朝夕何
以自給閒在徽州時有足疾今已愈未鄉閒亦
復有可與其語者不窮於老伯忽忽不見遂二
十年偶一念及令人心驚自少至今懷沒世無
稱之懼朝暮自力未甘廢棄然不見老伯孰與

惜抱先生尺牘 卷一

小萬柳堂

《惜抱先生尺牍》梁鸿志封面题识

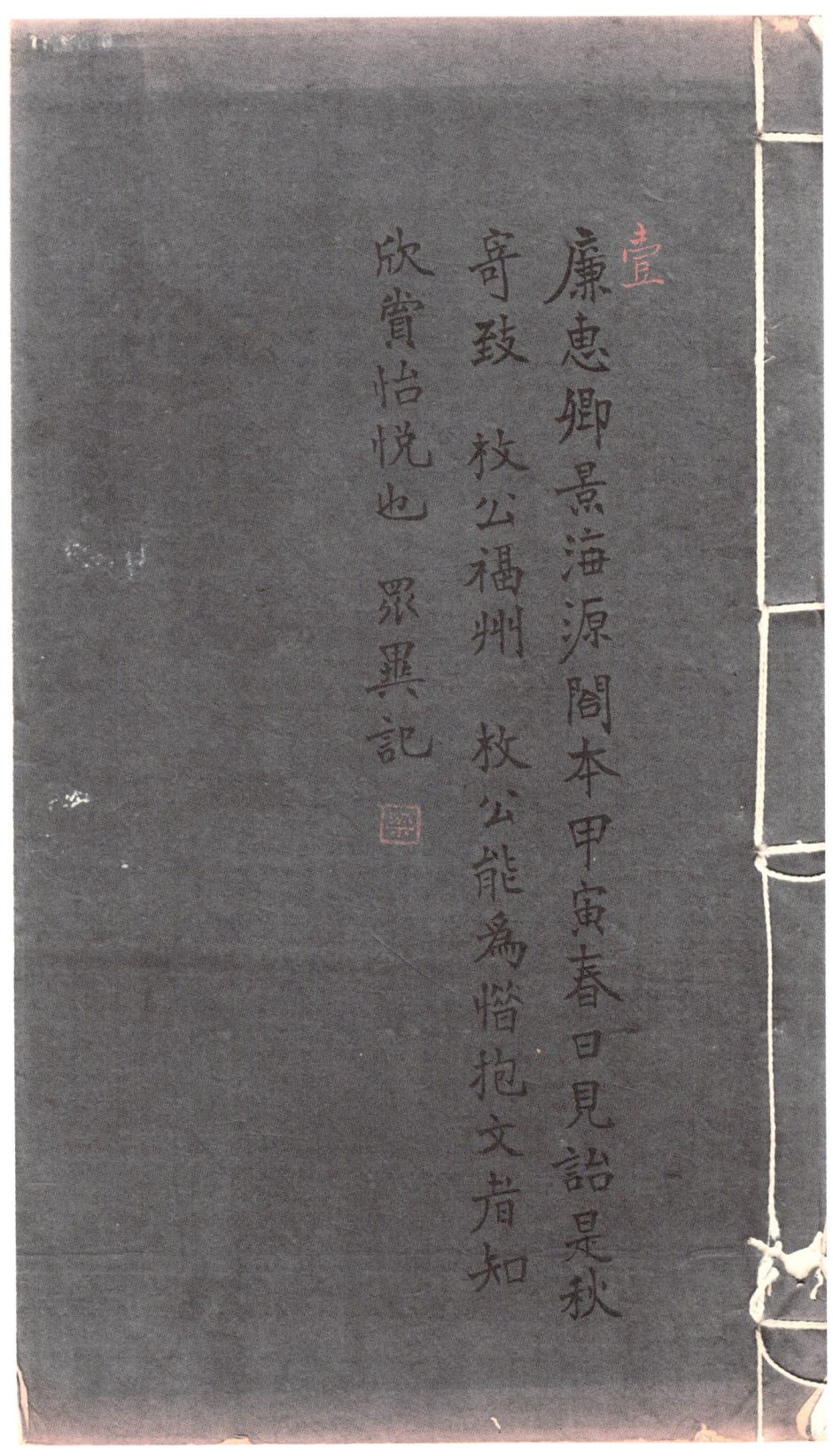

廉惠卿景海源閣本甲寅春日見詒是秋

寄致 枚公福州 枚公能為惜抱文者知

欣賞怡悦也 眾異記

桐城中学尚有姚鼐亲手所植银杏一株

重刻《惜抱先生手牍》，并于卷前添加梅曾亮序言一篇。高均儒（1812—1869）字伯平，秀水人，专治三礼，并以郑玄注为根本，故号郑斋，精通音律训诂之学，室名续东轩。高均儒曾为吴棠校书，海源阁所刻书籍也多由高均儒校勘，除《惜抱先生尺牍》外，其为海源阁手书上版者尚有《跛溪年谱》。梅曾亮序中形容高均儒所书《惜抱先生尺牍》"字体浑穆，使此书益可钦玩"，诚不我欺也。王献唐先生亦云是书之传，高氏之功不可没。

今日首伏，不欲外出，检箧得此书，乃宣统元年（1909）小万柳堂翻刻海源阁本，一函四册，略有虫蛀，幸而无碍阅读，意外读到惜抱先生致友人札中提到左墉其人："兹有左君墉字兰城，乃丹徒诗人，鼐廿年前交友，今自京口徒居吴中，羁旅无偶，畏人欺之，故谒阁下，希一接见，以增其光。"左墉《云根山馆诗集》稿本今藏寒斋，去年曾作文记之。左墉资料甚稀，诗稿前有其小像，拢手沉默而立，所绘人物极小，仅及书页四分之一，观之即觉其人颇为退缩，惜抱先生语其"畏人欺之"，其状颇似。《云根山馆诗集》中收有姚鼐亲笔跋语及题诗，足见两人相交至深。

其札中数度为人荐馆求职，所荐者皆"少年美才"，兼"文艺诗篇书法皆佳，授徒书禀代笔皆胜任"，又或"最能于鞍马劳剧之时展纸作楷书，颇为工整"，令人想起张元济1952年填写干部履历表时，于"文化程度"一栏只写"稍能做普通旧式诗文"，涉及专业技术时，则为"略知印刷业大概情形及所谓版本目录之学"，两相对比，惜抱先生赞誉之语颇不吝也。此点于全卷亦随处可见，凡语及他人多为美词，动辄称为"奇杰""异才"，极少批评，即便指点后辈文章，纵使浅陋亦婉转点到即止，仅在谈及纪晓岚时语气大为一转，直斥猖獗。

该书卷三皆为致同里故旧及后进书札，其中嘉庆四年（1799）致胡雒君书中云："去秋始得《四库全书目》一部，阅之，其持论大不公平。鼐在京时尚未见纪晓岚猖獗若此之甚，今观此，则略无忌惮矣。岂不为世道忧邪？鼐老矣，望海内诸贤尚能捄其敝也。"乾隆三十八年（1773）四库馆开，纪晓岚为总纂官，当时非翰林而为纂修者仅八人，姚鼐即其一，然入馆两年即自绝前程，作别官场。当时四库馆内自上而下皆崇尚汉学，尊宋学者固有之，尊宋兼抑汉者却仅姚鼐一人，汉宋学术之争令其与纪昀、戴震等之间产生严重分歧，终以告退离场。姚鼐在给外甥马宗琏诗中云："嗟吾本孤立，识谬才复拘。抱志不得朋，慨叹终田庐。"此《惜抱先生尺牍》卷六中亦有其评论汉学之语："夫汉儒之学非不佳也，而今之为汉学乃不佳，偏徇而不论理之是非，琐碎而不识事之大小，哓哓呫呫，道听途说，正使人厌恶耳。且读书者，欲有益于吾身心也。程子以记史书为玩物丧志，若今之为汉学者，以搜残举碎、人所少见者为功，其为玩物不弥甚耶？"

在四库馆中时，惜抱先生还曾为经眼之书撰写提要，名《惜抱轩书录》，得桐城后学极力称赞。姚门弟子毛岳生甚至将其与刘向、曾巩媲美："去烦重，著体要，粹然有刘子政、曾子固之风"；徐宗亮则称："于古今学术源流派别折衷至当，实有得于向、歆父子《七略》之传。"然而在以纪昀、戴震等为首的汉学家眼里，姚鼐所考实在无足轻重，其学术更是粗疏殊甚，故将《书录》收入《四库全书

姚鼐墓

总目》时，对其删润修改，仅存原貌十之二三，最后定稿除对《书录》中所持宋学立场加以摒弃外，对姚鼐考据水准亦大加否定，对其不时流露出来的辞章趣味更加以蔑视，部分篇章甚至被推翻重写。姚鼐虽辞馆归田，却一直关注《四库全书总目》之编纂，极欲早日目睹此著，曾致信四库馆另一位总纂陆锡熊，望《总目》刻成之后，能以一本惠寄。然得睹《总目》之后始知己著被删改至此，亦难怪其大骂纪昀"猖獗若此之甚"。

翻刻此尺牍之小万柳堂，实为廉泉、吴芝瑛夫妇共用堂号。廉泉（1868—1931）字惠卿，号南湖，又号岫云，光绪二十年（1894）举人，曾参与公车上书，精诗文，善书法，嗜金石图籍。万柳堂最早为元代右丞相廉希宪建于北京之别业，廉泉为其二十九世孙。光绪末年，廉泉因不满清廷，辞职移居沪上，于曹家渡购地筑园，因慕先祖廉希宪而以"小万柳堂"颜其斋。其夫人吴芝瑛（1867—1933）字紫英，别号万柳夫人，生于书香门第，伯父吴汝纶为曾国藩入室弟子，兼桐城派晚期重要人物。芝瑛有室名帆影楼，著有《帆影楼纪事》，又素有"奇女子"之称，以诗、文、书法被邑人誉为"三绝"，随夫移居北京不久，即以此三绝闻名京师，然其最为后世所称道者，却是义葬秋瑾之事。

秋瑾素与吴芝瑛交谊极深，其旅日之资亦多赖吴芝瑛相助。光绪三十三年（1907）年秋瑾就义后，吴芝瑛大为悲痛，不顾清廷有葬秋瑾者即治罪之诏令，与秋瑾生前好友徐自华一起前往绍兴拾殓遗骸，秘密运至杭州，葬于岳王坟前之西泠桥畔，由徐自华撰写墓表，吴芝瑛手书勒石，后又于家中建"悲秋阁"，于秋瑾就义之绍兴古轩亭口造"风雨亭"，以志哀思。此事于当时清廷而言，为极大逆不道之事，有官员请求当局平墓毁碑，并捉拿吴、徐二人严加惩办，民众皆为二人心悬，劝其暂避风头，正于医院养病之吴芝瑛却立即抱病出院，声称愿与秋瑾同含冤而死，并致信两江总督端方："是非纵有公论，处理则在朝廷，芝瑛不敢逃罪。"事后清廷迫于中外舆论之压力，未敢贸然加害。吴芝瑛义举除收葬秋瑾之外，尚有捐资办学、振济灾民等，甚至变卖家藏董其昌手书《史记》真迹，以数千金赎出误入青楼的良家女子李苹香，并结为诗友。诸番义举，令其家资日薄，晚年为沉疴所困，不得已将沪上小万柳堂变卖易主，最后病逝于无锡故居，终年六十六岁。

此小万柳堂翻刻海源阁本之《惜抱先生尺牍》，即吴芝瑛以瘦金体题签，下署"小万柳堂重刊本，吴芝瑛敬题"，其字峻劲清丽，章法森严，毫无女儿家脂粉媚艳之气。版心刻有"小万柳堂"。此本首册封面尚有梁鸿志墨笔题识一段："廉

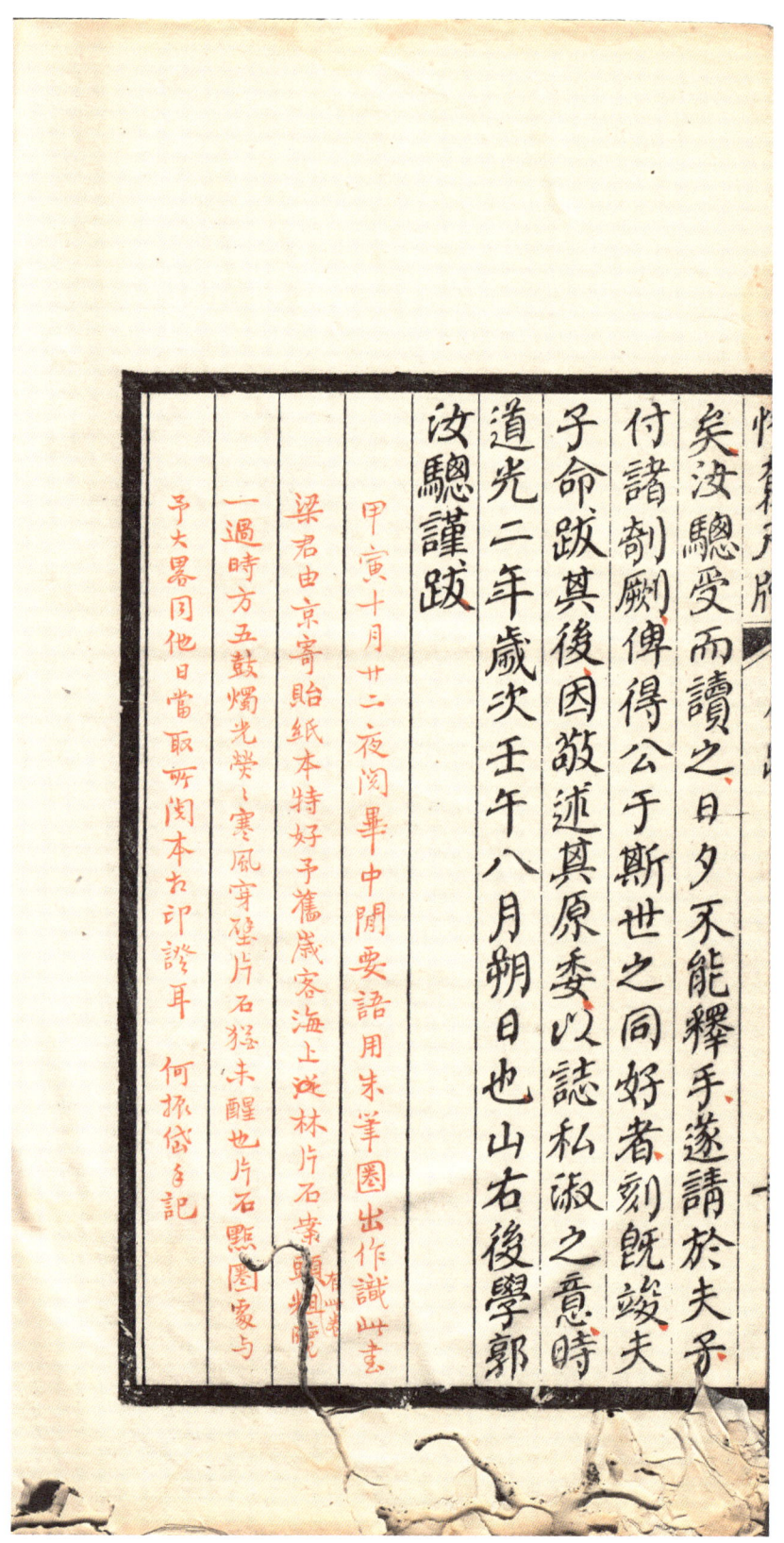

矣汝驄受而讀之曰夕不能釋手遂請於夫子

付諸剞劂俾得公于斯世之同好者刻既竣夫

子命跋其後因敬述其原委以誌私淑之意時

道光二年歲次壬午八月朔日也山右後學郭

汝驄謹跋

甲寅十月廿二夜閱畢中闢要語用朱筆圈出作識此畫

梁君由京寄貽紙本特好予舊歲客海上從林片石崇頭料到

一過時方五鼓燭光瑩瑩寒風穿壁片石猶朱醒也片石點圈象與

予大暑同他日當取所閱本石印證耳 何振岱手記

《惜抱先生尺牘》卷末何振岱跋语

196

梁鸿志藏书印"梁"

惠卿景海源阁本，甲寅春日见诒，是秋寄致枚公福州。枚公能为惜抱文者，知欣赏怡悦也。众异记"，此"枚公"即何振岱也。末册卷尾复有何振岱朱笔跋语一段："甲寅十月廿二夜阅毕，中间要语用朱笔圈出作识。此书梁君由京寄贻，纸本特好。予旧岁客海上，林片石案头有此卷，粗览一过，时方五鼓，烛光萤萤，寒风穿壁，片石犹未醒也。片石点圈处与予大略同，他日当取所阅本相印证耳。何振岱手记。"

梁鸿志（1882—1946）字众异，晚号迁叟，室名爱居阁、三十三宋斋，曾著有《爱居阁诗集》《爱居阁脞谈》《入狱集》《待死集》等，为清代巨儒梁章钜曾孙，与何振岱同为闽人。伦明《辛亥以来藏书纪事诗》中最后一位即梁鸿志，其咏为"吴庑才人擅五噫，简明倘是慕相如。绛云故物天家宝，梦寐追寻两汉书"。

伦明作此诗时梁鸿志尚在人世，故仅云其藏书事，若咏于梁故之后，其诗必不会如此平淡。梁众异毕业于京师大学堂，曾入学部任职，民国后任职于国务院，兼《亚细亚日报》编辑，后入段祺瑞政府，为安福系骨干，1938年与陈锦涛、陈箓等在南京成立伪维新政府，并担任行政院长，1940年又任汪伪政府监察院长，抗战胜利后携两妾及幼女逃往苏州，后被抓捕解押至上海，于1946年在上海提篮桥监狱以汉奸罪被行枪决。行刑之日，有人拍下其被押往刑场的照片，其女在身后号啕大哭。

寄书至福州时，梁鸿志刚过而立不久，时值民国三年，袁世凯尚未称帝，军阀混战之场面亦未曾铺开，二人尚有闲情翻阅前朝书札。今时所有人物俱已作古，何振岱所云"纸本特好"业已遭蠹鱼咬啮，未知伦明若晓后事如此热闹纷纭，其纪事诗又会如何吟咏。

孔继涵、王寿彭、汪奠基跋微波榭钞本《文选颜鲍谢诗评》四卷

《文选颜鲍谢诗评》四卷 （元）方回撰

清乾隆间孔氏微波榭钞本 孔继涵题记 王寿彭、汪奠基跋语 一函四册

钤印：寿彭（白方）、王筬校本（白方）、王思筬读书记（朱方）、王思筬所藏金石书画（白方）、鄂城汪奠基藏书之印（白方）、汪奠基印（白方）、三辅（朱方）、畿南文献（白方）、王文祥（白方）、陶古精舍（白方）、青岛王氏陶古精舍藏书画印（朱方）、芟抚藏书等

　　是书作者方回（1227—1307）字万里，号虚谷居士，安徽歙县人，宋景定三年（1262）进士，所著除《文选颜鲍谢诗评》外，尚有《桐江集》《桐江续集》及《瀛奎律髓》等。方回生平颇为人不齿，居宋朝时，见贾似道势力甚盛，遂以《梅花百咏》向其献媚；贾势败后，又上疏痛斥贾有十大可斩之罪；元兵南下时，方回对同僚发誓以死守城，其言之壮，众人深信，及至兵临城下时却遍寻不见其踪，后知其早以州官身份迎降于三十里外。入元后，其官建德路总管，至元十八年（1281）致仕，却又以宋遗民自比，故后世评论方回，常语多讥讽。清代四库总纂纪昀称其"文人无行，至方虚谷而极矣"。与方回同时代之周密对其尤为不齿，于笔记《癸辛杂识》中记曰："方回，徽人也。其父南游殂于广中。回，广婢所生，故其名及字如此。喜作诗，以放肆为高。……其处乡，以为专以骗胁为事，乡曲无不被其害者，怨之切齿，遂一向寓杭之三桥旅楼而不敢归。老而贪淫，凡遇妓则跪之，略无羞耻之心。有二婢曰周胜雪、刘玉榴，方酷爱之，而二婢实不乐也。既而方游金陵，寄二婢于其母周姬之家，胜雪竟为豪客挟去。方归，惟有怅惋而已。遂为《恨惋诗》二首，自刻之梓，揭之通衢，无不笑者。"

　　如此自揭家丑之举，吾等颇不能解，然亦有能解之人。民国年间余觉因沈寿与张謇之事，作《余觉沈寿夫妇痛史》行世，郁达夫在杂志上公开发表《毁家诗纪》，指王映霞红杏出墙，皆自揭家丑惟恐众人不知，或皆受方回之启。方回其行

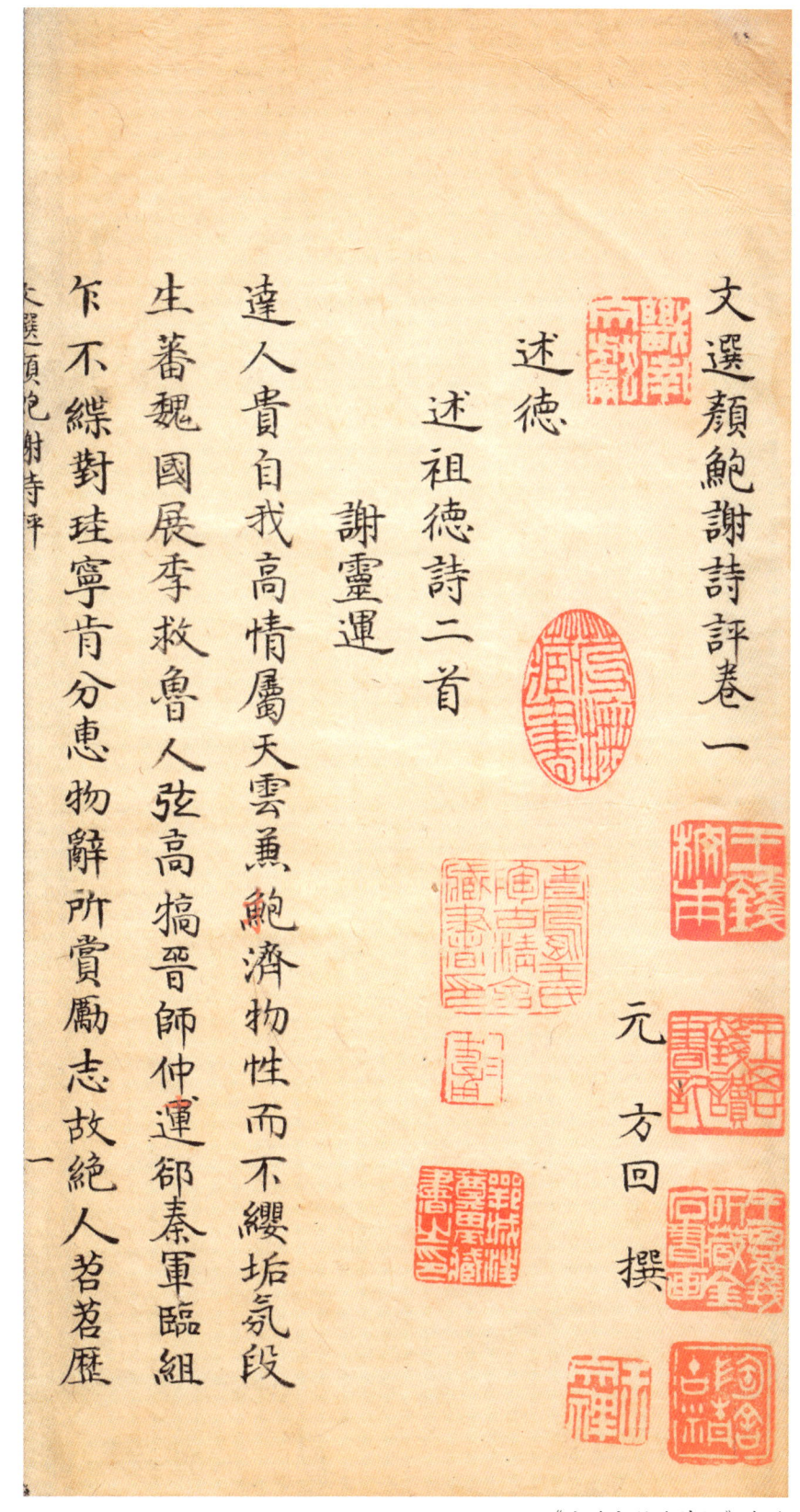

文選顏鮑謝詩評卷一

述德

　　　　述祖德詩二首

　　　　　　謝靈運

達人貴自我高情屬天雲蔓鮑濟物性而不纓垢氛段

生蕃魏國展季救魯人弦高搞晉師仲運郤秦軍臨組

乍不縲對珪寧肯分惠物辭所賞勵志故絕人諡若歷

元　方　回　撰

函套外汪奠基题签

虽鄙，却仍然于宋、元之际主持文章坛坫数十年，当时名流硕彦、山林隐逸几乎无不与之交，原因即在于其学问亦有可取之处，尤其诗学为虚谷一生致力所在，即便纪昀指其无行至极，却也承认其诗实出宋末诸家之上，不能因人而废诗。

方回论诗极为推崇江西诗派，其诗学观点可于《瀛奎律髓》得以尽见，提倡"格高"，认为"诗先看格高而意又到语又工为上；意到语工而格不高，次之；无格无意又无语，下矣"。在提倡"格高"同时，又崇尚"瘦硬枯劲"，强调"绣与画之迹俱泯"。《瀛奎律髓》四十九卷为其壮年时期所撰诗论，晚年又撰有《文选颜鲍谢诗评》四卷，编取《文选》所录颜延之、鲍照、谢灵运、谢惠连、谢朓之五人诗作加以评点。此时虚谷居士年岁已高，性情亦趋平和，故所论较《瀛奎律髓》客观中肯，间有考订。四库全书著录是书时，结语为："小小舛漏，亦所不免，要不害其大体。统观全集，究较《瀛奎律髓》为胜。殆作於晚年，所见又进欤？"

今检《中国古籍善本总目》，《文选颜鲍谢诗评》著录仅清抄本一部，为《四库全书》底本。《四库全书》所用为《永乐大典》本，乃周永年所辑。周永年（1730—1791）字书昌，一字书愚，自号林汲山人。乾隆三十八年（1773），乾隆应刘统勋请求，增加纂修翰林十人，其中周永年、邵晋涵、余集、戴震和杨昌霖五人得以普通学者身份应征入馆，时人称为"五征君"，并于开馆当年皆改为翰林。

周永年入馆后，对馆内官僚之风极为不满，人称无可辑录者，其皆谓多有可录。又多有馆员择其易者辑之，将难辑者尽以委之。章学诚撰《周书昌先生别传》，云"书昌无间风雨寒暑，目尽九千巨册，计卷一万八千有余，丹铅标识，摘抉编摩。于是，永新刘氏兄弟《公是》《公非》诸集以下，又得十有余家，皆前人所未见者，咸著于录"。于敏中《论〈四库全书〉手札》亦言"昨阅程功册，散篇一项，除周编修（山东）外，认真者极少"。离开四库馆时，周永年自《永乐大典》中辑出佚书计有十三种，二百七十一卷，此《文选颜鲍谢诗评》四卷即其一也。

寒斋所藏是书为清乾隆间孔氏微波榭钞本，一函四册，卷末有孔继涵题记两行，以及王寿彭、汪奠基跋语数页。函套上贴有橙色虎皮宣题签，乃汪奠基所书，下有小字："孔氏微波榭钞校本，王寿彭重校手跋，四卷分装珍品，卷末有孔氏手记两行。戊子，山父识。"末钤"三辅"小朱方。孔继涵（1739—1783）字体生，号荭谷，一作葓谷，山东曲阜人，孔子六十九代孙，乾隆二十五年（1760）举人，三十六（1771）进士，官户部河南司主事，兼理军需局事，充《日下旧闻》纂修官，以母病告归。所著有《红榈书屋集》《断冰词》《炊经堂友朋诗文杂稿》《夏小正考异》及《水经释地》等，藏书数十万卷，其中手抄、校者数千帙，室名微波榭、红榈书屋、青棷书屋和春及园。每遇罕有珍籍，必校勘付梓以广其传，所刻有《微波榭丛书》，其中包括《戴氏遗书》。戴震与孔继涵为儿女姻亲，孔继涵之子孔根源所娶为戴东原之女。东原殁后，荭谷为其经营丧事，辑其所著书为《戴氏遗书》，又将东原辑校之《周髀算经》等十种古算经，辑为《算经十书》，均刻入《微波榭丛书》，尤为士林称许。

翁方纲曾赋诗《送孔荭谷农部请养归曲阜》，记孔继涵抄书校书事："敏捷抄书手，优闲奉母身。归当仍壮岁，行及小阳春。《日下》编初葳，章邱笻更新。牙签精点勘，勿笑北方人。"其抄书校书之精，可窥一斑。荭谷所抄之书，版心多刻有"青棷书屋"四字，《中国古籍版刻辞典》中有"微波榭"一条，著录所抄书近六十种，然所列目录中并无《文选颜鲍谢诗评》，且此本抄书用纸为普通书纸，版心并未刻"青棷书屋"四字。

不过该书第四册卷末有荭谷先生手记两行，为王寿彭、汪奠基鉴定为微波榭钞本。荭谷先生手记内容为："乾隆癸卯春三月初七日，司及苍（名鸿泽）自都中来，寄到周林汲兄所抄本，即携至黄犊，散坐槛上观之，时桃花正放。"周林汲即自《永乐大典》中辑出是书之周永年。周永年乾隆三十八年（1773）入四库馆，四十四年（1779）出任贵州乡试副考官，则是书之辑成在三十八年至四十四年之间，至孔继涵得书之四十八年（1783），尚未有刻本行世。是故于当时而言，孔继涵所得之书实为稀见之本。然孔继涵得书未久即染暴症，并于当年去世，深令书林痛惜。今观其书于卷尾之手记，运腕流畅，笔力颇健，丝毫不似将赴黄泉者，可知人有旦夕祸福，无常随时追命，则生者更当珍惜光阴。

是书曾为王寿彭所藏，有其手书跋语两篇于卷首，其中第一篇为："此曲阜孔氏微波榭钞本也。卷中点校及卷尾题识均系荭谷先生手笔。吾家藏孔氏钞校本至夥，故余于荭谷手迹识之最审。此册虽无印记姓氏，而以字迹格式定之，确知为孔氏钞校无疑耳。旧装破损，戊辰之春避乱京师，因命估人重加装池焉。三月二十日寿彭手记。"末钤"寿彭"白方。次页跋语虽长，但详细考订版本渊源，现移录于此：

按卷四《拟邺中集》评云：鹙砌妆点而成，无可圈点，故余评其诗而不书其全篇（今本并书全篇，当是后人所补）。据此则原书尚有圈点也。余家所藏成化本《瀛奎律髓》亦有圈点，而后刻本均削之。是书世久不传，乾隆中修《四库全书》，馆臣从《永乐大典》中辑出，疑此书圈点编《大典》时即经删削矣。论文之书，圈点实居要义，盖诗文奥妙之境有时不能形诸文词，非圈点不足以发之，而世之刻书者，辄谓圈点近俗，遂一切删削之，抑亦过矣。同日灯下记。

是书虽经荭谷勘过而误字仍复不少，然亦无别本可对，因取宋本《六臣文选》校之，略改讹字，其两通者亦间录一二。方氏所据大率为李善本，亦间用六臣，盖择善而从，不尽依一本也。故余于李善、六臣之异同亦不复赘云。寿彭记。

读此两段跋语可知王寿彭当年藏书亦精且富。除此跋语之外，该书每册末页尚有其题记一行，皆以绿笔书之，卷中校出讹字若干，亦以绿笔圈出，与孔继涵朱笔所校以示区别。其卷末题记移录如右：一：戊辰三月廿一日校；二：二十一日灯下校，再思堂主记；三：戊辰三月二十四日夜，小雨灯下校弟三卷，定武王篯聊生记；四：戊辰三月念五日，依宋本《六臣文选》校正，寿彭记。睹此四段题记，始知王寿彭有堂号为再思堂，且有别字聊生，此吾以前未知也。

继王寿彭之后，该书为鄂城汪奠基所得。汪奠基（1900—1979）原名三辅，号芟扶、芟芜、山父，早年留学法国，归来后曾执教于各大学，主要研究逻辑学及哲学。该书首册卷前有其手书《四库提要》中《文选颜鲍谢诗评四卷》提要全文，计有三页之多，后复记曰："按：以上《提要》中所录评语原文，与此钞颇有出入。

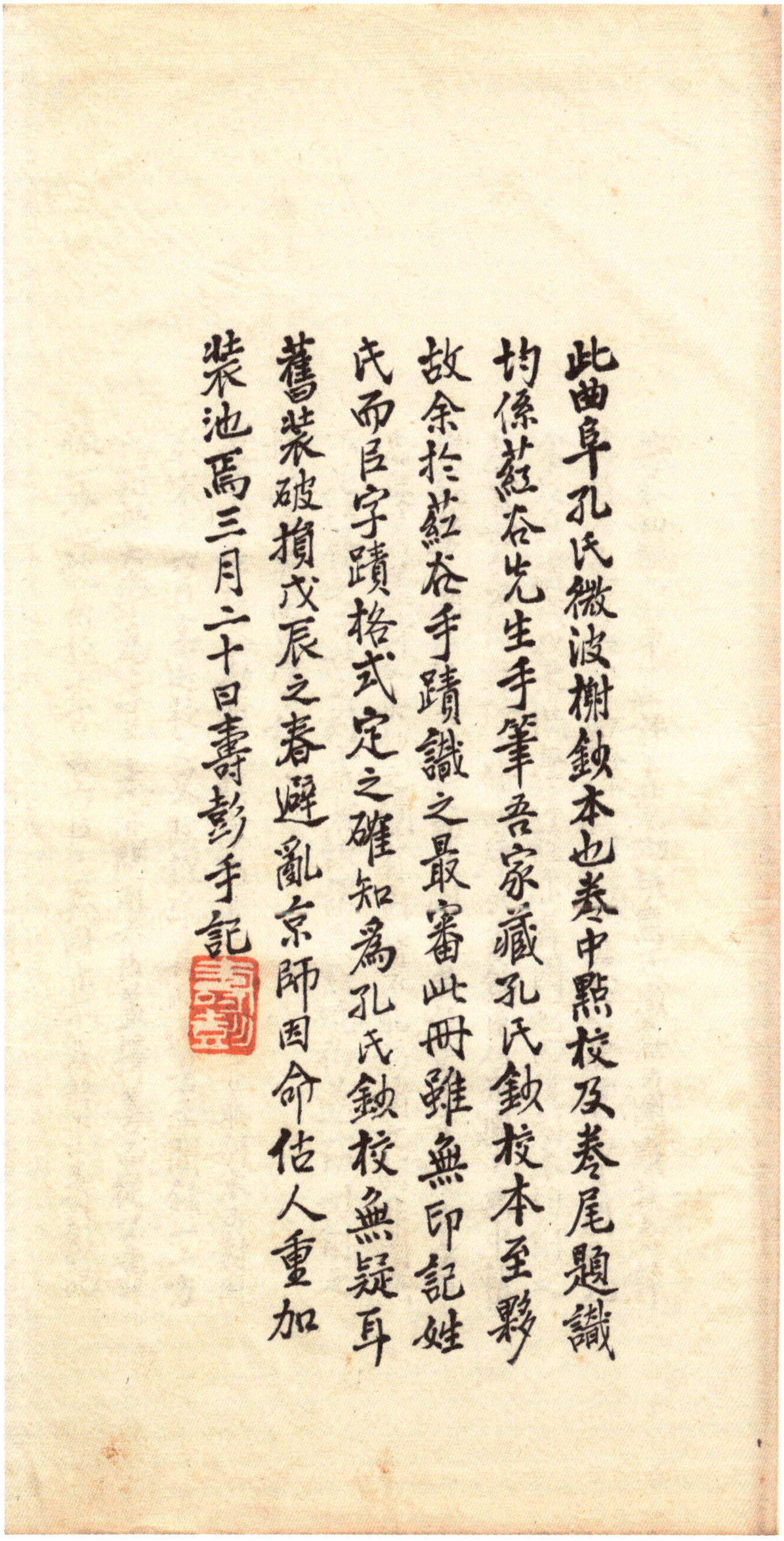

此曲阜孔氏微波榭鈔本也卷中點校及卷尾題識
均係蕘谷先生手筆吾家藏孔氏鈔校本至夥
故余於蕘谷手蹟識之最審此册雖無印記姓
氏而呂字蹟格式定之確知爲孔氏鈔校無疑耳
舊裝破損戊辰之春避亂京師因命估人重加
裝池爲三月二十日壽彭手記

《文选颜鲍谢诗评》王寿彭题记

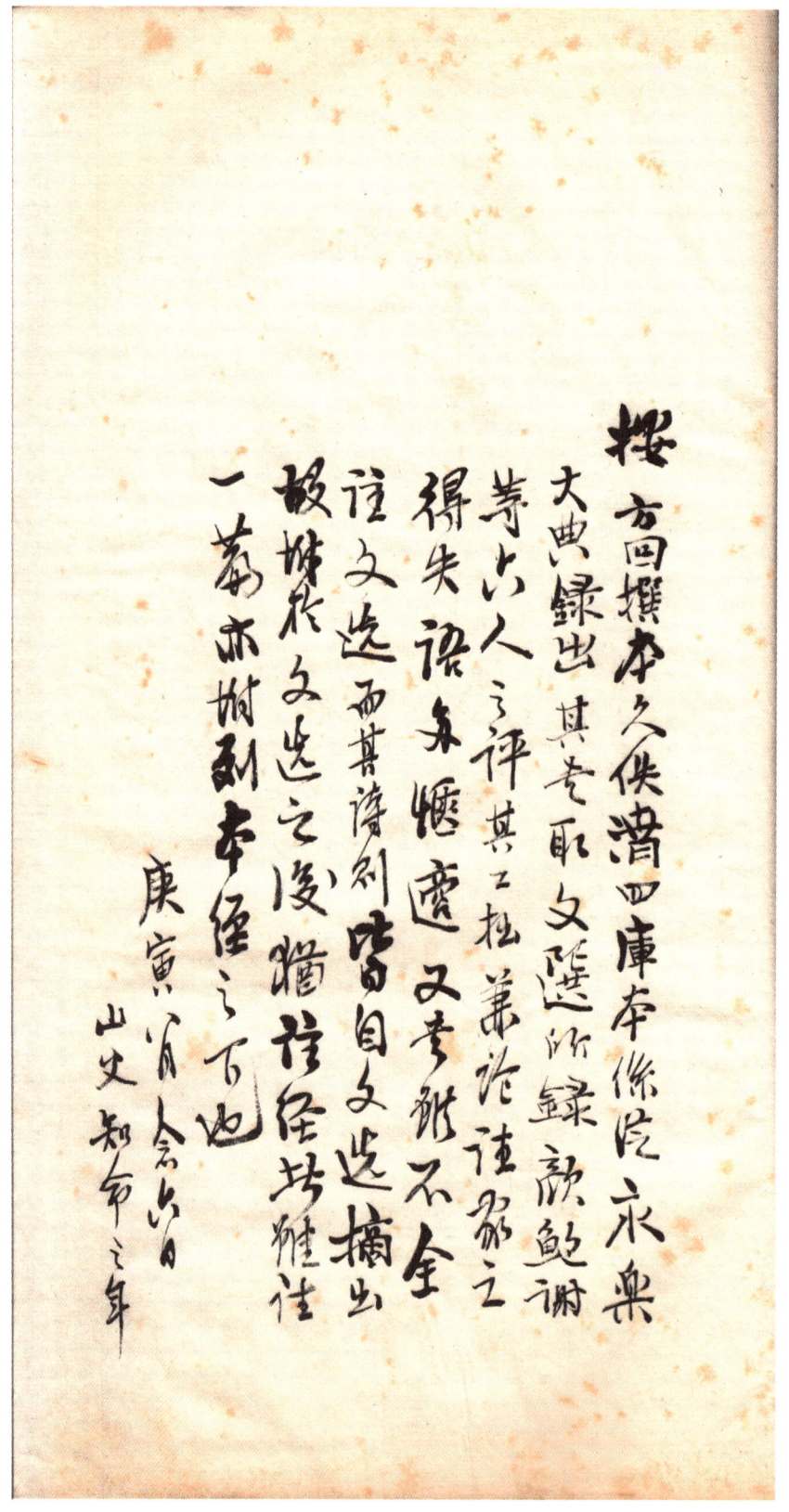

按 方回撰本久佚清四庫本係从永樂
大典録出其考取文選所録顏鮑謝
等比人之評其工拙兼为注釋之
得失語多愜適又考所不全
注文選西其詩列皆自文選摘出
故據采文選之後增挍坚雅注
一篇亦附刻本徑之百也

　　　　庚寅宵有秋会日
　　　　山史都命三年

《文选颜鲍谢诗评》汪奠基题记

《四库提要》作者系根据《永乐大典》本，此钞确系据原刻传写，益以荭谷、寿彭先后校识，可谓精本矣。戊子三月九日奠基识。"此册卷末复有其跋语一页，内容为："按：方回撰本久佚，清四库本系从《永乐大典》录出，其专取《文选》所录颜、鲍、谢等六人文，评其工拙，兼论诸家之得失，语多惬适。又书虽不全注《文选》，而其诗则皆自《文选》摘出，故附于《文选》之后，犹注经者，虽注一篇，亦附列本经之后也。庚寅八月念六日，山父知命之年。"

两段跋语时隔两年，可见汪奠基颇爱是书，反复摩挲，继王寿彭重新装池之后，其又于首册添加衬页两张，录以《四库提要》原文。今于各处检点汪奠基资料，多述其在逻辑学及哲学方面之成就，绝无提及藏书事，然观其书法、用辞，无一不是旧学极深且谙藏书之道者。或者藏书之事，仅于我等深病于此者方为头等大事。

王寿彭藏书印"王笺校本"

汪奠基藏书印"鄂城汪奠基藏书之印"

王荫嘉批校
《适园藏书志》十六卷

《适园藏书志》十六卷　（民国）张钧衡撰

民国五年（1916）适园刻本　王荫嘉批校　一函六册

钤印：王氏二十八宿砚斋藏书印（朱方）、双长生树

屋（白方）

适园主人张钧衡（1872—1927）字石铭，为吴兴三大藏书家之一。其幼时听人谈及鲍廷博、刘桐、严元照等乡前辈藏书遗事，慨然生仰止之思，遂有收书之意。曾自叙藏书缘起曰："比及弱冠，遂有收书之愿。织里估客，载书而来者，各如其意而去。秋试省中，春闱日下，见异则收，闻声相慕，荏苒二十年，积成万卷，雪钞露汇，日益所无。后客沪上，又值易代之际，故家大族有为匪类劫取而鬻于市者，有因饥困而授之人者，时时益之，不为限制。"家境之殷以及时局之赋，使张钧衡得以有机会先后收得朱学勤结一庐、张蓉镜小琅嬛福地、吴骞拜经楼、顾沅艺海楼等多家旧藏，令适园藏书仅用二十年时间即拥书万卷，与密韵楼、嘉业堂比肩。至民国五年（1916年）编印《适园藏书志》时，适园已拥有宋本四十五部，元本五十七部，黄跋二十六部，以及前人

缪荃孙

適園藏書志卷第一

吳興 張鈞衡 石銘

經部一

易類

周易六卷 舊鈔本

魏王弼注輔嗣止注六十四卦此六卷是其舊第與山井鼎所記古本合固易經之首出六朝之遺書也偶有一二處不合則傳寫之誤不得疑為山井鼎所未見之本此辨作辯或作惑取作娶亨作享如而通用今以阮本校同異識之每節均加也字楊惺吾以為寫官所加極是故擇應有者識之餘不錄

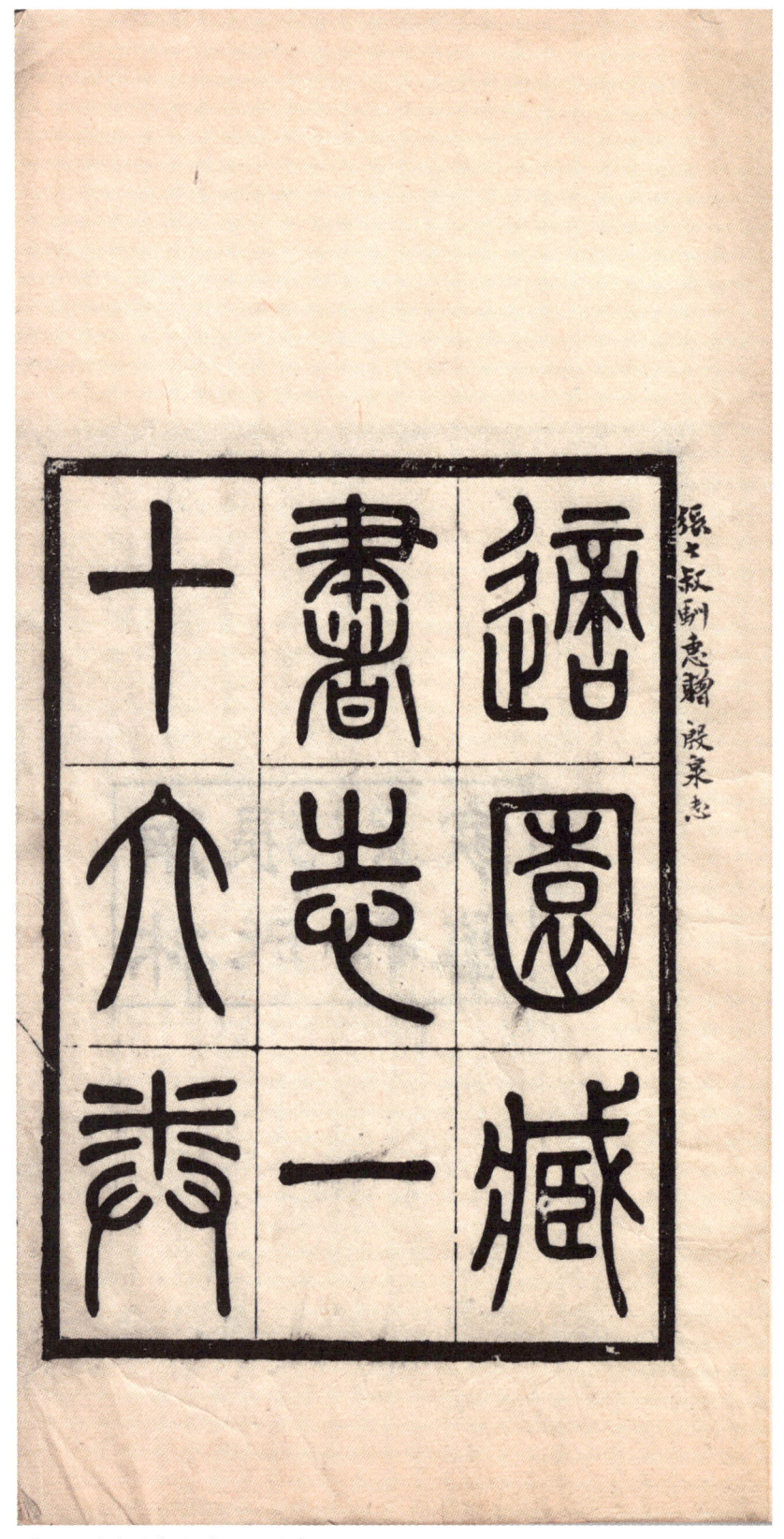

《适园藏书志》书牌页王荫嘉题识

未著录、海内未经见者若干。

　　此《适园藏书志》十六卷一函六册，为张氏家刻本，极初印，前有牌记"南林张氏刻于家塾"。该书虽然卷首书名下署撰者名为"吴兴张钧衡石铭"，实则为缪荃孙操觚。缪荃孙（1844—1919）字炎之，号筱珊，一作小山，晚号艺风，江苏江阴人。伦明《辛亥以来藏书纪事诗》中咏其："一册垂为学海津，毕生事业与书亲。伟哉雕木破前例，几许刊传近代人"。然此诗实未咏出缪荃孙之全貌，其无论于传统版本目录学，抑或现代图书馆史以及藏书史、出版史，皆有无可替代之地位，其"伟哉"之处，又岂止仅为"与书亲"。

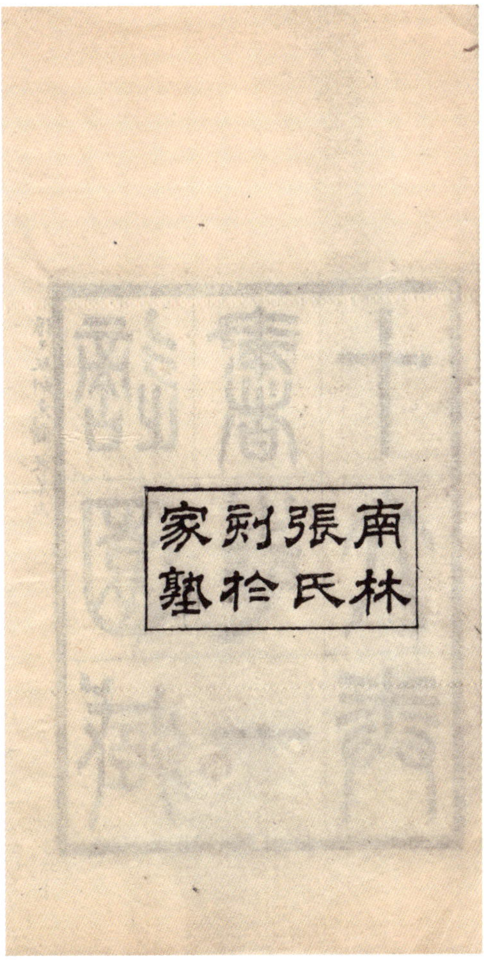

　　缪荃孙同治六年（1867年）中举，光绪二年（1876年）中进士，任翰林院编修，充国史馆总纂，后以"性刚不能谐俗"而弃官归里，自作戏语曰"以七品官归田"。弃官后，艺风先后在江阴南菁书院、山东泺源书院、江宁钟山书院、常州龙山书院讲学，课徒之余一意校书、刻书、著书。宣统二年（1910年），其应召入京，以四品卿衔充任京师图书馆监督，京师图书馆之筹办、创建者正是缪荃孙。中国近代史上首个具有现代意义的公共图书馆南京图书馆，亦为缪荃孙受端方委派而筹办。

　　缪荃孙一生著述宏富，自订年谱

《适园藏书志》牌记

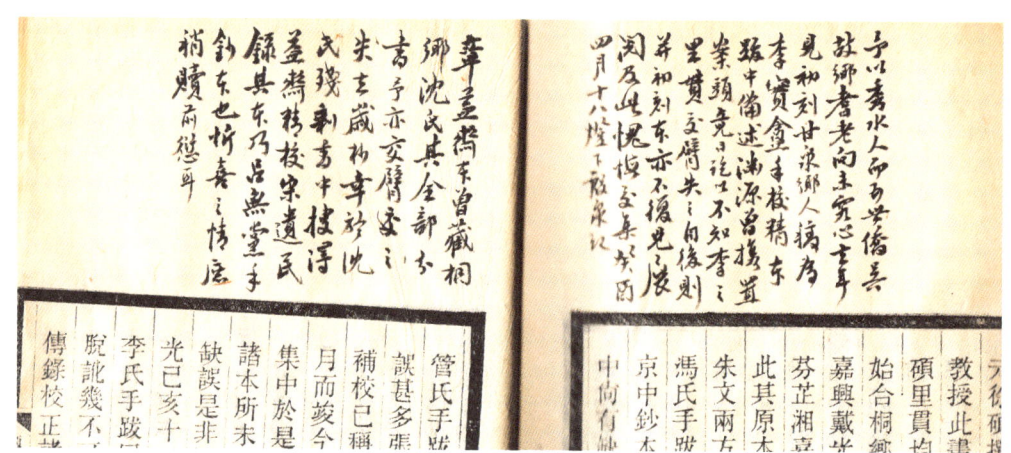

《适园藏书志》王荫嘉批校

中称："身历十六省，著书二百卷。"其年谱自订于民国元年（1912），此"二百卷"尚未包含民国元年至七年去世之前所著。此七年间，艺风老人笔耕不辍，所著当远远不止二百卷。其著述涉及内容极广，除个人文集、诗集、词集外，尚有金石、史传、年谱、方志、校记、辑佚及目录等，其中目录类撰辑者计有《艺风藏书记》（包含续记、再续记）、《艺风堂题跋》《清学部图书馆善本书目》《清学部图书馆方志目》《天一阁失窃书目》《词小说谱录目》《红雨楼题跋》《菦圃藏书题识》《宋元书影》《湖北通志艺文志残稿》《日本访书记》《拟清史艺文志稿》《读画斋印谱》《五家宋元书目》《唐书艺文志注》《嘉业堂藏书志》及《琉璃厂书肆后记》等，另有替人代笔所撰、辑者：《书目答问》署名张之洞，《士礼居藏书题跋记》署名潘祖荫，《适园藏书志》署名张钧衡，《愚斋图书馆藏书目录》署名盛宣怀。

《适园藏书志》虽于卷首署名张钧衡，然张氏并未掠人之美，卷前有缪荃孙序言，文末称："荃孙商榷宗旨，督率为官，辛苦两年，告成志幸。嗟乎！兵戈未戢，弦诵阒如。縢囊帏盖，幸获免于兵燹之时；玉轴牙签，庶永荫夫卿云之瑞。是为序。"由此语可知，《适园藏书志》实际撰稿人为缪荃孙无疑。又有详述体例语："因分四部，勒成一编。先举书名，下注何本。举撰人之仕履，述作书之大意。行款尺寸，偶有异同，必详载之。先辈时贤手迹，题跋校雠岁月，源流所寄，悉为登录，使人见目，如见此书。收藏印记，闲登一二，不能备载也。"

细翻内文，一如所述，例如著录《书经注疏》二十卷时，内容为："宋刊本。每半页八行。行大十八字，小二十五字。高八寸二分，广五寸三分，白口双边，口上作'尚注疏卷几'，又作'尚书注疏卷几'，页数在下鱼尾下。阮文达所未见，真惊人秘笈也。余影摹刊行，札记一卷，佳处悉为标出。天一阁藏书。"今人著录古籍，记载版框尺寸似乎是再寻常不过之事，然首创此举，于著录中标明高、广几寸几分者，即缪荃孙是也。艺风老人于版本目录之学多受孙星衍影响，而孙星衍又是首个于古籍著录中提出"黑口""白口"概念者，并最早提出比较版框高低。缪艺风则在比较版框高低的基础上，直接标明尺寸，逐渐形成今日版本著录之定式。

艺风此序并不长，仅三百余字，却颇为直白，内有月旦别家书目之语，如："近来海内藏书家各有书目，持静最劣，罟里最善，聊城连缀跋语，自记无多，陌宋过事铺张，罅漏不少。"然艺风月旦前者，亦有后来人月旦艺风。吾藏此本为张叔驯赠于王荫嘉者，书牌页有王荫嘉小字一行："张七叔驯惠赠。殷泉志。"卷末又有："中华二十二年癸酉秋七月二十四日殷泉主人三复重记。"内中则随处可见其墨笔批校，或长或短，短者寥寥数语，长者有如小品一篇，连续读之，旧时书界往来之景再现。所批内容有述其所见珍籍者，有述旧籍之递传者，有述书界掌故者，亦有点评缪荃孙著录之优劣者。其中卷五著录有传钞本《天下金石志》二卷，王荫嘉于此书天头处批曰："潘椒坡藏旧钞本，寿祺以三元收于小肆。明人之言金石，令人失笑，似此以'天下金石'标名，尤属不伦。虽旧钞廉价，断不为收。缪氏乃以之入录，弥足见其徒徇人意，惟利是图耳"。

吾读此语，且不论二人对《天下金石志》之论断孰对孰错，却是另一番感受：以缪荃孙当时在版本目录学界之成就，尚有人以"徒徇人意，惟利是图"斥之，可知著述之事，真是只要落笔即为呈堂证供，既反悔不得，亦辩驳不得。缪荃孙年长王荫嘉近五十岁，无论从年龄还是学术上而言，缪荃孙都是前辈，尚被人如此评价，更惶论吾等错漏百出之拙文。换而言之，写文章也实在是一件勇敢事，敢将自己的不足与浅见呈于公众，以换得批评与指正，期以寸进，此亦吾不揣浅陋之因。

不仅王荫嘉，书界亦的确对《适园藏书志》之撰述略有微辞，指其错漏之处颇多，以艺风老人之造诣，该目编成若此，似乎颇为人不解。然以艺风老人当时之年岁体力以及诸事繁多而言，则又情有可解。《艺风老人日记》中乙卯年（1915）五月八日记有："撰张石铭适园书目"，应该为撰此目之始，丙辰年（1916）十二月十二日记有："《适园藏书志》十六卷成，送石铭，并书。"刻本卷前张石铭序言落款为"岁次柔兆执徐嘉平月",时间正好相吻。

计算时间,艺风老人撰成此目仅一年有半,可谓仓促成事,自然难以细细打磨。尝读叶昌炽年谱,于民国二年(1913)十二月二十七日记中,有缪荃孙介绍叶昌炽为张钧衡编写适园藏宋元旧本书目事,张石铭限一年成书,可月送润笔五十元,一年共计六百元,菊裳虽谓"砚田无岁久矣,升斗之获,亦所愿闻",然复以"限期太促,近于包办之局,非所愿闻也"辞之。阅二年,兹事由艺风老人自己完成。吾颇不解张石铭何以限定一年成书,《铁琴铜剑楼书目》历经三代人,耗时半世纪始成,适园如此性急,个中或另有原因,有待考之。

为适园撰写书目时,缪荃孙已为七十二岁之老者,精力目力皆有不济,张钧衡又望速成,同时嘉业堂主刘翰怡亦请其代为编《嘉业堂藏书志》,工作量之大可想而知。诸事杂陈,再加上年高体迈,令艺风颇为疲惫,只好请来助手代为检书,而代为检书之人或于版本目录并非深谙,唯有听令行事,缪荃孙于是将素来由个人完成之编目行为程式化,拟出格式,令助手按格式完成初步著录。陈乃乾先生曾总结出其格式为:

> ××××几卷
> ××××撰(撰人上有籍贯或官衔,须照原书卷首抄写),××刊本(何时刊本,须略具鉴别力)。每半叶×行,行××字,白(或黑)口,单(或双)边,中缝鱼尾下有×××几字,卷尾题××××(此记校刻人姓名或牌子),前有××几年×××序,××几年×××重刻序,后有××几年×××跋。××字××,××,××几年进士,官至××××(撰人小传可检本书序跋或《四库提要》节抄),书为门人××所编集(或子侄所编或自编),初刻于××几年,此则××据××刻本重刻者。×氏××斋旧藏,有××印。

艺风老人当是首位将书目编撰程式化者,原本一人单独完成之事,可由数人合力完成,效率提高同时,细节却难以顾及,此亦后世对《适园藏书志》略有微词之根本原因。完成《适园藏书志》后,艺风继而为嘉业堂撰写书目,惜事未竟而身先去,后由吴昌绶、董康等续编完成。民国八年(1919)十一月初一日,艺风老人以胃病辞世,其日记中最后一件事即将书稿交送刘氏。

缪荃孙一生皆与张石铭、刘翰怡相厚,民国初年两家同时向其请教刻书之道,

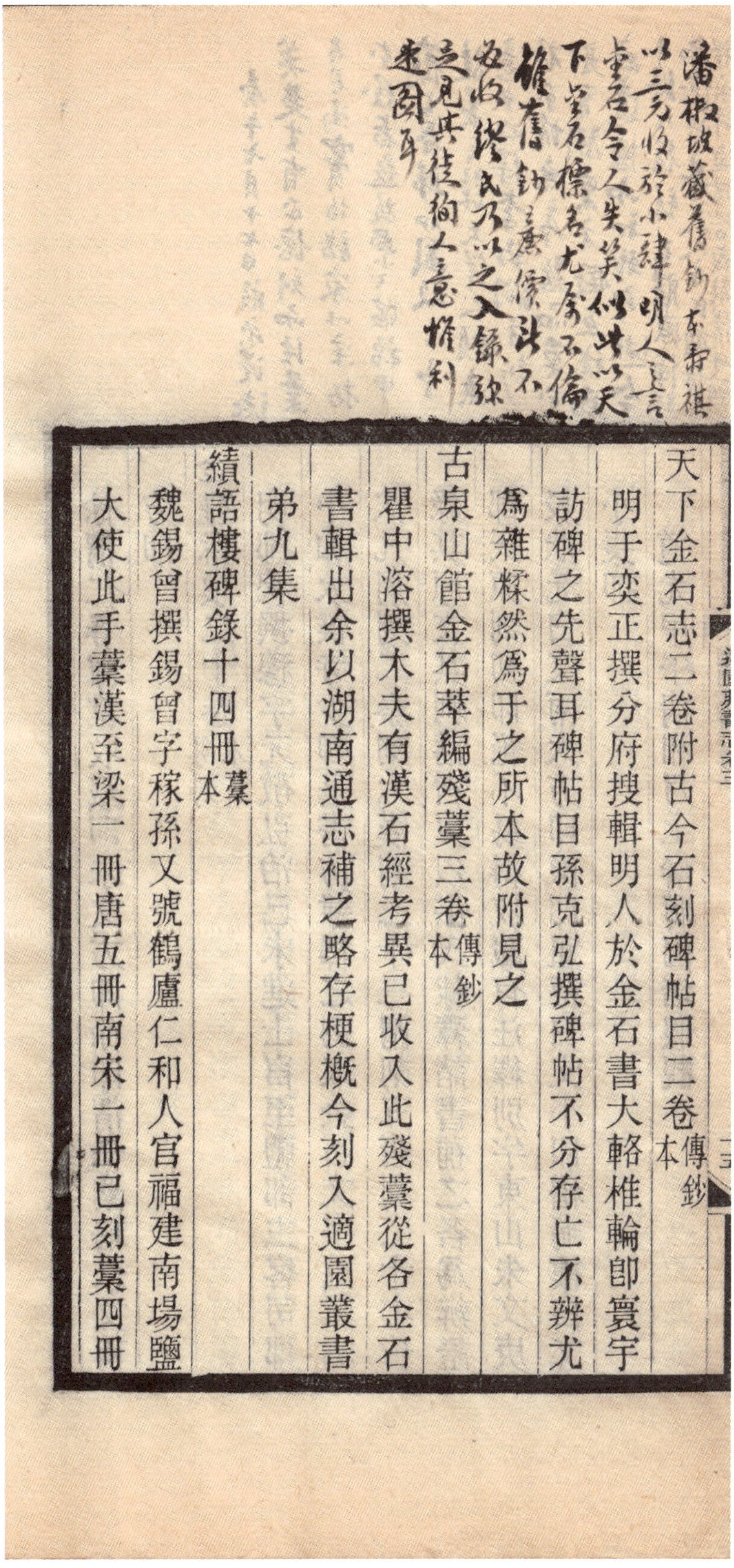

潘批改藏舊鈔本郭祺
以三芳收殘小肆明人言
虛室令人失笑似此以天
下金石標名尤夥不偏
雜舊鈔三廛價訛不
必收從氏乃以之入錄強
立見其徒徇人意惟利
迷國耳

天下金石志二卷附古今石刻碑帖目二卷傳鈔

明于奕正撰分府搜輯明人於金石書大輅椎輪卽寰宇
訪碑之先聲耳碑帖目孫克弘撰碑帖不分存亡不辨尤
為雜糅然為于之所本故附見之

古泉山館金石萃編殘藁三卷本

瞿中溶撰木夫有漢石經考異已收入此殘藁從各金石
書輯出余以湖南通志補之略存梗概今刻入適園叢書
弟九集

續語樓碑錄十四冊藁本

魏錫曾撰錫曾字稼孫又號鶴廬仁和人官福建南場鹽
大使此手藁漢至梁一冊唐五冊南宋一冊已刻藁四冊

其竟然一函两复，并担心两家同时刻书，坊间刻工恐不够用。艺风堂所藏珍籍亦于其生前散于张、刘两家，以换取刊书之资。及至后来艺风老人为两家撰写书目时，其中部分珍籍就是自己旧藏，幸而艺风为极旷达之人，虽然挥泪对宫娥，所幸得者皆属同好，亦算安慰。其《艺风堂文漫存》中有《售书同好媵之以诗即和题元诗选韵》一诗，读之可见其心迹：

> 弃书题句我先知，樊榭龙泓各和诗。
> 自昔香闺留韵事，至今艺苑有余悲。
> 还瓴聚讼垂千古，佞宋闲情又一痴。
> 枉自铭心夸绝品，不堪回首忆当时。
> 抛书往往长人知，我独惭颜且咏诗。
> 好友分襟还小坐，宫娥挥泪亦同悲。
> 烟云过眼方为达，扃钥关心最是痴。
> 季斧怀惭菀圃恨，何如一笑朗吟时。

《适园藏书志》刻成之后，其中一册由张乃骥赠于王荫嘉，即吾如今所持之本。张乃骥（1899—1848）字叔驯，为张石铭之子。苏精《近代藏书三十家》中载张石铭共有五子，分别为乃熊、乃骅、乃骥、乃骙、乃骃，言及张葱玉时，则仅云其为"张乃熊之侄"，并未言其父究竟是谁。近读《张葱玉日记·诗稿》，其序言中却又明明白白写到："石铭之七子张乃骥，字叔驯，古泉收藏家，为上海古泉社及古泉学会创始人之一"，并指张葱玉为乃骅之子。张乃骥最为世人熟知者即泉币收藏，多有海内孤品，其藏泉之富，曾与方若并称为"南张北方"，当时人人以为珍罕之"铁翻铜"古钱，得一枚即如获至宝，其居然收有几百枚之多。民国十五年（1926）其于沪上创古泉学社，此为中国首个研究古泉之团体，同时创办中国最早的泉币杂志《古泉杂志》，民国二十五年（1936）又创古泉学会，其任副会长，并发行季刊《古泉学》。

当时一起研究泉币者，多有名重一时之人，如宝熙、袁克文、董康等，王荫嘉亦为其中一员。王荫嘉（1892—1949）原名大森，字殷泉，号苍虬，亦泉学社发起人之一，与弟王欣夫皆喜藏书，精通版本目录之学，其藏书处为二十八宿砚斋，撰有《二十八宿砚斋珍藏书目》稿本，以及自拓自编《双长生树屋泉鲋》。此《适园藏书志》卷中除钤有"王氏二十八宿砚斋藏书之印"朱方外，尚有一枚"双长生树屋"白文长方印，此印亦王荫嘉藏印，尝见有文章介绍称，此印文来源为其苏州宅院内有两株老树之故。

张乃骥赠书为何年，殷泉先生并未说明，卷末题识所书年款为民国二十二年（1933）七月，然卷中批校有明显年款者颇多，最早为民国十八年（1929），最晚至民国二十三年（1934）冬，可见殷泉先生在此数年之间曾反复批阅此书，并随时记下所见所闻。彼时藏书家互通有无之情景悉见笔端，其中有两则连续读来颇令人动怀，再次令吾觉得生不逢时，若早生百年，得以与诸前辈往来请教，该是何等幸运。惟时空已换，徒增怅惘，且录殷泉先生批语如下，聊作安慰。

题明刻《金薤琳琅》：

　　庚午七月十七日殷泉漫志：莫楚生有正德刻而经叶石君、冯窦伯诸家以宋拓本校者，题跋累累，堪称甲观，去春归初园收之。予健羡之余，天从人愿，无意中收得李南涧手钞校本，惟无序跋，而莫本则有阙页，方拟互补两无遗憾，而初我即逝。今日终七往拜，不胜感悼，归而志此。其夫人方氏颇持大礼，承许通借，他日或能偿此愿。

题明刻校本《东莱文集》：

　　此黑口本《东莱文集》四十卷，不著何年所刻，予收嘉靖甲申安正书堂本，为周栎园之藏书，每册有"周元亮家藏书"朱记，分卷正与此册同，但非黑口，而题《东莱先生吕太史全集》为异，遍查各目，咸不著录，大约与此同出一源。予缺自首至六一册，《文集》苦无同本可补。他日□已其籍，此钞足庶为秘笈之一。张氏芹伯、叔驯诸昆季素交有年，两地虽隔，或可偿斯愿邪？

　　嘉靖本纸色古旧，行字朴茂，有宋元遗风，骤视颇似黑口本，抑岂张氏编书目时误认，而实即安正堂本之缺后牌子者耶？疑莫能明，为容目验。己巳春分日王苍虬识于殷泉精舍。

附一：王荫嘉先生在该书中的批语选录

《至元嘉禾志》三十二卷　（旧钞本）：

予以秀水人而五世侨吴，故乡耆老向未究心。去年见初刻《甘泉乡人稿》，为李实盫手校精本，跋中备述渊源，曾携置案头竟日。讫以不知李之里贯，交臂失之，自后则并初刻本亦不复见。展阅及此，愧悔交集。癸酉四月十八灯下殷泉记。

《武侯心妙》一卷 （旧钞本）
曾于莫氏书中见洪武铜活字蓝印本，拍案叫绝。

《管子》二十四卷 （明万历刻本）
予有此极初印本。初我尤有顾千里、袁绶阶校宋本，此等万历刻尚属善本可取。赵文毅公尤当敬仰，其原刻本《松石斋集》稀有。初我好收乡里文献。予介归之。

《颜氏家训》二卷 （明刊本）
莫氏亦有此极初印白皮纸本，予嫌廿元过昂。今日思之殊惘惘。庚午巧日。莫本乃程伯祥原刻。
　　《李相国论事集》 （学有用斋钞本） 杨寿祺见常熟某家藏宋刊本，惜不忆其卷数，誓必一访也。 癸酉四月殷泉。

附二：缪荃孙《与张石铭刘翰怡书》
承以刻书下问，谨分别以对。凡刻丛书，亦须定一宗旨：采书须全，删节者不录；须雅，平常者不录；习见之书或得后定本、校补本，亦可刻。又宜以类相从，如经学宋派，只宋元乡先辈罕见者可刻，明及国朝不宜刻。汉派在两经解外均可刻，未成者不刻。一经类，《周易》单疏、《尚书》单疏、本朝刻《仪礼》（汪刻）、《尔雅》（陆刻）二种，余无刻者。一史类，《朝野杂记》《东都事略校记》两种，朱子同登录、文谢同年录、元元统题名录、洪武题名录、建文题名录，此是一类。年谱是一类，唐《宣室志》（荃孙精校）、《灯下闲谈》、分类《夷坚志》（宋洪迈）、《夷坚续志》（金元好问）、《湖海新闻夷坚志》（元无名）是一类。已彀一年余。刊刻书先校底本，是最要事，然有佳本方可校，不宜空校臆改。校又须旧刻旧钞方可据，依如《司空表圣集》，明单刻本未见，只可以席氏为主。以《唐音统签》辅校之。如《全唐文》《全唐诗》《全唐诗选》不必挽校。凡官本书空白填足。胡虏均改他字。万不可据。定州王氏《畿辅丛书》，《刘宾客

王荫嘉藏书印"双长生树屋

集》，据《全唐文》改字。此书便不足重。四库聚珍本均有此弊，不如旧刻旧钞者在此。即不全，有一卷校一卷，有二卷校二卷，所以旧有不全书亦可收，又可钞配成全璧也。

附三：缪荃孙《与张石铭刘翰怡书》后之办书条则

一：先设一总汇所，同人约定几日一茶叙，商酌要事。

二：刻字须觅向来能任事之殷实铺户，多雇写手，分写校定，分致刻匠。

三：沪上刻手不多，二君同举盛业，必不敷用。《常州先哲遗书》宁、鄂分办；丁氏《武陵掌故》杭、甬同刊。今宜分送湖北、江宁、苏州三处，以便速成。

四：校对须添数位。粤东书局分校以页计，每页二分，一次百页不过二元，校不速不送。校不精亦不送。有事之人可以带阅，比延定按月授修，较为活动。须总汇处有人收入，送敝处一核，再送他位复校。

五：校需六次。两人初校、覆校，改错。改完总校办画一，揭签发刻。刻成校亦同之，改好印清样。

六：先请二君将所藏欲刻之书检出多种，分至佳、其次两单。至佳者先刻，其次在可刻可不刻之间，后有佳者即换去。

七：珂乡先辈之著述，如张秋水、施北研、温铁华、沈子惇之著作，广布为是，于宋元乡辈文集，尤宜搜求，虽有刻本，刻亦不妨。

八：守山阁刻书，在文澜阁钞校，见张啸山日记。此时江南图书馆书最多，荃孙按目搜求，有应刻者，托人抄写。

九：书有数本须择至精者。每书必序原委，异同多者撰校勘记。

沈兆奎稿本
《无梦盦买书记》一卷

《无梦盦买书记》 （民国）沈兆奎撰

民国稿本 沈兆奎书 一函一册

　　严格意义上讲，这本书并不算书目定本，只能说是一簿流水帐。癸未初秋到琉璃厂各店翻看线装书，于逢雅斋架上抽得此本。近几年颇喜收藏书家未见著录之藏目，而此本印象中未有提及者，故付价携归。原主沈兆奎（1885—1955），又名沈羹梅，字无梦，江苏吴江人，其祖父沈桂芬曾任军机大臣兼总理各国事务衙门大臣。沈兆奎早年师事陈曾寿，得沈家本推荐而任司法部秘书，擢参事，为官之暇治学不辍，方舆、典礼、音声、训诂，皆造其极，曾应北京、河北诸大学聘为主讲，1950年入上海文物保管会。1955年9月5日以心脏病逝于上海，其子葬父于苏州灵岩山下五龙公墓。

　　沈兆奎所著有《无梦盦遗稿》《江西青云谱志》及《志略》，其中《无梦盦遗稿》为其去世不久后，由弟子张重威整理遗稿而成。张

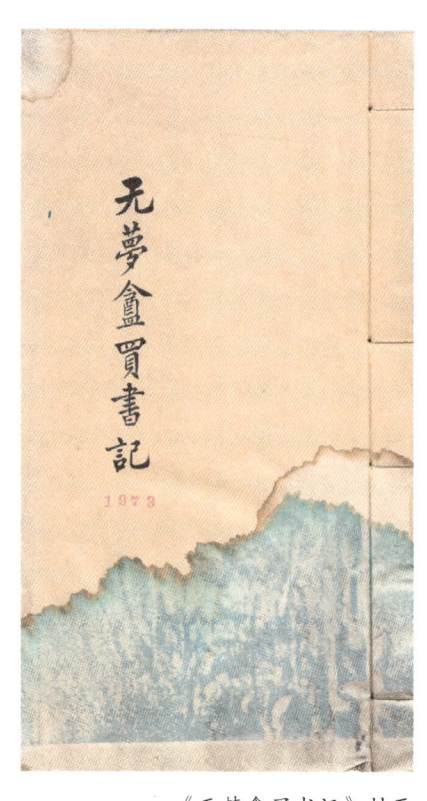

《无梦盦买书记》封面

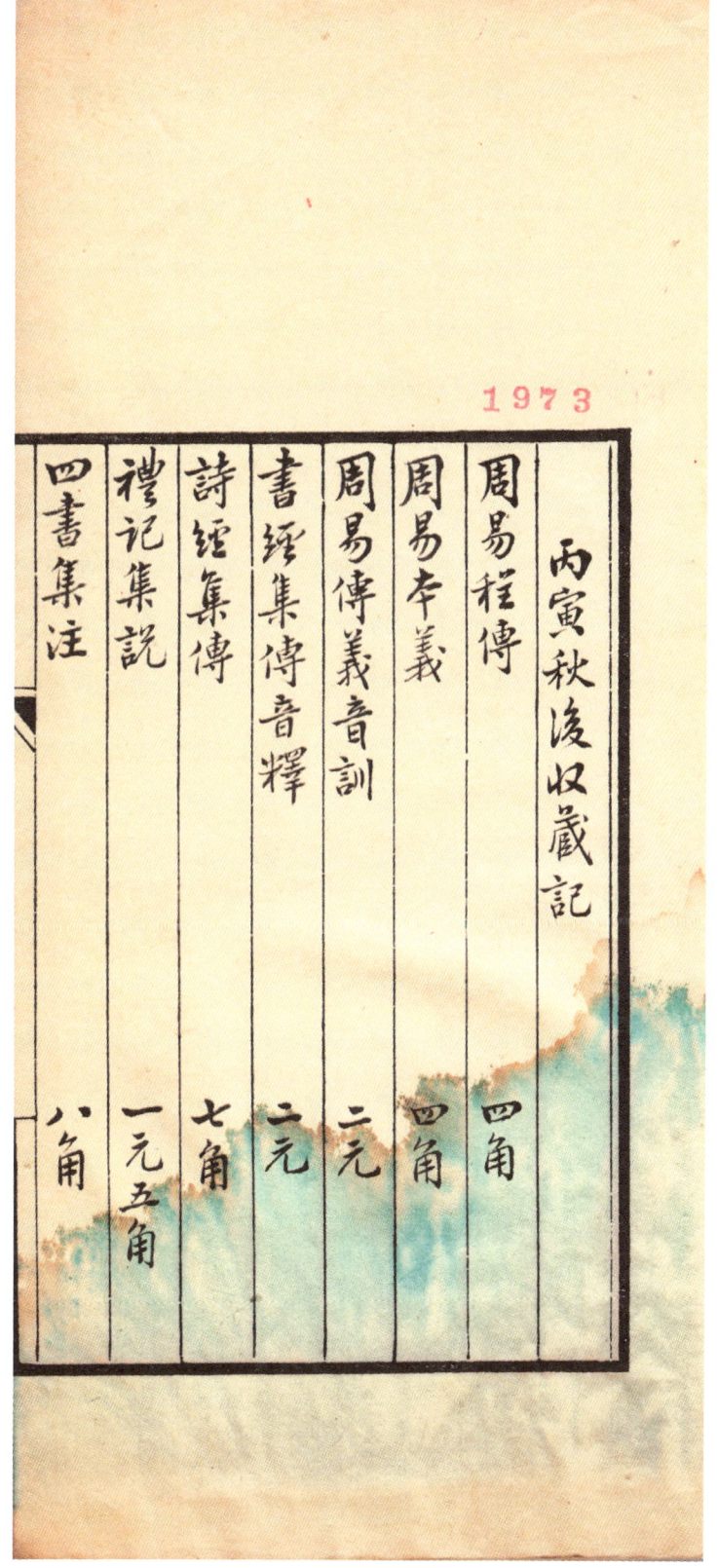

丙寅秋後收藏記

周易程傳　　　　四角

周易本義　　　　四角

周易傳義音訓　　二元

書經集傳音釋　　二元

詩經集傳　　　　七角

禮記集說　　　　一元五角

四書集注　　　　八角

重威将遗稿按诗文撰述之先后，略采编年之意，厘为三卷，整理好之后并未马上付印。当时坊间印行诗文别集多用刻蜡写板，虽然花费不多，极易成事，但张重威揣摩师意，断不肯用此简单易行之法，直到1963年秋始以铅字印行，并于跋语中详记遗稿出版过程："四十余年前，涵芬楼初印宋人说部，吾师举以见示，云：'平生酷嗜宋元旧刻与清初精刊，今此书虽以铅字排印，而行格字体典雅大方，不让精刻小字本，颇可喜也。'兹印遗稿，敬本此意"。沈兆奎嗜书之深由此可见一斑。卷前尚有张重威请卢慎之所作序言，回忆往昔京华书事："回忆昔日，廿载京华，藏书巨万。小园山石果树，红紫缤纷，风雅宜人，花时觞咏，室人洁治盘餐。惜羹梅交晚，未尝寒斋之羹，今草此文，平淡寡味，不足以答。"

伦明《辛亥以来藏书纪事诗》第九十一首为沈兆奎与张允亮，伦明谓沈、张两人游必相偕，嗜好相同，精识亦相等，故若记此二人，必作成合传，其诗曰："一双雅伴沈同张，厂肆时时见徜徉。口说能详经目广，清疏签带点明窗"。张允亮（1889－1952）字庚楼，别号无咎，曾任北京政府财政部任金事，后醉心古书版本目录之学，先后在故宫博物院、北平图书馆、北京大学图书馆等研究古籍，《故宫善本书影》《故宫善本书目》《北京大学善本书目》等均出其手。

傅增湘晚年述及同好，回忆往昔岁暮祭书，与会者常数十人，忽忽三十年转瞬，屈指前游，仅董康尚在，余皆先后凋零："其缔交差晚而往还邃密者，为吴兴徐森玉、吴江沈无梦及庚楼年兄，所谓'藏园三友'是也。是三君者，识力精能，见闻广博，频年搜讨，贶我实多。或偶逢罕秘为目所未经，或创获珍奇而力不克举，相与流传抄白，校定丹黄，时补佚文，共商旧学"。沈兆奎、张允亮之相厚，不仅在伦明、傅增湘笔下有所记录，在此购书簿中亦有体现。

此《无梦盦买书记》为沈兆奎民国十五年（1926）至民国十九年（1930）之间得书记录，按年而记，每行上记书名，下记购书款，此亦吾兴趣之所在。芷兰斋收藏各家书目亦不算少，然每书均记书价者，并不多见，民国年间之书价，则可由此略知。该目录起自1926年秋后，迄自1930年，除却1930年，每年所记最后一行为该年购书所用总额，计1926年秋后所收书耗资二百五十六元，1927年收书耗资三百六十元，1928年收书耗资五百七十五元，1929年收书耗资二百八十六元。最后一年为1930年，最末一行即并未列出总价，且至此后该簿皆为空白页，吾猜度是否尚未记完，故未计总价。此年沈兆奎四十岁，生活中或有变故发生，故暂停记录，此簿随后抛至闲阁，久无人问津，以致今日翻阅此簿，除封面有水渍外，内页完好如新。

吾代为计数，1930年购书总用款项为四百一十一元九角，其中价最昂者为《律历渊源》一百六十元，此价不仅为该年得书中价最昂者，亦为此簿所有书目中价最昂者。《律历渊源》为康熙命允祉率何国宗等人辑成，内容分为《历象考成》《数理精蕴》和《律吕正义》三部分，系统收集明末清初传入中国之西洋数学、天文及声律等知识，同时收入中国传统历算及声乐精华，为反映当时中国在该领域内最高水平之科学著作。是书先以铜活字刷印若干部，后又以木刻版影摹铜活字本，故世间流传有此两种版本，二者最明显区别为木刻本中加有句逗，铜活字本未加句逗。铜活字本因当初刷印不多，故极稀见。近二十年来，铜活字本《律历渊源》中有两零种曾出现了拍场，均以极高价落槌。当年沈兆奎以一百六十元收得此书，一者是因部头较大，三种子目合计有一百卷之多，二来以其为内府本，三来，此书极有可能是铜活字本。然而在民国年间，这几部稀见铜活字本是否曾引起书界看重，吾却从未查得相关史料，亦未曾读到民国时期书界中人谈论该书之文章。

簿中又有《广雅丛书》史部一百廿六元，另计邮费十元，装订三十元，算下来此书共需一百六十六元，并不比《律历渊源》便宜。余则大部分不超过十元，五元以下亦过泰半，多有二元、四元、八角者。簿中价最廉者，为1926年所购《弟子规》，仅需三分钱，次为《弟子规集解》，书价为七分钱，贵贱之分，真是形同霄壤。陈存仁《银元时代生活史》中曾讲述民

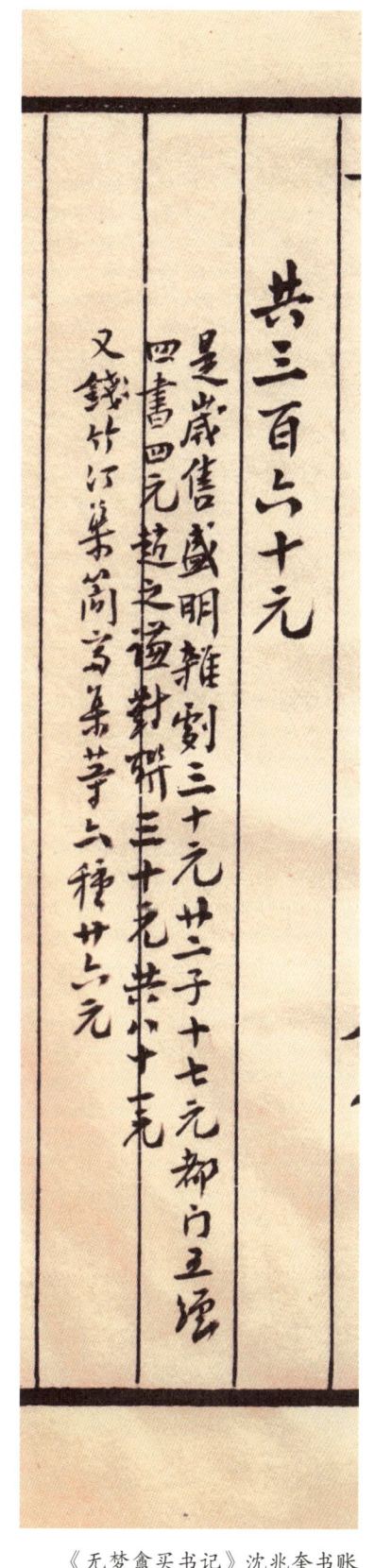

《无梦盦买书记》沈兆奎书账

国年间购书事，其谓当时木版书书价标准大概是元版刻本每部二元，明版刻本竹纸最多，每部一元五角上下，若是宣纸刷印，可卖到一元七八角，清代刻本稀见者能卖到一元二角，普通刻本则在一元以下，并注明此乃书估们对熟客的标准书价。当日乍读此段，心中疑惑，怎可能如此之低，藏园、郇斋等人购书动辄成千逾万，即便为普通本子，亦不会廉价至此。后转而想到陈存仁并非藏书家，其所购者多为普通阅读之本，以及医书等实用之本，与鉴赏、收藏为两种路数，其书价自然亦不可同日而语。今观无梦盦所得书目及价钱，始信陈存仁所言不虚。惜无梦盦主人于书名之下并未注明版本，许多甚至连卷数都未注明，且于部分书名底下注明"家藏取出"及"某某赠""赠某某"字样，可知此簿实际并非藏书目录，而是一本得书目录，故封面若题为《无梦盦得书记》更为贴切。

而书中有趣者为丁卯年所记最后一行，于总书价三百六十元之后，有小字记曰："是岁售《盛明杂剧》三十元，《廿二子》十七元，《都门五经四书》四元，赵之谦对联三十元，共八十一元。又《钱竹汀集》《简斋集》等六种廿六元。"可见沈兆奎购书同时亦曾售书，内中原因，今日已无法追寻，或为复本，亦未可知。然赵之谦对联可售得三十元，相较当时书价而言，实在是不便宜。簿中尚夹有清单一张，单上开列者皆为古玩瓷器，多为康熙、雍正时期之物，亦有成化、道光年间所出，如康熙福禄寿大碗卅元、雍正青花大盘卅元、成化青花草帽杯一对二十元、道光青花加紫碗五十元等，清单最后复记有："共十五号三百九十七元，二月初六日交惠古斋柳掌柜持去。端午收五十元，辛未四月收四十元，辛未十一月收九十元，癸酉五月收二十五元。"此为售货清单，由收款日期可知沈兆奎变卖瓷器当为1930年左右。窃思如此整批出售所藏，应当不是兴之偶然，且时间与购书簿停止时期记录为同一年，更加深吾对该年沈家发生变故之揣测。

购书簿中另一值得品味者，则为书名下注中所提人名，有张允亮、王一堂、张重威、钱阶平、赵元方、伦哲如、卢慎之、罗莘田、王晋卿、张谷年、朱象甫、吴士鉴等等，又有简写如"缪""刘""汉怡"等，未知是否为缪荃孙及刘翰怡，又有书肆所赠，如文楷斋、文禄堂及保古斋等，睹此名单，可以想见1926至1930年间北京藏书界书友往来之景象。名单中王重威及赵元方为沈兆奎弟子，赠出之书多为此二人所得，王重威不仅为其弟子，还是其外甥女婿，以此双重身份，为沈无梦出版遗著，自然是无二之选。

数日前往嘉德看书时，与拓晓堂兄闲话陈澄中旧藏上拍之事，嘉德曾为此特意制做一部线装陈澄中旧藏目录，当时吾曾获赠一册，之后有友人见到，甚是喜欢，于是转手相赠。与拓兄聊到此事时，问拓兄还有此目录否，其着人查过库存，谓仅存一部样书，取来翻看，卷首附有影印《郇斋藏书图》及各家长跋，第一篇即沈羹梅所书《郇斋得书第一图记》，傅增湘谓陈澄中"可以'荀'名其斋"之典亦详述于中。睹此吾甚高兴，正遍寻沈羹梅资料之时，得睹其文，不亦美哉。

附：《郇斋得书第一图记》

郇斋者何？以宋熙宁吕夏卿本《荀子》而名也。《春秋左氏传》曰："郇，文之昭也"。郇伯子孙之后，或以孙为氏，故又称孙卿焉。晋武公灭郇，其后之在晋者皆去邑为荀，故又称荀卿焉。颜监、小司马以为避汉宣帝讳询而改，殆不然也。南宋淳熙中，唐仲友以官钱开《荀》《扬》《文中子》《韩文》于台州，为朱子所按。其《荀子》一书即据吕本。王石臞云吕本不但与淳熙钱佃本字句多异，即同是吕本，而刻本与钞本亦不能尽同。杨惺吾所翻雕则为景台州本，已自矜奇，岂知北宋原刊赫然具在。自黄荛圃著录于《百宋一廛》以至于松江韩应陛家，流转兵间，护持未失，祁扬陈澄中得之，遂为收藏宋椠之始。又于韩氏得汪阆源藏宋小字本《左传集解》，汲古阁以元补宋本《晋书》，元大德本《梦溪笔谈》，宋本无闻，斯亦从摄正位者矣。其后又得瞿氏铁琴铜剑楼之书，曰隆兴本《管子》，有张嵲识语，明赵用贤本号从此

《郇斋读书图》

223

出，而足以是正之者，犹数百字。王石臞、洪旌贤、宋于庭未之见也。曰建安虞氏本《老子道德经·河上公章句》，分道经、德经为二而四卷者也。曰《冲虚至德真经》，顾涧薲考其注旧音尚出殷敬顺释文以前，书中顼、桓字不阙笔，其刊当在熙宁以上，蒋香生曾为景写精刊者也。曰金本《尚书注疏》，密行细字，雕镂极工，《说命》中篇"惟天聪明"节，各本注疏讹脱，惟此独完。《禹贡图》中署曰"平水刘敏仲编"，疑所附十九图咸出敏仲一手，得非淹雅之士乎？曰南宋巾箱本《毛诗》，其胜处多与唐石经、相台岳氏相合，瞿子雍校之而具著于录焉。曰抚州本《礼记释文》，为顾抱冲旧藏，张古余刻淳熙本《礼记》时，求之未获，乃取通志堂翻本附刊于后，阮芸台《礼记校勘记所》所引亦属传钞，匡谬存真，赖有此耳。曰《龙龛手鉴》，其上声一卷为汲古阁精写补足，书名已改"镜"为"鉴"，知钱遵王指为辽版之已疏，南宋帝讳字多删落，知非蒲传正帅浙之所刻，去、入两卷版心统作"龙三"，知晁、马并题三卷之有据矣。曰景祐本《汉书》，有倪云林题记，周迁叟传录宋刘之同按语，希世奇珍，以视赵松雪、王元美递藏之书，遂有上下床之别。曰蒙古本《祖庭广记》，钱竹汀载之《养新录》中，后归曲阜孔氏，何梦华为孔氏婿，又得之于赠奁，固书林之佳话也。曰绍熙本《陶渊明集》，但存诗及杂文十篇，其余《五孝传》《四八目》诸赝作概摈弗录，曾集所编，托言自适吟咏，而其识特高，海源阁藏汤汉本今归建德周叔弢者，与此可称二妙。曰金本《李贺歌诗编》，赵衍序云刘龙山从耶律双溪得司马温公旧藏，因之校定。源流可贵，纵无集外诗，讵不胜于临安书棚本哉。他如至正本《苍崖先生金石例》《释氏稽古略》，朱野航、张青父藏两钞本《玉山名胜集》，莫非初刊妙笔，朱墨灿然，而荀管老列萃于一室，接武四经四史之斋，洵无愧色，又俪之以黄荛圃传校钱佃本《荀子》、莫侣亭过录陈硕父校蔡道潜本《管子》，不其懿欤？澄中负笈海外，专研计学，归而有闻于时，克抒伟略，而嗜好乃在故纸堆中，不惜重资所蓄，日以美富，不知者怪其与所习背驰，知之者服其左手画方右手画圆，巧力两成也。往岁澄中游北平，余偕之藏园观书，傅沅叔先生相见而笑曰："君非以万金得熙宁《荀子》者乎？是可以'荀'名其斋矣。"余因倩心畬居士为之图，而备记其目，未几复得海源阁书与其他秘籍，更为第二图，余将洫笔而为之后记。

无梦沈兆奎。

严雁峰稿本
《严氏家藏书目草簿》一卷

《严氏家藏书目草簿》一卷　（清）严雁峰撰

清严雁峰稿本　一函五册

钤印：渭南严岳莲雁峰印信（朱方）、光绪辛丑后雁峰重
检藏书记（朱方）

　　此书得自上海朵云轩，买得之时书品
较差，颇不起眼，故竞拍时措意者不多，
竟然令吾以三千元底价得之。取回后送往
董书承先生处请其修整，数月后与另一批
书同时送回，则焕然如旧矣。该书一函五
册，为渭南严氏书目稿本。严雁峰（1855—
1918）原名祖馨，字岳莲，又字德舆，更
字雁峰，号贲园，鼎革后因慕唐末五代郑
遨为人，更名严遨，祖籍陕西渭南，后迁
居成都。其人少时即好读书，能做诗篇，
曾师事王闿运，深受其器重，交游者有杨
锐、宋育仁、廖平、张森楷等，皆一时名
彦。所著有《贲园诗钞》。

　　严氏祖上以盐业致富，至严雁峰始聚
书，毕生搜集，其中得于同乡张芥航家为
最多。民国三年（1914），严雁峰于旧居成
都汉赵侯洗马池处开始修建景郘楼，以作

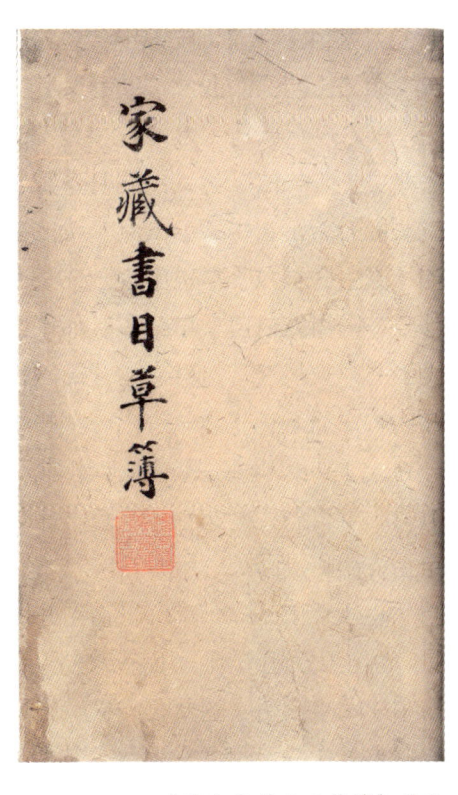

《严氏家藏书目草簿》封面

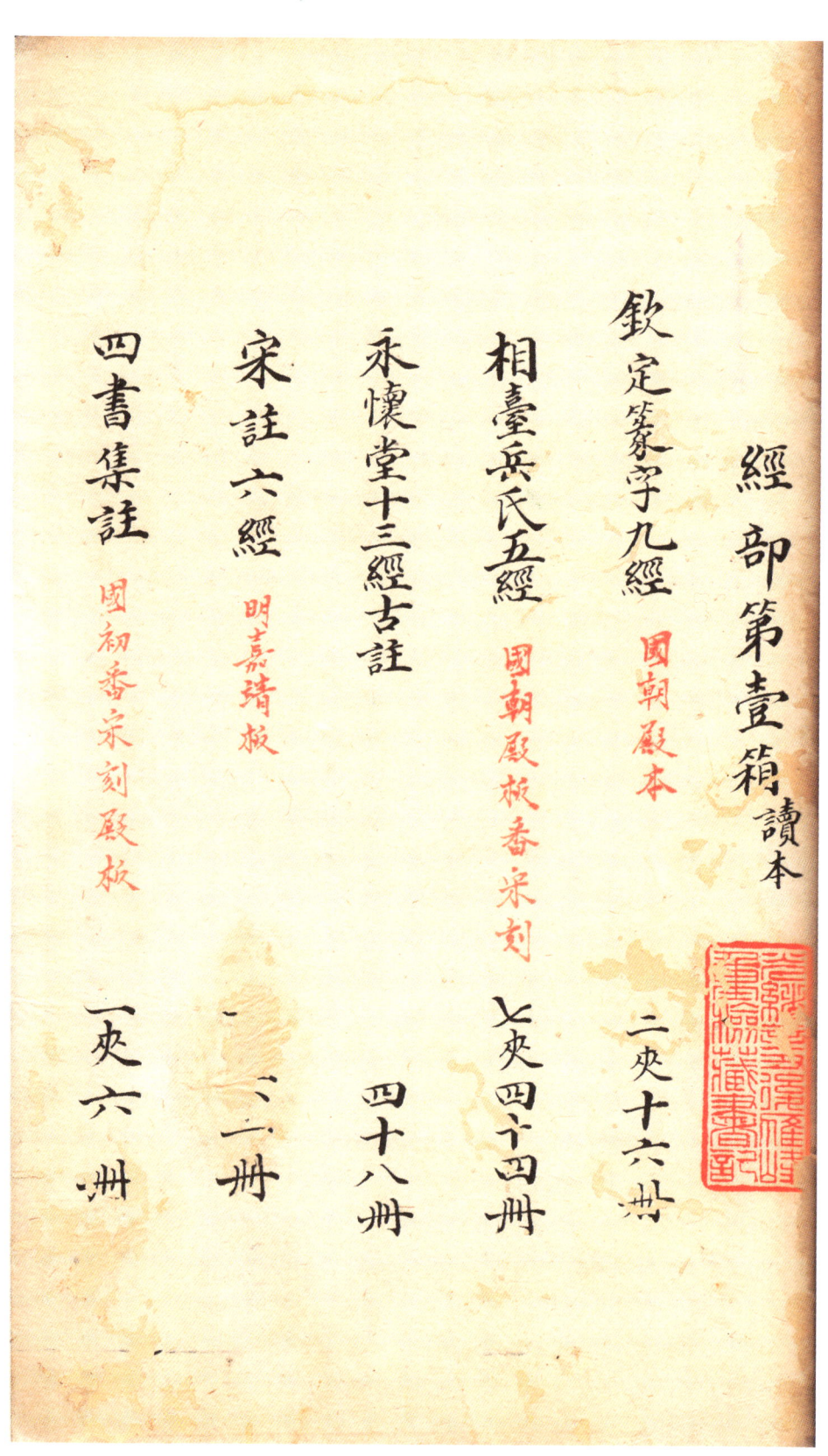

經部第壹箱讀本

欽定篆字九經 國朝殿本 二夾十六冊

相臺岳氏五經 國朝殿板番宋刻 七夾四十四冊

永懷堂十三經古註 四十八冊

宋註六經 明嘉靖板 一夾二冊

四書集註 國初番宋刻殿板 一夾六冊

《严氏家藏书目草簿》卷首

蓄书之所，颜之曰"贲园书库"。因无子，过继老家族人之子严谷孙为嗣，过继时嘱谷孙曰："只求保我五万卷藏书，则平生愿足！"严谷孙（1890—1976）本名式诲，严雁峰根据《诗经》"教诲尔子，式谷似之"，为其取名为谷声，又名谷孙，亲授诗文，为勉励其向学，还将严谷孙书斋取名为"时过学斋"。

严谷孙果然不负父望，不仅能读父书，还将其发扬光大，不断增加所藏。贲园修建十年始竣工，修建及半时严雁峰去世，由谷孙继续完成，建好后其遵父嘱，请来父亲好友张森楷编写贲园书目。张森楷以半年时间整理完贲园书目，点检此时贲园藏书，计有14145种，115232卷，45982册之多，其中有不少医书秘籍，如日本《丹波聿修堂丛书》、北宋《圣济总录》及明刻《医统正脉》等。贲园书库在此次清点之后，由严谷孙继续发扬光大，至1949年后贲园藏书捐献公馆时，总数已达三十余万卷，自刻书版三万余片，较严遨所藏多出三倍，不仅四部皆备，更有二千余种方志，精刻善本、孤本皆在其中。严氏父子藏书同时，还以刻书精善著称，其镐乐堂所刻之书，开版宏朗，字体遒劲，校勘极精审，所用纸张多为夹江二连纸，手感上佳。此种纸张书界通称为四川皮纸，其纸性与日本美浓纸略为相似，然颜色较美浓纸更为洁白。所用刻工亦当地最佳者，全盛时期曾蓄有手民数十名之多。镐乐堂前期所刻书多有严雁峰亲自参与校勘，如《关中金石记》《毛西河四种》《明四子诗集》《戴东原文集》以及各类医书等，严氏还曾计划回陕西渭南兴学建祠，辑《渭南严氏孝义家塾丛书》，仿汲古阁毛氏付梓，以饷后学，惜创业未半而中道崩殂，编定目次后，未及刊刻即殁，该丛书后由严谷孙继承父志完成。

此番所得稿本，封面有严雁峰墨笔题"家藏书目草簿"六字，下钤"渭南严岳莲雁峰印信"朱方，卷前贴有浮笺一张，内容如下：

严大老爷：

谷孙仁兄姻世先生惠鉴，送上大洋叁元四角，又装书工料陆元，希查存。夹板想已饬做，该价若干，候示遵缴。日来清恙想渐康复，为念。弟亦病，虚火上冲，下寒杂湿，节后再图快谈。敬致台安。弟维锜顿首。

此维锜初未知何人，后得贺宏亮兄告知为龚维锜，与严谷孙有交往。贺兄居川中，于乡贤熟知若此。笺中所言涉及书事，或为谷孙后来贴上者。卷内则以墨笔上记书名，下记几夹几册，书名处不仅未注明版本，亦未注明卷数，细翻一过，其分类较常见书目略有不同，为经部、史部、子部、集部、丛书、一人丛书、杂书、新书，合共八类，每类第一行皆钤有"光绪辛丑后雁峰重检藏书记"。吾一时好奇，

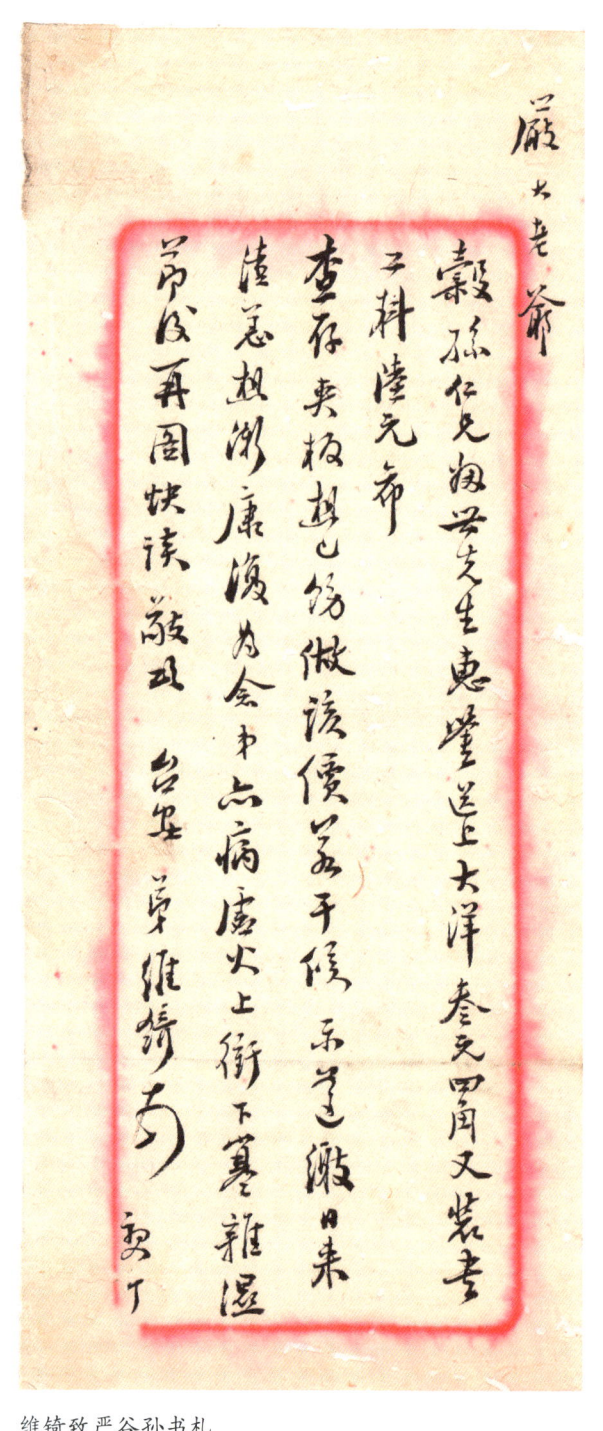

维锜致严谷孙书札

将每一类细数一过，总为经部十七箱，一百七十六部；史部二十六箱，二百二十二部；子部十三箱，二百四十四部；集部二十一箱，二百六十七部；丛书类十八箱，五十部；一人丛书类五箱，二十一部；杂书六箱，一百三十七部；新书两箱，二十七部，总计一百零八箱，一千一百四十四部。此数与张森楷所撰书目时将近一万五千种相距甚远，吾颇不解，揣测之后，原因或许有二：一者此目为"草簿"，并未录下全部书目；二者此簿为"辛丑后"不久所录，距离张森楷编目之民国十三年（1924）尚有期，故藏书未丰。

八类书目中，令吾最有兴趣者为新书一类，第一箱为《大英国志》《俄史辑要》《法兰西志》等各国史书，第二类为《水师章程》《水雷秘要》《兵船汽机》《西政丛书》《谈天》及《各国交涉公法论》等。此类书籍寒斋亦藏有多部，然吾藏此类书并非因为内容，而是从版刻角度而言：此类书多为中西印刷技术结合之物，如木活字与石印套

严雁峰藏书印"渭南严岳莲雁峰印信"

印本、珂罗版与木版套印本等。因该书钤有"光绪辛丑后雁峰重检藏书记"章，以及严雁峰殁于民国七年（1918），故稿本撰写年代当在1901—1918年间，正是新旧冲突、时局变幻之间。与其同时代之藏书家书目亦曾看过多部，鲜有将此类新学书籍纳入目录中者，大抵彼时藏家多以宋元旧籍为上，此类新学书籍与今日所称之"时尚"无异，老成持重者多不屑以之入目。而由此亦可见严雁峰于当时而言，是一位极开明的藏书家，对于新生事物不仅接受，并将之纳入传统藏书体系予以尊重。

严谷孙不仅继承并增加父亲藏书，对于接纳新生事物方面，更较父亲远行一步。其开办书籍邮购业务同时，还将镛乐堂所刻之精品通过四川大学图书馆向美国国会图书馆、哈佛大学、英国大英博物馆、牛津大学图书馆、苏联列宁图书馆等海外收藏机构捐赠，在彼时西学东渐大背景下，严谷孙做此"东学西渐"之举，显得极其另类及先锋。彼时藏书家刻书者众多，如董康、陶湘、杨守敬等，皆为曾经接触新学之人，却都未曾想到还可以通过此种途径，让吾土之学于他邦绽放异彩。

严雁峰分类中令吾十分不解者，则有"杂书"类，此六箱书不仅四部兼有，且亦按经、史、子、集、丛排序，细看书名，却又并不见特别，如经部有《说文解字》，史部有《资治通鉴》，子部有《道德经》，集部有《楚辞集注》，此种著录方式，实在令吾猜无可猜。此外"丛书"及"一人丛书"之分类则极易理解，类似于"总集"与"别集"之关系，虽然此种著录方式令人一望即明，然事实上如此分类者，此亦为吾首次见到。

通过此草簿，还可看出严雁峰是一位真正读书人，而非惟宋元至上之讲求版本者。簿中所有书名，严雁峰仅在其下注明册数，所有版本信息一律欠奉，然而后经手之人复以朱笔在其中部分书名之下注明版本，如经部第一部《钦定篆字九经》下注明"国朝殿本"，《小字九经读本》下注明"明崇祯秦刻巾箱本"，然第四页《礼书》下不仅注有"宋刻宋印本，白蘖纸，半页十行二十一字"，天头处复特意注明"宋本"二字，另两部宋本分别为《广韵五卷》及《晋书》，皆于天头处特意标有"宋本"二字，可见在执朱笔者心目中，宋本至上之地位，而严雁峰却于此珍贵之籍无任何说明，或者在其心目中，书籍之内容及传播较版本更为重要。洪亮吉将藏书家分为五等，依序为考订家、校雠家、收藏家、赏鉴家及掠贩家，贲园先生无法归入任何一家，洪亮吉若在生，恐于五家之外，当增加读书家或传播家，以供严雁峰归位也。

星溪玉舟钞本
《也是园藏书目》十卷

《也是园藏书目》十卷　（清）钱曾撰

清初星溪玉舟钞本　红格稿纸　一函八册

钤印：丁敬之印（白方）、丁氏敬身（朱方）、宗伯学士（白方）、书带草草堂（朱方）、何焯之印（白方）、峻瞻（朱方）、静波（朱方）、紫林山房珍赏（朱方）

　　《也是园藏书目》为钱曾所撰写的三部藏书目之一，另两部分别为《述古堂藏书目》及《读书敏求记》。三部藏书目中最负盛名、同时亦最具传奇性者为《读书敏求记》。相传钱曾写完此目录后秘而不宣，经朱彝尊以黄金鼠裘私贿其侍者，窃出书稿，立即交于数十名书胥半宵抄出，复将原稿悄然归璧，该目录始得流传人间。至康熙五十六年（1717），瓶花斋主吴焯以白金一斤之价，从海宁马寒中处获此书钞本一部，更令《读书敏求记》增添一分传奇色彩。相较而言，《也是园藏书目》无甚传奇，于内容而言，该目亦是三部书目中最简单的一部，每部书仅记录其书名及卷数，既无版本，亦无解题。《述古堂藏书目》虽然亦无解题，仅依次著录有撰者姓名、书名、卷数、册数，间附小字双行注记版本，但版本注记内容极细，仅钞本就分有影北宋本

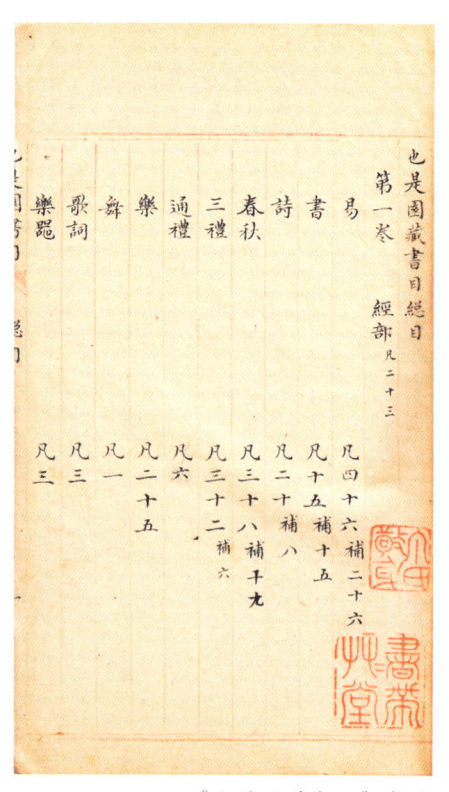

《也是园藏书目》卷首

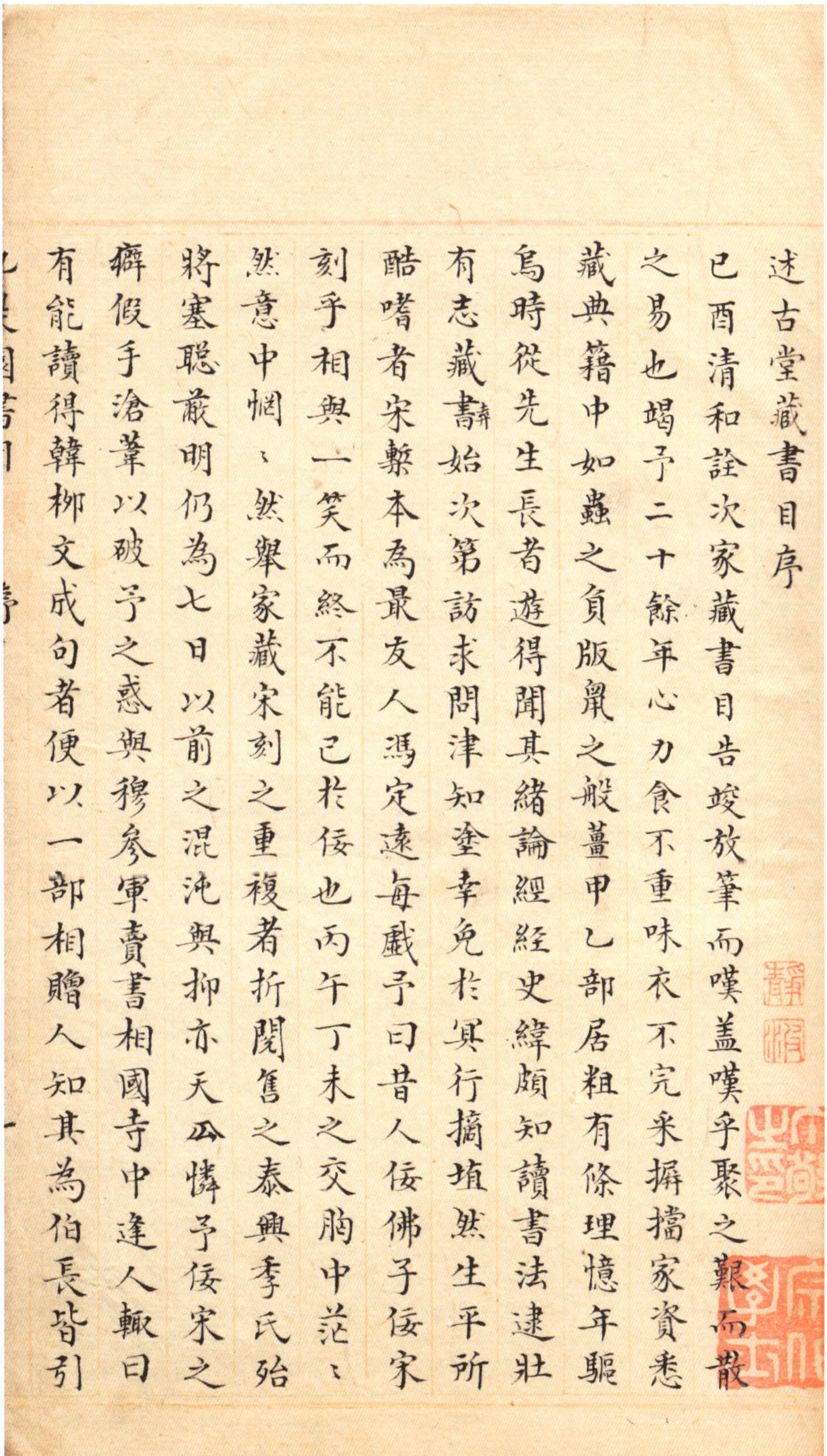

述古堂藏書目序

巳酉清和詮次家藏書目告竣放筆而嘆蓋嘆乎聚之艱而散

之易也竭予二十餘年心力食不重味衣不完采摒擋家資悉

藏典籍中如蟲之負版鼠之般薑甲乙部居粗有條理憶年驅

烏時從先生長者遊得聞其緒論經史緯頗知讀書法逮壯

有志藏書始次第訪求問津知塗幸免於冥行摘埴然生平所

酷嗜者宋槧本為最友人馮定遠每戲予曰昔人倭佛子倭家

刻予相與一笑而終不能已於俊也丙午丁未之交胸中范、

然意中惘、然舉家藏宋刻之重複者折閱售之泰興季氏始

將塞聰嚴明仍為七日以前之混沌與抑亦天丑惜予倭宋之

癖假手滄葦以破予之惑與穆參軍賣書相國寺中達人輒曰

有能讀得韓柳文成句者便以一部相贈人知其為伯長皆引

然在為得之如獲拱璧因感墨汁因緣艱于榮名利祿然世間
聚散何常百六厄廻絳雲一爐圖史之厄等于秦灰今吾家所
藏不過一片毛羽為知他年不為有力者捆載而去搫或散于
餅肆麨坊論秤而畫俱未可盡慁之不滿達人一哂耳江湖散
人云所藏皆正定可傳子之書咸手自點勘疑偽後有識者細
心繙閱始知其苦志若謂藏書多繕寫本于未足援據此乃假
好書之名而無真好之樂之者竟謂之不知書不足與言可也
佛日前七日籛後人魯遵王述

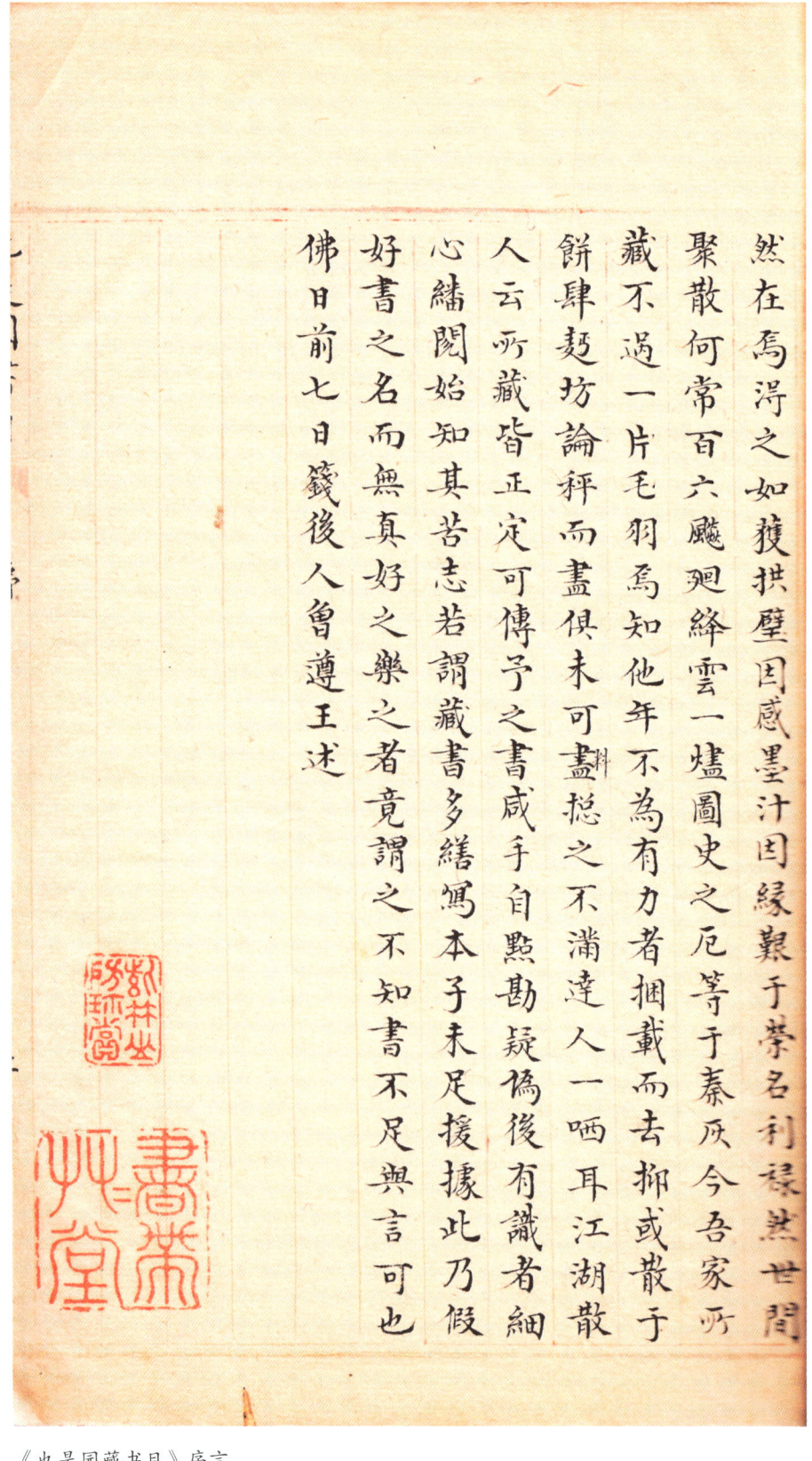

《也是园藏书目》序言

钞、宋板影钞、阁宋本钞、阁宋本影钞、内府元人钞本、元钞等等。然而《也是园藏书目》却是三部书目中著录图籍最多者。《读书敏求记》著录内容最详，为六百三十四种，《述古堂藏书目》为二千二百余种，《也是园藏书目》为三千八百余种。1957年瞿凤起先生整理《虞山钱遵王藏书目录汇编》，将三部书目合为一编，既是以《也是园藏书目》为纲，按其原次排目，另两部书目中同时著录者，则附列其下，未见于《也是园藏书目》者，则补记于各类之后，可见《也是园藏书目》虽然简单至极，甚至被后人形容为"帐簿"，却亦有其可贵之处。

关于三部书目之编成年代，仅《述古堂藏书目》可以确定为康熙八年（1669）。《读书敏求记》之编目年代，若按朱彝尊设计抄书为康熙二十年（1681）计，当成书于该年之前。《也是园藏书目》因其极简，故目录学界多认为是钱曾早期所编。《也是园藏书目》编成后一直以钞本流传，《中国古籍善本总目》中著录有该书十八部之多，皆为钞本，直至宣统二年（1910）罗振玉将该目刻入《玉简斋丛书》，始有刻本行世。

芷兰斋所藏《也是园藏书目》亦为钞本，一函八册，红格稿纸，卷中钤有宗伯学士、丁敬之印、丁氏敬身、书带草草堂、何焯之印、峧瞻、紫林山房珍赏、静波等藏章，可知曾经何焯、丁敬等人递藏。

何焯（1661—1722）原字润千，后改峧瞻，一字屺瞻，晚号茶仙，乃清初学者，人称义门先生，及门弟子甚众，著有《义门读书记》《困学纪闻笺》及《语古斋识小录》等。业界有称《义门读书记》为清初最早的书跋，然在吾看来，《读书敏求记》更当此称，《义》则更似读书感悟，而《读》才是书跋中最早谈及版本者。康熙四十一年（1702），何焯因李光地推荐而直入南书房，次年试礼部得进士，改翰林院庶吉士，后侍读皇八子，兼武英殿纂修官。同在武英殿任职之方苞与其虽为同事，于作文之道却看法各异，方苞每有新作，必会询之友人何焯是否读到，有何看法，谓："焯见之否？是能纠吾文之短者！"义门先生蓄书数万卷，学问淹博，当时诸王藏书多请其校正，又工于书法，曾与笪重光、姜宸英、汪士鋐并称为"帖学四大家"，经其所校之书，蝇头朱字，粲然盈帙，故当世即有好事者不惜重金购其手校之本。此《也是园藏书目》每一卷之末页，皆钤有其藏章两枚，分别为"何焯之印"白方及"峧瞻"朱方。

丁敬之印仅钤于第一册，计有两枚，分别为钤于序言首页之"丁敬之印"白方，及钤于总目首页之"丁氏敬身"朱方。丁敬（1695—1765）字敬身，号钝丁，别署龙泓山人、孤云石叟、研林外史、胜怠老人等，钱塘人。《清史列传》载："与金农同举博学鸿词。诗造语奇崛秀异逊于农，然长篇铺陈终始，农亦不能逮。

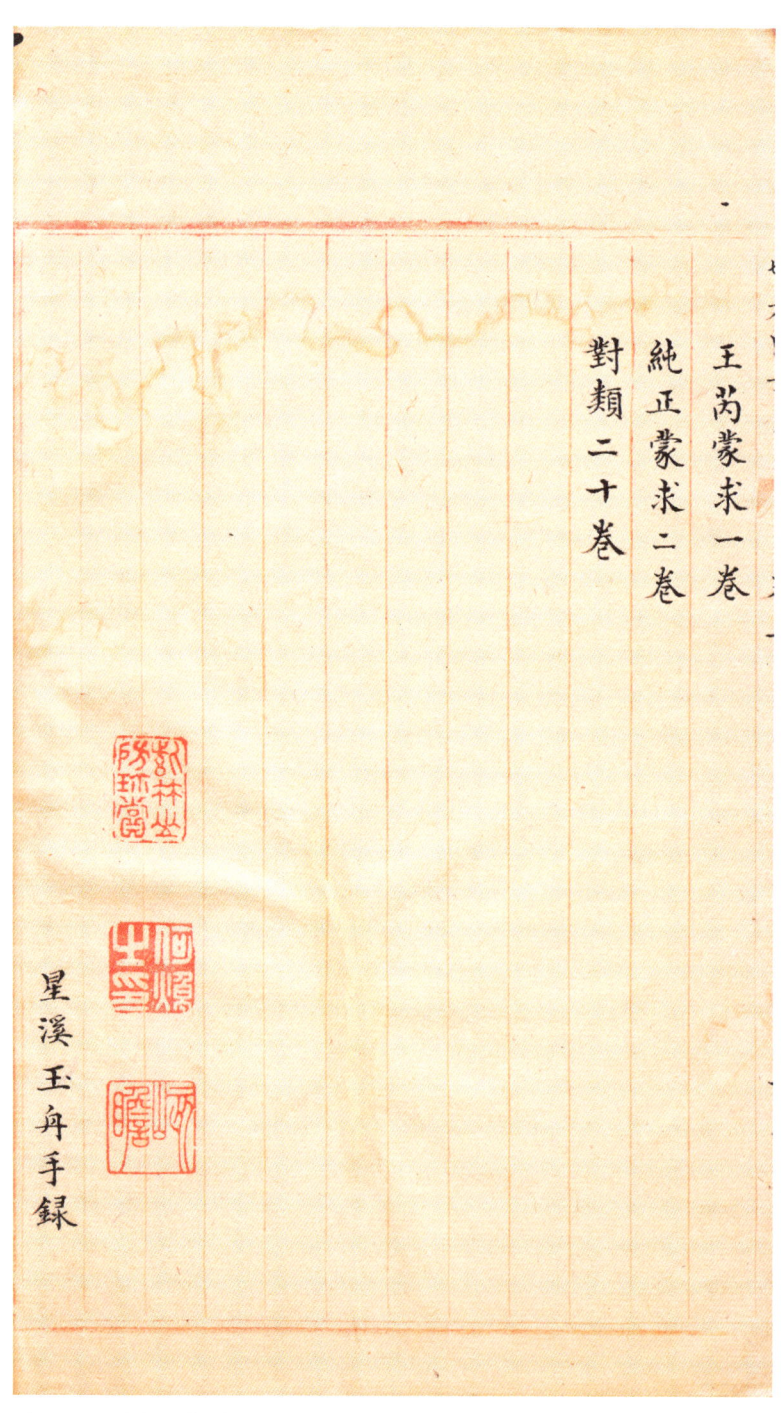

王芮蒙求一卷

純正蒙求二卷

對類二十卷

星溪玉舟手録

《也是园藏书目》曾经何焯收藏

好金石，工篆刻，为时所称。"所著有《龙泓山馆诗钞》《砚林诗集》。其藏书处曰龙泓山馆、无所住庵，惜所藏因邻人不戒引来祝融，十不存一。卷中另有"宗伯学士"白方，以印痕旧迹看，大约与何焯、丁敬同时所钤，然未知何人。又有"静波"连珠小印，及"紫林山房珍赏"诸印，或为近人所钤。

该书卷中又钤有"书带草草堂"朱方，前番粗心，漏看一"草"字，误以为"书带草堂"。彼时以"书带草堂"为堂号者有钱塘人郑江（1682—1745），字玑尺，号小冠，晚号筠谷，康熙五十七年（1718）进士，改翰林院庶吉士，充明史馆纂修官，所著有《筠谷诗钞》《书带草堂诗文集》《析醒录》及《粤东游记》等，著书同时亦有刻书之举，所刻除己著《筠谷诗钞》外，还刻印过黄星周《唐诗快》。《清史列传》载其"幼孤贫，眇一目，读书务心得，不从事词华。性淡泊寡营，回翔书局者二十年，和硕果亲王喜延宾客，苞以江荐，力辞不赴。""书带草草堂"与"书带草堂"虽一字之差，却也不敢肯定同属一人。然书带草最早出处与郑玄有关，此草又名"康成书带草"，《广群芳谱》卷八十八记有此草，并引唐陆龟蒙《书带草赋》云："彼碧者草，云书带名。先儒既没，后代还生。"此"儒者"即指郑玄，据云此草最早出于郑玄读书处。郑江与康成同姓，若以此草颜斋，或在情理之中。《清史列传》又载其"尝从长洲何焯游，湛深经学"，是故此本由何焯而至郑江，亦有可能。

丁敬

该钞本卷前有《述古堂藏书目序》，该序作于康熙八年（1669），故此本钞本抄成时间不会早于康熙八年，何焯、郑江、丁敬三者中，最早去世者为何焯，为康熙六十一年（1722）。书中既然有何焯钤章，则抄成时间最晚不会低于此年，是故此钞本成书时间约在康熙八年至康熙六十一年之间。该书每卷末行皆有"星溪玉舟手录"六字，字迹与书目内容一致，然此星溪玉舟为何人，吾遍查无所得，甚是遗憾。

《也是园藏书目》自钱曾撰成之日起，直至宣统二年（1910）罗振玉将之付梓，传抄两百多年，难免鱼鲁豕亥。今日通行之本多为罗振玉所刊之《玉简斋丛书》本，总著录书目三千八百余种，然寒斋所藏钞本总目后注明为"计共四千零零十五种"，吾点检一番，实际却为四千零三十三种，再看目录分类，始觉分别处不仅仅在于书目数量，分类亦大有不同，现将钞本目录分列于下：

经部：易、书、诗、春秋、三礼、通礼、乐、舞、歌词、乐器、琴、论语、续语、孝经、孟子、四书、诸经总录、字书、韵书、碑刻、书、数、小学。

史部：正史、通史、编年、史论、运历、杂史、霸史、故事、职官、仪注、谥法、国玺、家礼祭仪、射仪、职掌、营造、律令、法守、时令、货宝、器用、酒茗、食经、种艺、养养、传记、忠义、节孝、名臣、遗民、仙佛、神、列女、较书、科第、冥异、地理志、都城宫院、陵墓、郡邑杂志、图志、方物、朝聘、行役、别志、属夷、川渎、山志、名胜、游览、人物、文献、谱牒、姓氏、年谱、总目。

明史部：御制、敕修、玉牒、实录、纪注时政。

子部：儒家、道学、道家、墨家、法家、名家、纵横家、杂家、农家、小说家、兵家、军占、天文、星象、五行、玩占、六壬、太乙、奇门、历法、易数、卜筮、占梦、阴阳、星命、相法、相字、宅经、葬书、医书、医家经论、针灸、本草、方书、伤寒、风科、疮肿、眼科、祝由科、妇人、小儿、摄生、房中、艺术、画录、类家。

集部：制诏、表奏、赋、文集、诗集、总集、诗文评、四六、词。

三藏：经部、此土著述。

道藏：洞真部、洞玄部、洞仙部、太玄部。

戏曲小说：古今杂剧、曲谱、曲韵、说唱、传奇、宋人词话、通俗小说。

该钞本目录分类计为八部，一百五十二类，《玉简斋丛书》本却是八部一百四十八类，以经部为例，玉简斋本（以下简称玉本）中不见芷兰斋本（以下简称芷本）所载之通礼、歌词、乐器、琴四类，却多出尔雅一类，玉本列于卷首之经总类，在芷本中著录为诸经总录，排列顺序虽有不同，所载书目却大体一致。史部著录中，玉本不见霸史、方物两类，复将芷本中分为两类之货宝、器用合为一类。明史部中，玉本缺实录类。此外，玉本于集部中多出集句类，于道藏部中多出符箓类，于戏曲小说部中多出伪书类。现将玉简斋本目录亦抄录于下：

经部：经总类、易、书、诗、春秋、三礼、乐、舞、论语、续语、孝经、尔雅、孟子、四书、字书、韵书、碑刻、书、数、小学。

史部：正史、通史、编年、史论、运历、杂史、故事、职官、仪注、谥法、国玺、家礼祭仪、射仪、职掌、营建、律令、法守、时令、货宝器用、酒茗、食经、种艺、颐养、传记、忠义、节孝、名臣、遗民、仙佛、神、列女、校书、科第、冥异、地理志、都城宫苑、陵墓、郡邑杂志、图志、朝聘、行役、别志、属夷、川渎、山志、名胜、游览、人物、文献、谱牒、姓氏、年谱、总目。

明史部：御制、勒修、玉牒、纪注时政。

子部：儒家、道学、道家、墨家、法家、名家、纵横家、杂家、农家、小说、兵家、军占、天文、星象、五行、玩占、六壬、太乙、奇门、律历、易数、卜筮、占梦、阴阳、星命、相法、相字、宅经、葬书、医书、医家经论、针灸、本草、方书、伤寒、风科、疮肿、眼科、祝由科、妇人、小儿、摄生、房中、艺术、画录、类家。

集部：制诰、表奏、骚赋、文集、诗集、集句、诗文集总、诗文评、四六、词。

三藏：经论、此土著述。

道藏：洞真部、洞玄部、洞神部、太玄部、符箓部。

戏曲小说：古今杂剧、曲谱、曲韵、说唱、传奇、宋人词话、通俗小说、伪书。

附表一：

	芷兰斋藏旧钞本	玉简斋丛书本	区别（以玉本为例）
经部	23	20	玉本少通礼、歌词、乐器、琴四类，多尔雅
史部	56	53	玉本少霸史、方物两类，合货宝、器用为一类
明史部	5	4	玉本缺：实录
子部	46	46	两本同
集部	9	10	玉本多：集句
三藏	2	2	两本同
道藏	4	5	玉本多：符箓部
戏曲小说	7	8	玉本多：伪书
总计	152	148	

今睹此两部书目之不同，即可想见该目在两百余年间，于传抄过程中之不断增减及渐渐衍变，亦深知古人校书之必要。如今已无从知道罗振玉当年刻《玉简斋丛书》本时所用之底本，以及该底本经过多少次传抄。然芷兰斋所藏之本既为清初抄本，时间在康熙八年至康熙六十一年之间，钱曾去世于康熙四十年，此钞本几乎可以说与钱曾在同一时代，"星溪"为今日何地之名已无可查，所经递藏之三人何焯、郑江、丁敬，皆为苏杭人，故大致推知抄书之玉舟不出常熟、苏州、杭州三地，即便过录，亦转折非多，当较玉简斋本更接近祖本，则此本供版本目录界学人研究，当自有其价值所在。

何焯藏书印"何焯之印"及"岐瞻"

顾葆龢稿本
《小石山房书目稿》一卷

《小石山房书目稿》一卷　（民国）顾葆龢撰

民国顾葆龢稿本　小石山房黑格抄书纸　一函一册

钤印：曹大铁图书记（朱方）

是书毛装一册，封面有墨笔题《小石山房书目稿》，为曹大铁先生旧藏，甲申年得自嘉德春拍。菱花馆旧藏为近十几年来书界话题之一，公共图书馆因谈价未谐，未能尽购，故该藏分散现身于不同拍卖行。其中部分书往返数次上拍，吾陆续拍得其中十余部，余外亦有不少极喜欢之书未能到手，这些书在拍场上成交价很是离奇，有从十万元起拍，以近三十万元成交者，令吾望而兴叹。此《小石山房书目稿》戋戋小册，仅三十三页，起拍价却过万，不可谓不贵。然以小石山房之名气，此番错过，他日必定后悔莫及，故不假思索而纳之。

小石山房为清代常熟藏书家顾湘室名，顾湘字翠岚，号兰江，别署石墩山民，居常熟东郊，生卒年及仕履不详，博

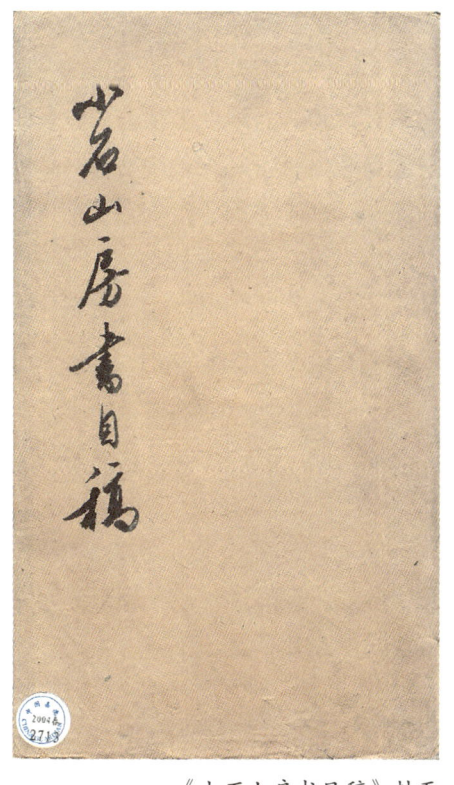

《小石山房书目稿》封面

雅好古，尤嗜搜罗未刻之书，其藏书处除小石山房外，尚有玲珑山馆及珍艺堂，曾刻有《玲珑山馆丛刻》六种十三卷，《篆学琐著》二十八种四十卷（一名《篆学丛书》），以及《小石山房丛书》三十八种六十四卷。顾湘与弟顾浩曾一起就学于季锡畴，季氏不仅博通经籍，更深邃于金石篆刻之学，顾氏兄弟亦因此而深谙此道，然顾湘虽治印深得古意，却素不喜示人。

道光年间，顾湘曾辑《小石山房印谱》，未及行世即毁于战火。同治年间，顾湘之子重辑此印谱，内容与前略有增减，更名《小石山房印苑》行世。潘遵祁为之序曰："惜年齿不永，著述未竟，良用轸惜！而遗墨灿然，楼书充栋，世守令泽，亦可以无憾矣。谱成，吉嗣以书索序，为跋数语归之。石墩岩畔，清风袭襟，慕君者尝憬然如亲其概也！"寒斋藏有《小石山房印谱》两部，似乎皆为同治本，然序言及钤印却有差异，不能推断个中原因，或是道光本之劫余，亦未可知。松荫轩为收藏印谱之大宗，暇日当向林先生请教此谱之原委。

吾收此《小石山房书目稿》，以其为顾湘之物以及菱花馆旧藏也，晴窗展读，如对前贤。该目稿纸左侧书耳处有"顾氏小石山房藏书"八字，版心刻对花鱼尾，上下大黑口，别见一种精致。此种版式为宋元旧式，亦可见顾氏爱书之癖。封面之后即见正文，无常见之卷首书名、撰者等，字迹工整，显然不是最初稿，然偶亦见朱笔是正，每篇首行天头处皆有朱笔"誊"字，说明该稿另有誊清稿本。又其中一篇题侧以朱笔注明"目录内未抄入"六字，可知此本为定稿前之底稿。该目一共著录十八部书，多为稿钞校本，颇合吾心意，每书解题之外，兼注明版本、有何藏章、旧日归谁所藏，并移录旧有之跋语，其中数篇兼附顾氏跋语，读来极为解渴。该目所载《常熟县水利全书》解题之后，顾氏跋曰：

> 曩在钱氏玉海精庐见有明安国活字本《吴中水利通书》，为王西沚光禄旧藏，心爱之，以未能罗致为恨。后被一友购去，闻之失望，大加叹息，窃谓古书之得失，个中真有福命存焉。友人李君蕙生知其蕴，亟出此书相示，予以二十金易归，书纵不及彼之珍秘，而著录亦少。犹忆光绪中翁文恭公悬三十金收购，而书贾尚不肯割舍，可知物罕见珍，在得之者亦会逢其适耳。是书虽一邑之掌故，而于白茆一港，三丈诸浦，梅林、盐铁诸塘，详载形势脉络，容纳宣洩，动关数邑之安危，是亦《吴中水利通书》也。乃叹前书之不遇，适为后书之补偿，何奇巧乃尔，天下事讵可臆度哉。己未小春月既望兰泽记。

此跋已可略见顾氏心性，深与吾同，然吾毕竟迟钝，未意识到此跋并非顾湘

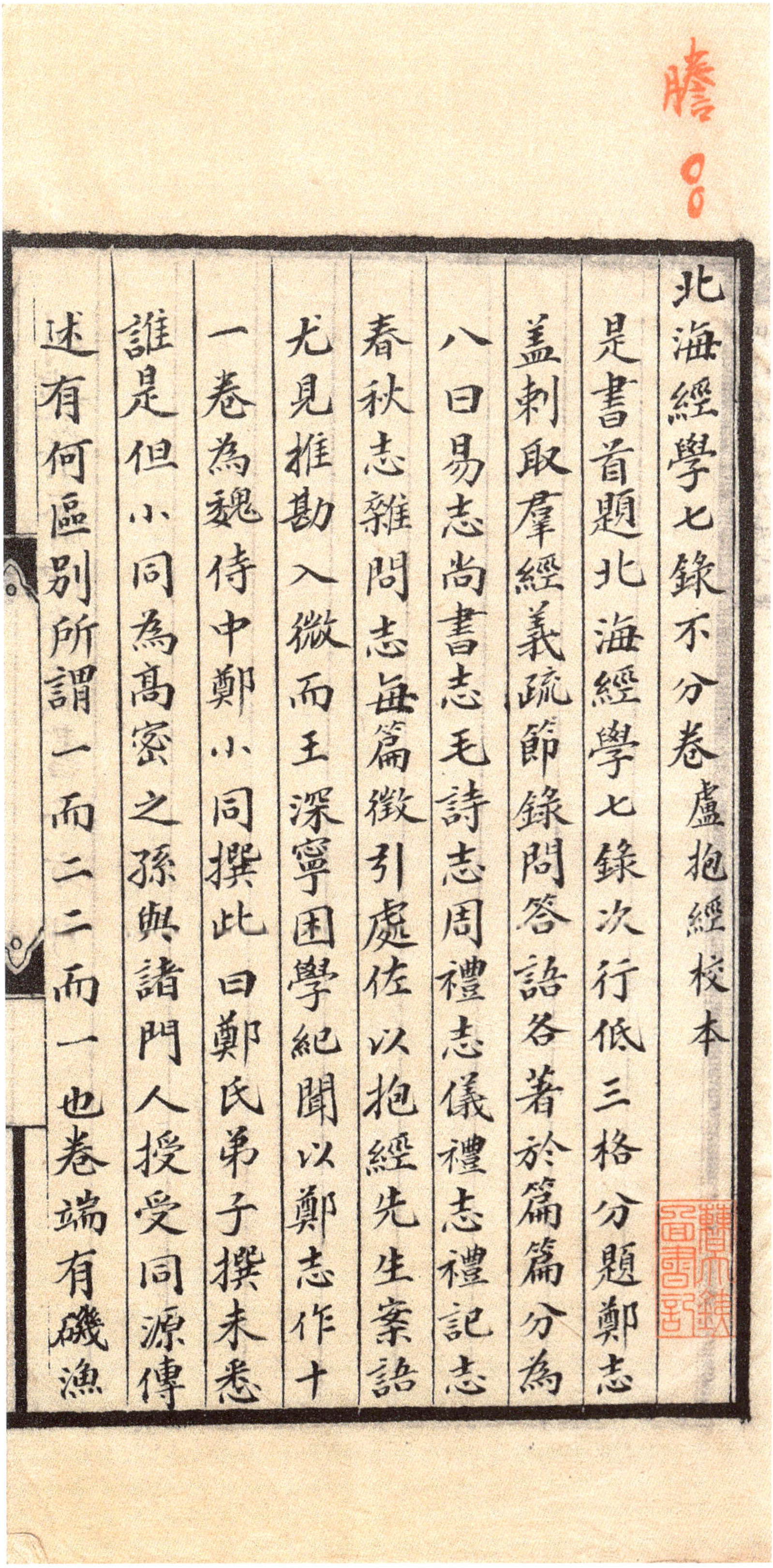

北海經學七錄不分卷盧抱經校本

是書首題北海經學七錄次行低三格分題鄭志

蓋刺取羣經義疏節錄問答語各著於篇篇分為

八曰易志尚書志毛詩志周禮志儀禮志禮記志

春秋志雜問志每篇徵引處佐以抱經先生案語

尤見推勘入微而王深寧困學紀聞以鄭志作十

一卷為魏侍中鄭小同撰此曰鄭氏弟子撰未悉

誰是但小同為高密之孫與諸門人授受同源傳

述有何區別所謂一而二二而一也卷端有礪漁

所写。顾湘字翠岚，号兰江，此署"兰泽"，吾以为是兰江之外另一字。复查己未年有咸丰九年（1859），顾湘生卒年不详，《文献家通考》载其为"—1822—1874—"，己未恰在其中。又读其跋明成化唐藩刻本《文选》，为宝瓻斋翁氏旧藏，读罢拍案叫绝，吾与顾氏岂止是心性相似，几乎是原书影刻，毫无二致，其跋文如下：

> 此书六七年前由友人归志仁戚介伊求售，索值六十金，嫌其价昂未之购也，置案头三日还之。既而心甚懊恼，颇以惜费放弃自讼，复时询志仁，是否存在，不去口。及志仁以销于沪上对，则亦徒呼负负而已。今年重九日，志仁复过余斋，余适赴北郭登高之约，不晤，将书托顺儿转交。返舍后，儿出示余，甫一展卷，喜极狂跃，谓夫河东三箧，亡来已久，一旦顿还旧观，翰墨之缘，此中殆有天假欤？亟出百金购藏。虽今昔多寡之数亦不暇计焉。至书佳胜已载《铁琴铜剑楼书录》，检读自知，不再赘。戊午小春月朔澜蛰记。

六十金不购而以百金纳之，此种事吾干过数回，每回起因皆是"以惜费放弃自讼"，讼至极处，如猫烧须，再多金亦不顾。读顾氏跋语仅寥寥数则，已有瑜亮之感，且恨且喜，恨者生不同时，可以相与谈书换书抄书刻书，彼此性情如此相近，料青山见吾应如是；喜者生不同时，天下又少一人与吾争书，若顾君在世，定为劲敌无疑。此跋末署"澜蛰"，时间为"戊午小春月"，愚钝如吾者，仍未怀疑跋者另有其人，以为"澜蛰"为"兰泽"谐音。古人署名极为随意，常有署名时同音而字异者，故仍未在意，直至读到其跋校汲古阁毛钞本《剡源文集》，始知撰此书目者，另有其人。该跋内容为：

> 陈子准书散出，余家得有北宋本《稽瑞》，为彼架藏书之冠，当时取以名楼，冀示永久流传之意。道光甲午岁，先祖既影写付梓，复编入《玲珑山馆丛书》行世，庚申寇乱，原书板片荡为云烟，浩劫茫茫，殊堪痛惜。此旧帙及《陈子昂集》两种，余六年前得于西唐市南园徐姓家，均是稽瑞楼著录本，明窗展玩，克慰思旧之怀。九月武昌难作，各省骚然，邑中闻警汹惧，急检旧籍，挟之赴申。是书寝馈必偕，睡时且以之作枕，古人所谓枕中秘者，其在是乎。他日歇浦归帆，当绘《米舫载书图》留作沧桑余话。宣统年辛亥菊秋下浣，兰泽识于申江旅次。

署款已到宣统辛亥之年（1911），吾始惊醒，该跋绝无可能为顾湘所书，此《小石山房书目稿》亦必为其后人所著，既云"先祖既影写付梓，复编入《玲珑

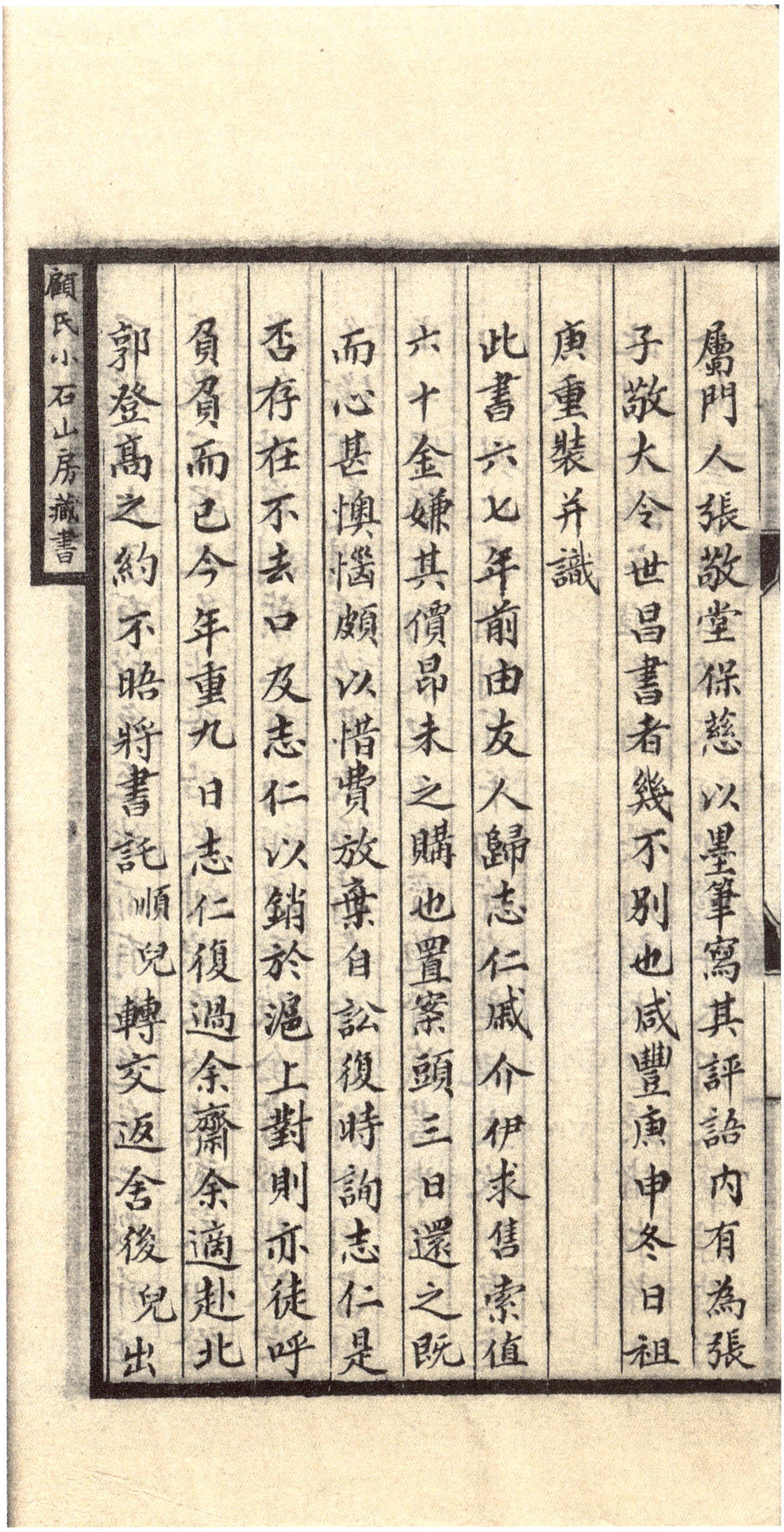

屬門人張敬堂保慈以墨筆寫其評語內有為張
子敬大令世昌書者幾不別也咸豐庚申冬日祖
廣重裝并識
此書六七年前由友人歸志仁臧介伊求售索值
六十金嫌其價昂未之購也置案頭三日還之既
而心甚懊惱頗以惜費放棄自訟復時詢志仁是
否存在不去口及志仁以銷於滬上對則亦徒呼
負負而已今年重九日志仁復過余齋余適赴北
郭登萬之約不晤將書託順兒轉交返舍後兒出

顧氏小石山房藏書

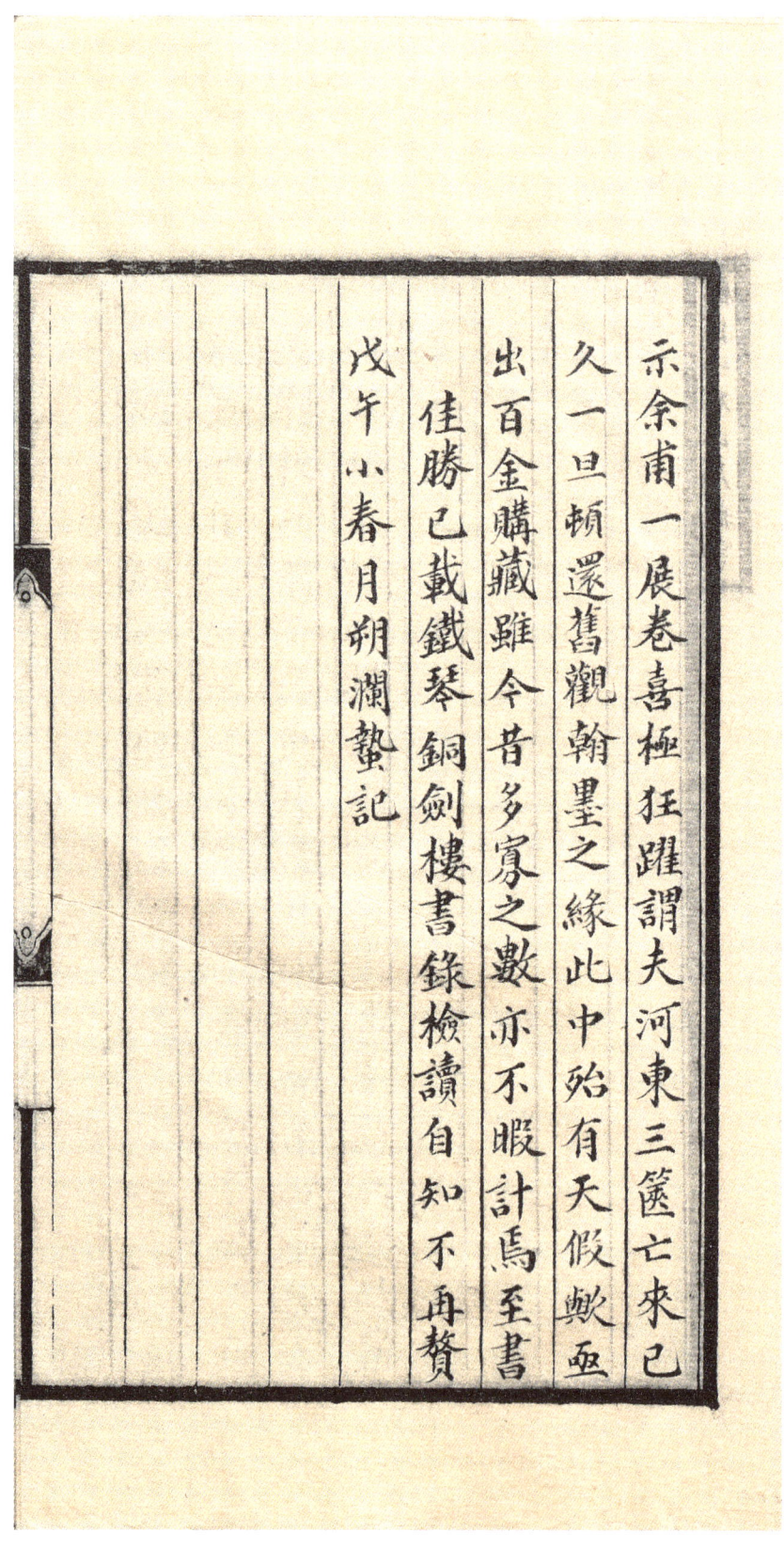

示余甫一展卷喜極狂躍謂夫河東三篋亡來已
久一旦頓還舊觀翰墨之緣此中殆有天假歟亟
出百金購藏雖今昔多寡之數亦不暇計焉至書
佳勝已載鐵琴銅劍樓書錄檢讀自知不再贅
戊午小春月朔瀾蟄記

顾葆龢手迹

山馆丛书》行世"，则跋此文者当为顾湘之孙，又忆起月前刚刚读过《叶德辉文集》，隐约记得其中有篇谈及小石山房者，亟寻出再看，有《常熟顾氏小石山房佚存书目序》一文，文中言及顾澜蛰云："近日获知顾君澜蛰，则翠岚先生之嫡孙也。辱荷先施，赐以家印诸刻，并出手编《小石山房佚存书目》见示，大抵掇拾于灰烬之余，保守已至三世，虽四部不备，而世间奇书秘笈，以及元明旧椠，名人手稿手校精钞，犹有百什之存焉。顾君按目编存，撰为提要，凡一书之得失，印记之流传，数典如珍，无不原原本本。因是叹君家先德搜求之勤且备，未能如钱毛张陈诸家早成书目传世，为可惜也。" 读罢郋园文章，始豁然大悟，此稿正是顾湘之孙顾葆龢所撰《小石山房佚存书目》之底稿，顾葆龢字兰泽，一作澜蛰。然此稿本惜其不全，仅存十八篇，此十八篇正如郋园所言，多"元明旧椠，名人手稿手校精钞"，每篇内容亦如其言："按目编存，撰为提要，凡一书之得失，印记之流传，数典如珍，无不原原本本"。郋园先生所序之《小石山房佚存书目》似乎并未付梓，多年来吾不曾寓目。后检得国家图书馆2002年影印出版之《国家图书馆古籍题跋丛刊》中，有顾葆龢撰《小石山房佚存书录》存三卷（原卷数不详），版本著录为"民国间钞本"，其目录分为总目与续目，续目后注明"前目忽录未竟，续录二十八种，合之为一百单八部。惟次序系乱，须俟初稿誊清再编定本。"

细对两目，吾藏稿本中总计著录十八部书，有十七部在其续目中，仅《南雷文定集》不在其续目内，亦不在其总目内。再翻至国图影印本内文，其仅影印总目中前面四十五种，总目后半部分三十五种之内文已佚，续目二十八种书更是仅见存目。如此看来，国家图书馆所存《小石山房佚存书录》仅半部书稿，吾藏之本虽亦不全，却可补其佚，且吾藏为存世孤本，更见珍贵矣。然吾不敢专美，现将稿本所著录之十八部书名详录如下，日后若有方家研究所需，吾乐助其成。

北海经学七录不分卷	卢抱经校本
遗山新乐府五卷	丁氏迟云楼写本　丁宝臣藏书
常熟县水利全书十卷附录二卷	明万历刊本　陈见复藏书
清河书画舫原稿十一卷	李重系精写本　铁如意斋藏书
昭德先生郡斋读书志二十卷	旧钞衢州本　临瞿中溶手校
麟台故事三卷	旧钞残本　黄琴六藏书
游志续编一卷	张金吾钞本　著录爱日精庐藏书志

文选六十卷　　　　　　　　　　明成化唐藩刊本　宝匏斋翁氏藏书

南雷文定前集十一卷后集四卷三集三卷　　　　　清康熙刊本

皇甫持正集六卷　　　　　　传录丛书堂述古堂校宋本

王维集不分卷　　　　　　　　　　　　　明嘉靖刊本

孙可之文集十卷　　　　　　　　　　　　　　校宋本

高季迪先生大全集十八卷　　　　　　　黄仲则评校本

剡源文集五卷　　　　　　校汲古阁毛钞本　稽瑞楼藏书

宋学士文集七十五卷　　　　　　　　　　明正德刊本

沈下贤文集十二卷　　　　　　　　旧钞本　恬裕斋藏书

危太朴云林诗说学斋稿不分卷　宋宾王许庭坚钞校本　恬裕斋藏书

素兰集二卷河东集一卷　　　　　　　　　　校旧钞本

曹大铁藏书印"曹大铁图书记"

杨康年批校《邵亭知见传本书目》十六卷、邵章题记并过录王懿荣批校《四库简明目录标注》二十卷、王同愈钞本《朱修伯批本简明目录》二十卷

《邵亭知见传本书目》十六卷　（清）莫友芝撰

清宣统元年（1909）北京德兴堂印字局铅字排印本　杨康年批校　一函十册

钤印：杨康年（白方）、康年手校（朱方）、周由廑印（白方）、吴兴周氏亦足斋藏（白方）、甲子入（朱椭）

《四库简明目录标注》二十卷　（清）邵懿辰撰

宣统三年（1999）邵氏家刻本　邵章题记、邵章过录王懿荣批校及题记　一函六册

钤印：杨昭儁督印（朱方）、伯炯收藏（朱方）

《朱修伯批本简明目录》二十卷　（清）朱学勤撰

清王同愈钞本　王同愈跋　夗央文寿仙馆红格稿纸　一函四册

钤印：王同愈印（白方）、胜之（白方）

　　近来有意翻看前人书目，整理书房时遂顺手将带有批跋之书目搬出数部，一并摭置案头，无意间发现其中三部皆与《简明目录标注》有关，分别为杨康年批校《邵亭知见传本书目》十六卷，邵章题记并过录王懿荣批校《四库简明目录标注》二十卷，以及王同愈钞本《朱修伯批本钦定四库全书简明目录》二十卷，当下心中为之一悦。当年为《四库简明目录》做标注者虽多，成就最大者却属莫友芝、邵懿辰、朱修伯三人，今陈于案头者，正好为此三家著述，且各有题跋批校，更堪宝之。

　　《四库简明目录》之缘起，为乾隆三十九年（1774）七月二十五日，高宗颁谕，认可四库馆

莫友芝

进呈之《四库全书总目》体
例，指出应注明为何人所
藏、采自何处，并下令编纂
《简明目录》。《高宗实
录》第九六三卷记曰："至
现办《四库全书总目》，提
要多至万余种，卷帙甚繁，
将来钞刻成书，翻阅已颇为
不易。自应于提要之外，别
列《简明书目》一编，只载
某书若干卷，注某朝某人
撰，则篇目不烦，而检查较
易。俾学者由书目而寻提
要，由提要而得全书。"乾
隆四十七年（1782）正月廿
九日，《四库全书》告成，
当年七月九日首份《四库全
书》缮写完毕，高宗再颁
谕，以六年为限，完成第
二、三、四份，分藏于文
渊、文溯、文源、文津四阁
外，继续缮写三份，安置于
江南文汇、文宗、文澜三
阁。同年七月十九日，《四
库全书总目》改正本二百
卷、《四库全书简明目录》
二十卷、《四库全书考证》
一百卷均告编成。进呈御览
时，《四库全书简明目录》
抄为两函，此两函当为首部

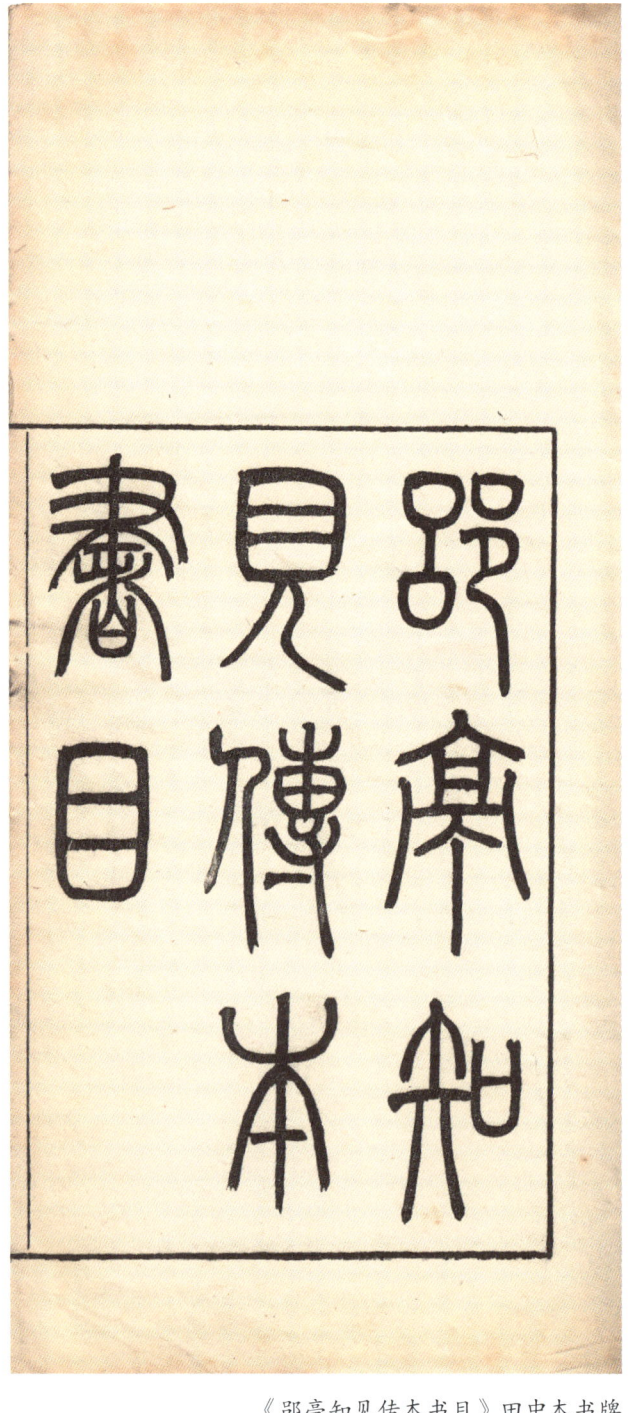

《邵亭知见传本书目》田中本书牌

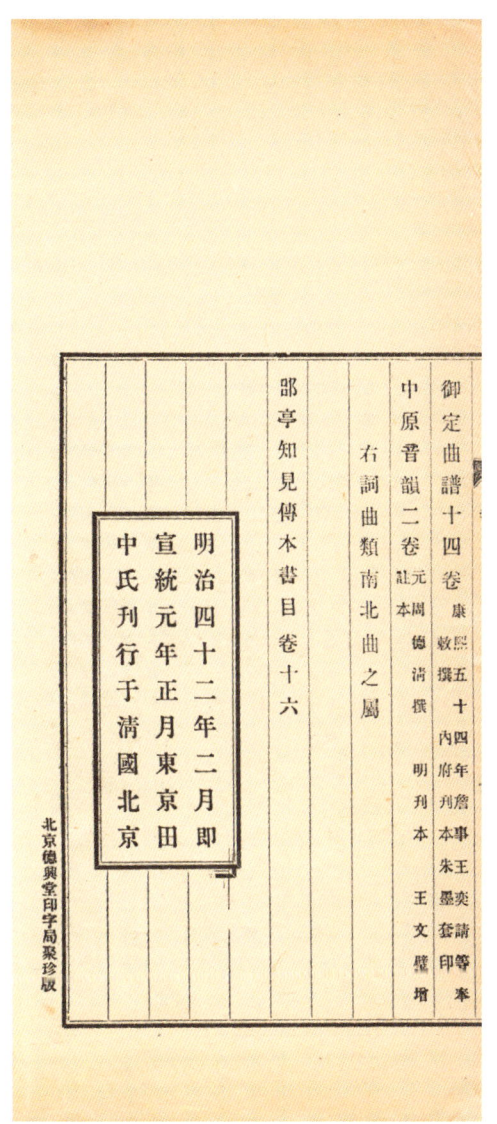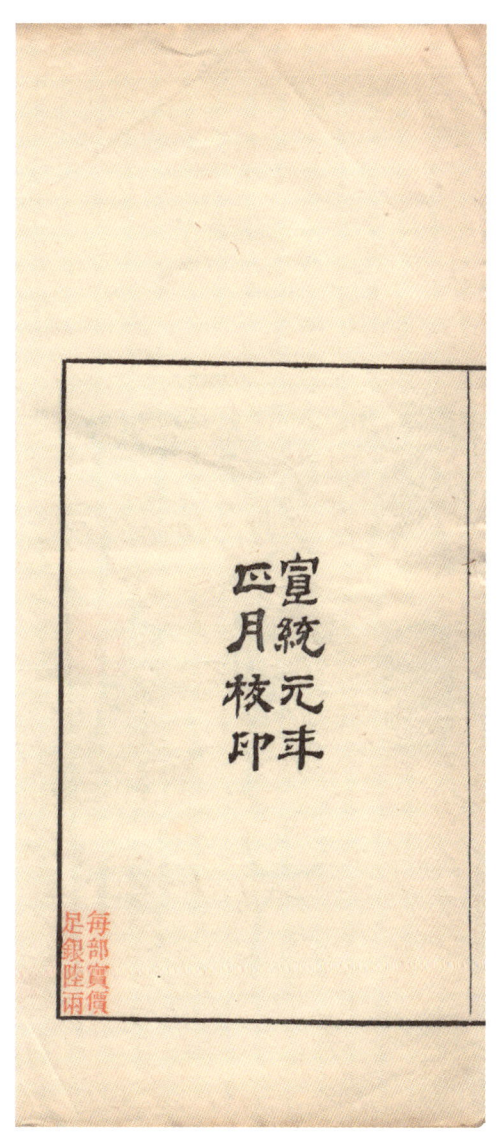

《邵亭知见传本书目》田中本前后牌记

完整定本之《四库全书简明目录》。又过两年，至乾隆四十九年（1784），四库馆臣赵怀玉将《简明目录》录出副本，在杭州刊行，此时《四库全书总目》尚未刊行，且在之后的数年间，《总目》内容编纂发生多次变更，故《简明目录》中所载图籍与后刊行之《四库全书总目》所载略有出入。

《简明目录》刊行之后，迅速广为流传，尤其当时藏书之家，必置一部于案头，甚至有按目而访书者。然此目录方便士林同时，亦让人稍觉遗憾，因为四库馆臣们虽然皆为通儒硕学，编纂《四库全书》时却多在内容上用心，极少顾及版本之学，所载书目多未注明撰文所用底本为何本，以及该书另有哪几种版本，馆臣们虽然亦有在著录中偶然涉及版本者，但或缺或略，甚至谬误，于是多有藏书家将所见所知某书有某本，一一标注于《四库简明目录》之上。以现有记载看，《简明目录》刊行之后，藏书家在《简明目录》上做标注，几乎成为一种风气。而日积月累，其中成就最大者，则为莫友芝、邵懿辰、朱修伯三家。此三家标注先后成书付梓，最早刊行者为莫友芝批注本，宣统元年（1909）由日本书商田中庆太郎以铅字刊行于北京德兴堂，其次为邵懿辰批注本，宣统三年（1911）由其孙邵章付梓，最晚出版者为朱修伯批本，至2001年始由北京图书馆出版社影印出版。

一

莫友芝（1811—1871）字子偲，号郘亭，贵州独山人，室名影山草堂，自父及子、侄，三世皆喜藏书。郘亭长期为曾国藩担任幕僚，同治四年（1865）春，其奉曾国藩之命，开始前往江南，搜求文汇、文宗两阁《四库全书》于太平天国之乱后所存残本。《郘亭日记》载："奉使相札，命往扬州、镇江一带蒐求乾隆间颁存文汇、文宗两阁《四库全书》散失零星之本，恭藏以待补缮。闻镇江之阁在金山者悉为灰烬，唯扬州一阁经乱分散于民间市肆，或犹有一二可寻也"。次年五

莫友芝墓

月，其再访江南诸郡，继续采访两阁四库遗书，并奉李鸿章之命，兼核查江苏各儒学、书院内所藏官书于兵燹之后存留情况。王颂蔚还曾作诗记此事："湘乡相公老开府，手扫欃镗扶日月。邵亭兀兀求遗书，四部先刊甲与乙"。访书之事自此一直延续到同治十年（1871），该年九月邵亭访书至扬州，听说里下河一带多故藏，于是绕道访之，岂料行至兴化忽感风寒，不几日即卒于舟中。黎庶昌作《莫征君别传》记此事曰："同治十年，往求文宗、文汇两阁书于扬州里下河。九月辛丑至兴化，病卒。县令甘绍盘视其丧，年六十有一。"曾国藩闻知更是不胜感怆，在致潘祖荫书札中称："莫子偲于九月遽归道山，江表遂无好事者搜罗金石，寻究古书，供朋游之玩索。人琴之感，想阁下亦增怅悒。"

两件差事令莫友芝访遍江南，得览众多旧家故籍，经眼之富可以想见。访书同时，其将所见古籍之不同版

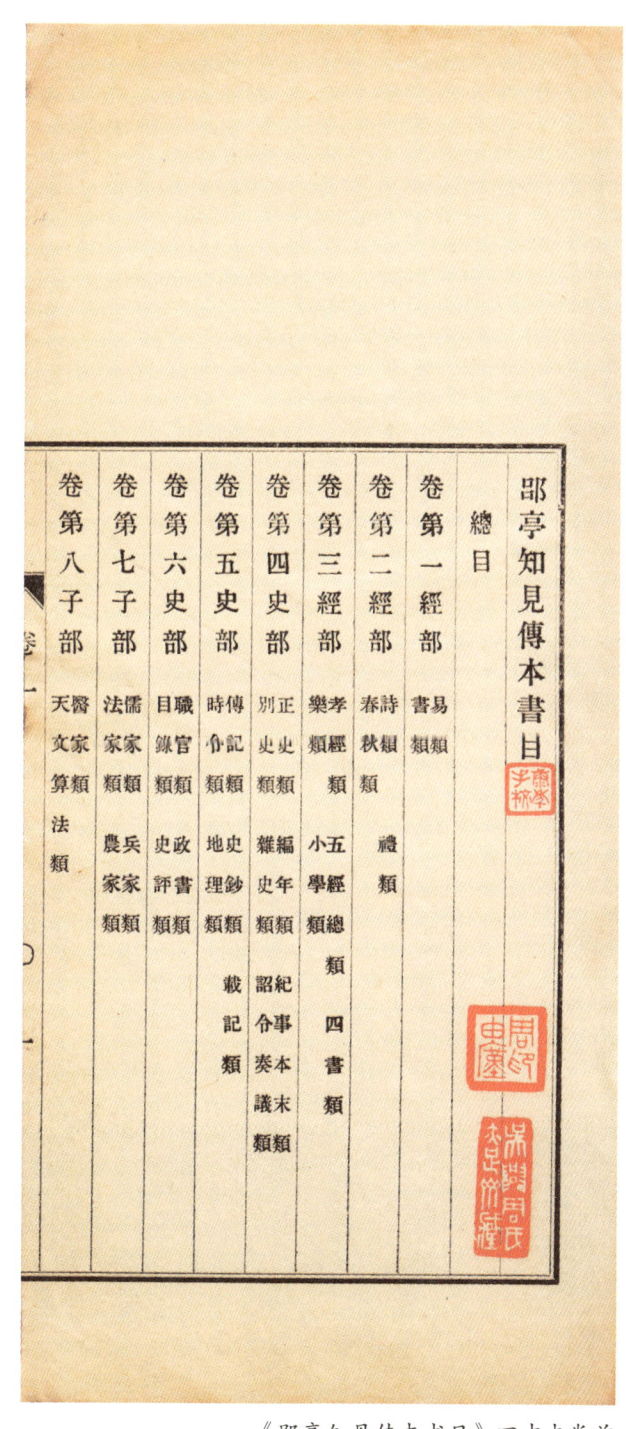

《邵亭知见传本书目》田中本卷首

杨康年藏书印"康年手校"

本，以及各种名钞精校本，一一标注于《四库简明目录》之上，并将《天禄琳琅》所著录之清内府所藏善本，以及黄丕烈、汪士钟、张金吾等藏书家目录中曾记载之善本、邵懿辰《经籍笔记》所载珍籍，皆标注于上。虽日久成帙，莫友芝却并未有付梓行世之意，最初之念仅止于方便自己省览，且宋元以外刻本，不断有新出，即使竭毕生搜访之力，亦很难没有遗漏。郘亭身故以后，其子莫绳孙整理父亲遗著，初时厘为十卷，后拓编为十六卷，分为四册，因目录中所载既有郘亭亲眼寓目者，亦有据近人著录确知存世者，故将该书定名为《郘亭知见传本书目》。光绪十七年（1891），莫友芝九弟之子莫棠自莫绳孙处迻录一部，随后稍加补记，并假劳格所批《简明目录》，择录若干，故莫棠传抄本较莫绳孙所整理之原稿本已有不同，且为嗣后三家排印本之祖本。原稿本经莫绳孙整理之后，一直珍重箧藏，约于宣统二

影山草堂图

年（1910）左右寄至莫棠，民国六七年间，莫氏书散，四册稿本流入书贾手中，为潘承弼先生以二百金得之，今藏北京图书馆。

莫棠录得副本未久，苏州书商侯念椿再四乞求允以录副，自言业书六十载，远见黄荛圃，近睹袁漱六："咸、同兵燹，古籍日堙，不图垂暮睹此钞刻板本荟萃之书，倘能朝守一编，夕死可也"。侯念椿因貌短而偻，人称侯驼子，湖州人氏，以鬻书为业，书肆名为"世经堂"，对图籍之版本、递藏等如数家珍，尤其对题跋真伪，一见纸墨，辄能言之不爽。莫棠怜其年过古稀，允其录之。不久侯念椿亦身故，遗书被其他书贾收去，其所录副之本亦在其中。《邸亭知见传本书目》因不仅记录各书传世之不同版本，兼注明各版本之特征，既便于学子研究，亦便于藏书家及书贾们辨识版本，故很快传抄开，并于极短时间内出现三种不同铅字排印本，分别为田中本、适园本及藏园本。

田中本为该书之最早印本，由日本书贾田中庆太郎据书坊中传钞本为底本，宣统元年（1909）以铅字刊行于北京德兴堂，并请董康为之序。此本前后皆有牌记，前面牌记为"宣统元年正月校印"，后面牌记位于末页，牌记内容同时注明日本、中国两种纪年："明治四十二年二月即宣统元年正月东京田中氏刊行于清国北京"，此页版框外尚有小字一行："北京德兴堂印字局聚珍版"，其所谓之聚珍版，其实即近代所谓铅字版，也就是版本界所称的"排印本"。此本刊行约数百部，甫经面市，顿时售之一空。

董康在该书序中称："日本田中庆太郎劬书耆古，雅有同志，从南中获《邸亭目》，就所经见，散标简端，谓宜先付印行，更竢补辑。始事于戊申之冬，经三月告成，请为之序。"该序三页，以手书上板，据云为吴昌绶所书。田中庆太郎精通汉学及版本目录学，其书店名文求堂，专营汉文古籍，在当时日本学者圈中名气极响，与岛田翰、内藤湖南堪称日本近代最懂中国古籍版本的三位名家。内藤湖南曾称赞其曰："今日之东京，学者中对于古书的鉴别能力，没有一人能与文求堂主人相匹敌"。1900年，田中从东京外国语大学中国语学科毕业，即西渡中国，游历于上海、苏州、杭州及京师，并从此往返于中日，将中国古书及字画运往日本销售。值得一提的是，1908至1911年间，田中曾在京师购置房产，与董康、傅增湘、张元济、鲁迅等往来，相互请教版本，《邸亭知见本书目》即为此期间所刊。

田中庆太郎刊行此书四年后，适园主人张钧衡在上海再次将此目以小字排印行世，世称"适园本"，其刊行年代约为民国二年（1913），此本除旧有批注外，

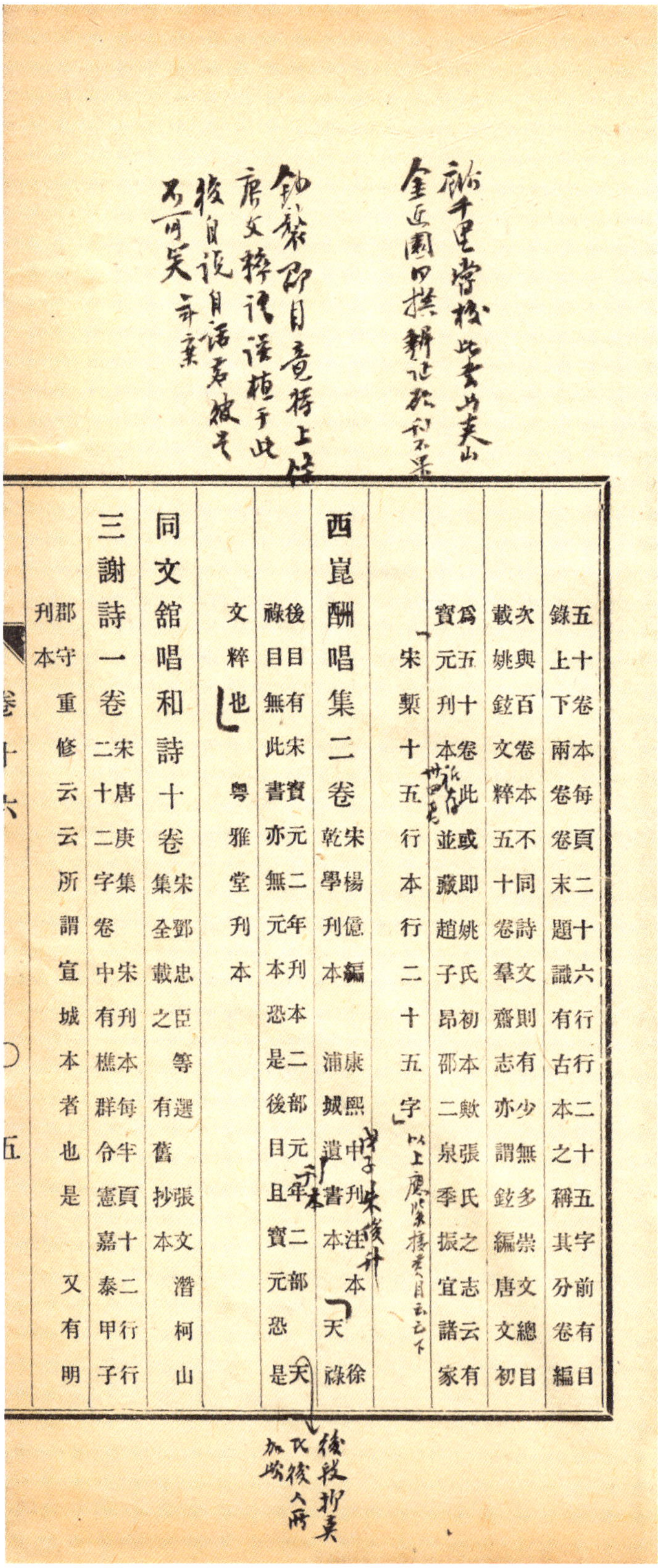

五十卷本每頁二十六行行二十五字前有目錄上下兩卷卷末題識有古本之稱其分卷編
次與百卷本不同詩文則有少無多崇文總目載姚鉉文粹五十卷羣齋志亦謂鉉編唐文初
爲五十卷此或即姚氏初本歟張氏之志云有寶元刊本並藏趙子昂邵二泉季振宜諸家
宋槧十五行本行二十五字
西崑酬唱集二卷 宋楊億編康熙中刊注本徐乾學刊本浦城遺書本天祿
後目有宋寶元二年刊本二部元年二部天祿目無此書亦無元本恐是後目且寶元恐是
文粹也
粵雅堂刊本
同文館唱和詩十卷 宋鄧忠臣等選張文潛柯山集全載之有舊抄本
三謝詩一卷 宋唐庚集宋刊本每半頁十二行行二十二字卷中有樵群令憲嘉泰甲子
郡守刊本重修云云所謂宣城本者也是又有明
卷十六 五

《郘亭知见传本书目》杨康年批校

周由廑藏书印"周由廑印"及"吴兴周氏亦足斋藏"

还增加有张乃熊批注，冠以"芹按"字样，版心下印有"适园藏本"以及"国学扶轮社刊"字样，卷前又有"总发行所上海老闸桥北东归仁里五弄西泠印社"。张钧衡所据底本亦为书坊传钞本，且因几经传钞，讹误甚多，然而尽管如此，亦风行一时。

田中本大行于市之后，莫棠经沈曾桐出示始知。细看内文，发现此本源头正是自己当年迻录本，几经转抄，许多添注已变得无可解释，乃至谬误满纸。彼时王秉恩亦从坊间购得排印本，知莫棠原本尚在，遂往借而校正。未过多久，莫棠重掌广雅书局，有意将此书重新付刊，以正讹误，沈曾桐极力赞成此事，并将莫棠钞本借去以作审定。然而时局多变，莫棠、沈曾桐先后皆有调职，几经变迁之后，莫棠钞本竟然遗失不见，幸而王秉恩以莫棠本校正本尚在，终能再寻旧迹。

民国三年（1914），傅增湘再兴此事。此前傅增湘曾在苏州购得清末钞本《邵亭书目》，携之南北访书，有见即录，日久眉间行上布满标注，几乎可以自成一书。此次重刊，其以王秉恩校莫棠本校勘自藏清末钞本，然后交付天津官报局以大字排印，世称"藏园本"，此本刊行后，书界皆称远较田中本、适园本为胜。

二

今案头所置《邵亭知见传本书目》为田中本，曾经周由廑收藏，且有杨康年批校，一函十册，前面牌记页钤有书坊售书印，印文内容为"每部实价足银陆两"，可知当时书价，换作今日虽然未知作价几何，但想必贵不过吾购此书之价。彼时初到上海买书，博古斋专门售古籍之门店位于后院一楼之小屋内，此书置于架上，被吾随手抽出，当时完全不知杨康年为何人，仅仅觉得此为书目类实用工具书，不妨多收一部，且一函十册仅需两百元，品相亦佳，实在算不上价昂。

购此书后第二年，又往沪上与一位宁波友人结帐，没想到结完帐后友人当场退吾五万元现金，当下心情为之一乐，立时怀金直奔博古斋，欲将此意外之财尽数销于书肆。到博古斋后，架上有书，囊中有钱，心情极佳，遂将架上喜欢之书一部一部搬下来，搬到后来博古斋工作人员忍不住说："您别再买了，再搬，架上就空了。"闻此言吾只好收手，尽管架上仍有许多喜欢之书。没想到一结帐，居然才花掉三万余元，钱没花完，书却已经打了十几包，如今回忆起来，真是恍若隔世，现今再想买些喜欢而象样之书，三万余元能够买到一部，恐怕都是奢望。

如今不仅书价已非昔日，买家与卖家之关系亦非昔日。看前人笔记，清代买书大户进店之后，通常不是先看书，而是进后院喝茶，或是躺在床上抽大烟，一番享受之后再慢慢看书谈价，即使看完谈罢不买，书商们亦恭恭敬敬将客户送出。余生也晚，未赶上如此贵宾待遇，但二十年前买书时，亦曾被书商众星拱月过，至少尚被视为VIP客户。犹记朵云轩首场古籍拍卖，吾亦到场豪举一番，拍卖未及过半，已有十余人到身边笑着往手中塞名片，回酒店翻看，始知多为旧书店老板，以期日后购书联系。后来拍场渐火，好书不愁售，再到古旧书店买书，已是店家大过买家，几乎要央求着书店工作人员，始得拿出几部好书经眼。曾有新入行友人私下称，若不能混到脸熟，连看书的机会都没有，甚至戏言："现在书商们喜欢的既不是赏鉴家，也不是收藏家，而是投资家"。近些年吾亦深感好书难求，必须与各书店经理搞好关系，始有可能捷足先登，时代之巨变，真是无处不在。 此本卷前尚钤有"甲子入""杨康年""康年手校""周由廑印"以及"吴兴周氏亦足斋藏"诸印。周由廑为周越然之兄，此前未知其堂号为亦足斋。印象中很久前读过周越然一篇文章，内容大约为其恨极书商，认为书商皆为奸商，还发明三个办法对付这些奸商，其中一条是："书是好的，价是贵的，我买不起，你收起来。"关于杨康年，后略查找资料，仅知其曾于民国年间任教于无锡国专，擅长版本目录，兼精史学。

杨康年于该书批校甚多，既有其自己标注，亦有过录周星诒、黄绍箕、王颂蔚等标注，以其有"周星诒云""黄绍箕云""颂蔚云"等，此数家标注并未单独刊行，不过后出之邵懿辰本收有以上各家标注，且卷中又有"年案：今刊邵目并无此条"等语，可知彼时杨康年是将邵懿辰批注本与莫友芝批注本比对而看。而此书首册目录后有莫绳孙跋语一页，杨康年于该页眉端注曰："此一页西泠印社刊适园本阙"，可见杨康年对《简明目录标注》之不同版本购有数部之多，其对版本目录之好，亦可见一斑。不过杨康年批校中，过录各家之语并不多见，更多为自己所见之书与所经书事，如某书被某人捷足等。

或许因为卷帙颇多，兼铅字细小，与常见刻本差异极大，杨康年亦有笔误之处。如《文忠集百五十三卷附录五卷》按曰"长沙叶氏旧藏北宋胶泥活字本，现归吴兴周氏言言斋，越然云是明印"。该段案语写完之后，又被括号引起，上注以"误笔"二字。初睹此语吾甚疑惑，未知其误在何处，后又于《韦苏州集十卷》上见其案语："补：北宋胶泥活字印本旧藏长沙叶氏观古堂，后归吴兴周氏言言斋，越然云是明本，不知确否。"睹此始知其是落笔之处有误，兼知其与周氏兄弟相善，时与讨论版本。然而此书究竟是先归周由廑，还是先归杨康年，吾难分先后，仅从钤印位置来看，似乎是先归周由廑的可能性较大。

杨康年一书而收数本，同时翻阅，不仅比勘出数本之不同，还发现其中之讹误。此本卷十六《西昆酬唱集》二卷条，其上案曰："钞袭邵目，竟将上条《唐文粹》语误植于此，后自说自话若彼，是不可笑。年案。"细读铅字内文，果然见到一段近乎自言自语之文字混于版本叙录中，该条之下全文为："康熙中刊注本。徐浦城遗书本。天禄后目有宋宝元二年刊本二部、元年二部。天禄目无此书，亦无元本，恐是后目，且宝元恐是文粹也。粤雅堂刊本。"之下空白处又有杨康年小字注曰："后段抑莫氏后人所加欤"。

读至此段文字，吾好奇心顿起，即刻搬来邵懿辰《四库简明目录标注》以探究竟。《唐文粹》条在《西昆酬唱集》条前，邵注内文中果有"天禄后目有宋宝元二年刊本二部，元刊本二部"，莫本不仅误植，还将"元刊本二部"植成"元年二部"。综合视之，杨康年揣测之"莫氏后人"所添，当是举烛之误，然而误植此语者，除却"莫氏后人"，是否亦有可能是田中庆太郎欤？

三

邵懿辰（1810—1861）字位西，杭州人，室名半岩庐。道光十一年（1831）中举，初授内阁中书，后升刑部员外郎。其未及弱冠，即有志以著述传世，常谓汉、宋诸儒学问不可偏刻，对国朝掌故尤其熟悉。在京任职期间，朝廷许多典礼诏书谙文等，均出其手，传世除《四库简明目录标注》外，尚有《尚书通义》《孝经通义》《仪礼通论》及《半岩庐文集》等。《清史列传》载其人，然而与其他经学大师及藏书家不同者，史载其入《忠义传》而非《儒林传》。

咸丰十一年（1861），太平天国犯杭州，邵懿辰正在家丁忧，与当地官员一同守城，其时《仪礼通论》尚未完书，城外炮声如雷，火光彻夜，其泰然处之，继续编订，并语其子邵子进："曩有谓我无死事责者。不知死分也！命也！读圣贤书，所学何事？今日之事，溃败如此，与其求免而辱，何如一死殉城，犹为心之所安乎？"子进知父心怀死志，亦不敢言。数月后，邵懿辰打发妻子儿女离开杭州，以免祸及家小，自己守城直至失陷，面对劝降者，其仰天大笑："我固早拼一死，速杀我，尚何言？"劝降者起初视其为杭州宿望，不忍加害，然其愈骂愈烈，终于惹怒劝降者，以巨杵锤颅、利刃穿胸惨死。

邵懿辰年甫二十即馆于瞿世瑛清
吟阁，为之校刻《帝王经世图谱》《东
莱左氏博议》，入都后与朱学勤结为
挚友，往来皆为嗜书者，如路慎庄、叶
澧、袁芳瑛、黄彭年、梅曾亮等，公余
各示所藏，互相订正。晚年归杭，往来
则有蒋光煦、蒋光焴昆仲及钱泰吉等。
居京师时，其案头长置巾箱本《四库
全书简明目录》一部，日常所见宋、元
旧刻本、钞本及通行本，皆随手标记于
各书之下，兼详考其义例得失、版本优
劣，以备日后校勘之用。另有少许《四
库全书》未收之书，其认为可供参考
者，亦略有采辑。久之，《简目》眉端
行间尽见标注，几无空隙。此目后被瑞
安项传霖借往抄录，未久杭州城陷，邵
懿辰殉身，半岩庐所藏图籍荡然一空，
邵懿辰亲手批注之本却因项传霖假归未
还而得以保存，不亦幸乎！

同治八年（1869），邵子进在江南
遇孙诒让，孙诒让告知子进，邵懿辰
亲手批注本尚在项传霖处完好无损，
子进闻之大喜，请其索归。同治十年
（1871），孙衣言于项传霖处索回原
本，命孙诒让重新录副一份，原本则交
还子进。斯事邵、孙二家皆有记录，邵
章于宣统三年（1911）序中云："同治
己巳，先君子晋公宦游江南，适孙丈仲
容侍养琴西太仆盐驿道署，与先君为石
交。孙与项，姻也。为言是书具存无

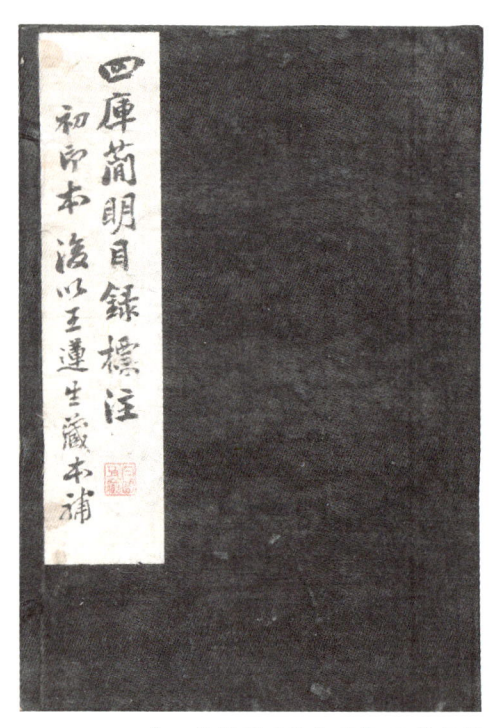

《四库简明目录标注》函套书签

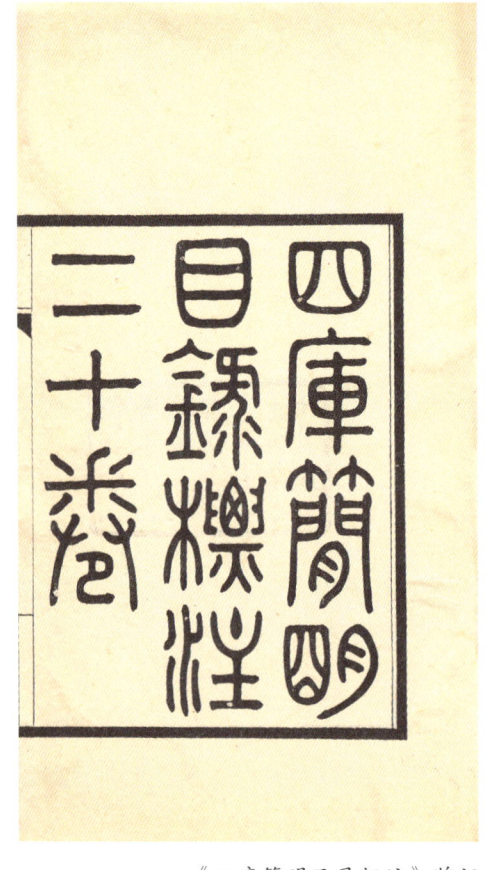

《四库简明目录标注》牌记

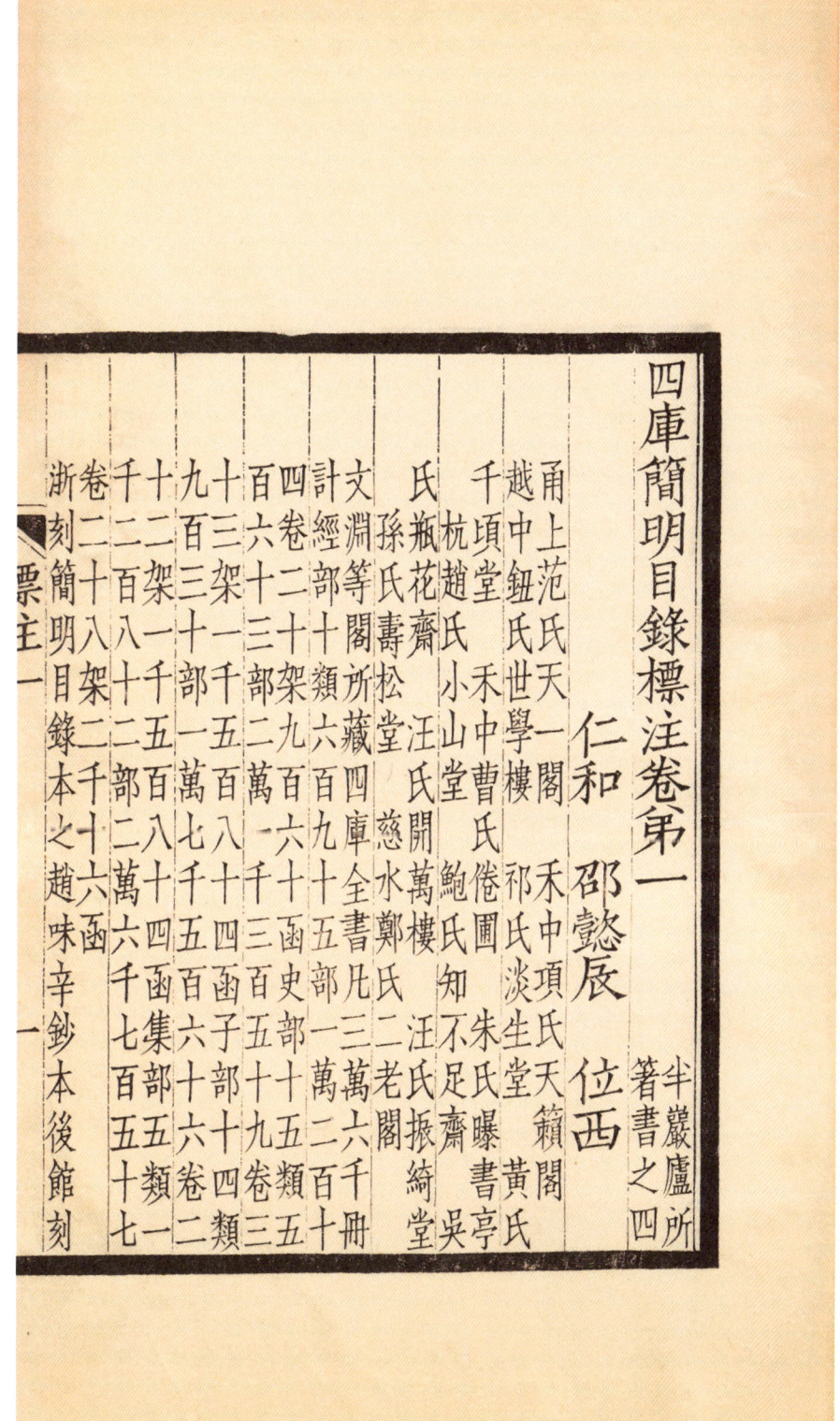

四庫簡明目錄標注卷第一　半巖廬所著書之四

仁和　邵懿辰　位西

甬上范氏天一閣　越中鈕氏世學樓一閣　禾中項氏天籟閣　黄氏千頃堂

杭堂氏小山堂　曹氏倦圃　祁氏淡生堂　朱氏曝書亭吳氏

慈谿鄭氏二老閣　汪氏振綺堂　鮑氏知不足齋　氏孫等閣所藏

文淵閣經部十類　史部　子部　集部

計經部十類……

文淵閣四庫全書……

卷二十簡明目錄本之趙味辛鈔本後館刻

浙刻簡明目錄一　票注一

《四库简明目录标注》卷首

孙诒让

王懿荣

恙。先君闻之大喜，介孙丈索归。写定副本，流传都下。"孙诒让则记曰："辛未夏，家大人从项氏索归，归之子进。因命诒让编录为此本，十一月五日校毕附识于书尾。"邵懿辰所注自此后，遂以孙诒让钞本为祖本，开始流传京都。

邵子进之子名邵章（1872—1953），其字伯炯，一字伯䌹，号倬安，光绪二十八年（1902）进士，精碑帖，工书法，著有《云缪琴曲》等，室名六通馆。光绪二十九年（1903），邵章遇到安徽人胡念修。胡念修字灵和，又字幼嘉，曾辑刻《刻鹄斋丛书》，其中即有邵懿辰《尚书通义残稿》两卷。胡念修向邵章出示过录邵懿辰标注之《简明目录》，云自董康处过录而来，然此本眉端又加有孙诒让、黄绍箕、周星诒、王颂蔚等标注。邵章当即假归校录，复请缪荃孙、沈曾桐加以就正，欲整理付梓。缪荃孙复为之序，力赞此书："通行后，何啻得千百导师于家塾，而保全旧学，不致湮没于尘埃，流失于外域。旧学绝续之交，岂非绝大关系之事哉！"

经邵章整理之后，该书定名为《四库简明目录标注》，总二十卷，宣统三年（1911）于邵氏家塾刻成，由杨昭儁负责督印。顾廷龙曾评价此本曰："邵本得章汇录各家所订补，遂最详备，惟以雕版印数不多，售价既昂，且禁翻印，流传以致甚稀"。该书体例依旧保持原书之貌，又将孙、黄、周、王诸家以及缪荃孙标注，以"附录"形式，分条纳入《标注》中每书注文之下，各人标注之下附以"星诒""诒让""荃孙""鸿绶"等名字，不知名者，则注"某氏"。其中有署名"鸿绶"者不知何许人，吾一度疑为陈鸿寿。《简明目录》首刊于乾隆四十九年（1784），陈鸿寿生卒年在乾隆三十三年（1768）至道光二年（1822）之间，虽然从时间上说得过去，但并不能以此证明"鸿绶"即陈鸿寿，且其所注多经部，经部第一条附录即署"鸿绶"，又见其偶于注文中称"余家有此书"，当为家富藏书之饱学通经者，与以金石篆刻闻名之陈鸿寿恐非同一人。

此时莫友芝所注之本已由田中在京师刊行，适园本尚未问世。因莫友芝、邵懿辰当年活动范围一南一北，故邵氏所注多北方所见，莫氏所注则多南方所遇，二书各有其妙，因此书界中人往往各置一部于案头。然而此中亦有吾颇不解者：为何邵注直至邵章见到胡念修本始得刊行？依孙诒让所述，邵懿辰亲手批注之原稿本已归还邵子进，缘何至邵章时，原稿本却不见踪影？读邵章序言，言语之中，似乎祖父手泽早已不知所终，所著亦湮灭至无迹可寻，则邵懿辰原稿究竟于何时遗失，于今何在，此成谜也。

邵注正式刊行之前，其传钞本除有孙诒让本、胡念修本、董康本之外，尚有王懿荣本及黄国瑾本、缪荃孙本。其中缪荃孙本为光绪二年（1876）自黄国瑾处录副而来，录副时见黄本中偶有讹误，即随手订正，并将自己所见而书中未及者，添注眉端，至邵章请其是正并作序时，缪氏所注亦以"附录"形式纳入各条之下。今黄国瑾本与缪荃孙本是否尚在人间，已不得而知，黄国瑾又录自何人，亦有待考证。

王懿荣（1845—1900）字廉生，一字莲生，为最早研究甲骨文字者，曾上奏请求续编《四库全书》，并参与编撰《天禄琳琅书目续编》。与邵懿辰殉城相类，王懿荣死于殉国。光绪二十六年（1900）八国联军攻陷大沽口，八月十四日攻陷京城，慈禧挟光绪出逃前，下令王懿荣守城。城破后，王懿荣写下绝命词携夫人及长媳投井而亡，谥号文敏。其殁后，藏书四散，傅增湘、莫伯骥等均得而藏之。至民国十六年（1927年），有书贾持邵注王懿荣传钞本出示邵瑞彭。邵瑞彭字次公，曾参与编纂《清史稿》，其究竟有否购下此书，今已无可查，然而可以确知者，为邵章在邵瑞彭处见到王懿荣传钞本，发觉此本不仅有孙、周、黄等批注，还有王懿荣自己批跋，且孙、周所注较胡念修本中更多出若干条，遂假归迻录于家刻《四库简明目录标注》之初印本上。胡念修本中原有未知名者，皆以"某氏"注之，比对王懿荣本时，始知大部分"某氏"实为黄绍箕，小部分"某氏"为孙诒让，邵章迻录此书时，尽可能将"某氏"还原为"绍箕""诒让"，但是仍然有部分"某氏"不知为何人所注。迻录之后，邵章更将王懿荣批注单独整理出来，另刻数版，附于

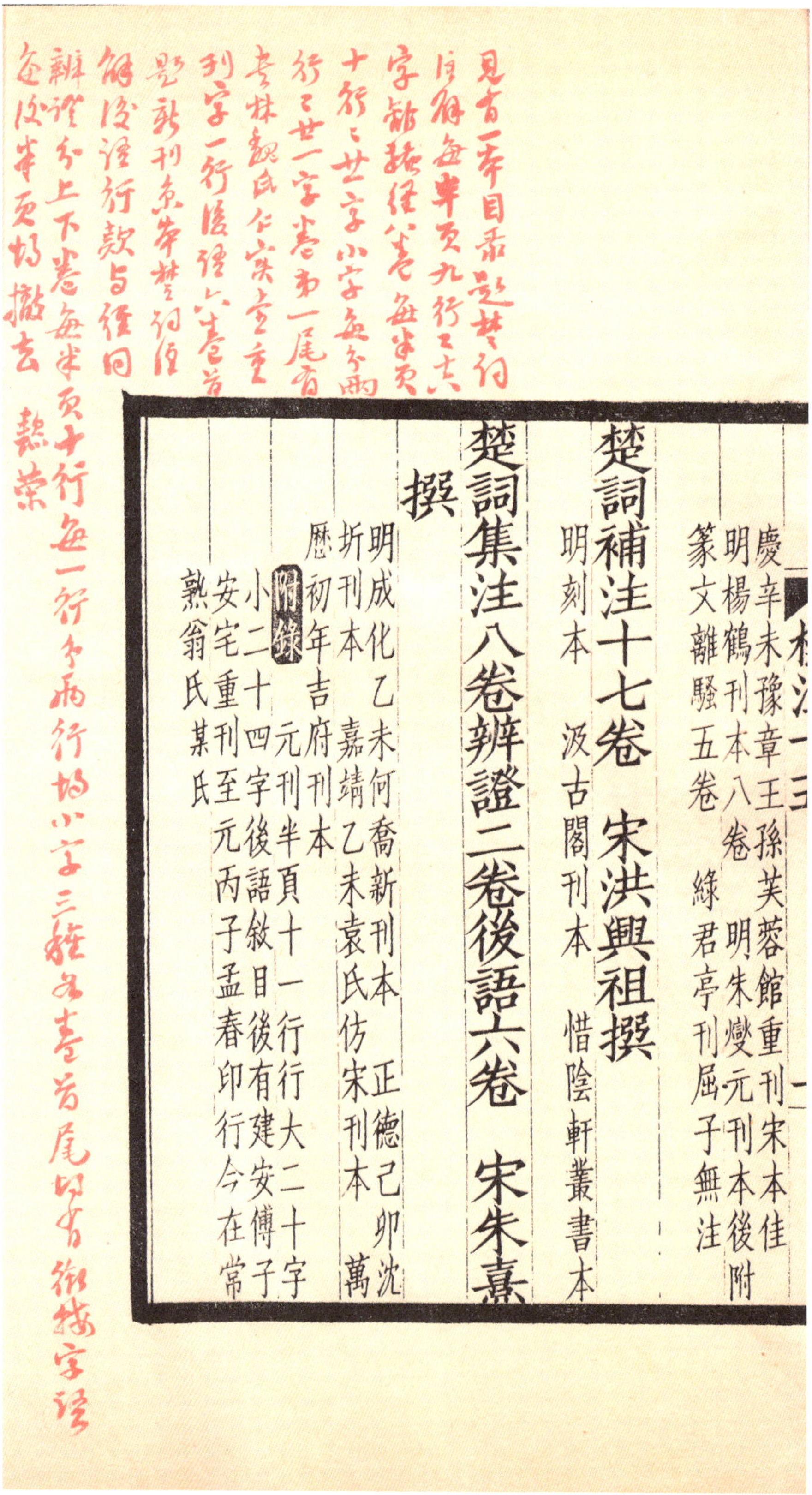

見有一本目錄題其句
字句每半頁九行之大
字雙行經八卷無半頁
十行之廿字小字每行兩
行之廿二字卷第一尾有
考林鶡民全宋宣章重
刊字一行後證六卷前
影新刊京苹楚詞後語
個後證行款與徑同
辨證分上下卷每米
逕改米更妙撒去　熱荣

頁十行每一行分兩行均小字三輒各盍首尾均有御榜字樣

慶辛未豫章王孫芙蓉館重刊宋本佳
明楊鶴刊本八卷
明朱燮元刊本後附
篆文離騷五卷　绿君亭刊屈子無注

楚詞補注十七卷　宋洪興祖撰
明刻本
汲古閣刊本
惜陰軒叢書本

楚詞集注八卷辨證二卷後語六卷　宋朱熹
撰

附錄
明成化乙未何喬新刊本　正德己卯沈
圻刊本　嘉靖乙未袁氏仿宋刊本　萬
曆初年吉府刊本
小二十
安宅重刊至元丙子孟春印行　今在常
熟翁氏某氏
元刊半頁十一行行大二十字
二十四字後有建安傅子

各部之后。

至1958年，邵章之子邵友诚再次整理先人著述，据邵章亲手过录之王懿荣本，对光绪家刻本予以校补订正，新整理之本于1959年出版，定名《增订四库全书简明目录标注》。邵章当年补刻部分原来附于各部之后，翻检不便，兼有讹漏，邵友诚遂将该部分内容移出，散入正文中各书"附录"之下。王懿荣所批注的内容，则一依孙、周、黄等，于注文之下附上"懿荣"以示区别，并将"某氏"遂一订正还原。

当年邵章整理祖父遗著时，还曾仿祖父体例另作《续录》，专收咸丰以后所出之本，并补标此前各家附录中所未及者，然而《续录》亦为随手标记而成，或书于《简明目录》眉端，或记于《目录标注》行间，并未单独成书。邵友诚再次整理时，将父亲所记逐条摘出，分附于各书标注"附录"之后，并冠以"续录"之名，又因"续录"为邵章一人所为，故每书"续录"之下不再另注姓名，今时将两本比对而看，增补、修订之处，皆清晰在目。

增订本与家刻本不同之处，除内文整理增补外，另外尚增附两部书目，其一为邵章所辑《四库未传本书目》，其二为刘喜海家藏钞本《东国书目》。时光至此，邵氏一门为《标注》所耗心血，始得以大成。四代人殚精竭虑，延续百余年，今日始有一部清晰实用之《增订四库简明目录标注》供于案头，吾等翻阅是书时，又岂能不感激前贤嘉惠士林之心血。1999年上海古籍出版社将该书再版，吾当即一次性购入三部，惟恐翻烂后无处再买。

四

吾所收之《四库简明目录标注》为宣统三年（1911）邵氏家刻本，一函六册，函套上贴有原签，签上以墨笔题"四库简明目录标注 初印本 复以王莲生藏本补"，钤以"伯同收藏"朱方，函套内贴有邵章方形藏书签，书签首行大字题"倬盦藏书□部□类"，后面九行分别列有书名、撰人、卷数、册数、函数、版本、得所、价目及纪要。芷兰斋著录古籍兼注部、类、属，虽然较倬盦多出"属"级，却无倬盦所列之"得所"及"价目"两项。此签"撰人"一栏以墨笔填"祖父位西公"，版本著录为"家刻仿宋初印"，睹此两行，不由令人想起"书香传家"四字，此四字写出来极其容易，真正做到，却需几代人不懈努力。

此书若年前得自琉璃厂。十余年前，贴有倬盦书签之书时常现身厂肆，近几

第一册　經

丁卯十月初七日書賈
攜王文敏懿榮批目示次公
宗兄愛殷録初印本甚當
伤聚邵章記于通館
書中凌安誦考某氏者十六七八九且校黄
二先生皆書補録多條快至无此章記

《四库简明目录标注》封面有邵章题记

杨康年批校《郘亭知见传本书目》十六卷、
邵章题记并过录王懿荣批校《四库简明目录标注》二十卷、
王同愈钞本《朱修伯批本简明目录》二十卷

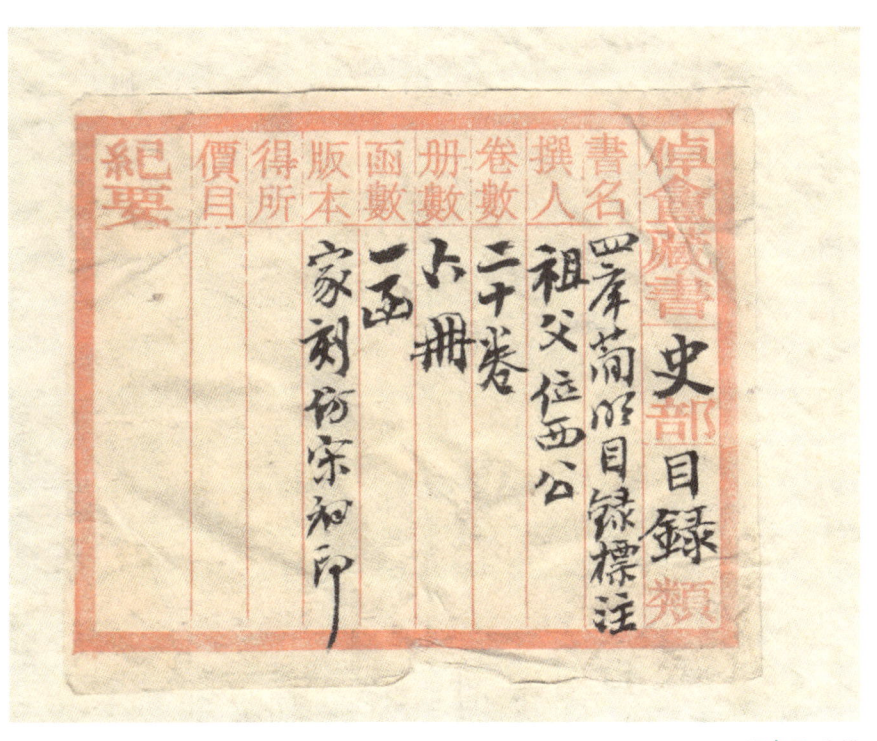

邵章藏书签

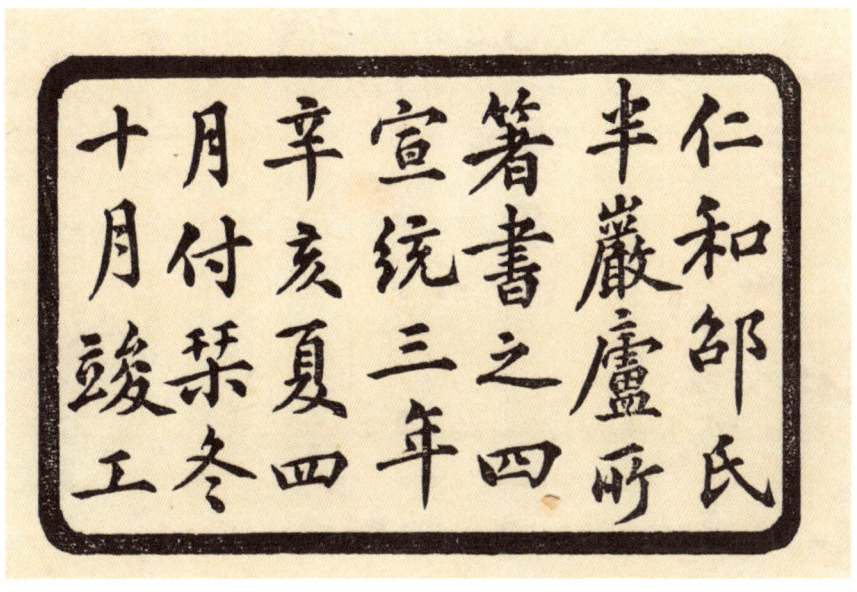

《四库简明目录标注》邵氏家刻本牌记

年又时现于拍场，然而所见并无宋元珍本，多为清刻初印之本，或许倬盦旧藏中精品部分早已归入公藏，故厂间难得一见。2007年嘉德拍场曾出现一册影集，名为"倬盦主人卅年踪迹记"，为倬盦自光绪二十三年（1897）至民国十五年（1926）间同年聚会，共历三十年，摄照三十四张，每帧照片皆有倬盦题写跋语，详述照片中人物及故事。当时亦感觉此影集极具史料价值，意欲一争，然未料竞争之激烈远超所料，竟然从底价十万元直上八十万元，令吾极具挫败感。拍完当天，接到书友电话，称此影集为自己购买，并问吾值不值？吾当时回答："当然值，就是太贵了。"此语既出，自己亦愣住，究竟值不值？

该书卷前有牌记，内容为："仁和邵氏半岩庐所著书之四宣统三年辛亥夏四月付刊冬十月竣工"，此本正是邵章亲笔过录王懿荣批注之本，亦即邵友诚于增订本后记中所称"据先父手录本校补订正"之原物，首册封面有邵章墨笔题识："丁卯十月初七日，书贾携王文敏懿荣批目示次公宗兄，爰假录初印本眉端。伯褧邵章记于六通馆。"左侧复以较小笔迹记曰："书中从前阙书某氏者十约八九，且孙、黄二先生皆有补录各条，快至无似。章记。"副页以朱笔题："四库书目邵注，分订十册，王文敏公题识书端如此。章敬录。"卷中朱笔所书，尽为过录王懿荣批注，与增订本中无异。此外第一、二、三、六册前后副页亦有朱笔迻录王懿荣批语，其中部分移入增订本，今人可见，另一部分则未纳入增订本中。

移入增订本中者，有第一册卷前之王懿荣题识，以及第六册卷末之王懿荣过录孙诒让题识，字句之间虽略有出入，亦无伤大意，邵懿辰批注原稿本之幸存及流传，即赖孙诒让题识而以后人知之。王懿荣题识则曰："光绪甲申长夏，病中无聊，从瑞安黄仲弢同年借得，属诸城尹伯环圈及族子为承照钞。位西先生所见仅止于此，取其最录成帙，甚便浏览。闻朱修伯宗丞与其长子子澄观察，别有增益批注本，在厂中某贾手，续当借取补录。廉生。眉上称孙注者，瑞安孙比部诒让，字仲容；称黄注者，瑞安黄编修绍箕，字仲弢。仲弢以陆氏皕宋楼藏书摘录眉上，旋自悔之，并来语云'乾嘉老辈往往以明仿宋本误认为宋椠旧本，又每以宋元牵混，审定不真，近人著录亦多不足据，非亲见原书，不可率信'等语。颇为著实。朱笔所记，则鄙人目治之学能自信者，然亦忽忘太半矣。"此段文字与增订本中略有不同，"位西先生所见仅止于此，取其最录成帙，甚便浏览"句不复见于增订本中，不知邵友诚何故删去。此题记左侧复有邵章记曰："右王文敏公懿荣手注于库目邵注首册者。丁卯邵章迻写。"

几段文字并列读来，可知孙诒让当年录副之后的数年间，不断将所见增补于录副之本，此本后为黄绍箕转录，黄绍箕转录之后继续将自己所见增补于上，然因为自用之本，故未在每条之下署名。不久黄本又被董康录副，胡念修又录自董康，董、胡二人此后皆未对邵注进行增补，故胡念修本内容止于黄绍箕增补之处，如此亦可理解为何胡念修本中许多黄绍箕标注皆为"某氏"。邵章得见胡念修本时，钞本上已有五家标注，分别为孙诒让、黄绍箕、周星衍、王颂蔚及鸿绶，周、王及鸿绶三家标注为何时掺入，尚未考知，缪荃孙标注则为邵章付梓时增入。王懿荣过录该书在董康录副之后，而黄绍箕在董康录副之后、王懿荣录副之前，一直未停止对邵注之增补，故王懿荣本与董康本（亦即胡念修本）虽然二者同出一源，但王本较董本多出标注若干。

王懿荣录副之后，不仅继续增补标注，还书己见于钞本之上，今寒斋藏邵章过录本第二册卷末，有其迻录王懿荣题识一段，读来颇令人心动："路小洲藏《蜀志》，纸背乾道年公牍；孙仲伯藏《魏志》，北宋刻北宋印行；黄荛圃藏《吴

黄绍箕

志》，有中书门下牒文。此皆宋刊单行本，若合此三种成一书，足称天下第一本《国志》。右文敏记于书目第三册尾者。章录。"此段题识亦不复见于1959年出版之增订本，然若就此湮灭未免可惜，故此录出，若有藏家于现实中如此集锦，真是令人羡慕，如今三书不知花落谁家，在吾，已不敢奢望矣。

邵章于此家刻初印本上过录王懿荣批注时，亦偶书己见于眉端，并以颜色区分之：凡朱笔皆迻录王氏，凡墨笔则为己见。其中值得深究及玩味者，一则为其于第二册史部《补后汉书年表》眉端处，以墨笔书有长篇题记一篇，论及谢承《后汉书》，兼谈校雠著录之事，因篇幅实在太长，暂且不录。

另一值得深味者，为其中朱笔过

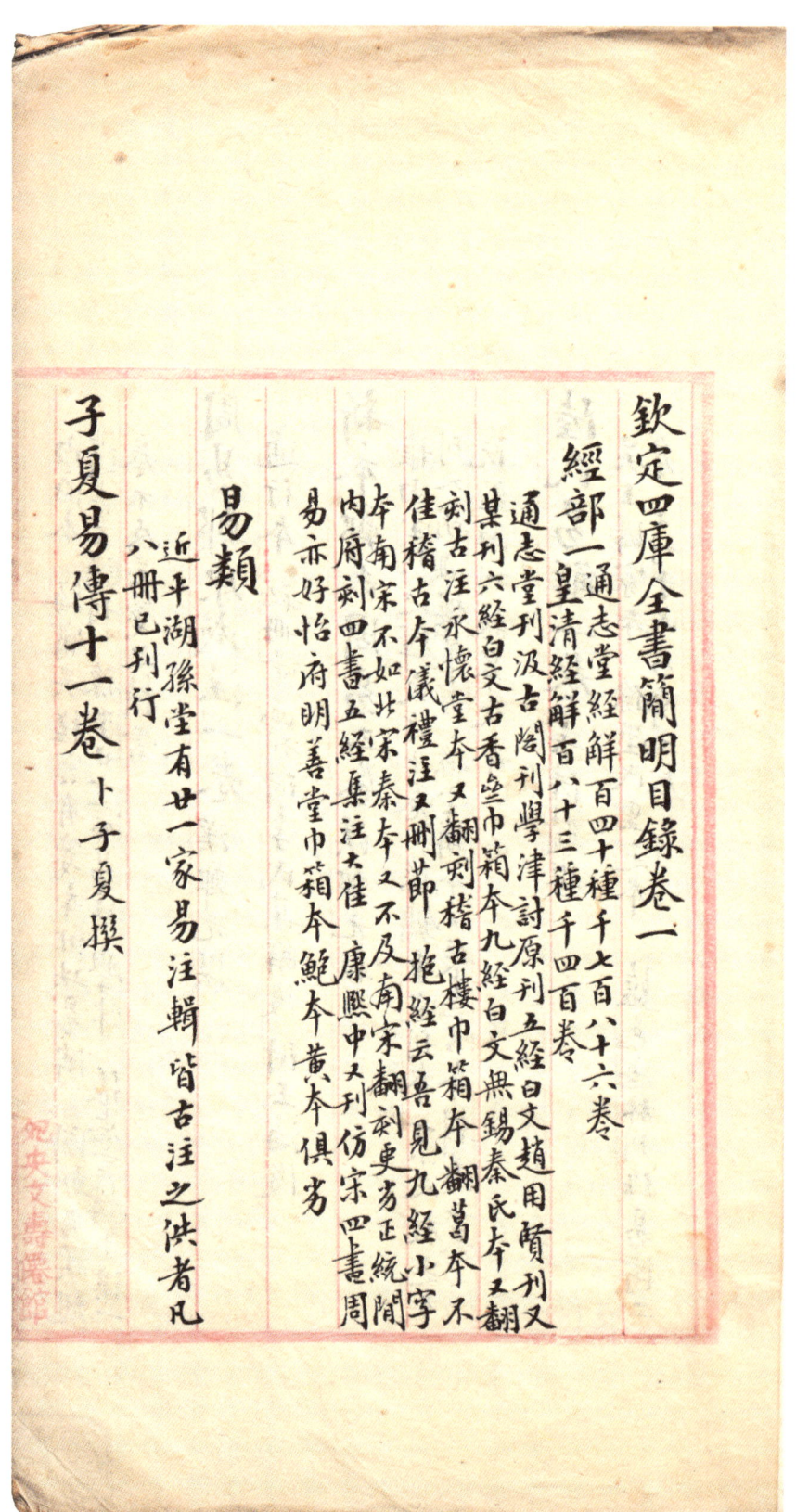

王同愈钞本《朱修伯批本四库简明目录》卷首

录批注中，多处以墨笔在旁边注曰"疑盛昱笔"，及"审其笔意，疑为盛昱注。章识。"盛昱字伯希，为清宗室，曾任国子监祭酒，直言敢谏，洞悉清廷大厦将倾无可救后，奏请开缺，家居十年不复出。盛昱嗜书，曾多次与叶德辉争书，被叶形容为"祭酒嗜古有癖，而不近人情。"彼时京师嗜书者众，往来皆是书界中人，即便交恶，亦是因书而致，相互指责间亦以书说事，种种掌故如今看来，皆成为令人神往之逸事。

五

《朱修伯批本四库简明目录》为邵、莫、朱三家标注中最晚正式出版者，2001年始由北京图书馆据黄永年先生藏管礼耕钞本影印出版。朱学勤（1823—1875），其字修伯，号复庐，室名结一庐，咸丰三年（1853）进士，官至大理寺卿，为咸丰年间东南士大夫中藏书名声最盛的三人之一，另两位为丁日昌及袁芳瑛。朱氏一门三代皆嗜学晌古，其父朱以升潜研经书，求假善本，手自勘校，其子朱澂字子清，亦好藏书，撰有《结一庐书目》。数月前读到2012年第二期《文献》，刊有王天然先生谈《结一庐书目》一文，其中引王懿荣跋语一段，正好说明朱氏三代嗜书之事，尤其重要者，该跋还提到朱学勤与四库标注之事：

王颂蔚

此仁和朱修伯宗丞学勤家藏书簿目也。宗丞之父次云先生名以升，以名进士宰畿辅，性好聚书，尝手四库书目一编，书眉记注，丹黄几遍。及宗丞益精目录之学，兼著板本。同治之初，厂市所鬻旧家遗书甚夥，及官本之散出者直且甚廉，宗丞多以俸钱收之。至其子子清澄观察澂，门迳既熟，鉴别益真，搜访愈力，市估且畏而重之。余羁部曹凡十六年，初到官时，宗丞尚未离署，后子清澄亦以钞本《北堂书钞》夸客。宋刻《金石录》十卷，出韩小亭观察泰华家，子清澄以其不完，为吴县潘尚书祖荫七十金购之，邀余同赏焉。余所见朱氏旧椠秘籍多有未列此簿者，此殆其邋遢（邵位西舍人习用字）本也，小胥录出，因附诸家目录书后序之。光绪十年九月，石渠瓦斋书。

此段跋语中提到朱以升"尝手四库书目一编，书眉记注，丹黄几遍"，既可说明朱氏之家学，亦说明朱氏标注《四库简目》之事，自朱以升时已经开始。朱、莫、邵三家虽然同时为《简明目录》作注，于当时而言，却皆未有付梓行世之意，朱修伯批注本亦以传钞本形式在书界流传。以现有资料看，朱修伯批注之最早副本当为翁同龢过录之本，其族孙翁炯孙曾称"家叔祖亲从修伯草本迻写"。其次有潘祖荫过录本，管礼耕及叶昌炽皆自潘祖荫处过录而来，王同愈又从叶昌炽处过录一部。故朱修伯批本现在已知者，除原稿本外，过录本计有翁同龢本、潘祖荫本、管礼耕本、叶昌炽本及王同愈本，今原稿本、翁本、潘本、叶本皆不知下落，管本为黄永年先生所得，王本则藏于寒斋。

朱修伯批注不若莫、邵二家详尽，故流传未广，且一直里被管礼耕误认为邵注。光绪十一年（1885），管礼耕在其过录之本上跋曰："向闻邵位西先生有手批《简明目录》，甲申季秋，从颂鲁叶兄案头见之，盖滂喜斋中物也，亟假归手录一副。原本亦系倩人迻写，讹谬寔多，就其显而易见者随笔略改一二，俟它日访见邵氏手稿，再详校焉。光绪乙酉长日至后五日，管礼耕识于操敇斋。"

此本于光绪十六年（1890）为王颂蔚所见，发觉此本中屡称邵懿辰为"位西丈""位西先生""其"，显然此本并非邵懿辰所批。王颂蔚取自己所藏邵注过录本比勘，又发现邵注中屡引"朱修伯曰"，管礼耕钞本中却无此语，邵注称"朱修伯有某书"处，管礼耕钞本作"余有"，王颂蔚以此考证出管礼耕所过录者，实为朱修伯批注本，且卷中又有识语署名为"澂"，恰是朱修伯之子朱澂，此又一证据也。王颂蔚将考证过程写成跋语附于卷中，半年后，管抄本又被翁炯孙所见，及读王颂蔚跋语，深叹其所见精确，亦书跋语一篇于书后：

庚寅冬家叔祖属坊贾抄得邵位西先生批《简明目录》一部，脱落错误，殆不可读。炯知叶夫子颂鲁处有管君临邵批，亟假归拟一校。及见蒿隐丈跋，以为是朱修伯宗丞批目。检家叔祖昔岁手钞朱评互证，同者八九，叹蒿隐所见精确（卷十三中有自称学勤处，蒿隐未举及），遂从蒿隐借真邵批本校正坊抄，半月而讫。已值新岁，萧斋无事，复以两部朱批仔细雠对，虽大处悉同，而互有漏略（家叔祖校录时，子清观察尚幼，卷内无澂语。管君所临本在后，

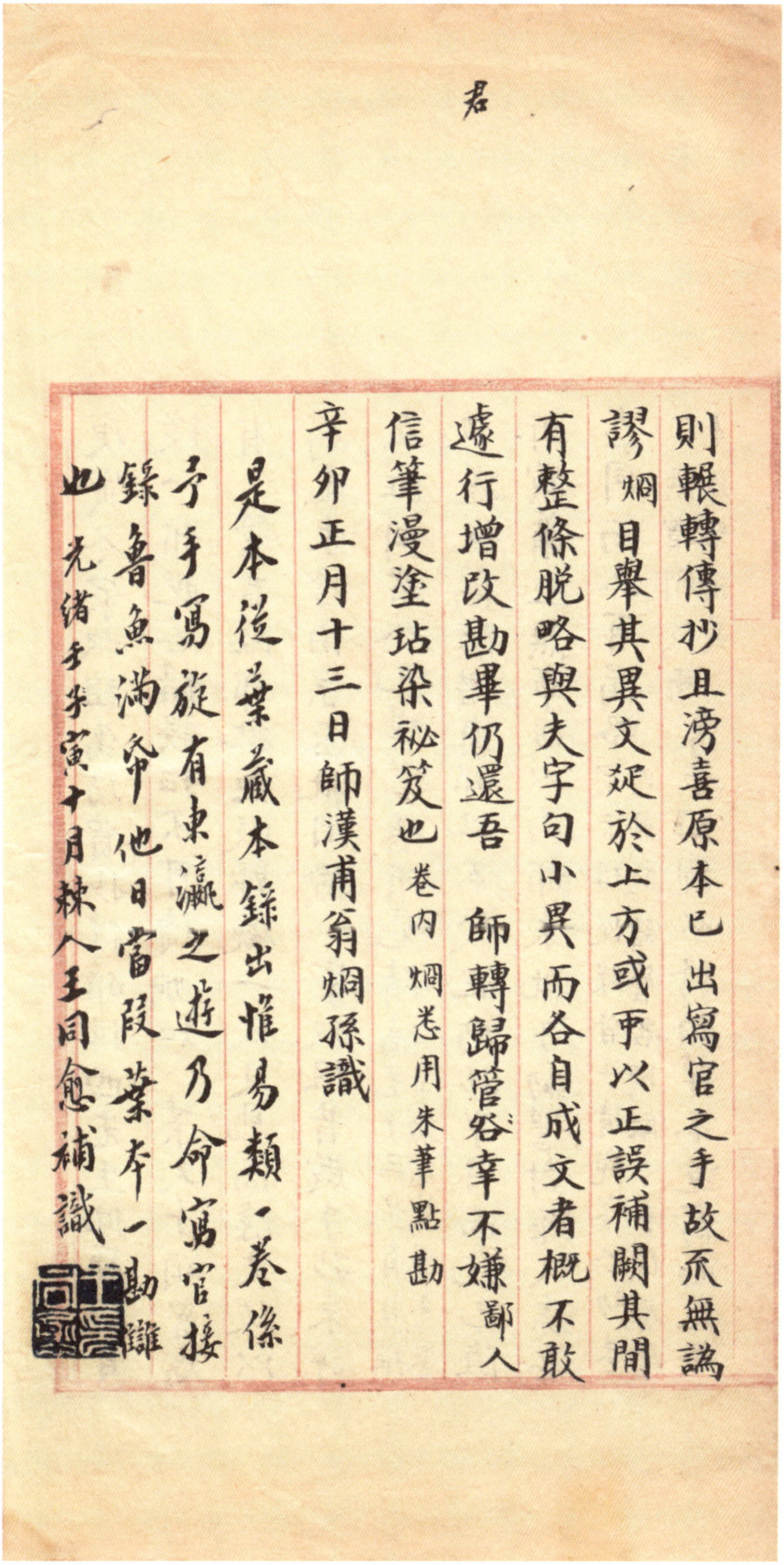

君

則輾轉傳抄且滂喜原本已出寫官之手故亦無譌

謬焒目舉其異文延於上方或甲以正誤補闕其間

有整條脫略與夫字句小異而各自成文者概不敢

遽行增改勘畢仍還吾　師轉歸管谷章不嫌鄙人

信筆漫塗玷染祕笈也　卷內焒卷用朱筆點勘

辛卯正月十三日師漢甫翁焒孫識

是本從葉盦藏本錄出惟易類一卷係

予手寫旋有東瀛之遊乃命寫官接

錄魯魚滿爺他日當復葉本一勘讎

此光緒壬辰寅十月棘人王同愈補識

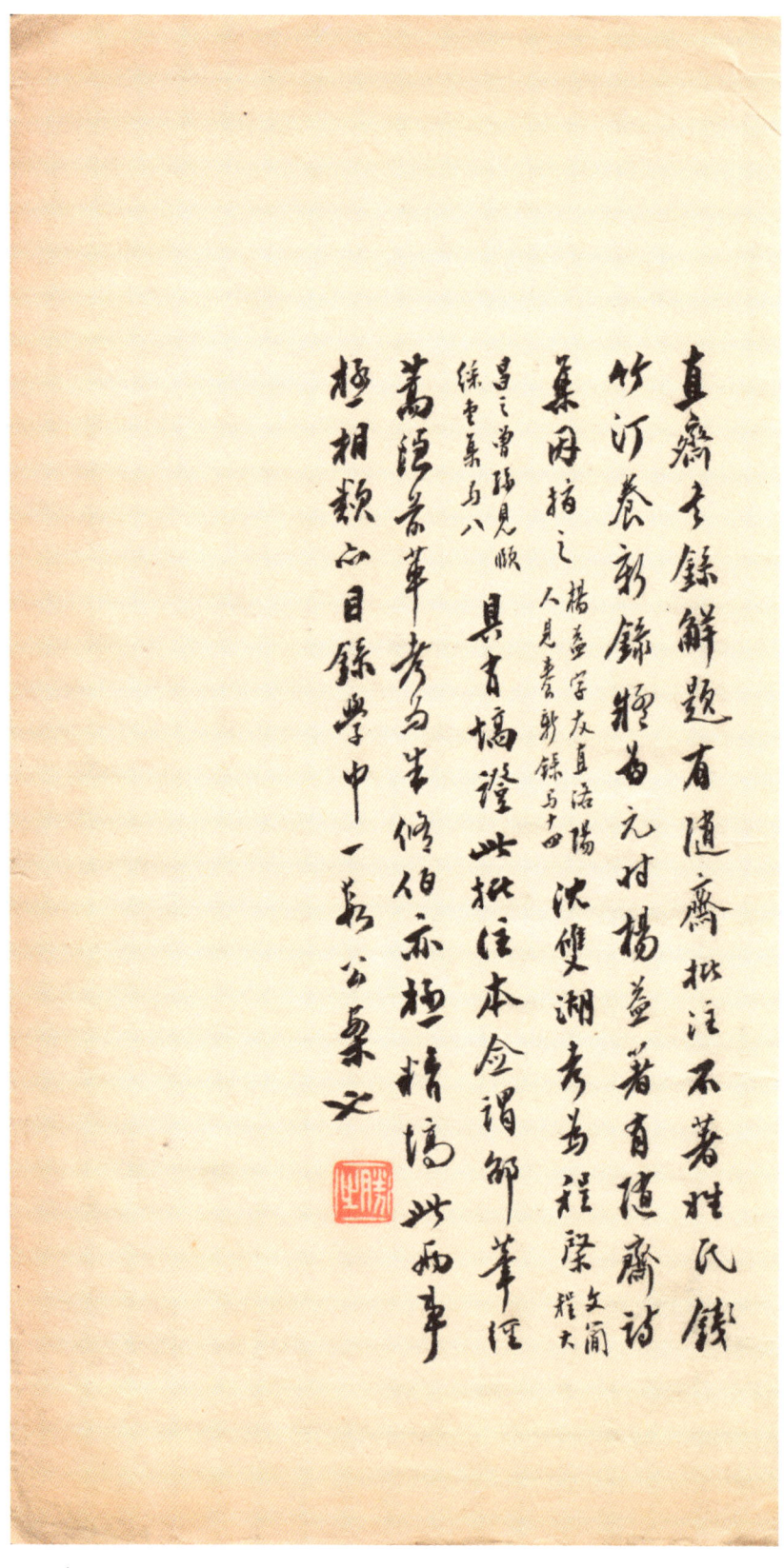

真斋书录解题有通斋批注不著姓氏钱竹汀卷新录糖为元时杨益著有通斋诗集再拓之楷益学友直诮阳集再拓之人见费新录与十西沈双湘考为程荣耀大具有桥程此批注本念谓邹草经徐重集与八景之曾躬见顺蓄隐者草考为先修伯亦极精桥此两事极相颣和目录学中一新公集义

原稿不无增删，故两本详略稍异）。家叔祖亲从修伯草本迻写，而此册则辗转
传钞，且滂喜原本已出写官之手，故不无讹谬。炯因举其异文，疏于上方，或
可以正误补阙。其间有整条脱略，与夫字句小异而各自成文者，概不敢遽行增
改，勘毕仍还吾师，转归管君，幸不嫌鄙人信笔漫涂，玷染秘笈也（卷内炯悉
用朱笔点勘）。辛卯正月十三日师汉甫翁炯孙识。

翁炯孙为翁同龢侄孙，约自光绪十六（1890）年开始师从叶昌炽。翁炯孙所跋
包含信息极多。首先，可知管礼耕钞本一直存于叶昌炽处，翁炯孙假归校雠之后归
还叶昌炽，并请其"转归管君"，却不知管礼耕已于光绪十三年（1887）病逝。管
礼耕与叶昌炽、王颂蔚三人同出冯桂芬门下，相交极厚，寒斋另藏有王颂蔚、叶昌
炽往来书札两册，书人书事书情尽在笔端。管礼耕与叶昌炽更是情同手足，临死前
一年还曾一同赴粤，因此管礼耕故物存于叶昌炽宅，是情理中事。其次，翁炯孙还
发现王颂蔚未提及之证据，"卷十三中有自称学勤处"，更加证明此本为朱修伯所
批无疑。第三，翁炯孙曾以朱笔批注于管临朱批之上，而吾藏之王同愈过录本上，
亦录有炯孙朱笔点勘之语，可知王同愈自叶昌炽处迻录时，所称"叶藏本"其实有
两种可能：一种为与管钞本同源之叶钞本，另一种可能为王同愈所临者即管礼耕本
也。

六

王同愈（1855—1941）为顾廷龙先生外叔祖父。黄永年先生1950年在上海冷摊
意外收得管钞朱批《四库简明目录》后，曾于1954年底请顾廷龙先生书跋，此跋颇
长，缕陈邵、莫两家批注刊行始末之后，评述朱批：

朱学勤自富藏书，结一庐驰誉当时，所注不若邵、莫之详。尝因吴县潘祖荫
之传钞，管礼耕申季、叶昌炽菊裳均得据传，而余外叔祖王公同愈胜之又从叶本
传录，余复据王本校注莫本之上，略有异同也。……此为管礼耕手抄之本，初以
为邵本，后以王颂蔚、翁炯孙考定者，是即余外家藏本所自出。吾友黄永年君英
髦博览，亦好目录，气类相投，得暇时相纵谈，偶于冷肆获斯帙，以为可与邵、
莫两本相参证，足资珍重。承携示展读，窃于此目闻名几三十年，一旦靓诵，其
欣幸为何如耶。率书数语以志眼福。一九五五年元旦。顾廷龙。

王同愈钞本之存在，以及王本出自叶本，皆因顾廷龙先生跋语而被世人知。
2001年管礼耕本影印出版时，吾有幸得到一册赠书，黄先生曾在前言中提到："顾

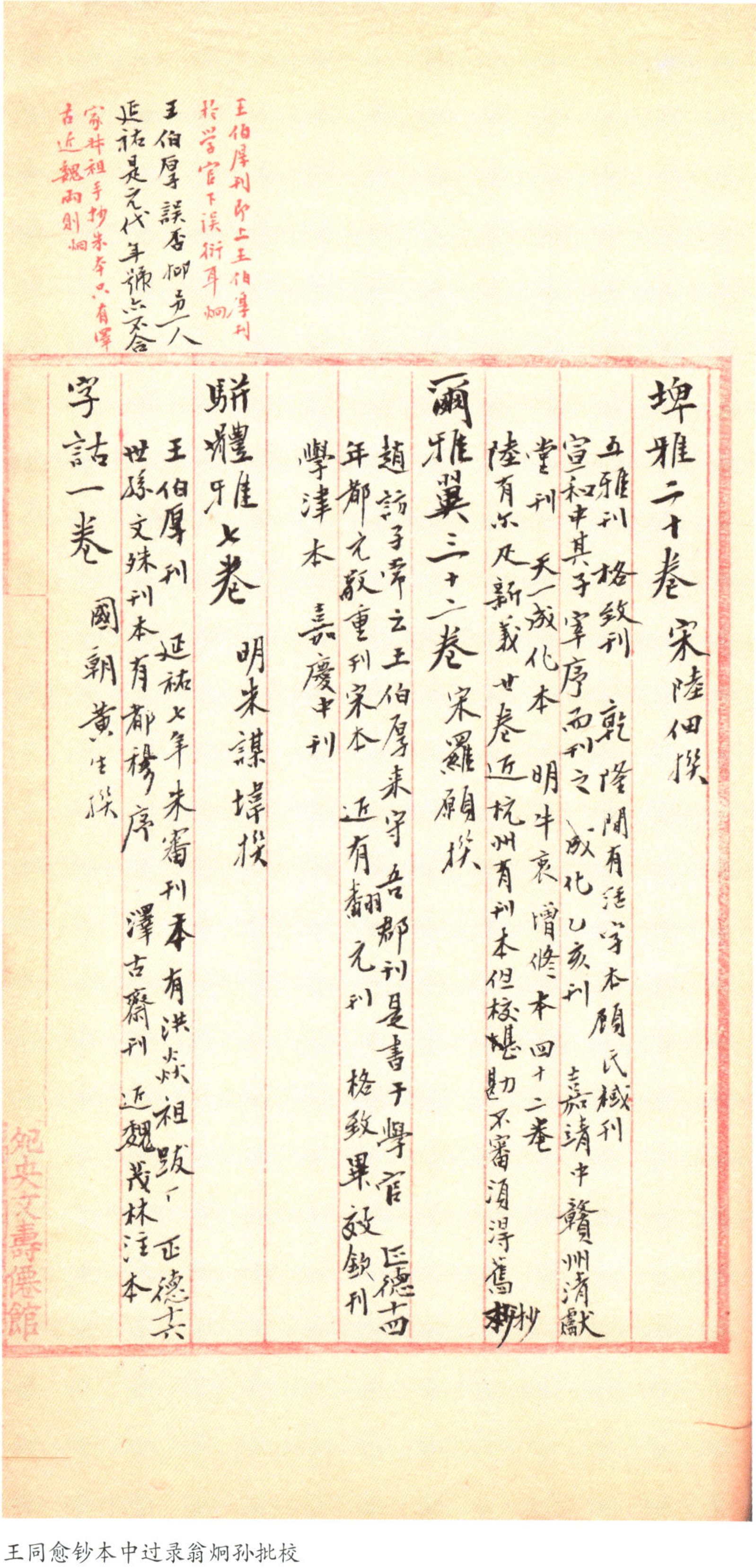

埤雅二十卷　宋陸佃撰

五雅刊　格致刊　乾隆間有逓字本顧氏椷刊
宣和中其子寧序而刊之　成化乙亥刊
堂刊　天一閣化本　明牛衷嘗修本四十二卷　嘉靖中贛州淸獻
陸有乐足新義世卷　近杭州有刊本但椠槧勘不審浥浮舊抄　抄

爾雅翼三十二卷　宋羅願撰

趙詁子帝立王伯厚吾郡刊是書于學官　正德四
年郡元敬重刊宋本　還有翻元刊　格致果　致鎖刊

學津本　嘉慶中刊

駢體雅七卷　明朱謀㙔撰

王伯厚刊　延祐七年未審刊本　有洪火炊　祖敗下　正德六
世孫文殊刊本有都穆序　澤古齋刊　近魏茂林注本

字話一卷　國朝黃生祿

王伯厚刊防上王伯厚刊
抡學官下誤衍年炯耳
王伯厚刊誤香柳另八
延祐是元代年號共云各
家林祖手抄米冬只有譯
古近魏雨别炯

王同愈钞本中过录翁炯孙批校

王同愈印

起潜廷龙先生为永年所藏此管钞题记，云彼时叶鞠裳昌炽亦尝用滂喜斋本钞录一部，王胜之同愈复从叶钞传录，而此两录本今亦不悉其归宿。惟此管钞王翁校本尚留寒斋，审是朱批传本之硕果幸存者。"当时包括吾在内，几乎所有人都认为朱修伯批本仅有管钞孤本存在。

　　直至2003年秋拍前到嘉德看预展，偶见有四册毛装钞本《简明目录》，品相一般，初时并未著意，顺手翻阅，观至最后两页跋语，首句为"是本从叶藏本录出"，跋语落款居然是"王同愈补识"，猛然忆起黄先生曾提到王同愈钞本不知下落，当即心跳加速，志在必得。及至拍场当日，吾坐定拍场，该书起拍价八千，居然无人应价，仅举一口即听到落槌声，如此重要之物居然唾手得之，简直令人疑惑。工作人员请吾签单之后，确信此书已经归吾所有，始放下心头大石而窃喜：黄先生称其所藏为朱批之硕果仅存者，而今吾之所得可与之称为双璧，老先生不能专美矣！

　　归来细翻，是书四册，皆以红格稿纸抄写，版心有"宛央文寿仙馆"字样，封面有墨笔题"批本简明目录"，侧有小字注明四部及类别，以"石渠秘笈"分册，第四册末页跋语为："《直斋书录解题》有随斋批注，不著姓氏。钱竹汀《养新录》拟为元时杨益著，有《随斋诗叶》，因指之。沈双湖考为程棨，具有确证。此批注本佥谓邵笔，经菁隐前辈考为朱修伯，亦极精确。此两事极相类，亦目录学中一段公案也。"下钤"胜之"白方。另一段跋语书于钞本正文之后，内容为："是本从叶藏本录出，惟易类一卷系予手写。旋有东瀛之游，乃命写官接录，鲁鱼满纸，他日当假叶本一勘雠也。光绪壬寅十月棘人王同愈补识。"下以蓝印钤"王同愈印"。

　　此跋清楚表明王同愈过录之本，源自叶昌炽所藏本。然光绪十三年（1887）管礼耕去世后，管钞本亦存叶昌炽处，故叶处实有两本朱批。王同愈跋语自称"棘人"，则为带孝之身，而蓝印更是家有丧事始用，栩缘虽著有《栩缘日记》，可知其父母事，惜手边无此书。查得此书曾与《栩缘随笔》《栩园诗文集》一起由上海古籍出版社汇辑为《王同愈集》出版，遂上孔夫子旧书网搜索该书，不料结果令人吃惊，一本1998年出版的新书居然卖到两百元，复印本亦叫价四十元。吾觉实在过分，一气之下不肯助纣为虐，又想起架上有栩缘先生所撰《小篆疑难字字典》，或有前言后记之类述其生平。丞取检之，果见有顾廷在先生所撰事略："乙丑成进士，改庶吉士，散馆授编修，两充顺天乡试同考官，寻派充出使日本参赞，未满任

王同愈藏书印"胜之"

归，适吴公疏请督师，檄襄军务。吴公罢，回京供职，充国史馆纂修，文渊阁校理。丁酉简放湖北学政，以实学相号召，以爱国相砥砺，鄂人称颂弗衰。报满，发往湖北总办学务处，兼两湖大学堂监督，丁忧归里，举办地方公益，创办商务总会，兴办学校。"王同愈任两湖大学堂监督为光绪二十六年（1900），任职数月即离去，由黄绍箕接任监督，以此年开始丁忧计，光绪二十八年（1992）为壬寅，恰在丁忧期内，故钤印用蓝色。

栩缘过录本中，易类之后为书胥代抄，因字体不一，可知为多名书胥合力为之，且抄录第一册之书胥较为用心，眉端小注照录不移，余外三册眉端小注多略。再细读眉端小注，又意外发现小注署名不仅有"栩"，尚有"炯"及"蔚"，说明此本所录之原本有翁炯孙及王颂蔚批注，且署名"炯"者，所注以朱笔录之，恰如翁炯孙云"卷内炯悉用朱笔点勘"，凡此种种，皆指向吾之猜测：王同愈所临之叶本，实际上为管礼耕钞本。复取北京图书馆出版社2001年出版之管抄朱批之影印本相印证，果然王本小注皆出现于影印本上，而影印本之底本为管礼耕所抄，更加说明王同愈钞本之底本确为管礼耕本。

此发现令吾极兴奋，一直以来，因顾廷龙及黄永年二位先生之语，世人皆以为王同愈本出自叶昌炽本，而此本若不出，无人知王同愈本实际出自管礼耕本。然此语之始祖顾廷龙先生亦无错，其原话为"而余外叔祖王公同愈胜之又从叶本传录"，于彼时而言，无论王同愈录自叶本还是管本，二本皆在叶宅，归叶昌炽所有，说是"叶本"亦无不可，何况王同愈自己亦称"从叶藏本录出"。

草此文时，想起黄先生驾鹤已杳，无法告知这一发现，深憾无人同乐。忆及某年黄先生来寒斋看书，吾特意取出王同愈钞本相候，黄先生当即为之眼亮，摩挲而言："五十年前就知道有这个钞本，没想到居然还在世间。我也算有眼福，还能够看到它。"黄先生还深为遗憾，称若能早些看到此本，影印出版管礼耕本时，就该将两书细细比勘，序言亦会因之改写。